Mayo 10
2023

Feliz di[...] madre

Juan[...]

Memorias

De Japón a la Argentina

Edición internacional

Kazuyoshi Matsumoto
松元和良

Memorias

De Japón a la Argentina

MATSUMOTO, KAZUYOSHI
MEMORIAS: DE JAPÓN A LA ARGENTINA / KAZUYOSHI MATSUMOTO.- 1ª ED.
CIUDAD AUTÓNOMA DE BUENOS AIRES: PABLO ADRIAN MATSUMOTO, 2022
400 P.; 23 X 15 CM

ISBN 978-987-88-7532-3

1. MEMORIAS, 2. MEMORIA AUTOBIOGRÁFICA, 3. INMIGRACIÓN. I. TÍTULO.

CDD 920.71

Esta edición en papel para distribución fuera de Argentina es esencialmente idéntica en contenido a la publicada en ese país bajo el sello Editorial Autores de Argentina (ISBN: 978-987-87-3395-1), con la excepción de que esta edición se publica enteramente en blanco y negro, así como algunos detalles menores de diseño y contenido.

Los hechos, personas, eventos, diálogos y demás circunstancias relatadas en este libro de memorias reflejan los recuerdos del autor sobre su pasado. Éstos describen sucesos reales desde su personal e íntimo conocimiento, vivencia e interpretación, y están sujetos a las lógicas limitaciones de la memoria, la subjetividad y la mente humana, pudiendo no coincidir necesaria e íntegramente con la realidad histórica y/o con los recuerdos, vivencias o interpretaciones que pudieran tener las restantes personas involucradas. Unos pocos nombres o datos pueden haber sido deliberadamente modificados por razones de privacidad.

Comentarios y contacto:
memorias.matsumoto@gmail.com

1° edición

ISBN 978-987-88-7532-3

Impreso bajo demanda por Amazon.com Services LLC (y afiliadas) a través de Kindle Direct Publishing® (KPD) o por Ingram Content Group Inc. (y afiliadas) a través de IngramSpark®. Queda hecho el depósito que establece la ley N°11.723 de la Argentina.

Palabras preliminares
始めに・執筆の動機

Quisiera comenzar explicitando el motivo que me impulsó a escribir estos recuerdos. Siempre soñé con dejar a mis hijos y a mi familia una memoria de mi vida: quiénes fueron sus antepasados, cómo fueron mi infancia y mi adolescencia, que transcurrieron en dos países tan diversos como Japón y Argentina, cuyas costumbres y cultura influyeron en mi personalidad, en mi manera de pensar y de sentir. Es mi intención también hacer de este libro una especie de autobiografía bilingüe de costumbres y hábitos de estas dos culturas muy diferentes.

Yo era un chico japonés nacido durante la Segunda Guerra Mundial, que vivió hasta los trece años en Japón, emigró en 1957 cuando todavía era un país pobre, y llegó a la Argentina, un país rico en el que predominaba una importante clase media.

Los años pasaron y la situación de ambos países se fue invirtiendo.

No sé si me hubiera convenido quedarme en Japón, pero en Argentina crecí, viví, formé mi familia, hice amigos, trabajé y transcurre hoy el último tramo de mi vida.

Mucho de lo que voy a narrar aquí es tan antiguo que solo las personas mayores de sesenta años podrán entender y sonreír al leer, porque tenemos un pasado en común. Creí importante también dejar escrita mi experiencia para aquellos que quieran conocer los pensamientos y las costumbres de mi época, algo de Japón y algo de Argentina, con una idiosincrasia completamente diferente a la actual.

En mi viaje de Japón a Argentina escribí un diario y llevé conmigo documentos personales como boletines de la escuela primaria, cartas y fotos que incorporaré en este libro.

Cuando dejé Japón, el país estaba recuperándose de a poco de las consecuencias de la Segunda Guerra Mundial. Era un país muy pobre, recién aparecía la televisión en blanco y negro, pero como los televisores eran tan caros, incluso en Tokio, la gente miraba televisión en alguna de las esquinas de las calles importantes. Las calles asfaltadas eran un lujo, hasta en Tokio.

Cuando llegué, Argentina era uno de los cinco países más importantes del mundo. Un miembro de la clase media solía tener una heladera Westinghouse de dos metros de altura, un centro musical donde se podían escuchar doce discos y un televisor blanco y negro, que los japoneses llamaban *Sanshu no Shinki* (三種の神器).

Podríamos compararlos con los tres tesoros sagrados reservados a la Casa Imperial: el espejo, la espada y la joya.

Me sorprendió tanto que me pregunté a qué país había llegado, y me puse como meta estudiar y alcanzar la clase media.

Estudié muchísimo y me gradué de ingeniero industrial. Cuando lo logré fui felicitado por todos y empecé a trabajar en Mitsui, filial de una importante empresa japonesa.

Cuando me gradué y estaba ya preparado para formar parte de la clase media, me encontré, para mi sorpresa, con un Japón moderno y recuperado económicamente. Funcionaba el Shinkansen, el tren bala, y las Olimpíadas de 1964 mostraron un país industrializado. En el año 1950, en todo Japón se hablaba de los tres tesoros que todas personas anhelaban tener, y hacia 1970 casi todas las familias japonesas los tenían.

Esto muestra que los japoneses tienen facilidad para trabajar siguiendo una meta trazada por la empresa o el gobierno, y lograr así un desarrollo que trae beneficios para todos.

Es importante conocer algunos hechos históricos, que hicieron que Japón esté en el lugar donde está, porque un país no se hace en un día sino a lo largo de su historia.

He recibido muchas preguntas y consultas sobre las costumbres y la vida de los japoneses. Voy a tratar de responder esas inquietudes.

También voy a incorporar el diario de un viaje con mis hijos mayores y otros materiales escritos por mí en la infancia -en japonés con traducción-. Considero que pueden ser importantes para mi familia y amigos de Japón. Los lectores jóvenes japoneses (si llegaran a leer este libro) quizás se sorprendan. Por eso, en varias partes encontrarán los textos en español y en japonés.

Lo que voy a escribir es en esencia mi vida.

Me considero un hombre binacional, ni japonés ni argentino. Medio extraño, indefinido, intermedio, y al mismo tiempo, un ser humano común.

No soy un científico ni un escritor, por lo que puede haber errores en mis recuerdos. Soy un aficionado.

Comenzaré hablando del Japón donde pasé mi infancia, describiré cómo era el sistema educativo, las costumbres y la vida cotidiana en esa época, compararé la vida en Argentina a través de recuerdos y anécdotas.

Muchos hechos pueden haber sido malinterpretados por mí, los datos numéricos pueden ser aproximados o no exactos. También agrego fotos sobre lo que era la vida cotidiana, incluyendo el pensamiento y el comportamiento de las personas a las que me refiero.

El 28 de junio de 2009, cuando me jubilé de la empresa donde trabajaba, comencé con la redacción de estas memorias. Han transcurrido más de diez años, lo que puede haber hecho que algo de lo descripto sea obsoleto o ya no exista.

Quiero insistir en que ésta es una simple narración, casi diría el monólogo de un anciano que ha decidido escribir.

Si bien he trabajado en empresas japonesas, no he tenido contacto directo con Japón después de retirarme del mundo del trabajo hace ya diez años.

El Japón que veo ahora a través de las noticias y la televisión, me muestra cosas que me sorprenden tanto que me siento como si viviera en la Edad Media.

Al no ser un escritor sino un aficionado, y al no poder ordenar como corresponde las narraciones habrá repeticiones de temas. Espero no aburrirlos.

Con esta introducción y con el perdón de los lectores, comienzo.

Kazuyoshi Matsumoto
Buenos Aires, agosto de 2021

1. Soy kagoshimano
1. 私は鹿児島の人

Mis orígenes

¡Soy kagoshimano!

La tierra de mis antepasados es la actual prefectura de Kagoshima. Nosotros decimos que somos kagoshimanos, imitando a los entrerrianos, correntinos. No sé si las asociaciones de otras prefecturas tomaron un criterio similar para definir su origen.

Japón está organizado administrativamente en un sistema llamado *Todōfuken* (*To:* Tokio, *Dō:* isla de Hokkaidō, *Fu:* Kioto y Ōsaka, *Ken:* Resto de prefecturas, cuarenta y tres), es decir que hay cuarenta y siete divisiones en total. Cada distrito está presidido por un gobernador, y su accionar es controlado por una asamblea (la cantidad de asambleístas depende de cada prefectura).

La Prefectura de Kagoshima tiene una población de 1.650.000 habitantes, con una superficie de 9.187 km^2, abundantes recursos naturales, culturales y turísticos y diversas actividades económicas. Está ubicada al extremo sur del Japón, en la isla de Kyūshū y dista de la ciudad de Tokio 1.358,7 km al sudoeste.

La ciudad capital de la prefectura lleva el mismo nombre.

El monte Sakurajima (**Fig.1**) es un volcán en actividad, separado por la bahía de Kinkouwan, cuyo paisaje es muy similar al Monte Vesubio, de allí que Kagoshima y Nápoles hayan firmado un convenio de ciudades hermanas.

Los lugares famosos son: primero la isla de Yakushima (Patrimonio Mundial) donde hay un famoso cedro de 3.000 años llamado Jōmon Sugi, con una forma parecida al de la cerámica de la era Jōmon (equivalente a la Edad de Piedra media y nueva) (**Fig.2**).

En segundo lugar, el Centro Espacial de la isla de Tanegashima, y luego los montes Kirishima, uno de los sitios mitológicos donde se dice que la diosa Amaterasu descendió del cielo para gobernar a Japón.

Cada prefectura tiene como símbolo su propia flor, su pájaro y su emblema.

Su flor es *Rhododendron Kirisianum* (Azalea de Kirishima), (**Fig. 3**). Su árbol es el *Kusunoki* (Alcanforero, *Cinnamomum Camphora*) (**Fig. 4**).

Fue elegido porque se puede plantar en la calle, cultivar fuera de la prefectura y es resistente a las enfermedades. Es un árbol de hoja perenne y crece en todo el territorio de la prefectura.

Su pájaro es el Arredajo Morado (ルリカケス, *Garrulus Lidthi*), y solo vive en esta prefectura (**Fig. 5**). Aunque es un ave de la familia de los cuervos, es muy hermosa con un color ruri (azul profundo) oscuro en la cabeza, alas y cola, pico blanco y cuerpo rojo granate.

El emblema (**Fig. 6**) fue creado como un símbolo de crecimiento hacia el futuro, con el fin de aumentar el sentimiento de amor por la ciudad natal y la conciencia de cómo ser un buen ciudadano. Es una topografía estilizada de la prefectura en la que el círculo central representa la isla de Sakurajima con su volcán.

La prefectura está compuesta de 19 ciudades, 20 pueblos y 2 aldeas.

Hasta el inicio de la Era Meiji (1872), Kagoshima estuvo bajo el dominio de la familia feudal Shimazu cuyo origen data de la era Kamakura (1185 a 1333) cuando fue nombrado guardián (gobernador) del territorio Satsuma, que abarcaba la actual prefectura de Kagoshima y la parte sudeste de la actual prefectura vecina Miyazaki. En el año 1609 se incorporó bajo su dominación indirecta al reino de Ryūkyū (actual Okinawa y sus archipiélagos).

La incorporación del reino de Ryūkyū hizo que Satsuma tuviera el acceso más cercano y directo que cualquier otro feudo a China y sirvió para incrementar el comercio (contrabando), así como la producción en las islas de la caña de azúcar, que contribuyó a fortalecer sus arcas y sirvió como reserva para comprar tecnología avanzada de Occidente.

Fig. 1. Foto del Monte Sakurajima (©K.P.V.B).

Fig. 2. Jōmon Sugi (©K.P.V.B).

Fig. 3. Azalea de Kirishima (©K.P.V.B). *Fig. 4. Alcanforero (©K.P.V.B).*

Kagoshima o Satsuma siempre tuvo algún contacto con Occidente, empezando por la llegada de un famoso barco portugués que naufragó.

Francisco de Xavier (1506?-1552), por encargo de rey Juan III de Portugal, fue a la India a predicar el catolicismo, llegó al Japón en agosto de 1549, a la tierra de Kagoshima. El señor feudal de entonces, Shimazu Takahisa, lo autorizó a predicar el catolicismo dentro de su territorio, pero el conflicto con los monjes budistas lo obligó a trasladarse a Kioto.

Hideyoshi Toyotomi (1537-1598), fue un hombre de origen campesino, famoso por unificar al Japón, poniendo punto final a la guerra interna entre los feudales. Obligó a los dueños de cada feudo a estar cerca de él y lejos de su tierra. Hizo esto para vigilarlos, de tal forma que el feudo quedaba sin el dueño y era manejado por los ancianos durante su ausencia. En Satsuma, estos ancianos vieron que la moral de los jóvenes súbditos había decaído, y crearon entonces un sistema de educación aplicable dentro del territorio llamado "disciplina Satsuma" que se diferenció del resto de los feudos. El comportamiento y la actitud que implicaba fueron famosos a lo largo de la historia del Japón.

Esta filosofía de *bushidō* (esencia de samurái) fomentó en cierta forma la homosexualidad, por el desprecio hacia la relación con las mujeres. No sé si es cierto, pero así lo dice Wikipedia. También es reconocido en Japón que en Kagoshima existía *Danson-Johi* (男尊女卑), la superioridad del hombre sobre la mujer (*macho man)* por lo que se dice que las mujeres de otras prefecturas no querían casarse con los hombres de Satsuma.

Sin embargo, en mi infancia, si bien veía efectivamente la presencia masculina en primer plano, en realidad dentro de la casa había un respeto mutuo donde cada uno cumplía su rol. No he visto a ninguna familia en la que el marido maltratara a la mujer, sino al contrario, en la casa era la mujer quien mandaba, y hacia fuera era el hombre quien defendía la casa.

Fig. 5. Arredajo morado.

Fig. 6. Emblema de Sakurajima.

Fig. 7. Barco del Comandante Perry

Al escribir este libro e investigar, me asombro de mi ignorancia al ir conociendo hechos históricos y datos que para los historiadores y científicos pueden ser obvios, pero para mí, son muy interesantes.

Por ejemplo, no sabía que había un control estadístico desde hacía mucho tiempo. Encontré que, en el año 1852, se llevó a cabo un censo en el que se registraron 622.365 habitantes de los cuales 170.694 pertenecían a la nobleza (samurái), incluyendo súbditos y sirvientes. Los números no son estimaciones sino exactos como en un censo actual.

Si en Satsuma había este tipo de datos seguramente lo mismo ocurría en todo Japón.

Por curiosidad tomé el nombre del 8° señor feudal Shimazu Shigehide (1745-1833), para ver su historia y encontré un registro detallado sobre su composición familiar, hasta el nombre de cada una de sus concubinas. Era muy importante para un feudal mantener su sangre y conservar su dinastía, dado que el gobierno de Bakufu confiscaba el territorio de aquellos feudales que no tuvieran hijo varón heredero. Tener concubina no era delito, sino que era demostración de poderío y obedecía a la necesidad de mantener la sangre.

Recurriendo a Wikipedia, el resumen de la composición familiar de Shigehide era el siguiente: una esposa legítima con quien tuvo solo una hija, una esposa adjunta o suplente reservada para el caso de muerte de la primera, doce concubinas, con quienes tuvo catorce varones y doce mujeres, un varón adoptivo y tres mujeres adoptivas. Como la esposa legítima no tuvo un varón, a Shigehide lo sucedió Narinobu, hijo de una de las concubinas, como el noveno señor feudal de Satsuma.

Shigehide tuvo mucho interés en la ciencia y en la cultura occidental. Cambió drásticamente la política de su feudo para que Satsuma estuviera a la vanguardia de lo que fue la asimilación de la tecnología y la cultura occidentales, antes que cualquier otro feudo.

Sus principales obras fueron la apertura de la Escuela del Feudo, llamada Zoshi-Kan, la Escuela de Artes Marciales Enbu-Kan, edición de libros sobre China, sobre agricultura, sobre la historia de Satsuma, Botánica, la apertura de la Escuela de Astronomía Tenmon-Kan, la apertura de la Escuela de Medicina Igaku-In, a la que podían asistir no solo los samuráis (nobleza) sino también los comerciantes y agricultores.

El shogunato de la familia Tokugawa duró desde 1603 hasta el año 1869, cuando el último *shōgun* Yoshinobu Tokugawa devolvió el poder a la Casa Imperial.

En el año 1639, el tercer *shōgun*, Iemitsu, cerró el país dejándolo aislado del mundo exterior y así intentó impedir la difusión del cristianismo. Sólo permaneció abierto el puerto de Nagasaki, para los holandeses, exclusivamente con fines comerciales hasta el año 1854, cuando se firmó el Tratado de Amistad entre Japón y los Estados Unidos a raíz de la llegada de la flota americana comandada por el almirante Perry en el año 1853 (**Fig.** 7).

Ese periodo, llamado "los 300 años de la Era Tokugawa", es para algunos una "era pacífica sin guerras internas" y para otros la "era de cierre al exterior".

Fue grande la sorpresa del gobierno de Tokugawa cuando llegó la flota comandada por el almirante Perry: cuatro barcos de hierro escupiendo humo negro. Hubo luego una cruenta guerra interna entre los aperturistas y los conservadores. Los japoneses sorprendidos y asustados llamaban a aquello "*Kurofune Raikou*: llegada del barco negro".

Satsuma fue el lugar que más rápido reaccionó ante los nuevos acontecimientos, posiblemente por estar lejos del centro y ajeno al poder de Bakufu. El 11° Shimazu, llamado Nariakira (1809-1858) tuvo visión de futuro y continuando con la filosofía de Shigehide, durante su gobierno hizo construir fábricas para desarrollar la industria metalúrgica y también fomentó la modernización de armamentos y el fortalecimiento de la Marina, sin depender de Occidente, con desarrollo propio. Por este motivo es considerado un adelantado a su época.

Esta acción de modernización fue impulsada por la guerra con la flota inglesa, en la batalla de Kinkouwan. En ella el poderío de la moderna tecnología de Occidente con los cañones de sus barcos, que destruyeron por completo a la débil defensa de Satsuma, hizo recapacitar y entender que para luchar codo a codo con Occidente era necesario disponer de armamentos modernos y no flechas y sables.

Vale la pena detenernos para comentar la guerra Satsuma-Inglaterra.

El sistema de la sociedad feudal estaba pensado sobre la base del Kokudaka (石高), que representaba el rendimiento del arroz cosechado. Sobre él se determinaba no solo el tamaño de la tierra y la cantidad de tributo anual que los agricultores debían al feudo, sino también la formación social.

Los señores feudales, llamados *daimyō*, más de doscientos cincuenta en todo el Japón, tenían la obligación de vivir un año en Edo (Tokio) y un año en su tierra, no así su esposa legítima y el hijo declarado heredero, que debían permanecer en Edo. Los señores feudales aceptaron este sistema como demostración de fidelidad hacia Bakufu. Pero la verdadera intención de Bakufu era tener de rehenes a las familias, quitarles poderío militar y generarles gastos, ya que esa doble vida implicaba un doble gasto al tener residencias en dos lugares diferentes. El viaje de ida de su tierra a Edo y el regreso eran todo un acontecimiento y los feudales tenían que mostrar su poderío y autoridad, por lo que el viaje consistía en una larga fila de caravanas.

La unidad de arroz se medía en *koku* (石) equivalente a 150 kg de arroz. Un feudal de 100.000 *koku* debía formar su caravana con 10 soldados a caballo, 80 soldados rasos y 140 a 150 peones.

El tributo en Satsuma era 729.000 *koku* (unas 110.000. toneladas) y si se incluía las islas de Ryūkyū, llegaba a 900.000

koku, por lo que el gasto de traslado de ida y vuelta era enorme y afectaba seriamente las arcas del feudo. Implicaba una procesión acorde al valor del tributo y recorría casi 1.400 km a pie.

El 14 de septiembre de 1862, Hisamitsu Shimazu, el hombre más poderoso de Satsuma de aquel entonces, salió de Edo y tomó la ruta principal a Tokaido para volver a Kagoshima pasando por Kioto con una caravana de aproximadamente 400 personas. Cuando la procesión pasaba por una aldea cerca de Yokohama llamada Namamugi (生麦), cuatro jinetes británicos, incluída una mujer que estaba de visita como turista, la cruzaron, interrumpiéndola.

La procesión de un *daimyō* era un acto solemne, y todas las personas que la cruzaran debían ponerse de rodillas y no levantar la vista hasta que la columna terminara de pasar. Lo que hicieron los cuatro jinetes para los de Satsuma era un acto de agravio. Mataron entonces a un comerciante de nombre Richardson. Otros dos hombres quedaron heridos y la mujer pudo salir ilesa.

A raíz de este incidente, Inglaterra exigió a Satsuma la entrega del asesino y una suma importante como indemnización, lo que fue denegado. Inglaterra entonces declaró la guerra contra Satsuma enviando su poderosa flota el 2 de julio a atacar la ciudad de Kagoshima, en la cabecera de la bahía de Kinkouwan.

Eugene Van Reed, un comerciante estadounidense que se encontró con la procesión antes del incidente, contó que él desmontó y apartó el caballo para no perturbar el paso de la caravana y se quitó el sombrero por respeto. Dijo que recibió un gesto de agradecimiento por parte de los soldados de la caravana. Él, que estaba familiarizado con la cultura japonesa, escribió que lo que habían hecho los ingleses había sido un acto grosero y arrogante. El *New York Times* dijo: "La culpa de este caso es de Richardson. Ser extranjero no permite violar las leyes y costumbres japonesas".

Entre el 15 y 17 de agosto de 1863 se libró la batalla entre la flota inglesa, confiada de su poderío, y los de Satsuma, que creían que habían alcanzado la modernización de su armamento y tenían el espíritu de combatir hasta la muerte. Así, pensaron que podían luchar codo a codo con los ingleses. Pero el resultado no fue alentador: Satsuma sufrió grandes daños, la destrucción de más de quinientas casas, de la batería de cañones y del depósito de municiones. Pero por el lado de la flota británica también hubo graves daños, como la muerte del capitán y el capitán adjunto del buque insignia Euryalus, obligado a retirarse abandonando la batalla.

Satsuma fue el testigo del poder militar de Inglaterra, representando a Occidente, y la idea de mantener cerrado el Japón fue luego tendiendo a la apertura. Pero también fue sorprendente para Occidente que la Armada británica, considerada la más poderosa del mundo, no pudiera conseguir la victoria sobre las fuerzas de una provincia de Japón.

El *New York Times* dijo al respecto: "Lo que los occidentales deberían aprender de esta guerra, es no subestimar a Japón. Son valientes e inesperadamente buenos en el uso de armas y tácticas al estilo occidental y son difíciles de vencer. A pesar de haber enviado refuerzos Inglaterra no pudo vencer la valentía de los japoneses".

La guerra dio a ambas partes la oportunidad de conocer más sobre la otra, lo que provocó un cambio de rumbo y un enfoque diferente. Más adelante Japón e Inglaterra se convirtieron en aliados por mucho tiempo, hasta la Segunda Guerra Mundial.

¡Kagoshimanos!

Los hombres de Satsuma eran famosos por su valentía o desprecio por la vida, por lo que en la época feudal, muchos enemigos no querían enfrentarse a ellos. Su actitud era respetada por Occidente y Japón fue uno de los pocos países que se salvó de la colonización.

Esta es la razón por la que, como kagoshimano, quiero dedicar este capítulo contando algunos hechos famosos en la historia del Japón que son orgullo de los habitantes de Satsuma.

Sekigahara (関ケ原)
Como ejemplo de la valentía de los guerreros de Satsuma, se puede mencionar la retirada del ejército Satsuma en la batalla de Sekigahara (**Fig. 8**), que dio origen a la constitución del Shogunato Tokugawa, unificando al Japón durante casi 300 años durante los cuales no hubo guerras internas sino desarrollo cultural y artístico.

El 15 de septiembre de 1600 se enfrentaron los aliados del Este, encabezados por Ieyasu Tokunaga, y los del Oeste, por Mitsunari Ishida, que apoyaban a Hideyori Toyotomi, hijo de Hideyoshi. Hideyoshi había unificado el país en la zona de Sekigahara (actual prefectura de Aichi) donde fue la batalla que definió el destino del país.

Los señores feudales no podían mantenerse neutrales: debían elegir un bando u otro para luchar. Debían jugarse a mantener a salvo su territorio o a perderlo.

Takahisa Shimazu, quien gobernaba Satsuma, a pedido de un general de Tokugawa decidió apoyarlo y envió a su hijo Yoshihiro, que estaba en Ōsaka, para incorporarse al bando de Tokugawa. Pero por celos su hermano mayor Yoshihisa, que se había quedado en Kagoshima y por la distancia que había a Ōsaka, no había querido ayudar a su hermano y había mandado pocos soldados. Así y todo, Yoshihiro pudo reunir unos 1.500 soldados, muchos de los cuales participaron por propia voluntad porque Yoshihiro era muy respetado y querido por sus súbditos. Pero por la mala comunicación con los generales de Tokugawa se generó un malentendido que obligó a Yoshihiro a ponerse del lado de los aliados del Oeste, contra su voluntad.

Las escaramuzas duraron unas horas, pero finalmente ante la traición de uno de los feudales del bando del Oeste, la batalla terminó con un triunfo aplastante de Tokugawa.

Yoshihiro tenía en frente a los aliados del ejército del Este y detrás los ejércitos del Oeste ya derrotados y en huída. A Yoshihiro solo le quedaban 300 de los 1.500 soldados.

Aquí nace la leyenda del ejército Satsuma: Yoshihiro decidió retirarse del campo de batalla, pero no hacia atrás junto con los aliados derrotados que huían, sino avanzando y atravesando las filas de los enemigos triunfadores.

Para ello Yoshihiro envió un mensajero a los ejércitos enemigos diciendo que "el ejército de Satsuma se va a retirar y va a atravesar sus filas y será bienvenido si nos quieren enfrentar". Primero atravesó el poderoso ejército de Masanori Fukushima, un renombrado guerrero. Luego de que el ejército de Satsuma pasara, los soldados de Fukushima sintieron una gran vergüenza y comenzaron a perseguirlo. Para defenderse de la persecución, Yoshihiro colocó pequeños grupos escalonados de fusileros expertos que impidieron que el ejército de la persecución pudiera alcanzarlos en masa. Cuando no tuvieron más municiones, estos fusileros salieron a defenderse con sables, para distraer y robar tiempo a los enemigos a costa de sus propias vidas. Mientras tanto el resto del ejército de Satsuma seguía atravesando las filas del enemigo.

Estos fusileros (valientes y expertos) habían sido designados por Yoshihiro y sus generales y se dice que entre los muertos habían más voluntarios que convocados.

Las palabras de Yoshihiro a sus soldados fueron: "Aunque saben que van a morir, deben hacerlo enfrentando el enemigo, nunca mostrando la espalda".

Finalmente, los que pudieron llegar a Kagoshima fueron unos 80 del total de los 1.500.

Jigen-ryū (示現流)

Era famoso en el mundo el estilo de lucha con sable creado en Kagoshima y llamado *Jigen-ryū*. Era muy sencillo: pensar solo en la primera estocada, la segunda no existe.

En las artes marciales japonesas hay muchos protocolos, pero *Jigen-ryū* daba más importancia a la practicidad que a la forma o el estilo, enseñando que uno debe estar preparado a luchar en

Fig. 8. Sekigahara actual, donde sucedió la batalla central.

Fig. 9. Lápida de Yukie Hirata.

cualquier momento y en cualquier lugar. Estaba prohibido enseñar este estilo a los samuráis de otros feudos y solo fue practicado dentro de Satsuma.

Por eso muchos guerreros enemigos no querían enfrentar a los de Satsuma, por miedo. Enfrentar a un enemigo que no teme la muerte o morir en la lucha era considerado una virtud. Pelear con *Jigen-ryū* era vivir o morir, no había otra opción.

Ieyasu Tokugawa, fundador del shogunato, aun siendo dueño de todo el Japón, siempre tuvo miedo a Satsuma y ordenó que sus descendientes y familiares buscaran como esposas a las princesas de los familiares de Shimazu, para mantener el vínculo familiar. Se dice que tenía tanto temor de la potencialidad de Satsuma que pidió que su cadáver fuera colocado mirando hacia Satsuma, para vigilarlo desde la tumba.

El mausoleo de Ieyasu está en la ciudad de Nikkō, cerca de Tokio, y es un lugar turístico muy concurrido.

Ranking de peleas (毎日喧嘩)

De chico nos enseñaban que nunca debías mostrar la espalda al enemigo, que había que enfrentar siempre, sacrificar el brazo izquierdo si era necesario (usándolo como defensa o escudo) y tener siempre el brazo derecho libre y sano para herir al contrincante.

En el colegio había un ranking de peleadores, para determinar quién era más fuerte.

En la primaria dentro de la división peleábamos entre nosotros y establecíamos el ranking. Una vez definido, peleábamos entre las divisiones del mismo grado y así establecíamos el ranking del grado.

Una vez definido el ranking de grado, siguiendo con el mismo método desafiábamos a otras escuelas, tal es así que casi todos los días había peleas entre escuelas. Cada vez que nos encontrábamos en la calle con alumnos de otras escuelas, sin razón, nos peleábamos.

Establecer el ranking no era complicado. Si el número 1 de

la división A era un poco flojo, la división B mandaba a pelear su número 3 ó 4 y si lo vencía, el número 1 de la A quedaba en cuarto o quinto lugar del grado. Así en dos o tres meses del inicio de clases se establecía la escala de los peleadores por grado. Así de combativos éramos nosotros. Además el ranking era a lo sumo hasta tercer o cuarto lugar.

Buscábamos, más que saber quién era el fuerte de la división o del grado, definir quién era el que debía representar al colegio si había que pelear. Ese muchacho debía defender a sus compañeros del ataque de otros colegios. No se trataba de peleas de odio, sino casi como un deporte.

Una vez yo le pegué a un chico de un año superior con un bate de béisbol, y su maestro en vez de llamarme la atención se enojó con él porque se había dejado pegar por un menor y no había sabido defenderse. Peor aún: el chico lloraba. Los hombres no debían llorar salvo por cuestiones sentimentales pero no por dolor físico.

En Kagoshima, no existía la palabra "excusa". Cada vez que alguien quería explicar, le decíamos "*Giwoiuna*" (義を言うな), que es una expresión típica de Kagoshima y ningún otro japonés entiende. La traducción sería "no te excuses", sin importar el motivo. No preguntar por qué ni si se tiene razón o no. Quejarse era ya una falta. Así crecí, con esa filosofía: sin excusas y con el deber de ejecutar aquello de lo que uno está convencido.

Un kagoshimano nunca debe excusarse o justificarse. Si el otro dice algo, en lugar de discutir, uno debe mostrar con hechos que tiene razón.

En esa época había castigos corporales. Las travesuras o la actitud rebelde eran castigados con golpes por parte de los maestros y mayores. Nosotros aceptábamos porque sabíamos que ellos nos pegaban por una razón. No nos explicaban por qué nos castigaban: debíamos adivinar por qué y qué cosa mala habíamos hecho.

Sin embargo, también nos enseñaban que no teníamos que robar, no porque hubiera un castigo, sino porque el Sol nos estaba mirando. Siempre iba a haber unos ojos mirándonos. Tampoco había que mentir, porque la lengua se nos iba a pudrir.

Esos comentarios nos daban más miedo que los castigos corporales, quizás porque los castigos corporales se podían sentir, en cambio con las palabras uno tenía que imaginar el castigo. Tal vez según la filosofía actual, este pensamiento es demasiado inocente.

Los lectores pensarán qué brutos y bárbaros somos (¿éramos?), pero se puede decir que esto demuestra la sencillez de nuestra forma de vivir, de no pensar pros y contras. Era un modo de enseñar obediencia, fidelidad, responsabilidad y el cumplimiento de los deberes. Cuando uno dice "soy kagoshimano" sabe que solo hay una palabra.

Yukie Hirata

En 1753 (año 3 de la Era Horeki), Bakufu tenía tanto temor de Satsuma que decidió debilitar sus arcas para que no pudiera tener su fuerza bélica intacta. Ordenó la construcción de diques para evitar la inundación de la cuenca del río Kiso (ríos Kiso, Nagara e Ibi), en la actual prefectura de Gifu, donde la población sufría inundaciones todos los años.

Satsuma en ese momento tenía un déficit equivalente a 660 millones de dólares actuales. La obra debía realizarse a 1.100 km de Kagoshima, en un lugar desconocido y hostil, y el gasto iba a dañar aún más las débiles arcas. Muchos sostenían que había que iniciar una guerra contra el Bakufu aún sabiendo que la derrota era inevitable.

Yukie Hirata, que era el responsable de Finanzas del Feudo como *Karō* (cargo similar a un ministro actual), convenció a su amo y asumió la responsabilidad de llevar a cabo el trabajo. Llevó unas 1.000 personas, incluido *Ashigaru* (soldados rasos). La construcción empezó con el estudio hidraúlico de la zona. Para que incurrieran en mayores gastos, el shogunato les prohibió llevar herramientas y materiales de construcción. Debían comprar en la zona. Les prohibió utilizar mano de obra local, para que tuvieran que llevar gente de Kagoshima y sumar gastos de viaje, alojamiento y comida. Aún bajo esta circunstancia adversa la obra se completó en aproximadamente un año y tres meses, con un costo equivalente a 400 millones de dólares actuales, agravando aún más la ya debilitada situación financiera del feudo. Durante la construcción, debido a la severidad del trabajo, 51 personas se suicidaron haciéndose el *harakiri*, y 33 murieron por enfermedad. Inmediatamente después de la finalización de la inspección de la construcción, donde comprobaron la perfección de la obra, Yukie Hirata informó al señor feudal su trabajo y luego se suicidó, haciéndose el *harakiri* en un templo con un vínculo muy estrecho con Satsuma. Asumió la responsabilidad del proyecto, el haber debilitado las arcas del feudo y el haber llevado a la muerte a cerca de 90 personas.

Recién en 1938 (año XIII de la Era Shōwa) la población local recaudó fondos para construir un santuario como agradecimiento a Yukie Hirata y sus trabajadores, en la ciudad de Kaizu, prefectura de Gifu, donde la población no tuvo que sufrir nunca más inundaciones (**Fig. 9**).

Con esto quiero mostrar que los kagoshimanos parecemos brutos, pero en el fondo somos sensibles a las desgracias ajenas y una vez que nos dan un trabajo, nos enfocamos en un único objetivo que es terminarlo y luego asumir la responsabilidad por todos los problemas que hayan surgido por cumplir con el trabajo.

Guerra con Rusia

A comienzos del siglo XX, hubo una disputa sobre los intereses de la península de Corea y Manchuria y el sur de Manchuria y la península de Liaodong, entre el Imperio Ruso y el Imperio Japonés. La guerra entre ambos países duró desde 8 de febrero de 1904 hasta 5 de septiembre de 1905, donde se liberó la mundialmente famosa batalla naval a gran escala que los japoneses la llaman la batalla del Mar del Japón y los occidentales batalla naval de Tsushima. El gran triunfo de la flota japonesa sobre la rusa aceleró la firma de ambos países (bajo la mediación de los Estados Unidos) del Tratado de Portsmouth que puso fin a la guerra. Los países adelantados (Estados Unidos, Inglaterra, Alemania) estaban interesados en esta batalla porque fue la primera en la que participaron buques acorazados construidos con acero y en la que fue utilizada la comunicación inalámbrica. ¿Por qué introduzco este hecho mundialmente famoso?

En esta batalla naval el comandante de la flota japonesa fue el almirante Heihachirō Tōgō (1848-1934), quien era también oriundo de Kagoshima. O sea que en mis pagos nacieron dos héroes que cambiaron el sistema político del Japón y lo pusieron a la altura de los países adelantados: el almirante Tōgō y Saigō Takamori de quien les hablaré más adelante. Tōgō comandó la flota japonesa contra una de las flotas más poderosas del mundo, la flota rusa del Báltico. Esta batalla naval se desarrolló el 27 y 28 de mayo de 1905. Por este triunfo el almirante Tōgō fue considerado uno de los tres mejores almirantes del mundo junto con Horatio Nelson y John Paul Jones.

El resultado fue que la flota rusa perdió 20 barcos (6 de ellos acorazados hundidos), y 13 capturados de los 28 barcos, además de los barcos auxiliares. La flota japonesa tuvo solo 3 torpederos hundidos. Lo más destacado de esta batalla fue el sistema de formación que Tōgō utilizó cambiando por completo el método de la batalla naval practicado hasta entonces. Esta maniobra de Tōgō que asombró a todo el mundo es conocida como "Rotación en T".

Los acorazados tienen sus cañones principales en la proa y en la popa. Para que tengan efectividad, los cañones deben disparar hacia los costados. No se puede disparar para adelante ni para atrás dado que la cabina, que está en el medio, impide que se pueda utilizar todos los cañones en forma simultánea.

La batalla comenzó con ambas flotas avanzando en sentido contrario, con lo cual si seguían la ruta original, ambas flotas utilizarían sus cañones apuntado al costado del barco enemigo.

La batalla dura poco cuando ambas flotas están en línea paralela pero avanzando en sentido contrario, hasta que se alejan una de la otra. En cambio si ambas flotas avanzan hacia la misma direccion, la duración de la batalla es más larga.

La flota japonesa se acercaba en dirección contraria a la rusa y Tōgō de repente ordenó dar la vuelta a su línea de flota. Pareció que ambas flotas iban a tomar dirección paralela para avanzar en el mismo sentido, pero como la flota japonesa tenía mayor velocidad, despúes de girar sobrepasó a la rusa y allí giró hacia la derecha de tal forma que todos cañones de la la flota japonesa podían apuntar al acorazado que avanzaba en la punta. Los otros acorazados, no podían disparar dado que los que estaban adelante impedían su visualización (**Fig. 10**).

Tōgō envió un mensaje al cuartel general que se hizo famoso en la historia naval: "En respuesta al aviso de que las naves ene-

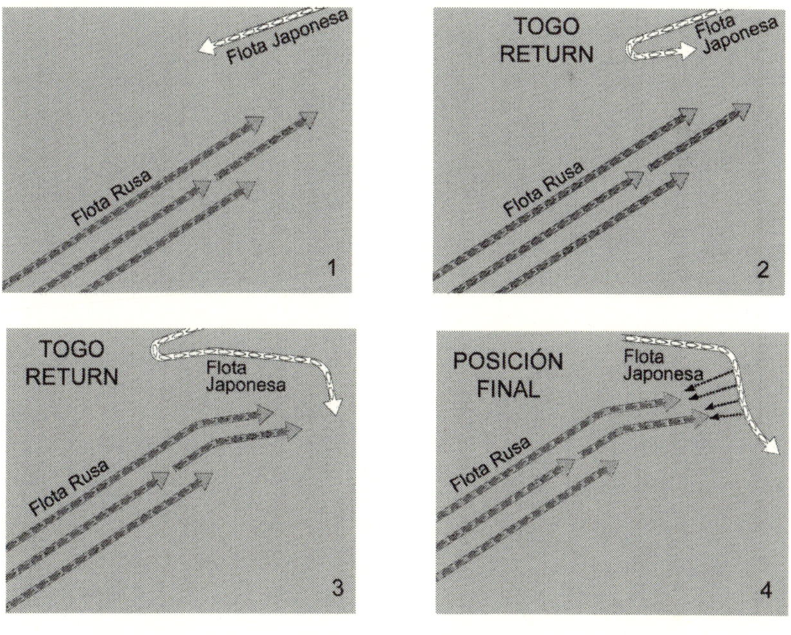

Fig. 10. Rotación en T, maniobra del Comandante Tōgō.

migas han sido vistas, la flota imperial conjunta tomará inmediatamente la acción de atacar y destruírlas. Hoy reina un buen tiempo, pero las olas están altas". Este mensaje fue enviado a las 06:34 del 28 de mayo de 1905 y fue la primera comunicación inalámbrica utilizada en guerra en el mundo.

Al divisar a la flota enemiga a las 13:40 el almirante Tōgō hizo izar la famosa bandera "Z" conocida como símbolo de guerra naval y mandó otro mensaje que también quedó en la historia: "El destino del Imperio depende de esta batalla. Cada hombre debe dar lo mejor que tiene para cumplir con su deber".

Así como él, muchos hombres de Kagoshima ocuparon cargos importantes del gobierno de Meiji, como Toshimitsu Ōkubo, que se dedicó a modernizar la industria, pero fue asesinado en Corea; Tatewaki Komatsu, que falleció muy joven (35 años, pero por su capacidad la gente lo llamó Primer Ministro Fantasma); Toshiyoshi Kawaji, que organizó el sistema de seguridad que es la base del sistema de seguridad actual; Iwao Ōyama, General del Ejército que derrotó al ejército ruso, entre otros.

Saigō

Si hablamos del kagoshimano más conocido no solo en su tierra sino por todos los japoneses es este hombre, muy querido y venerado. Uno de los personajes principales de la película *El último samurái*, protagonizada por Tom Cruise.

Saigō Takamori, conocido como *Saigō-san* (23 de enero 1824-24 de septiembre de 1877).

Uno de los mensajes más famosos de Saigō es 敬 (*Kei:* Venerar) 天 (*Ten:* Cielo) 愛 (*Ai:* Amar) 人 (*Jin* o *Hito:* Persona). (**Fig. 11**). Significa "Venerar el cielo y amar a las personas", y resume su carácter y pensamiento.

Fue más que un samurái, el armador de la política japonesa, que vivió durante los últimos años del período Edo y comienzos de la Era Meiji. Inicialmente fue uno de los personajes políticos que apoyó la eliminación del shogunato Tokugawa y respaldó

Fig. 11. Mensaje de Saigō Takamori "Venerar el cielo y amar a las personas".

Fig. 12. Estatua de Saigō Takamori (©Ciudad de Kagoshima).

la restauración, y posteriormente se involucró con el gobierno Meiji. Pero, en 1877, tras la persecución sistemática de los samurái por parte del nuevo gobierno, lideró la rebelión Satsuma, que sería el último conflicto encabezado por los samurái en la historia japonesa. Takamori es considerado como el último samurái verdadero.

Era una persona de convicción, con carácter inquebrantable. Era muy generoso y muy querido por todos. Era honesto, detestaba el lujo y su corazón estaba con la gente pobre.

Era de carácter simple y ni siquiera le importaba su propia vida.

Esta es también su enseñanza: conocer el cielo, hacer el mejor esfuerzo, no culpar a los demás, preguntar dónde están los defectos propios.

Muy pocas letras que dicen mucho.

En mi época tenía una simple estatua de plomo sin ningún adorno, en un lugar árido. Ahora la veo rodeada de plantas (**Fig. 12**). Es uno de los tantos ejemplos de cuando un país crece y pueden destinar su presupuesto para embellecer el paisaje, dejar las enseñanzas de los antepasados y de esa forma dar bienestar y cultura a su gente.

Para que los lectores no piensen que exagero recalcando el carácter combativo de los kagoshimanos, transcribo el diario que encontró mi hijo, del teniente Yoshio Morokuma, quien luchó en Jiangyin, China, cerca de Shanghai, junto con mi padre adoptivo, que dice:

"Mi compañero de la Escuela Militar, el teniente Mitsuo Matsumoto, ejercía como jefe de pelotón en la 9ª Compañía, luchando en el frente de guerra. Fue trasladado al pelotón de custodia de la bandera en la retaguardia, como oficial, reemplazándome. No le gustó nada que lo sacaran del frente de batalla. Una vez en lugar de estar en la retaguardia con su tropa fue a pelear al frente e hizo que el comandante entrara en pánico, por miedo a perder la bandera del regimiento".

Al ordenársele a mi padre retirarse con la bandera, mi padre contestó que la guerra se hacía en el frente y que el comandante no tenía ningún derecho a ordenar estando atrás de la línea de fuego y que si quería ordenar, que viniera a pelear al frente. Dice el teniente Morokuma en su diario que el teniente Matsumoto era un hombre excepcional de Kagoshima, como diciendo que todos los kagoshimanos somos diferentes y nos destacamos por nuestra valentía.

2. ¿Quién soy?
2. 生立ち

Mi nacimiento

Nací el 20 de octubre de 1943, hace setenta y siete años, en una isla llamada Saipán.

En Japón cada día del calendario tiene asignada una flor. Los 366 días del año, incluído el año bisiesto, tienen sus flores. Algunas son locales y otras son de otras naciones. Este emblema de la flor personal se llama *Hanakomon* (花個紋) y determina el carácter y la personalidad. Por ejemplo, yo nací el 20 de octubre y mi *Hanakomon* es la *Yokomihana Rindou*, familia de *Gentiana Scabra* (**Fig. 13**). Dicen que las personas con este *hanakomon* desarrollan su capacidad en los momentos oportunos y llaman la atención de quienes los rodean. Aunque tienen un gran potencial oculto, en la vida cotidiana demuestran hacer mucho esfuerzo. Otros nombres de la flor son: *Ryutan* (Guante de Dragón), *Sutan, Rakutan* y Emiyagusa (*Guanyuki*). Es una flor representativa del otoño que se ve en las praderas y montañas. Tiene la forma de una campana de color violeta. También es apreciada como hierba medicinal.

¿Por qué en Saipán?

Saipán es la más grande de las Islas Marianas del Norte en el océano Pacifico occidental. A partir de 1986 formó parte de los Estados Unidos de Norteamérica en lo que en la actualidad se denomina Estado Libre Asociado Insular Estadounidense de las Islas Marianas del Norte. Originalmente la isla estaba bajo la jurisdicción de la Sociedad de Naciones, pero Japón asumió su control *de facto* en la Segunda Guerra Mundial.

Por este motivo considero que soy un ciudadano sin nacionalidad. Hoy, en teoría, debería pertenecer a los Estados Unidos de Norteamérica, pero cuando tramité mi documento de identidad pertenecía todavía a Japón.

La capital de la isla se llamaba Katori, pero cuando gestioné el documento válido en aquella época, la cédula de identidad, el funcionario confundió la *K* con una *R*, y quedó como lugar de nacimiento "Ratori". Como no tenía ganas de discutir para tratar de subsanar el error, mi lugar de nacimiento quedó como "Ratori, Saipán, Japón".

Tengo una foto del 19 de diciembre de 1943 (**Fig.14**). Estamos mi madre y yo, de apenas dos meses, frente a un templo sintoísta, en Katori.

Mi padre era médico y el ejército lo había reclutado y destinado a Saipán, con rango de teniente segundo. Aunque era el rango más bajo, era un oficial del ejército. En esa época Japón era invencible, no se pensaba en la derrota, por lo que los oficiales podían llevar a sus familias a donde fueran destinados. Así, mi padre llevó a mi madre a Saipán.

El 15 de junio de 1944 comenzó el contraataque de los norteamericanos a la isla ocupada por los japoneses, quienes fueron completamente derrotados el 9 de julio del mismo año. Esta batalla se hizo famosa porque cuando los americanos atacaron, los japoneses los consideraron demonios, y las mujeres y los niños se tiraron de un acantilado, como las ratas, para suicidarse y liberarse de los enemigos.

Las escenas fueron filmadas y aún se pueden ver en un documental de la Segunda Guerra Mundial, como un triste recuerdo. Dicen que murieron más de 27.000 japoneses en la isla, y 9.000 lo hicieron en un suicidio masivo.

¿Cómo me salvé de ese escenario? Al comenzar el ataque, Japón envió tres barcos para poner a salvo a los civiles. Mi madre tenía prioridad para sacar pasaje en el mejor barco, por ser esposa de un oficial, pero por su carácter tranquilo y confiado no sacó el pasaje sino hasta último momento. Cuando fue a buscarlo ya no había lugar en el mejor barco y se tuvo que conformar con un lugar en el peor barco de los tres. ¡Yo nací con suerte, porque de los tres barcos que zarparon sólo llegó a

Fig. 14. Mi madre y yo de dos meses.

Japón uno: el nuestro! Los otros dos fueron hundidos por los norteamericanos.

Mucho tiempo después mi abuelo me contó que cuando mi madre llegó a su casa, en la entrada se desmayó conmigo en los brazos y se quedó dormida. Durmió durante días. La tuvieron que despertar varias veces, aun pegándole, porque tenían miedo de que si la dejaban dormir, no despertara más.

En esa época los barcos tenían velocidades menores a diez nudos por hora y el tren de Yokohama a Kagoshima alcanzaba una velocidad muy inferior. Posiblemente mi madre por los nervios y el estrés de viajar con su pequeño hijo no haya podido dormir por días.

Mi padre quedó en la isla y murió en la guerra. No se sabe en qué circunstancia, ni qué día ni dónde. Por esa razón no conozco su cara. No tengo una foto de él.

Nunca quise preguntarle a mi madre sobre su vida pasada con mi padre ni sobre el viaje, por temor a traerle recuerdos amargos.

Lo único que tengo de él es un diploma (**Fig.15**) que dice: "El Emperador del Japón condecora (**Fig.16**) al fallecido, Toratarō Haruta, con la 8va Orden de Hoja de Paulownia", fecha 30 de noviembre de 1968, sello del primer ministro, Eisaku Sato.

Mi padre de sangre se llamaba Haruta de apellido y Toratarō de nombre (*Tora* significa *tigre*, *Tarō* significa *primer varón*). Haruta se escribe 春田 y significa *campo de primavera*. Si bien no pertenecía a una familia samurái, era jefe de una aldea que lleva su nombre. Era el hermano mayor de tres varones. El segundo hermano se llamaba Torajirō (*Jirō* significa *segundo varón*). El tercer hermano se llamaba Torasaburō (*Saburō* significa *tercer varón*). Se recibió de médico y estaba casado, pero no sé por qué motivo, se suicidó.

Mis abuelos paternos se llamaban Kakuya (mi abuelo) y Kiyo (mi abuela). Era común en aquella época poner de nombre Taro (primogénito), Jiro (segundo hijo varón), Saburo (tercero),

Fig. 13. Mi hanakomon*:* Yokomihana Rindou.

日本国天皇は故春田虎太郎を
勲八等に叙し白色桐葉章を贈る
昭和四十三年十一月三十日璽を
おさせる

昭和四十三年十一月三十日
内閣総理大臣　佐藤榮作

総理府賞勲局長　岩倉規夫

第一三八六四五号

Fig. 15. Diploma de mi padre.

Fig. 16. Condecoración de mi padre.

Shiro (cuarto) y así sucesivamente. Mis abuelos pusieron delante de cada nombre el prefijo Tora (tigre) deseando que los varones crecieran y fueran fuertes como los tigres, pero a los dos primeros se los llevó la guerra.

La guerra no solo se llevó a mi padre, sino también a su hermano Torajirō (**Fig.17**).

A diferencia de mi padre de quien no se conocen en absoluto las circunstancias de su muerte, sí se conoce bien la de mi tío Torajirō.

Cuentan que en Bougainville -isla cercana a Papúa Nueva Guinea- cuando anunciaron que había sido avistado un ataque aéreo norteamericano, mi tío saludó a todo el mundo y se subió a su avión. Nunca regresó. En aquel entonces su cargo era de capitán, pero por su valentía y modo de morir lo ascendieron dos rangos a teniente de navío. Fue muy querido por sus compañeros y adorado por las mujeres. Se decía en el batallón que Tora Haruta (Tora era su apodo) era buen mozo, aunque tenía tez oscura (en aquella época la tez blanca era símbolo de aristocracia) (**Fig.18**).

Yo no conocí a mi padre ni a su hermano Torajirō, pero sí al hermano menor, Torasaburō. En aquel entonces, yo era aún un niño y no lo recuerdo, pero conservo la foto de nuestro encuentro (**Fig.19**).

No sé el motivo por el cual este tío que era médico y como tal respetado, y además casado, se suicidó dejando viuda a su joven mujer.

Con su muerte el único que podía llevar el apellido Haruta era yo, pero al volver a casarse mi madre con mi padre adoptivo, desapareció el apellido Haruta. Para mi abuelo paterno pudo haber sido un *shock*, dado que el apellido Haruta era reconocido en la isla de Tanegashima.

Cuando era niño todas las familias ricas tenían su cementerio con las tumbas en su propio terreno. Fue muy raro que a mi tío Torasaburō lo cremaran, pero seguramente fue porque su

Fig. 17. Mi tío Torajirō está en la primera fila a la izquierda. Esta foto, posiblemente, era de cuando egresó de la Escuela Superior.

Fig. 18. Mi tío Torajirō es el que está a la derecha. Están vestidos con uniforme de oficial de la Marina en el verano de 1942. Todos fallecieron en la guerra.

muerte sucedió en la ciudad de Kagoshima, donde vivíamos. Prefirieron cremarlo y llevarlo en una urna a Tanegashima, a Haruta, donde está el cementerio familiar.

Tengo pocos recuerdos de mi infancia, pero me acuerdo de que después de cremar a mi tío cada uno tomaba sus huesos con un palito (no se calcinaban los cuerpos completamente) para ponerlos en la urna. Recuerdo la sensación de cómo se resbalaban por mis manos. No quise preguntarle a mi madre el motivo del suicidio.

Al recibir la noticia del fallecimiento de mi padre, mis abuelos paternos tratando de mantener la dinastía, siguiendo la costumbre y la filosofía de la familia japonesa de aquel entonces, pensaron que mi madre tenía que casarse con Torajirō, el segundo hijo.

La llegada del telegrama de la muerte de este tío fue un golpe muy fuerte para la familia Haruta. Mis abuelos pensaron que era el telegrama avisando la muerte de mi padre, porque ya se sabía que la isla de Saipán había caído en mano de los norteamericanos, pero era de la muerte de su segundo hijo Torajirō.

Un poco de Geografía

Todos conocen el mapa del Japón (**Fig. 20**). Quiero mostrarles dónde está ubicado Kagoshima y Tanegashima (**Fig. 21**). Como ven está en el extremo sur, lejos del centro, sin su influencia, razón por la cual conservó por mucho tiempo, costumbres propias.

Quiero recalcar que Japón está formado por cuatro islas importantes, con más de 6.000 islas pequeñas, que las rodean. Tiene la forma de un arco, alargado de Norte a Sur (3.000 km en línea recta). Es angosta ya que de Este al Oeste mide 500 km en línea recta. Tal es así, que no hay huso horario en invierno ni en verano, dado que, en cualquier punto del país, desde la salida hasta la puesta del sol solo hay una hora de diferencia horaria. Se decía que las mujeres con tez blanca eran de la zona norte donde había poca luz para quemarse por el sol o de la nobleza porque nunca salían a tomarlo. En cambio, las mujeres

Fig. 19. Mi tío Torasaburō y yo.

de la zona sur tenían tez más oscura. Al Este está la corriente cálida del Pacífico llamada Kuroshio y al Oeste la corriente fría del Mar del Japón, llamada Oyashio. El clima es predominantemente templado, pero varía mucho de Norte a Sur. La región más al norte, Hokkaidō, tiene un clima continental húmedo con inviernos largos y fríos y veranos de muy cálidos a frescos. Al Sur el clima es templado. Hay diversidad de climas y de productos, así como riquezas marítimas.

Mi madre y yo fuimos a vivir con mis abuelos paternos en la isla de Tanegashima, donde habían nacido mis antepasados. Tanegashima es una isla en el océano Pacífico al extremo sur de Japón antes de la incorporación de las islas Ryūkyū (Okinawa) a 115 km de la ciudad capital de la prefectura de Kagoshima. Posee una población de 30.000 habitantes, con una superficie de 445 km^2. La actividad principal es la agricultura (arroz, caña de azúcar, etcétera) pero también hay abundante pesca. La altura máxima es de 282 metros sobre el nivel del mar. Es famosa por tener la mayor base de lanzamiento de cohetes de Japón.

La isla está dividida en tres regiones (**Fig. 22**): Nishino-Omote, al Norte; Nakatane (tierra de mis abuelos paternos, los Haruta) al medio, y Minamitane (tierra de mis abuelos maternos, los Yamada) al Sur.

Un poco de historia

En 1543 un barco portugués que había naufragado llegó a la costa de la isla. En ese momento los japoneses conocieron el arcabuz, que disparaba balas con pólvora. El señor feudal hizo estudiar a sus súbditos cómo llevar a cabo la fabricación de estos arcabuces, y de la pólvora. Esta tecnología desarrollada en la isla fue exportada a la isla principal del Japón, a la ciudad de Sakai, cerca de Ōsaka, donde comenzó la producción masiva. Por este motivo, en esa época a los arcabuces los llamaban Tanegashima.

Para la unificación del Japón la aparición de los arcabuces fue

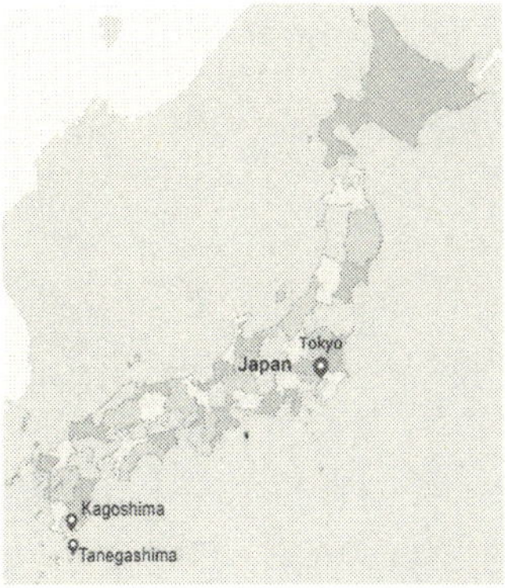

Fig. 20. Mapa de Japón (FreeVectorMaps.com).

Fig. 21. Kagoshima, Tanegashima y Okinawa (FreeVectorMaps.com).

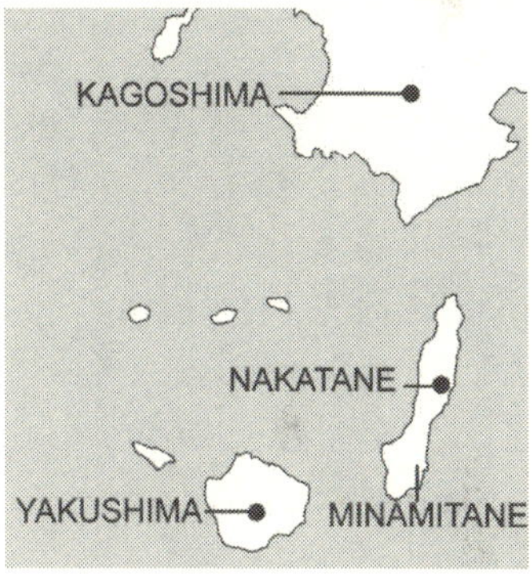

Fig. 22. Ubicación de Nakatane.

Fig. 23. Noma. Uno de los círculos marca la aldea Haruta.

fundamental porque cambió por completo la forma del combate y la táctica de ataque. Antes se utilizaban el sable, la lanza y la flecha. Los soldados luchaban cuerpo a cuerpo o con distancias relativamente cortas. Con los arcabuces podían disparar a mayor distancia y poseían un fuerte poder de destrucción.

El señor feudal que no llegó a dominar a Japón porque lo asesinaron cuando estaba por lograrlo, fue Nobunaga Oda, quien supo entender la superioridad de los arcabuces, contra las flechas, sables, lanzas y guerreros a caballos. Los mandó a fabricar en cantidad y demostró su poder sin precedentes en la batalla de Nagashino (1575) (長篠の戦い) contra la famosa tropa de caballeros rojos del temido señor feudal Takeda.

Antes del año 1100 la organización política del Japón tenía al Emperador como figura simbólica, pero era gobernado por los nobles terratenientes. Poco a poco, fueron apareciendo los guerreros samurái regionales, y se fueron agrupando bajo el signo de dos familias, una llamada Heike (clan Taira) y otra Genji (clan Minamoto).

Al principio el clan Taira fue el dominante. Luego intentó generar relaciones con la Casa Imperial y con la nobleza y se fueron convirtiendo en aristócratas, adoptando sus costumbres.

En cambio, los Minamoto, se alejaron del centro (Kioto) y establecieron su sede al Este del Japón, en Kamakura, para que sus súbditos guerreros no se dejaran influir por las costumbres de los nobles.

En 1185 por la batalla naval de Dannoura, el clan Heike recibió una derrota definitiva y la nobleza con sus súbditos huyó buscando lugares donde esconderse de la cacería de los Genji.

Una de las leyendas dice que uno de esos nobles se llamaba Tanegashima y llegó a la isla, y empezó a llamarla con su nombre. No se sabe si era de los Heike, pero la isla fue gobernada por la familia de ese nombre.

El idioma y los dialectos

Los japoneses actuales hablan un idioma casi igual entre ellos, pero en la antigüedad, principalmente durante la época feudal, en que una persona no podía pasar de un feudo al otro sin permiso especial o un salvoconducto emitido por el señor, en cada feudo se hablaba un dialecto. Esto hacía difícil la comunicación entre los mismos japoneses. Pasaba los mismo en China: los chinos no son una única raza, sino un conjunto de razas y reinos diferentes y su única forma de comunicarse era a través de un intérprete o mediante la escritura.

En Japón cada región tenía un dialecto, una entonación particular, que al escucharla uno podía imaginar a qué parte del Japón pertenecía. Como en Argentina sería identificar a un cordobés por cómo habla. Algunas regiones como Ōsaka todavía conservan sus acentos y expresiones características pero entendibles.

En mi infancia no podía comprender el idioma que hablaba la gente del Norte. La difusión de la radio al principio y la televisión posteriormente hizo que todos los japoneses empezaran a hablar el mismo idioma.

Yo creo que el idioma japonés es el dialecto hablado en Tokio, porque el centro de la comunicación estaba en Tokio.

El dialecto de Kagoshima era famoso por la particularidad del modo de hablar y ciertas palabras que lo hacían inentendible para muchos. Se dice que el idioma en la época de Tokugawa común a todos era el idioma de Kioto, capital del Japón, donde estaba el Emperador y la nobleza, terratenientes de casi todo Japón, excepto los terrenos dominados por los señores feudales.

El idioma que se hablaba en Tanegashima era completamente diferente al de Kagoshima, aunque pertenecía a la prefectura de Kagoshima. La gente de Kagoshima nos entendía, pero para los de Tanegashima era difícil entender a los kagoshimanos. Yo pienso que los que viven en Tanegashima son descendientes de la nobleza que huyeron de Kioto.

La problemática de los apellidos

Hasta la Era Meiji, los apellidos eran reservados para la nobleza, los samuráis y comerciantes adinerados. El nuevo gobierno de la restauración Meiji intentó reorganizar el sistema de identificación y, el 19 de septiembre de 1870, emitió una ordenanza que permitía a los plebeyos la utilización de un apellido personal. La palabra "plebeyo" aparece por primera vez para diferenciarlos de aquellos que tenían apellido. Sin embargo, la gente común desconfiaba de esta ordenanza, creyendo que era un medio para aplicar algún nuevo impuesto, por lo que no fue acatada por muchos. Ante esta situación, el gobierno estableció el 13 de febrero de 1875 una nueva ordenanza por la que obligó a toda persona a llevar un apellido. Cualquier persona pudo inventar o tomar el apellido que más les gustara. Así a fuerza de ley los japoneses tenemos nuestros apellidos.

Mis abuelos

Volviendo al tema de la llegada de los portugueses, cuenta la leyenda que, a cambio de vender un arcabuz y enseñar a fabricar pólvora, los portugueses, además del pago, pidieron a una princesa de la familia samurái de Minamitane.

La familia de mi abuela materna pertenecía a una de las tres familias nobles, quizás esa princesa pudo haber sido el antepasado de la familia de mi abuela. Por eso cuando yo era chico la gente decía que yo llevaba sangre portuguesa por mi nariz alta comparada con otros japoneses. En el mundo cuando se habla de los japoneses, siempre se mencionan los ojos rasgados y la nariz chata. ¿Será cierto que tengo algo de la sangre occidental?

También cuenta la leyenda que la princesa se tiró al mar cuando desapareció de su vista la silueta de la isla.

El casamiento de mis abuelos maternos fue un romance inimaginable en aquella época. Cuenta la historia que mi abuelo materno, Kyuemon Yamada (se escribe 山田 *montaña, campo*), era de una familia de origen campesino, pero con estudio y esfuerzo logró el título de maestro, y mi abuela Shizu, con apellido Iwatsubo, también estudió y se recibió de maestra, pero pertenecía a una familia de nobles. Se enamoraron, pero los Iwatsubo no le permitieron a mi abuela casarse con mi abuelo, por su origen campesino.

Mi abuela huyó de su familia para reunirse con mi abuelo. Dicen que el encuentro fue en un puente. ¿No les parece romántico?

Buscaron un nuevo lugar para formar un hogar en la ciudad de Kagoshima, donde mi abuelo se destacó y llegó a ser director de una escuela primaria, puesto socialmente respetado en aquella época. Formaron una familia numerosa. Mucha gente lo respetaba, principalmente sus alumnos y colegas.

Cuando yo tenía diez o doce años, venían a visitar a mi abuelo sus exalumnos ya mayores, siendo mi abuelo jubilado y retirado del mundo de la educación.

Aún en esta nueva era muchos siguen la costumbre antigua de que la mujer pierda su apellido. En la ceremonia de casamiento, la mujer lee una carta de despedida y agradecimiento a sus padres por haberla criado y haberla hecho una mujer. Casarse no era solo perder el apellido, sino perder casi todo el vínculo con su familia de origen.

Una familia rica o tradicional sin hijo varón que pudiera llevar su apellido, adoptaba un varón de un familiar cercano o de un familiar de nivel similar, para mantener la continuidad del apellido. El hijo adoptivo se podía casar con la hija de la familia tomando el apellido de la mujer.

Aun después de la Segunda Guerra Mundial, el casamiento era por recomendaciones o por contactos. Los ricos querían que sus hijos se casaran con los de familia rica. Creo que muchos japoneses mayores de cincuenta años se casaron por esta vía.

La cuestión es que viví hasta los cinco o seis años con mis abuelos paternos en la isla de Tanegashima, pero me mudé a Kagoshima para vivir con mis abuelos maternos y empecé a cursar el jardín de infantes para poder luego continuar con la escuela primaria y secundaria. Mi familia paterna, a pesar de no ser clase samurái, por ser jefe de una aldea, llevaba el apellido Haruta. Cuenta la historia que mi bisabuelo perdió toda su fortuna al salir como garante de una persona. Su única hija, o sea mi abuela, de nombre Take, quien tenía un carácter fuerte, dice que encontró a mi abuelo (Kakuya) inteligente pero de origen humilde. Aunque mi abuela era muy linda y mi abuelo muy feo, lo hizo adoptar y se casó con él, haciendo que lleve su apellido. Y lo mandó a estudiar.

Mi abuelo no le falló y se recibió de médico y recuperó la fortuna que había perdido mi bisabuelo. El matrimonio llamó la atención por la diferencia social y también porque mi abuela era tan linda y mi abuelo, decían, tal vez el más feo del mundo.

Noma es el lugar donde está la municipalidad del pueblo de Nakatane. Aproximadamente a 4 km de allí está Nokan, donde está la aldea Haruta, o sea la aldea de mis antepasados (**Fig. 23**).

Como pueden ver mi abuela paterna era una mujer de convicción y carácter fuerte. Quizás yo haya heredado en parte su carácter. No recuerdo su cara, solo muy pocas cosas de ella. Por ejemplo, cuando me entraba polvo en los ojos y ella me los lamía, para sacar las basuritas. No me gustaba pero ella me lo hacía igual. También recuerdo que cuando iba a nadar con mis amigos a un estanque ella venía a buscarme y retaba a todos mis amigos por haberme llevado a ese lugar, porque yo era el único varón que llevaría su apellido y me tenía que cuidar. Además era parte de la familia de un médico, lo que ella consideraba ser superior a otros.

Otro lugar adonde me iba a bañar era la playa Nagahama. En el año 2007 visité Tanegashima con mis hijos después de 50 años (**Fig. 24**). Lástima que el clima no nos acompañó. Era un día lluvioso sin sol, pero yo igual estaba muy contento de que mis hijos conocieran la playa donde yo solía ir.

Mi medio hermano

Volviendo a mi pasado había un chico mayor y una chica de mi edad viviendo en una casa junto a la de mis abuelos. Como mi

Fig. 24. Visita a Tanegashima con mis hijos mayores.

Fig. 25. Mi medio hermano y yo.

abuela decía que eran hijos de la empleada de servicio yo los trataba como tales, según la costumbre de aquella época en que el trato desigual era normal. Pero muchos años después mi madre me contó que eran mis medio hermanos.

Mi padre tuvo con una mujer dos hijos, pero mi abuela no la aprobó nunca. Para que mi padre se casara con mi madre, mi abuela paterna ocultó esa historia y por engaño convenció a mis abuelos maternos para que mi madre se casara con mi padre pensando que eran sus primeras nupcias. La profesión de médico de mi padre pesó mucho en la decisión.

Un acontecimiento sagrado e importante, cuando iba a Nokan, era visitar al cementerio de mis antepasados. Aunque parezca mentira, en aquella época cada familia rica tenía y sigue teniendo un cementerio propio.

Cuando volví con mis hijos encontré a mi medio hermano (**Fig.25**) y hablé con él como cualquier persona y nada especial, sin ninguna emoción. Fumaba mucho y parecía verme a mí mismo diez años atrás. Su fisonomía me resultaba similar a las fotos de mi tío Torasaburō. Tal vez la sangre Haruta, estaría más en él que en mí.

Él vivía donde está el terreno de Haruta, y no sé cuál era el sostén de su vida, pero cuidaba el terreno y el cementerio. En una época, a través de una persona conocida, me pidió que le cediera el derecho de no sé qué (posiblemente el terreno), pero al no pedírmelo más tarde, supuse que se había arreglado la situación. Tampoco pregunté qué apellido tenía, Haruta u otro, por respeto. Pero viendo el árbol genealógico veo que figura el nombre Toshirō debajo de mi padre Toratarō, lo que significa que mi abuelo lo adoptó.

Tumbas de mis antepasados

No recuerdo mucho aquellos días de la infancia en Noma. Sé que la casa era grande y en el fondo había un campito donde se cultivaban legumbres, y un bosque. Me acuerdo que en un árbol

Fig. 26. Sendero en el cementerio de Haruta.

Fig. 27. Monolito de mi abuelo.

de ese bosque poníamos tablas y construíamos una especie de casa como si fuéramos Tarzán. También me acuerdo que había un árbol de camelias y con un hilo hacíamos una especie de collar con sus flores. Esa casa, ya no existía cuando volví con mis hijos, aunque tratamos de encontrarla. Alguien me comentó que en el lugar habían construido un hospedaje, pero cuando fuimos no estaba el dueño y nadie nos supo decir si ciertamente ése era el lugar.

El cementerio de Haruta está en la cima de un pequeño monte. Para llegar al lugar donde está la lápida hay que subir un sendero. En mi época, en los costados había piedras con inscripciones X-Hime (*princesa*), o sea mis antepasados enterrados.

Pero cuando fui ya no estaban esas pìedras, y me encontré con dos lápidas hermosas.

El sendero (**Fig. 26**) ahora asfaltado y todo el monte pertenece a la familia Haruta donde perdí mi derecho a ser el dueño. Al final del sendero, y en la cima del monte, se construyó la lápida de la familia Haruta (**Fig. 28 y 29**).

Había un monolito (**Fig. 27**) que mandó a construir mi abuelo al quedarse solo. Hizo una bóveda en 1959, a modo de cápsula del tiempo, donde guardó todas sus pertenencias para que fuera abierta después de tres siglos, y que la posteridad pudiera conocer la vida de aquel entonces. No sé qué contiene y estoy tratando de averiguarlo para que mis hijos puedan acceder a esa información. El monolito dice: "Esto debe ser abierto pasados tres siglos para que sea utilizado para la ciencia como elementos de antigüedad. Si llegara a abrirse antes, la maldición caerá sobre el que la abra".

Mi familia materna

Ahora paso a narrar sobre la familia de mi madre, los Yamada. Aquí el material sobra y debo explicar cómo mi madre se casó con mi padre, porque sin la presentación de la familia Yamada, yo no estaría llevando el apellido Matsumoto y no tendría la familia que tengo ahora.

Fig. 28. Tumba de la familia Haruta.

Fig. 29. Vista de la lápida de la familia Haruta.

Tengo una foto que debe ser de alrededor de 1930 (**Fig. 30**), en la que están mi abuela, mi abuelo, mis tías Kazuko, Midori y Mutsuko, y tíos Tetsu y Tanenaro y mi madre.

Con la muerte de mi tía Midori en 2019 a los cien años, solo quedamos los primos.

Mis abuelos maternos tuvieron seis hijos. Era un matrimonio al estilo antiguo, pero hasta un niño como yo podía entender que se querían mucho.

La mayor se llamada Mutsuko, falleció joven y no recuerdo nada de ella, salvo a su hija (mi prima Rinko, 倫子), que vivía cerca de la casa en mi infancia.

Le sigue mi tía Midori, quien vivió mucho tiempo en Kagoshima, cuidando la tumba de la familia y luego vivió en Beppu, lugar famoso por sus termas. Tuvo dos hijas que vivieron conmigo, y compartimos la infancia, así que cada vez que podía las veía en mis viajes. La mayor se llamaba Keiko (恵子), de carácter varonil. Yo jugaba con ella a las cartas y luchábamos al estilo de *sumo*. La menor se llama Michiko (路子) y como era pequeña me quería como un hermano. Con ella todavía mantengo comunicación.

Le sigue el primogénito Tanenaru, graduado del Colegio Militar en la misma promoción de mi padre adoptivo. Cuando terminó la guerra ostentaba el rango de capitán y peleó en China. Después se recibió de ingeniero agrónomo, y estuvo trabajando en muchas empresas. Mi tío ayudó a un señor en China y como agradecimiento ese señor ayudó a mi tío hasta su muerte y gracias a esa persona mi tío no tuvo ningún problema económico. Ese reconocimiento eterno es típico de un japonés antiguo.

Durante la guerra mi tío Tanenaru se había casado con una joven de familia adinerada, ya que en aquella época casarse con un oficial del Ejército Imperial era un honor para la familia. Pero esa familia nunca quiso a la familia Yamada por considerarla plebeya. Tuvieron dos hijas.

Fig. 30. Adelante de la izquierda a la derecha se encuentra mi abuela Shizu (静)*, mi tía Kazuko (cuarta hija)* (和子)*, mi abuelo Kyuemon* (休右衛門)*, mi tío Tetsu (segundo hijo)*(哲)*, y atrás de la misma está mi madre Taeko (tercera hija ,mi madre* (妙子)*, mi tía Midori (segunda hija)*(緑)*, mi tía mayor Mutsuko (primera hija)*(睦子)*y mi tío Tanenaru (primer hijo)*(種稔)*.*

Fig. 31. En la región de Kominato.

Cuando terminó la guerra y mi tío ya era un don nadie, la mujer le pidió el divorcio y prohibió a las hijas visitar a su padre. Recién cuando mi tío estuvo enfermo y agonizando una de las hijas lo fue a ver (casi después de cuarenta años). Mi tío falleció un tiempo después.

Le sigue mi madre Taeko, y otro hijo llamado Tetsu, de profesión médico psiquiatra, y que en la Prefectura de Oita tenía un hospital psiquiátrico. Tiene dos hijos, el mayor es Kōichirō, arquitecto, y el segundo, Shigeru, que es médico psiquiatra siguiendo a su padre. Él maneja el hospital psiquiátrico de su padre.

La madre de ambos se llamaba Keiko y murió muy joven. Mi tío Tetsu que estaba enamorado de ella nunca volvió a casarse, a pesar de que en Japón era muy común que cuando moría la pareja se volviera a casar.

La última hija se llamaba Kazuko. Era muy bella. Se casó con Kimitoshi Saishōji, también oficial del ejército, quien después de la guerra, gracias a que hablaba inglés entró en la Compañía Dodwell, una naviera muy grande de aquel entonces. Llegó a ser director.

Es decir en mi familia hubo tres capitanes del ejército de la misma promoción: Tanenaru, mi tío (hermano mayor de mi madre), Mitsuo (mi padre adoptivo) y Kimitoshi (ya mencionado) que se conocían entre ellos del ejército, dado que los tres eran oriundos de Kagoshima. También mi tío Torajirō, que era de la misma promoción, pero de la Armada. Los cuatro se conocían entre sí, pero nunca pensaron que el destino los iba a unir en una misma familia.

Como ven mi familia tanto paterna como la materna eran educadores, militares o médicos.

Cómo llego a llevar el apellido Matsumoto

El destino quiso que mi madre se casara con Mitsuo Matsumoto (松元三男), mi padre adoptivo. ¿Cómo fue? Resulta que mi padre adoptivo después de terminada la guerra, a diferencia de otros tíos, en lugar de quedarse en Japón quiso buscar nuevos horizontes.

Vino a la Argentina porque tenía una hermana, que había llegado antes de la Segunda Guerra Mundial. Se había casado con el señor Miyazono, que tenía una tintorería, como muchos japoneses de aquella época. El clan Miyazono era bastante numeroso.

Trabajó con la familia de la hermana, pero se peleó (a diferencia de la familia Yamada, los Matsumoto no son tan unidos) y se fue a vivir a Escobar trabajando como floricultor.

Cuando consideró que ya había asentado su vida, escribió una carta a mi tío Kimitoshi Saishōji diciendo que se quería casar y que si le podía recomendar a alguna mujer.

Kimitoshi le respondió que podía recomendarle a su cuñada (o sea mi madre), pero que tenía una "yapa" (o sea, yo) y mi padre, que se ve que estaba desesperado, aceptó.

Así mi madre y yo vinimos a la Argentina, partiendo de Japón el 2 de septiembre y llegando el día 19 de octubre de 1957, un día antes de que yo cumpliera 14 años.

Así perdí mi apellido Haruta, ya que según la ley del Japón cuando alguien adopta a un hijo (en el registro civil del Japón yo figuro como hijo adoptivo de Mitsuo) el hijo debe llevar el apellido del padre adoptivo.

Mi padre nació en la Prefectura de Kagoshima en una aldea pesquera llamada Kominato (**Fig. 31**). Solo fui una vez a saludar a otra hermana suya, que vivía allí cuidando la tumba de su familia. Salvo la hermana casada con Miyazono, el resto del núcleo familiar no está en la Argentina. No conozco a nadie más de la familia.

Ahora que estoy jubilado empecé a asistir a las cenas que organiza la Asociación de Kagoshima, el segundo sábado de cada mes, y me estoy encontrando con muchas personas un poco mayores que yo, oriundos de esa zona, y voy conociendo viejas historias. También es un placer ver y escuchar que muchos mantienen el dialecto y su entonación tan característica.

Mi árbol genealógico

El clan Haruta tiene un árbol genealógico bien armado y escrito por un profesional especializado, como los de una familia noble o samurái. Esas historias están escritas en los rollos y están custodiadas en la casa de mi primo Mitsuo, descendiente directo.

Según mi primo Mitsuo (**Fig. 32**), lamentablemente fallecido, la familia Haruta tiene su origen cerca del año 1600. Esos rollos cuentan la historia de la familia.

El árbol genealógico (**Fig. 33**) resumido es el siguiente:

El fundador se llama Hashitanosuke, señalado con el número 1 del cuadro.

En la 5ta generación (Kakunosuke), su hermano Zenzaemon (señalado con el número 4 (四) y 1, funda la 4ta rama de la familia Haruta, que es mi rama. Mi padre Toratarō es la 10ma generación y como 11va aparece Toshirō, mi medio hermano, que de seguir yo con ese apellido, figuraría allí. Para la posteridad, borré el nombre de Toshirō y puse mi nombre.

Mi primo Mitsuo figura como 15va generación de la rama principal. Tomando una vida promedio de 30 años para cada generación, significaría 450 años de historia, por lo que pensar que el origen de Haruta se remonta al año 1600 no sería descabellado.

Se me despertó la curiosidad. Si un aldeano tenía tan bien registrada su historia, ¿cómo sería en el caso de una familia noble? Comencé a investigar tomando como ejemplo a la familia del 25vo señor feudal del clan Shimazu.

Lo que encontré fue que tuvo catorce hijas, doce hijos, doce concubinas, un hijo adoptivo, y cuatro hijas adoptivas, con sus nombres completos y muchos de ellos con fecha de nacimiento y fecha de fallecimiento incluidos. Se especifica con quién se casó cada uno, cuántos hijos tuvo. La información es completa hasta el último detalle.

Un poco en broma, me dijeron que el general Justo José de

Fig. 32. Mi primo Mitsuo junto a su esposa, y los pergaminos que contienen el árbol genealógico.

Fig. 33. Árbol genealógico.

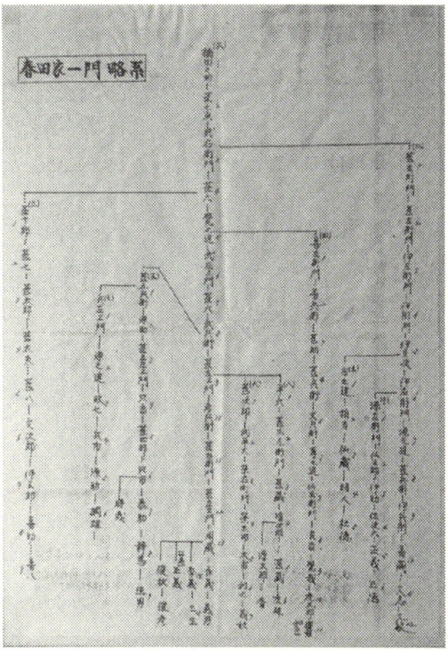

Urquiza es el padre de la Patria porque tuvo numerosos hijos, pero no creo que tenga un árbol genealógico tan completo como el de este señor, con las fechas de nacimiento y muerte de sus concubinas y de sus hijos.

3. Mi vida en Japón
3. 少年時代

Infancia

Mi madre conservó fotos de mi niñez. La primera (**Fig. 34**) es de cuando tenía diez meses. Detrás está escrita, con la letra de mi madre, la fecha: agosto de 1944. Pesaba 1,4 *kan*, equivalente a 4,7 kg. *Kan* es una unidad antigua de peso que equivale a 3,75 kg.

Cuando se habla de un luchador de *sumo*, seguramente se imaginan un hombre corpulento, robusto y gordo. Sin embargo, en aquella época, la condición para ser luchador era pesar como mínimo 16 *kan* o sea 60 kg, peso que cualquier hombre de hoy superaría ampliamente. Esto demuestra qué pequeños éramos los japoneses. No tengo las estadísticas, pero creo que la altura media era menor a 1,60 metros para los hombres.

No sé exactamente qué edad tenía en la otra foto que conservo (**Fig. 35**). En ella estoy serio, apoyado en una silla y con un pequeño delantal sobre la camisa larga.

En otra (**Fig. 36**), estoy más formal, vestido con chaqueta, camisa, pantalón y sombrero frente a una silla de madera similar a la de la foto anterior.

Pasé mi primera infancia, hasta los cuatro o cinco años, en Tanegashima y luego nos trasladamos con mi madre a la ciudad de Kagoshima, donde pasé mi vida hasta los trece años, antes de venir a la Argentina.

Vivía en el barrio de Shimoarata, pero más tarde fui a vivir con mis abuelos a Kamiarata, donde tengo mi domicilio legal en Japón.

La Prefectura de Kagoshima tiene su historia. Contribuyó a la caída de Bakufu del Shogunato Tokugawa y el advenimiento de la Era Meiji, y la apertura del Japón hacia el Occidente.

Me considero kagoshimano, siguiendo el concepto vertido en el primer capítulo.

En un cuaderno donde escribía mis recuerdos hay un mapa de donde estaba la casa y las de mis compañeros. Hoy debe ser todo completamente diferente. Quizás podría servir este mapa para la historia de Kagoshima, si alguien de la municipalidad o algún historiador lo viera.

Cuando salí de Japón, la ciudad tenía una sola calle principal con asfalto de dos o tres cuadras de largo, en un barrio llamado Tenmonkan. Como lugares de diversión había un solo cine y algunos restaurantes. En cambio, cuando volví con mis hijos era difícil encontrar una calle sin asfaltar.

Como la mayoría de los terrenos son arenosos en Japón, aunque llueva, las calles no se embarran y son transitables, a diferencia de Argentina, con tierras fértiles, que cuando llueve los caminos se convierten en barriales intransitables.

Tengo una foto que muestra el jardín de la casa de mi abuelo (**Fig.37**) donde yo vivía junto con mi prima Keiko, ya finalizando la primaria. La planta es una glicina, florece en la primavera y da una sombra agradable. Si hubiese podido tomar una foto con color, la glicina sería como la de la foto de la **Fig.38**. Sería otra cosa.

En el fondo se ve el invernadero donde mi abuelo cultivaba orquídeas.

Hasta mi llegada a la Argentina no sabía que las orquídeas eran flores, porque en mi época eran solo conocidas como plantas, y dependiendo de cómo era la forma, la textura y otras características había orquídeas que cotizaban muy alto.

Me acuerdo que mi abuelo, pasaba los días limpiando las hojas, lustrándolas.

En aquella época el sueldo de un maestro era de solo 12.000 yenes y había plantas de orquídeas que cotizaban más de 1.000.000 de yenes. Mi abuelo iba frecuentemente al monte y cuando encontraba alguna planta de orquídea interesante la traía y se lo veía muy contento. Le gustaban también las carreras de caballos, nunca supe si ganaba o perdía.

Cuando visité la casa de mi abuelo donde yo vivía tomé una

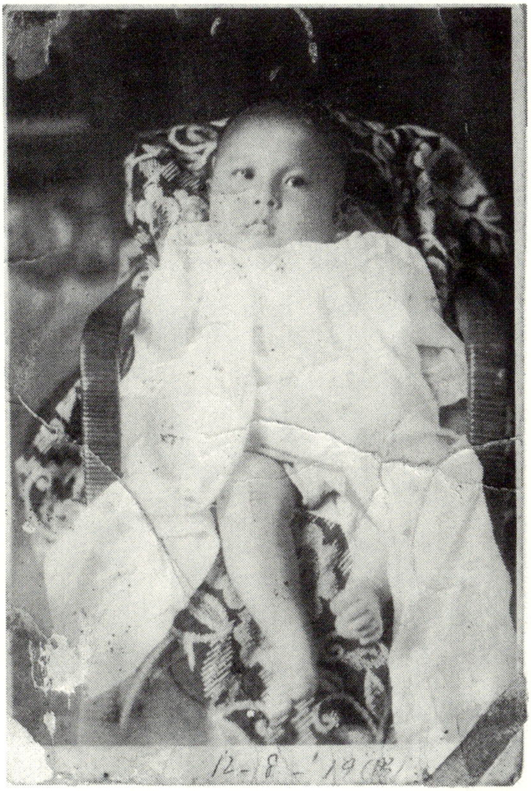

Fig. 34. A los diez meses.

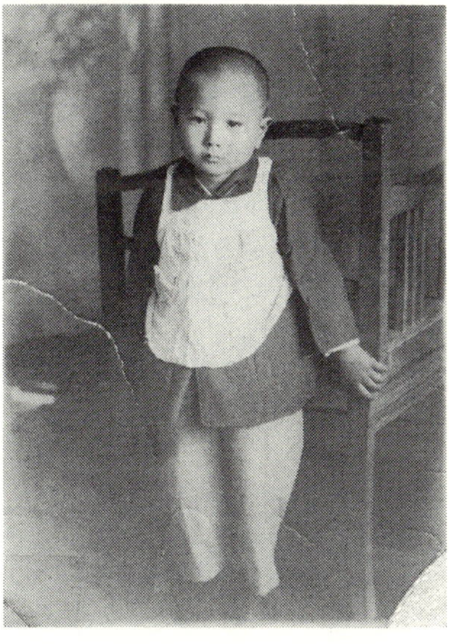

Fig. 35. A los tres o cuatro años.

foto con mi tía Midori (**Fig.39**). El cuarto que ve en el extremo derecho era mi cuarto, de 3 x 4,5 metros.

Tengo una foto del año 1955 (**Fig.40**). La pongo aquí porque ahora que la veo estoy sorprendido de su tamaño chiquito, mide 2,3 x 2,3 cm. ¿Con qué máquina la habrán sacado? Tampoco me acuerdo quién es el muchacho.

Tengo otra foto de agosto de 1955 (**Fig.41**). En ella estoy con mi abuelo, mi prima Keiko y mi primo Kōichirō, hijo mayor de mi tío Tetsu. La alegría de mi abuelo era inmensa porque Kōichirō llevaría el nombre de Yamada. Él se recibió del arquitecto y tiene una galería en Tokio. Su señora es cantante de canciones italianas y su hija Rei vino a estudiar tango, canto y baile por unos meses aquí en la Argentina y estuvo viviendo en casa.

En agosto de 1957 antes de venir a la Argentina parte de la familia se reunió en la casa del abuelo. Mis primas Keiko y Michiko, mi abuelo y mi abuela, el tío Saishōji (marido de mi tía Kazuko), mis tías Midori y Kazuko y mi madre y tomamos una foto (**Fig.42**). Todo el mundo se está riendo porque mi abuelo decía que tenía que estar serio para sacar la foto, contenerse de que no salga un gas y arruinarla. Ahora parece una broma sin importancia, pero causó mucha risa en la familia. Creo que antes la gente se reía más fácilmente.

La foto de la **Fig.43** corresponde al cumpleaños de siete años de mi prima Michiko. Trajimos esa vestimenta a la Argentina para festejar los siete años del cumpleaños de mi hija. El problema que tuvimos era que no pudimos conseguir las medias blancas (*tabi*) y las sandalias (*geta*), pero quedó como recuerdo y la foto está colgada en la pared de la entrada de mi departamento en Buenos Aires (**Fig.44**).

Vacaciones de verano

En las vacaciones de verano iba a visitar a mis abuelos paternos. Siendo un niño, ni siquiera adolescente, viajaba solo y no tenía

Fig. 36. *Otra foto de infancia.*

miedo de perderme, porque siempre iba a encontrar a alguien, conocido o no, que me iba a ayudar en el camino.

No solo tenía que tomar un barco de solo quinientas toneladas que navegaba por un mar no siempre calmo, sino que muchas veces había olas altas, y a veces incluso fuertes tormentas. Tardaba más de cinco horas para llegar al puerto de Nishinomote, capital de la isla de Tanegashima, a 120 km de la ciudad de Kagoshima.

Una vez me tocó un día de tormenta y el barco llegó tarde al puerto y no había colectivos para ir a Nakatane. Me acuerdo que una mujer me llevó a su casa, me dio de comer y pude incluso dormir en su casa; lo cual demuestra cómo era la relación comunal entre los habitantes, típico de una zona rural de Japón de aquel entonces. Las buenas costumbres se han mantenido hasta la actualidad.

Cuando hicimos con mis hijos el trayecto, muchos años después, el barco tardaba menos de dos horas.

Como no me gustaba estar con mis abuelos siempre iba a Nokan, donde estaba concentrada la familia Haruta. Tenía una tía llamada Ume (梅) que me mimaba, y además su hijo mayor Mitsuo jugaba conmigo. Es quien está en la foto donde se muestran los rollos del árbol genealógico familiar, en uno de los capítulos. También en Nokan estaba el cementerio de la familia y la playa llamada Yojiroga-hama, donde iba a bañarme. Sin embargo, a pesar de tener tan cerca el mar, nunca aprendí a nadar.

Entre Noma, donde estaba la casa de mis abuelos, y Nokan, había una distancia de un *ri*, equivalente a unos cuatro kilómetros. Yo los hacía por un camino que en aquel entonces me parecía una ruta, pero seguramente era una senda.

Me acuerdo que tardaba exactamente una hora. Al igual que la unidad peso de *Kan*, medíamos la distancia en *ri*, unidad antigua.

No había ninguna casa en esos cuatro kilómetros, sino solo una arboleda. Cuando soplaba el viento las hojas crujían y me daba un miedo tremendo, porque pensaba que podía aparecer algún diablo o algún monstruo.

Fig. 37. Jardín de la casa de mi abuelo.

Fig. 38. Glicina (Foto: Manon Thvnd).

A veces tenía ganas de ir de cuerpo. En aquella época no había papel higiénico, sino que se usaba el papel de diario, pero como no era precavido no lo llevaba. Me escondía entre los árboles y me limpiaba con las hojas grandes de las plantas. Al escribir esto, me sonrío, pero era realmente así.

Me acuerdo que iba a la casa de mi tía (**Fig.45**) que, aunque no era de sangre directa (siempre a la mujer mayor se le dice *Obasan*: tía), me gustaba visitarla. En el frente de su casa tenía parcelas de arroz y corría un arroyo. Poníamos piedras para armar un dique de menos de un metro de altura, y allí nos bañábamos desnudos. También juntaba caracoles en la playa, y los clasificaba para llevarlos a la escuela como trabajos prácticos realizados durante las vacaciones.

Mi educación

Al trasladarme a Kagoshima empecé a ir al jardín de infantes y de allí hasta el primer trimestre del primer año de la secundaria. Me acuerdo que el jardín era de jornada completa, pero debíamos llevar nuestra propia vianda. Mi abuela era muy buena cocinera y me preparaba viandas multicolores y me acuerdo todavía del *maki*, arroz arrollado en algas con relleno de verduras y pasta de pescado. La vianda llamada *bentō*, es muy popular en Japón y se la lleva en excursiones o reuniones a cielo abierto porque no necesita cocción. Inclusive en los trenes de larga distancia se venden una variedad impresionante de viandas, con los productos regionales típicos de cada lugar. También actualmente, en las reuniones internas de las compañías japonesas a la hora del almuerzo o cena se hacen preparar las viandas, aprovechando que mientras las ingieren, se puede llevar a cabo una reunión (**Fig. 46**).

Todavía no sé cómo, y no creo que haya alguien que me lo pueda explicar, mi abuela cocinaba tanta variedad de comidas en una época en la que no había cocinas a gas, sino solo una especie de cocinas con carbón, llamadas *shichirin* (**Fig. 47**) y *hibachi* (**Fig. 48**), que servían para calentar ollas y cacerolas.

Fig. 39. Mi tía Midori y yo.

Fig. 40. Del año 1955. No me acuerdo quién es el muchacho.

No sé si mi abuela usaba dos o tres de estos, pero se cocinaba gran variedad de comidas para el desayuno, arroz blanco, sopa miso, algún pescado asado, además de los pickles, etcétera. El jardín estaba a unas diez cuadras de mi casa. Iba solo aunque tenía seis años. Así era la costumbre y no había mucha intensidad de tránsito.

Actualmente, aún en las grandes ciudades, con importante tránsito, los alumnos van al colegio muchas veces en grupo, acompañados de alumnos de grados superiores y casi nunca los padres los llevan.

Me acuerdo que muchas veces no iba al jardín, sino que me quedaba en la orilla de un riacho y allí me comía la vianda y volvía a casa como si hubiese ido a la escuela. Creo que mi abuela nunca se dio cuenta. No lo sé.

Es costumbre en Japón sacar una foto de cada evento importante de la vida de las personas. Por ejemplo, la finalización de un curso en la escuela. Esta foto es la de la finalización del curso en 1949 cuando tenía seis años (**Fig. 49**).

La primaria la cursé en la escuela Yahata, que fue famosa por haber sido la primera escuela construida con hormigón armado en toda la Prefectura de Kagoshima, aunque quedaban construcciones en madera. Como todas las escuelas japonesas tenía un espacio al aire libre, donde se desarrollaban las actividades deportivas o de esparcimiento en el tiempo libre.

En cada clase había 30 a 36 alumnos. La escuela era de jornada completa, por la mañana se enseñaba materias básicas: idioma, matemáticas, geografía e historia, pero por la tarde había muchas actividades grupales. Una división tenía varios grupos, por ejemplo, en una clase de 36 alumnos, se formaban seis grupos, de alumnos heterogéneos, tanto por la capacidad intelectual, como la social, la atlética, etcétera. Después del almuerzo por la tarde practicábamos actividades grupales, empezando por la limpieza del colegio. Pasábamos el trapo en los pasillos, porque como todo el edificio del Japón de aquel entonces, se entraba a la

Fig. 41. Con mi abuelo, Keiko y Kōichirō.

Fig. 42. En primera fila de derecha a izquierda mi prima Keiko, luego yo, mi abuelo y en sus rodillas mi prima Michiko, y mi abuela. Atrás de derecha a izquierda están el tío Saishōji (marido de mi tía Kazuko), mi tía Midori, mi madre y mi tía Kazuko.

escuela descalzo. A la entrada había un estante con los nombres de cada uno de nosotros y cuando se llegaba cada uno se sacaba el calzado y lo guardaba en el estante correspondiente.

Luego de la limpieza se daban las clases de gimnasia, música, y dibujo, entre otras. La costumbre de que los alumnos limpien las escuelas, se sigue practicando hasta el día de hoy. No hay personal de limpieza ni de maestranza.

En los grupos había un líder. Me consideraba un alumno calladito, que no sobresalía mucho, pero en el tercer grado cuando la maestra Tōgō vino a hacerse cargo de la división, mi estilo de vida cambió por completo, ya que me eligió como líder. No sé por qué lo hizo, si bien yo era el primero en calificaciones. De mi grupo solo me acuerdo de dos compañeros: un tal Togo y otro Nakamata.

Nakamata estudió y entró a trabajar en el diario *Minami-Nippon* y cuando volví a encontrarlo tenía distintas actividades, incluyendo el estudio de religión. Estaba hecho un erudito y no se parecía para nada al Nakamata de la infancia. Yo pensaba que era un alumno con problemas, pero en realidad era un chico normal.

Togo era un chico de familia pobre, con problemas para estudiar, pero era hábil en lo que se refería al atletismo. Todas las personas siempre tienen alguna una habilidad para destacarse en algo en la vida.

Cuando volví dos veces a Kagoshima, Nakamata fue quien siempre nos recibió y en el primer regreso en 2004 organizó una recepción muy agradable, con los compañeros de la quinta división del sexto grado. Habían pasado cuarenta y ocho años. Tengo que reconocer su espíritu servicial conmigo.

Por ser líder me tocaba proponer las tareas para mejorar el desempeño del grupo en la clase, sin abarcar lo deportivo y lo cultural. Mi obligación era ayudar en el estudio a los que tenían problemas, pero al mismo tiempo incentivar a aquellos que se destacaban en alguna actividad, por ejemplo, aquel que sabía

Fig. 43. Michiko.

Fig. 44. Mi hija con el mismo kimono de Michiko.

cantar darle un rol protagónico cuando el grupo tenía que cantar en un coro, o aquel que corría rápido o se destacaba en gimnasia, ponerlo como representante del grupo en las competencias entre las divisiones. La asignación de estos alumnos estaba en manos de cada líder.

Cuando faltaba la maestra, un alumno tomaba su lugar, porque sabía exactamente el programa del día. Ese lugar me tocaba como líder. Estos procedimientos educativos se mantienen aun en la actualidad.

En la escuela se enseñaba cómo se debe trabajar en grupo, que es muy importante, además del estudio en sí mismo.

El rol de los maestros, su dedicación a la enseñanza, la calificación de cada uno de los alumnos, con una meticulosidad impensable, es prioridad en la educación japonesa. Además, se fomenta la relación con los padres de cada uno de los alumnos, visitando dos veces al año cada casa, conversando con las familias para saber en qué entorno vive el alumno y también para transmitir a los progenitores el comportamiento de su hijo, cuáles son sus cualidades y cuáles sus defectos, aconsejando cómo podría mejorar el estudiante y cómo podrían colaborar los padres en estas premisas.

En mi época los docentes estaban agremiados en lo que se denominan gremios confederados. Los más combativos eran los de los docentes y los de los ferroviarios. El gremio de los docentes era mundialmente famoso, porque cuando decretaba huelga, igual asistían a clase, pero en señal de protesta se ponían una vincha blanca. La fuerza gremial se fue diluyendo con el tiempo al igual que el gremio ferroviario, perdió su importancia al privatizarse los ferrocarriles y al dividirse los trenes en varias líneas privadas.

El colegio fomentaba la lectura y se vendía un cuaderno especialmente preparado para anotar lo que leíamos.

Uno ponía en el cuaderno todos los datos e información sobre el libro leído. Como ejemplo muestro una hoja de mi cuaderno donde está escrito el título del libro (**Fig. 50**): *Los tres*

Fig. 45. Visitando Nokan.

Fig. 46. Vianda o bentō
(Foto: iStock.com/whitewish).

Fig. 47. Shichirin *(Foto: DryPot).*

Fig. 48. Hibachi *(Foto: Katorisi).*

mosqueteros, el nombre de la editorial, la cantidad de páginas, el autor, mi impresión sobre la lectura y lo más importante: el resumen del libro. El que estoy mostrando es el resumen que escribí cuando tenía nueve años y llevaba leídos más de cincuenta libros en ese año.

Para que se rían voy a traducir lo que escribí, ya que es interesante saber la forma como estudiaba a esa edad. Esto es una demostración de cómo una lectura de un libro puede contribuir a fortalecer la capacidad de comprensión, de interpretación, de análisis, de resumir y sacar las conclusiones. Es un ejemplo de un muy buen ejercicio para un niño.

Sinopsis: D'Artagnan vino del campo para convertirse en mosquetero porque era su sueño. Se hizo amigo de los tres mosqueteros, arriesgando su vida, protegió a la reina, destruyó a las fuerzas enemigas y se convirtió en el capitán adjunto. Encuentro de espadas.

Impresión: cuando D'Artagnan derrotó al mejor espadachín de Francia, el conde Walde, salté de alegría. Sin embargo, cuando lo pensé mejor, concluí que el protagonista siempre tenía que ganar para que haya la novela. Es decir, ya en esa época mi visión era demasiado realista.

En el *Gakugeikai* del cuarto grado tomaron una foto (**Fig. 51**). Había cuatro actividades principales en un año escolar. Eran el *Gakugeikai* (evento artístico-cultural), el *Undōkai* (evento deportivo), el *Ensoku* (excursiones), además de la ceremonia de apertura y cierre de las clases. *Ensoku,* se escribe: *en* (遠, lejos), *soku* (足, pie o caminar). Observando la simbología, uno puede suponer el significado, aunque no se sepa leer, ya que "caminar lejos" implica una excursión. Digo siempre que la simbología es romántica, porque uno puede imaginar muchas cosas adivinando qué representa cada signo. En el *Gakugeikai* cada división presentaba sus obras. Modestia aparte me tocó siempre el papel protagónico. Aunque no me acuerdo de qué obra se trataba aquí, creo que mi papel fue el de jefe de una al-

Fig. 49. Fin de curso de 1949.

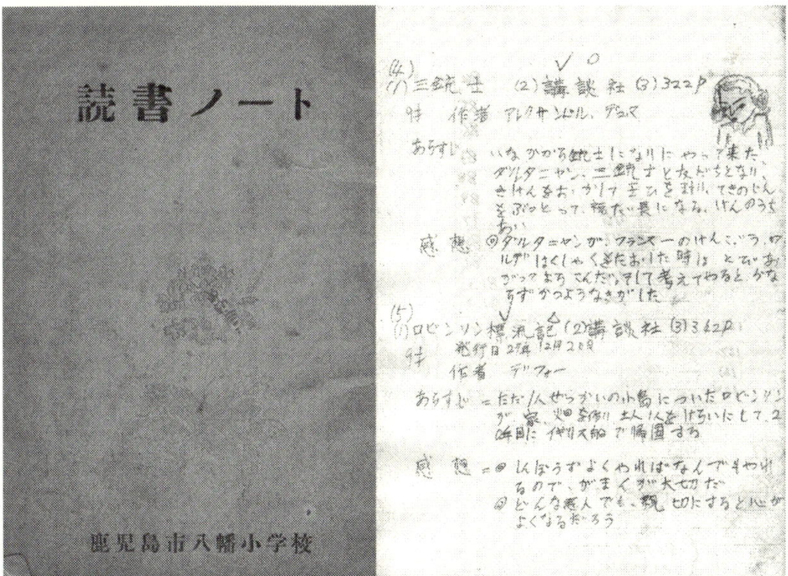

Fig. 50. Cuaderno para anotar lecturas.

dea. Sin embargo, en las fiestas deportivas mi abuela me cargaba diciéndome que en las carreras yo empezaba entre los primeros, pero siempre finalizaba en el medio o a la cola. Aquí se destacaban Togo y Nakamata, que mencioné anteriormente, quienes se llevaban todos los premios, representando a la clase.

En otra foto de *Gakugeikai* (**Fig. 52**) estoy con vestido blanco representando el papel de un mago.

Había una excursión para celebrar la terminación del curso en la primaria. Una fue al Parque Nacional Kirishima (**Fig. 53**), que es una zona montañosa. La leyenda cuenta que los primeros dioses del Japón descendieron en esta zona. La fecha es del 11 de septiembre de 1956 como está impresa en la foto. Fue una excursión de dos días con una noche para pernoctar. Como varones traviesos a la noche en lugar de dormir jugábamos corriendo por todo el hotel y los maestros nos reprimieron fuertemente. No nos pegaron. Estoy hablando de hace sesenta años atrás pero esta costumbre de pegar ahora no existe ni siquiera en Japón y, al contrario, los maestros son objetos de la crítica por parte de los padres si llegan a levantar la mano.

En la foto de egresado del 6to grado (**Fig. 54**), en marzo de 1956: estoy en la segunda fila, el cuarto contando de derecha a izquierda, con los ojos cerrados. Mi maestra Tōgō, muy flaca, está en la primera fila, la cuarta contando de la izquierda hacia la derecha.

Quiero recalcar aquí que todas las fotos son con motivo de algún acontecimiento, llevan la fecha y a veces el motivo, en el borde superior ahorrando así la molestia, pasados los años, de tratar de recordar la fecha o el motivo. Como ven la mayoría de los varones tienen la cabeza rapada y están vestidos con uniformes, no así las mujeres.

En la escuela secundaria, los varones siguen usando un uniforme similar, pero para las chicas hay uniformes tipo marinero. El uso del uniforme depende de cada establecimiento y puede ser optativo.

Fig. 51. Gakugeikai *de cuarto grado.*

Fig. 52. Otro Gakugeikai.

Tenmonkan era el lugar adonde íbamos a ver películas.

Quiero mostrar el listado de las películas que había visto (**Fig.55**). Me acuerdo que cada película que veía se la contaba a mis primas con gestos y actuaciones, que parece que les causaba gracia porque se morían de risa.

Solo muestro el listado, simplemente para que vean cuán meticuloso era al registrar las películas. Algunos títulos: *Bambi* de Disney, *Godzilla*, *Blancanieves*, *Cenicienta*, *El hombre que hizo llover* (*Rainmaker*, protagonizado por Kirk Douglas), *Ballena blanca* (*The Whale*) con Gregory Peck, *Juego prohibido* de René Clément, que en Buenos Aires se estrenó el 24 de julio de 1953.

Era costumbre en aquel entonces que todos los alumnos escribieran un diario personal. Me cuenta un amigo que esta costumbre aún se mantiene en la actualidad. Lástima que no traje ninguno mío, sino sabría lo que había hecho día por día y hora por hora. Hay cosas que uno se arrepiente de no haber guardado y ésta es una de ellas, pero quién podía pensar que a los setenta y siete años se me iba a ocurrir escribir mis memorias.

Para que la narración sea más interesante no me quiero olvidar de algunas cosas inimaginables. Vuelvo a repetir que en aquel entonces Japón era un país subdesarrollado, de modo que no había higiene y había muchas moscas y mosquitos.

Para erradicar las moscas, las casas tenían una cinta con pegamento y las moscas quedaban atrapadas. En la escuela se fomentaba erradicar las moscas. Las moscas que matábamos las aplastábamos y las poníamos en una cajita de fósforos. Lo llamativo era que cada uno llevaba esas cajitas a la escuela y declaraba la cantidad de moscas muertas que había dentro. Cualquiera podía haber mentido sobre la cantidad, porque nadie abría la cajita, menos aún contar la cantidad de moscas adentro, pero nosotros declarábamos la cantidad exacta y nos esforzábamos por matar la mayor cantidad, aunque no había un concurso ni un premio. Era simplemente cumplir con la política de la sociedad que fomentaba la higiene. La escuela era el medio para cumplirla.

Fig. 53. Excursión de fin de curso.

Fig. 54. Fin de curso de sexto grado.

Hay una foto en la sala de emisión de la radio NHK que es la emisora nacional del Japón y la sala del estudio corresponde a la delegación de Kagoshima. Yo estoy en el lado izquierdo y en el ángulo superior derecho aparece una foto pequeña de una chica, que no pudo asistir, pero se la agregó porque formaba parte del elenco. Es un detalle pequeño, pero importante (**Fig. 56**).

Gracias a estos álbumes los japoneses (si los guardamos ordenados) podemos tener nuestra historia y los recuerdos de manera cronológica.

En Japón toda la gente que tiene televisión debe pagar un abono mensual (antes todo el mundo pagaba, pero ahora hay mucha gente que se niega al pago). Así, esta emisora no pasa ningún tipo de publicidad porque tiene un ingreso asegurado.

Cuando yo tenía doce años empecé a actuar en un programa que decía "hablemos un japonés correcto", dado que en aquella época donde las comunicaciones eran escasas, en cada región se hablaba un dialecto diferente. Actuaba solamente una vez por semana, creo que cobraba por actuación mensual 800 yenes, que era alrededor de 2,50 dólares. Parece poco, pero en aquel entonces el sueldo mensual de una persona era de 8.000 a 10.000 yenes. Como otra referencia puedo mencionar que un plato de almuerzo (*ramen*, sopa de fideos) salía unos 15 a 20 yenes. Para un chico de doce años era demasiado buen sueldo.

Con la difusión de la televisión en todo el país, actualmente todos los japoneses hablan el mismo idioma, que es el idioma de Tokio. Por este motivo, yo digo que el idioma japonés es el dialecto de Tokio.

Mis enfermedades

Tengo quebrados ambos brazos. Primero fue el brazo izquierdo. Sucedió durante el entierro de mi abuela. Como no quería ir con mi abuelo (no sé porque no lo quería, no me acuerdo el motivo) en el asiento del conductor del camión, me subí a la caja (¿del

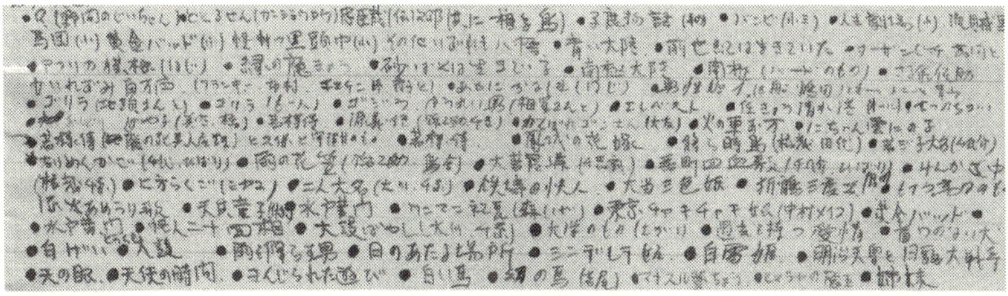

Fig. 55. Lista de películas.

Fig. 56. Sala de emisión de NHK donde yo actuaba.

camión o de la camioneta?). La cuestión es que cuando quise bajar se me trabó una parte de la ropa con el gancho de la caja y al soplar un fuerte viento, me caí y me quebré.

Me acuerdo que cuando me juntaron los huesos quebrados y me enyesaron, lloré como loco del dolor. Era un accidente en una aldea, donde no había médico especialista.

La segunda fractura fue en Kagoshima. Iba en bicicleta con un amigo. Mi abuelo me había retado por andar de a dos en la misma bicicleta. Cuando mi abuelo se fue, hice montar de nuevo a mi amigo en el asiento de atrás. Estaba cruzando la vía del tranvía y me caí, mi brazo se dobló noventa grados. No sentí dolor y le dije a mi amigo, "Mirá, me quebré" y le mostré el brazo, mi amigo casi se desmayó. También me enyesaron y como era el brazo derecho, escribía con el brazo izquierdo, pero como siempre trataba de escribir con el brazo derecho, los huesos nunca llegaron a soldarse bien.

Cuando era muy chico me agarré una pulmonía y tuve que faltar un año completo al colegio. Mi abuelo gastó muchos de sus ahorros para que me dieran antibióticos (penicilina), que en aquella época era un medicamento prohibitivo por su precio.

Cuando mi madre se volvió a casar y vino a la Argentina, era un país de muchos blancos, muy orgulloso y rico y no estaba abierta la entrada a los inmigrantes de raza amarilla. Solo se permitía ingresar a estudiantes que quisieran especializarse en agricultura, floricultura o que tuvieran parientes ya radicados en el país. Pedían todo tipo de exámenes médicos y uno de ellos era una placa de rayos X. Como yo tenía las secuelas de la neumonía, mi madre le hizo sacar la placa del pecho a mi compañero de escuela, Kubo, y pude sacar la visa con la placa de rayos X prestada.

Mis amigos

Nosotros vivíamos en Shimoarata, donde estaba mi escuela. Mi madre tenía un almacén y tenía como inquilino a un matrimonio, pero no me acuerdo mucho de la vida en esa casa. Los días eran muy monótonos.

Lo que me acuerdo es que tenía a mis compañeros muy cerca y siempre nos juntábamos para jugar. No había calles asfaltadas. Tampoco autos, así que las calles eran nuestras. En verano tirábamos agua para que no se levantara polvo y pasábamos la escoba recogiendo la basura, aunque cuando se levantaba viento de nuevo la arena volvía a ensuciar la calle, pero, al menos, no había basura.

Éramos traviesos, pero nunca hicimos cosas malas. Nunca nos amenazaron, pero nos decían que no debíamos hacer cosas malas porque el Sol nos estaba mirando.

El lector se sorprenderá al leer que cuando cometíamos travesuras el castigo era corporal. Dolía, pero uno sabía que merecía el castigo. El dolor se va con el tiempo, pero el remordimiento por mentir nos persigue toda la vida.

En la escuela primaria yo era muy mujeriego y enamoradizo. Todos los años en el verano en la playa de Yojirogahama, en el mes de agosto, se celebraba un espectáculo de fuegos artificiales y también algunos eventos como un show de danzas.

Una vez había una chica muy hermosa bailando y me enteré de que vivía en un pueblo llamado Tanigawa, ubicado a unos kilómetros de la escuela. Era tal mi obsesión que, con mis amigos, me iba a deambular por ese lugar con la esperanza de encontrarla. Por supuesto mis amigos no conocían mi real intención, pero finalmente la encontré y hablamos varias veces (ella era dos años menor que yo), pero la cosa no pasó de allí. Cosa de niños.

En la escuela también tenía amigas. No voy a decir quiénes eran, pero en aquella época era común decir que "la fulana era la amiga del fulano", eran "novios" entre comillas y nadie podía interponerse en esas relaciones. Cada chico tenía su propia amiga. No sé si era una costumbre de mi época o de Kagoshima en particular.

No es para mandarme la parte, pero creo que había muchas chicas que me querían, pero que yo no les daba bolilla.

Tenía un amigo llamado Unoki. No sé cuál fue el motivo, pero mantuve contacto con él aun después de venir a la Argentina. Cuando volví por primera vez al Japón en el año 1974, la única persona a la que vi de mi infancia fue él. Se había vuelto a casar y tenía un niño. Lo fui a visitar con mi prima Setsuko y juntos comimos *sukiyaki*, una especie de cazuela de carne. Como la carne cuesta mucho en Japón, cuando se hace *sukiyaki* los japoneses comen aproximadamente 100 gramos de carne por persona, acompañado de abundantes verduras para complementar y al final fideos, impregnados de salsa residual de carne y verdura.

Me acuerdo que entré en una carnicería y pedí un kilo de carne. ¡La cara que puso el carnicero! Me preguntó para cuántas personas, y cuando le contesté que era para cuatro casi se desmaya. Ahora el yen oscila entre 100 y 110 por cada dólar, pero en aquel entonces un dólar valía 360 yenes, así que para mí, que vivía en un país dolarizado, que ganaba cerca de mil dólares no era nada un kilo de carne, pero para los japoneses quizás era un tercio de su sueldo.

Unoki nos visitó con su señora en noviembre de 2006. El año anterior me había enviado la información de que en el 2004 se habían reunido todos los egresados de la escuela primaria Yahata para festejar su *Kanreki* (60 años). Como yo había perdido un año por tuberculosis, era un año mayor que ellos. Se juntaron todos los que pudieron asistir y festejaron sus 60 años.

Esto motivó que decidiera volver a Kagoshima, un año después, para reunirme con mis excompañeros. Allí Nakamata organizó una recepción en el Royal Hotel, en la foto (**Fig.** 57) dice "¡Felicitaciones por el regreso del compañero Kazuyoshi Matsumoto!" (apellido anterior Haruta). La recepción se grabó en un videocasete y en un CD que me gustaría que mis hijos pudieran conservar.

祝・春田和良(改姓・松元)君　帰国おめでとう
平成17年4月19日
於 サンロイヤルホテル

Fig. 57. Recepción de mis amigos en el Royal Hotel.
Mi amigo Nakamata justo detrás de mí.

4. Educación en Japón
4. 先生へのお別れの手紙

En mi época, cada vez que se terminaba un curso (6to grado de la primaria, 3er año del secundario, etcétera) era común que los alumnos escribieran una dedicatoria para sus maestros (no sé si ahora siguen con esta costumbre).

Lo notable es que cuando volví a Japón, en 2005, pude encontrar a mi maestra Tōgō en la ciudad de Fukuoka, y me devolvió esa carta que yo le había escrito. Todo gracias a la intervención de una excompañera, Sumiko Takeda. Yo me había encontrado con Takeda de casualidad durante un viaje.

Mi maestra dijo que conservó todas estas dedicatorias y en cada ocasión en que se encontraba con sus alumnos se las devolvía. Ella conservó esta carta mía durante cincuenta años, sin saber que en algún momento nos volveríamos a encontrar, máxime sabiendo que yo vivía en la Argentina y que no tenía ninguna certeza de que podría reencontrarse conmigo. Durante ese período nunca tuve contacto con ella.

Es una de las anécdotas más hermosas e inolvidables de mi vida.

Lo importante también para mí es que podía conocer con esa carta cómo escribía en aquel entonces y qué conocimiento de *kanji* tenía a los doce o trece años.

A continuación está el texto en japonés pasado en limpio. La traducción está hecha por mí, porque es parte de mis recuerdos. Reproduzco también la carta original (**Fig. 58, 59, 60, 61** y **62**).

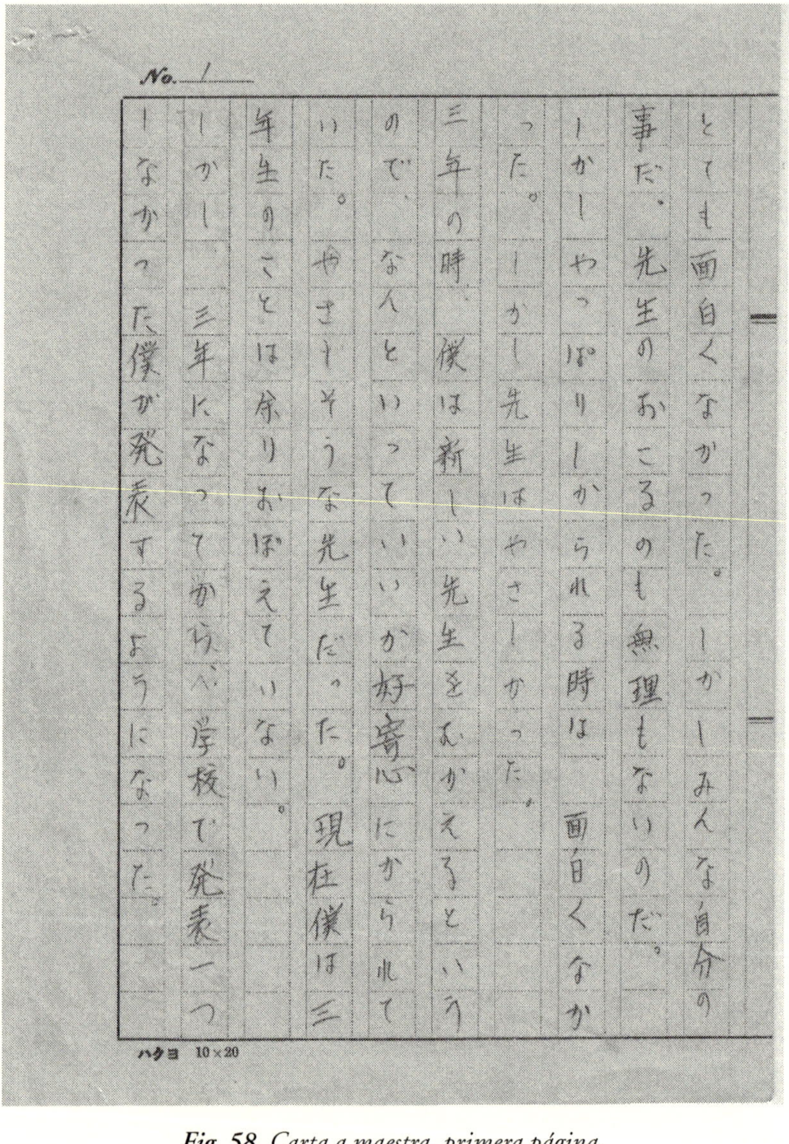

No. 1

とても面白くなかった。しかしみんな自分の
事だ・先生のおこるのも無理もないのだ。
しかしやっぱりしかられる時は　面白くなか
った。しかし先生はやさしかった。
三年の時・僕は新しい先生をむかえるという
ので、なんといっていいか好奇心にかられて
いた。やさしそうな先生だった。現在僕は三
年生のことは余りおぼえていない。
しかし　三年になってから、学校で発表一つ
しなかった僕が発表するようになった。

ハクヨ 10×20

Fig. 58. Carta a maestra, primera página.

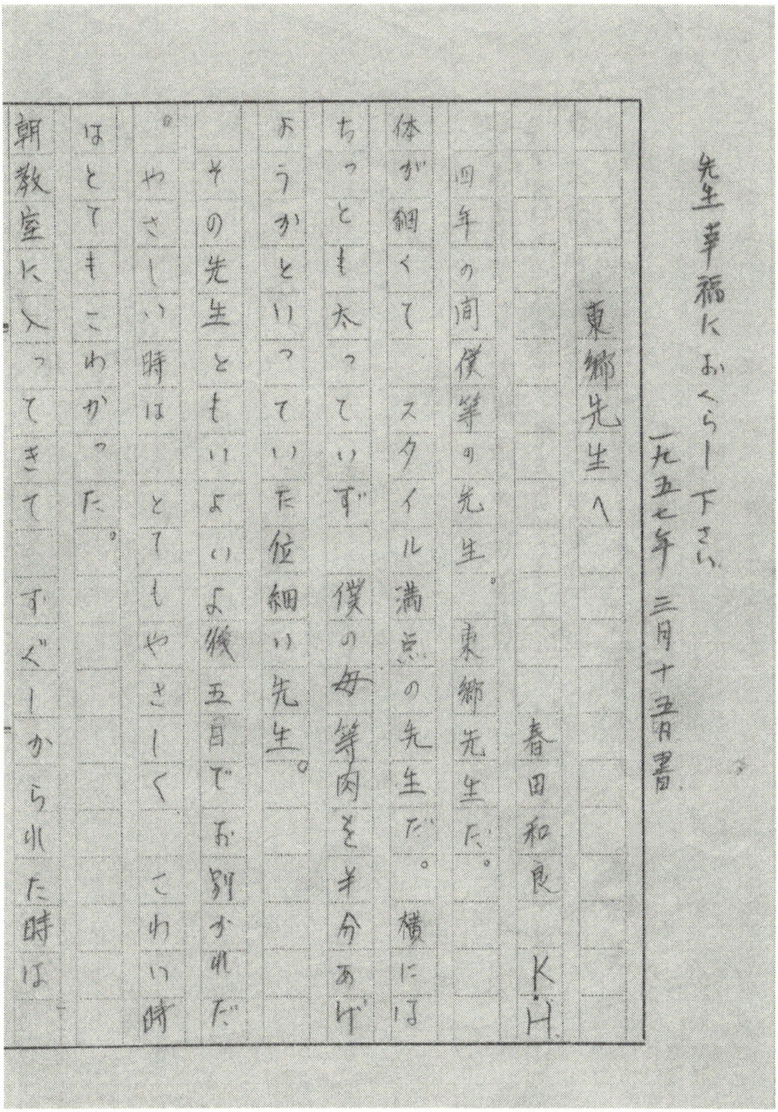

先生幸福におくらし下さい
一九五七年三月十五日書

東郷先生へ

春田和良
K.H.

四年の間僕等の先生。東郷先生だ。体が細くてスタイル満点の先生だ。横にはちっとも太っていず僕の母等肉を半分あげようかといっていた位細い先生。その先生ともいよいよ後五日でお別かれだ。やさしい時はとてもやさしくこわい時はとてもこわかった。朝教室に入ってきてすぐしかられた時は

Fig. 59. Carta a maestra, primera página.

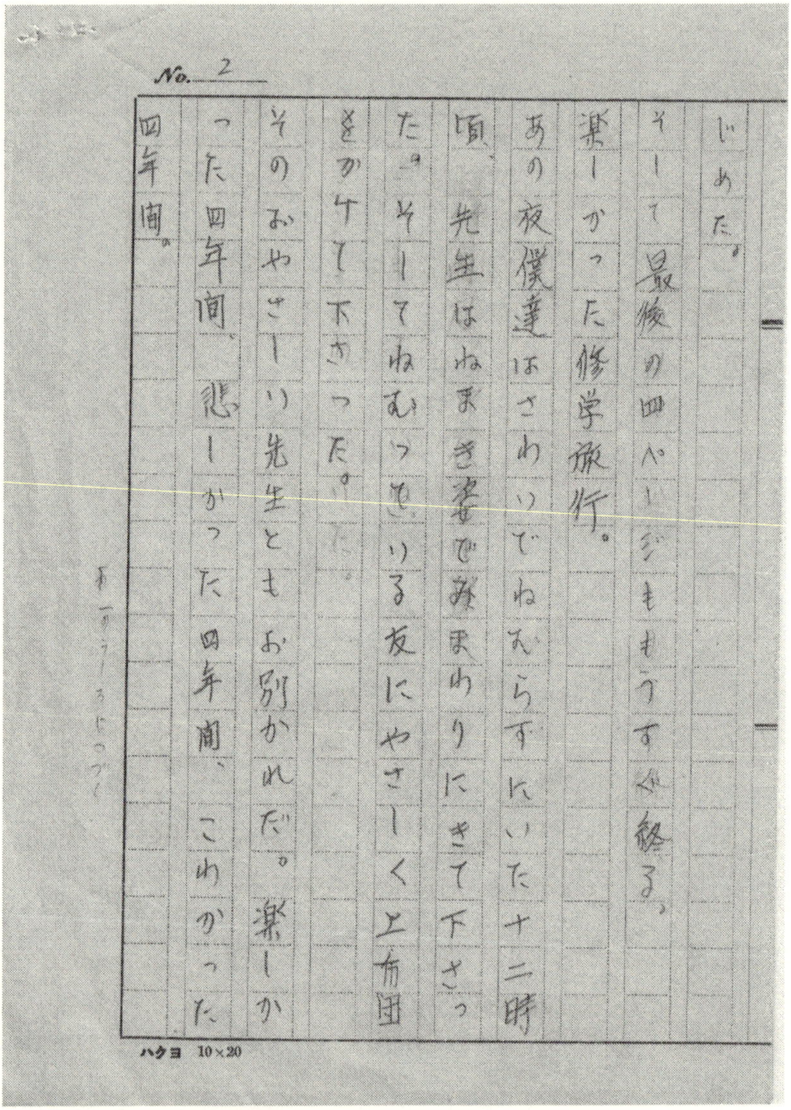

No. 2

じめた。
そして最後の四ページもうすぐ終了。
楽しかった修学旅行。
あの夜僕達はさわいでねむらずにいた十二時
頃、先生はねまき姿でみまわりにきて下さっ
た。そしてねむっている友にやさしく上布団
をかけて下さった。
そのおやさしい先生ともお別かれだ。楽しか
った四年間、悲しかった四年間、こわかった
四年間。

ハクヨ 10×20

Fig. 60. Carta a maestra, segunda página.

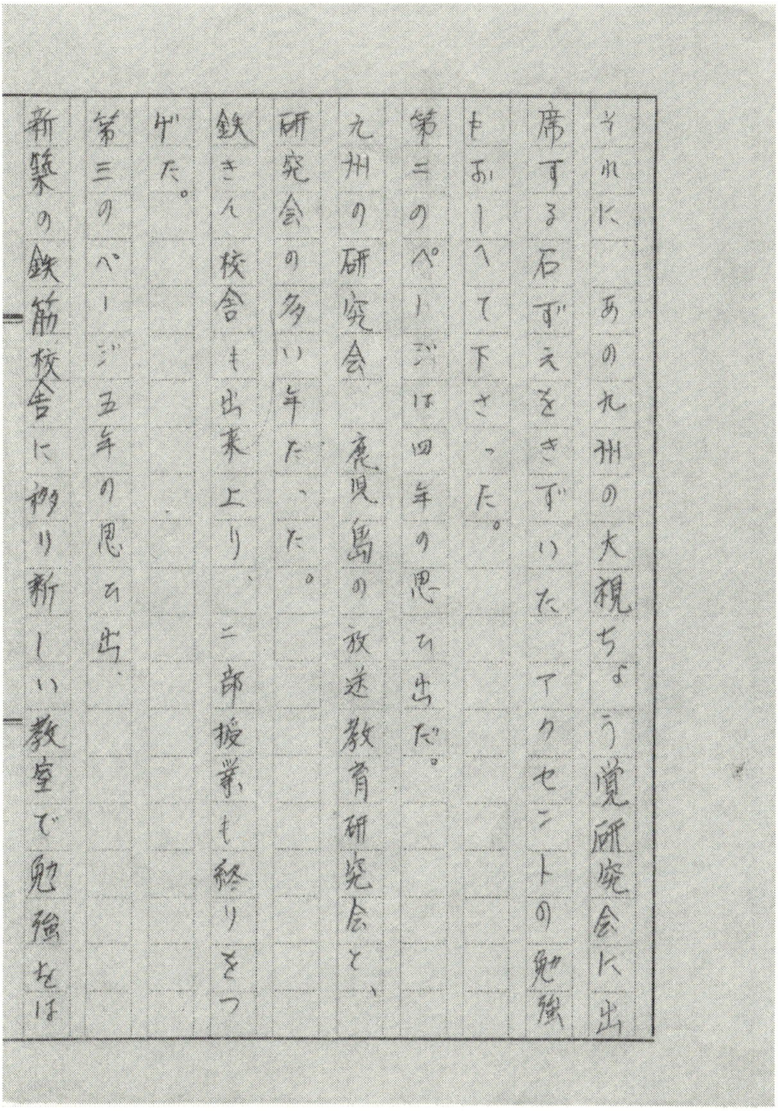
それに　あの九州の大視ちょう覚研究会に出
席する石ずえをきずいたアクセントの勉強
もおしへて下さった。
第二のぺーじは四年の思ひ出だ。
九州の研究会　鹿児島の放送教育研究会と、
研究会の多い年だった。
鉄きん校舎も出来上り、二部授業も終りをつ
げた。
第三のぺーじ五年の思ひ出、
新築の鉄筋校舎に移り新しい教室で勉強をは

Fig. 61. Carta a maestra, segunda página.

中州で一年を受け持ってくれた福岡の先生と、東郷先生は一生忘れることのできない先生だ。
先生とは大きくなるまであえないかもしれない。しかし僕は先生を一生わすれない。先生さようなら

Fig. 62. Carta a maestra, tercera página.

先生幸福におくらし下さい
Maestra, espero que viva feliz.

1957年3月15日書
15 de marzo de 1957

東郷先生へ
A maestra Tōgō
春田和良　K. H.
Kazuyoshi Haruta

四年の間僕等の先生。東郷先生だ。体が細くて　スタイル満点の先生だ。横にはちっとも太っていず　僕の母等肉を半分あげようかといっていた位細い先生。

Mi maestra durante cuatro años fue usted, maestra Tōgō. Fue la maestra delgada de buena figura. Era tan flaca que le decía que le regalaría un poco de la panza de mi madre.

　その先生ともいよいよ後五日でお別れだ。やさしい時はとてもやさしく　怖い時はとてもこわかった。

Faltan cinco días para despedirme de usted. Era muy cariñosa, pero cuando nos retaba, daba mucho miedo.

朝教室に入ってきて　すぐしかられた時はとても面白くなかった。しかしみんな自分の事だ。先生のおこるのも無理もないのだ。しかしやっぱりしかられる時は　面白くなかった。しかし先生はやさしかった。

No me gustó para nada cuando nos empezó a retar apenas entró al aula. Pero fue culpa de todos nosotros. Usted tenía una razón para retarnos. Igualmente no me gustó que nos retara. Pero usted fue bondadosa.

三年の時　僕は新しい先生をむかえるというので　なんといっていいか好奇心にかられていた。やさしそうな先生だった。現在僕は三年生のことは余りおぼえていない。

En tercer grado, cuando nos dijeron que íbamos a recibir una nueva maestra, no sé cómo decirlo, pero tuve muchas ganas de conocerla. Parecía una maestra buena. Ahora no recuerdo mucho de lo que pasó en tercer grado.

しかし　三年になってから　学校で発表一つしなかった僕が発表するようになった。

Pero me acuerdo que empecé a participar en clase, lo que nunca hacía antes.

それに　あの九州の大視ちょう覚研究会に出席する石ずえをきずいたアクセントの勉強もおしえて下さった。

También nos enseñó sobre los acentos, que sentaron las bases para participar en la reunión de investigación audiovisual de Kyusyu.

第二のページは四年の思い出だ。

En la segunda página están los recuerdos de cuarto grado.

九州の研究会　鹿児島の放送教育研究会と、研究会の多い年だった。

Tuvimos varias reuniones de investigación como la reunión de Kyusyu y la reunión de investigación para educación de radiodifusión en Kagoshima.

鉄きん校舎も出来上り　二部授業も終わりをつげた。

Terminó la construcción del edificio de la escuela de hormigón armado, y también las clases divididas por dos turnos.

第三のページ五年の思い出

En la tercera página, los recuerdos de quinto grado.

新築の鉄筋校舎に移り新しい教室で勉強をはじめた。

Nos mudamos al edificio nuevo de hormigón armado y empezamos a estudiar en el aula nueva.

そして最後の四ページももうすぐ終わる。

Y la cuarta y última página ya termina.

楽しかった修学旅行。

El viaje de egresados fue divertido.

あの夜僕達はさわいでねむらずにいた十二時頃　先生はねまき姿でみまわりにきて下さった。そしてねむっている友にやさしく上布団をかけてくださった。

Por la noche, nos quedamos despiertos haciendo lío, y a eso de las doce usted vino a nuestra habitación para vigilar. Puso el acolchado suavemente sobre mis amigos que estaban durmiendo.

そのおやさしい先生ともお別れだ。楽しかった四年間　悲しかった四年間　こわかった四年間。

Pero ya llegó el momento de despedirme de mi bondadosa maestra. Mis cuatro años que fueron alegres, que fueron tristes, que fueron tremendos.

中州で一年を受けもってくれた福園の先生と東郷先生は一生忘れることのできない先生だ。

Maestra Tōgō y maestro Fukuzono quien me enseño en primer grado en Nakasu, son dos maestros inolvidables para mi.

先生とは大きくなるまであえないかもしれない。

Posiblemente no la pueda ver hasta cuando yo sea grande.

しかし僕は先生を一生わすれない。先生さようなら

Pero nunca me olvidaré de usted. Adiós, maestra.

Boletín de calificaciones

Cuando me dieron el boletín de calificaciones, tanto en la escuela primaria como en la secundaria, me sorprendí por su simpleza. Solo había calificación por cada materia en números o divididas en malo, regular, bueno, suficiente, excelente, etcétera, y asistencia a clase. Viendo esto, comprendí el gran esfuerzo que realizaban los docentes en Japón, cuya responsabilidad no solo era enseñar sino abarcar todas las actividades de sus alumnos a lo largo que todo el año.

Por este motivo, quiero mostrar un ejemplar de mi boletín de calificaciones en la escuela primaria (**Fig. 63, 64, 65** y **66**).

La tapa es un formato estándar donde dice el nombre de la escuela (Yahata), el año que estaba cursando (1954), el grado (5to) y división (5ta), nombre del director (M. Murayama) y nombre del docente (**Fig. 63**).

Lo que hay que destacar es el detalle con que los maestros debían llenar el boletín para cada alumno (entre 30-36 alumnos), calificándolos, dividiendo en 10-20-40-20-10 para cada concepto y colocando un comentario.

Ya con ver las letras chiquitas para escribir en un espacio tan reducido del boletín, así como la escritura con tinta (en la que no podían equivocarse porque no se podía tachar ni corregir) es una demostración de la responsabilidad y la profesionalidad de los maestros. Además, el boletín mencionaba la altura, peso, el ancho del pecho, la vista, etcétera, con lo que uno podía ver su evolución física a lo largo de la vida escolar.

En un cajón de mi infancia estaban los tres boletines que por casualidad había traído del Japón.

El formato es igual para todos los grados (3ro a 6to). Este boletín corresponde al 4to grado cuando yo tenía diez años y lo tomo como ejemplo para esta redacción.

Está dividido en 3 períodos escolares del año. El primer trimestre es del inicio de la clase hasta el comienzo de las vacaciones de verano (abril-julio), el segundo trimestre hasta el comienzo

昭和２９年度　No. 18

通知表

（4・5・6年用）

鹿児島市八幡小学校

第四学年五組

氏名　春田和良

学校長　村山正熊

担任

Fig. 63. Portada del boletín de calificaciones.

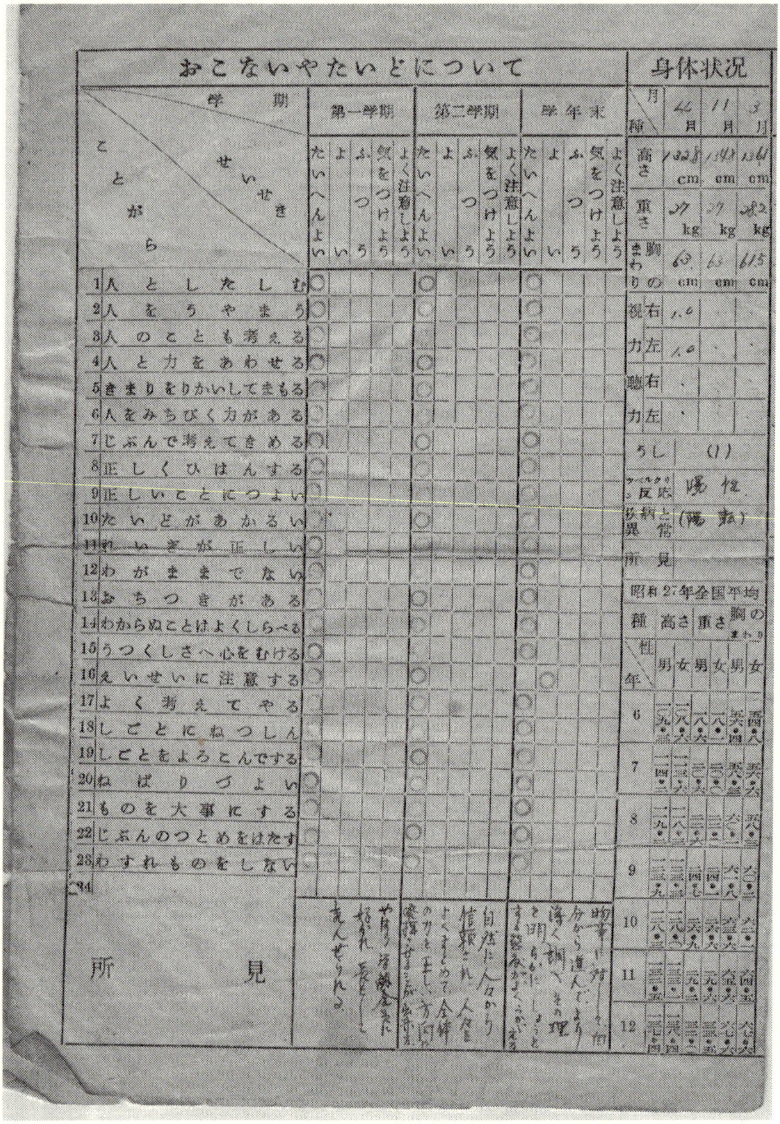

Fig. 64. Boletín de calificaciones.

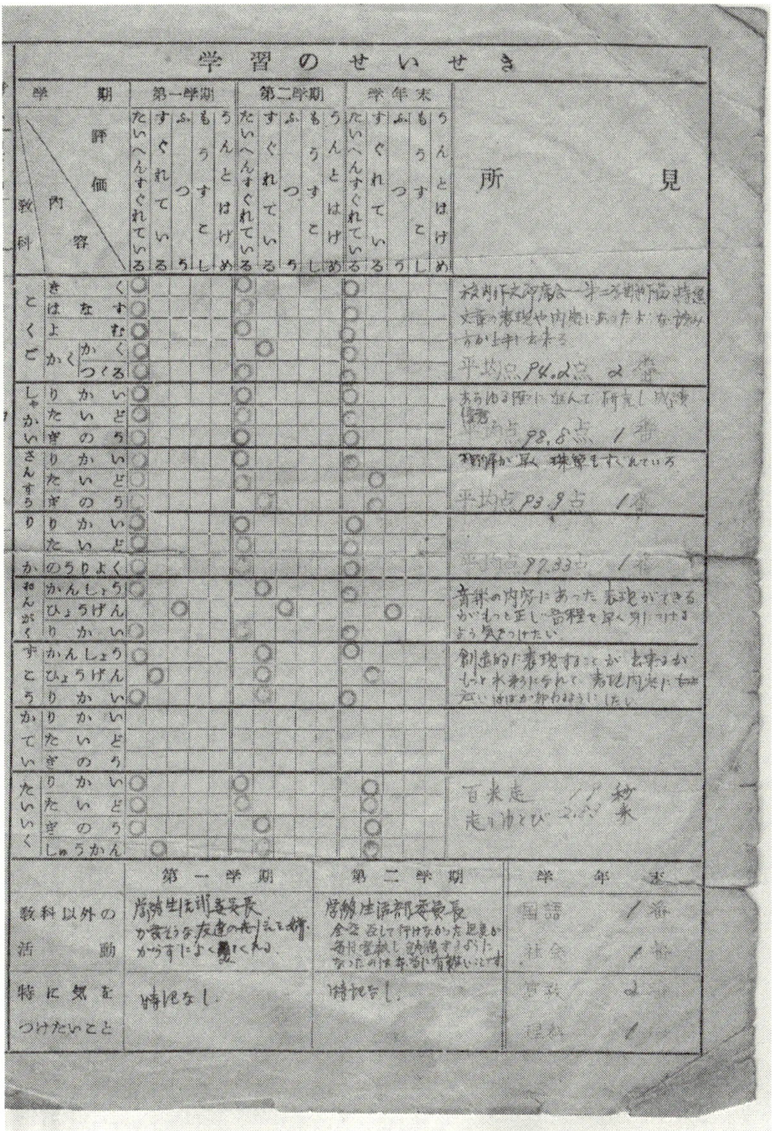

学習のせいせき

学期	第一学期	第二学期	学年末	所見
評価 / 教科 / 内容	たいへんすぐれている / すぐれている / ふつう / もうすこし / うんとはげめ	たいへんすぐれている / すぐれている / ふつう / もうすこし / うんとはげめ	たいへんすぐれている / すぐれている / ふつう / もうすこし / うんとはげめ	
ことば: きく / はなす / よむ / かく (かく / つくる)				平均点 94.2点 2番
しゃかい: りかい / たいど / ぎのう				平均点 98.8点 1番
さんすう: りかい / たいど / ぎのう				平均点 93.9点 1番
りか: りかい / たいど / のうりょく				平均点 97.33点 1番
おんがく: かんしょう / ひょうげん / りかい				
ずこう: かんしょう / ひょうげん / りかい				
かてい: りかい / たいど / ぎのう				
たいいく: りかい / たいど / ぎのう / しゅうかん				百米走 秒

	第一学期	第二学期	学年末
教科以外の活動			国語 1番 社会 1番 算数 2番 理科 1番
特に気をつけたいこと	特になし。	特になし。	

Fig. 65. Calificación de materias básicas.

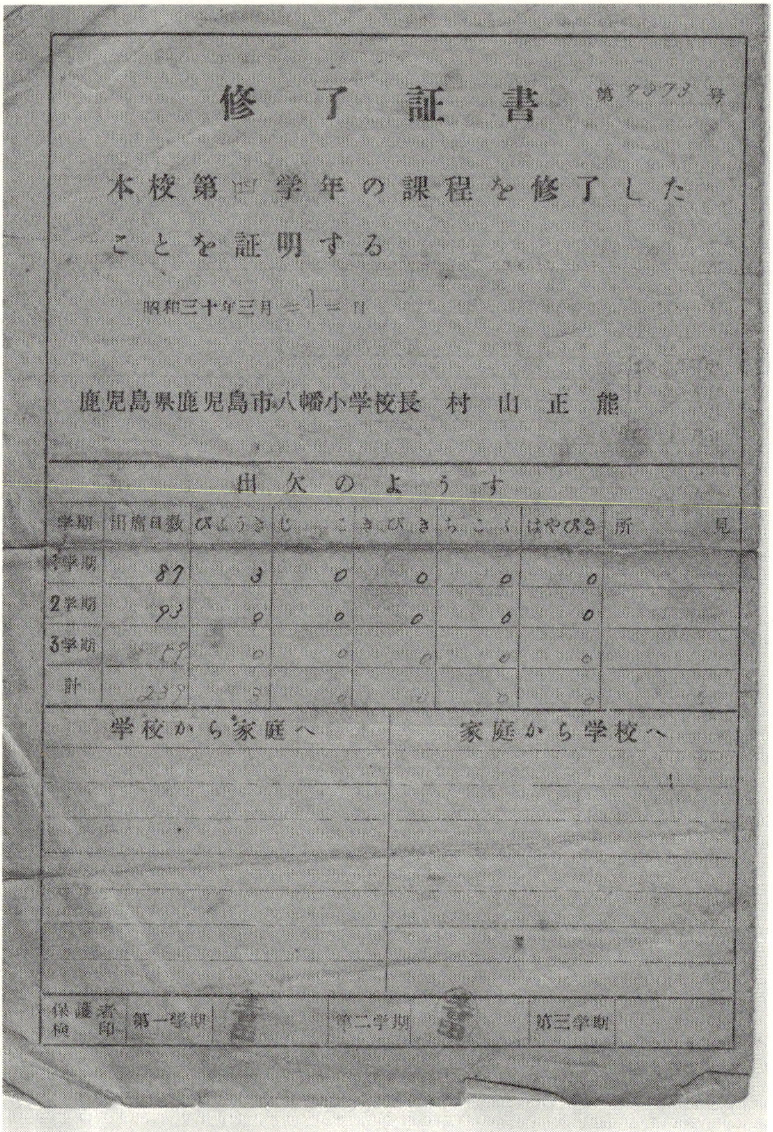

修了証書

第9393号

本校第四学年の課程を修了したことを証明する

昭和三十年三月二十二日

鹿児島県鹿児島市八幡小学校長 村山正熊

出欠のようす

学期	出席日数	びょうき	じこ	きびき	ちこく	はやびき	所見
1学期	87	3	0	0	0	0	
2学期	93	0	0	0	0	0	
3学期	59	0	0	0	0	0	
計	239	3	0	0	0	0	

学校から家庭へ	家庭から学校へ

保護者検印	第一学期		第二学期		第三学期	

Fig. 66. Contratapa del boletín de calificaciones.

de las vacaciones de invierno (septiembre-diciembre) y el tercer período hasta la finalización del ciclo lectivo (enero-marzo).

La explicación del contenido y la forma de evaluación es como vemos en la **Fig. 64**. Se refiere la evaluación del comportamiento, de la acción y la actitud del alumno, con su respectiva calificación, que podía ser: muy bueno=5, bueno=4, regular=3, hay que poner mayor atención=2, necesita esforzarse=1.

En el medio están los datos sobre la salud.

En abril medía 136,5 cm, pesaba 28,3 kg y tenía 66 cm de circunferencia del pecho. Abajo de esa columna está mencionado el promedio del país que en mi caso era 137,4 cm, 32,1 kg y 67,6 cm. Con esta referencia sé que tenía un valor muy cercano al promedio de los chicos de aquella época. Las mismas mediciones se hacían cada trimestre. También se mencionaba el análisis ocular: era 1,0 tanto para el ojo derecho, como izquierdo y menciona también como positivo la reacción Mantú.

Los conceptos que los maestros debían evaluar eran los siguientes:

1. Crea amistad
2. Respeta a las personas
3. Piensa en los demás
4. Trabaja en equipo
5. Respeta las reglas y las entiende
6. Tiene la capacidad para dirigir a los demás
7. Piensa y decide por sí mismo
8. Sabe criticar correctamente
9. Actúa con rectitud
10. Actitud abierta
11. Es respetuoso
12. No es caprichoso
13. Es dócil
14. Investiga lo que no se entiende
15. Sabe apreciar la belleza
16. Mantiene la higiene

17. Actúa pensando
18. Es trabajador
19. Trabaja con gusto
20. Es tenaz
21. Cuida los objetos
22. Cumple con su deber
23. No se olvida cosas

Modestia aparte, salvo el ítem 16, "Mantenimiento de higiene" que tuve la calificación 4 en el tercer trimestre, mis calificaciones eran perfectas.

Abajo hay un cuadro donde la maestra puso su comentario con pequeñas letras escritas a mano.

En el 1er período dice: "Es querido por todos los compañeros, y se destaca como líder". En el 2do período, su comentario fue: "Tiene la capacidad de que los compañeros confíen naturalmente en él y tiene capacidad para agrupar a los compañeros y dirigirlos de manera correcta".

En el último período dice: "Encara todas las cosas estudiando el problema, y demuestra que está permanentemente atento para aclarar las causas que originaron el problema".

No quiero ser reiterativo, pero la maestra para cada trimestre en el boletín tenía que calificar 30-36 alumnos, los 23 ítems, y asignar puntaje en proporción de 10-20-40-20-10, además de poner un comentario para cada uno.

Lo bueno es que al utilizar la escritura *kanji*, se puede aprovechar el espacio para escribir muchas cosas, dado que un carácter dice muchas cosas.

La **Fig. 65** es la calificación de las materias básicas. Como la hoja anterior, está el comentario de mi maestra.

Lengua estaba dividido en: Escuchar, Hablar, Leer, y Escribir, que a su vez está dividido en Escribir y Redactar. Para cada uno al igual que la hoja anterior la maestra debía calificar de 1 a 5 a cada alumno en cada ítem. Como ven excepto un 4 en Escribir del segundo trimestre, todas las demás calificaciones eran 5. Dice que el promedio del primer trimestre fue 94,2 puntos, y fui 2do en la división.

Actividad social: estaba dividido en Comprensión, Actitud y Habilidad, como ven la calificación es perfecta. La nota promedio fue 98,8 puntos, fui 1ro.

Matemática: dividido en Comprensión, Actitud y Habilidad, con promedio de 93,3; 1ro.

Ciencia: dividido en Comprensión, Actitud y Capacidad, con un promedio de 97,33; 1ro.

Música: dividido en Escuchar, Manifestar y Comprender (Interpretar).

Aquí muestra que no era buen cantor.

Dibujo: dividido en Ver, Manifestar (Dibujar) y Comprender (Interpretar)

Actividad física: dividido en Comprensión, Actitud, Habilidad y Costumbre.

Aquí ven que mi calificación es 4 y poco 5. Dice que recorro 100 metros en 19 segundos y 2,83 metros de salto con carrera. Reconozco que no soy bueno en actividad física y esto coincide con la calificación y demuestra que la calificación de la maestra es confiable.

En el cuadro de la derecha de cada materia hay comentarios de la maestra. No los voy a aburrir traduciéndolos, pero solo el comentario de Música, en la que no tuve buena calificación, dice que tengo que esforzarme para aprender a asimilar el sonido. ¡Me estaba diciendo que canto desentonado!

Abajo está el comentario de cada trimestre. En el 1ro dice: “Es el secretario general de la vida cotidiana de la división. Protege a aquellos compañeros con problemas sin sentirse molesto”.

En el 2do trimestre dice: “El mismo cargo de secretario general de la división. Agradezco que haya conseguido que alumnos que se negaban a venir al colegio comenzaran a concurrir gracias a su intervención”. (¡Eso que tenía 10 años!).

En el 3er trimestre como conclusión dice: "Lengua: 1ro, Social: 1ro, Matemática: 2do, Ciencia: 1ro".

En la contratapa (**Fig. 66**) está el detalle de asistencia. Cuántos días asistí, cuántos falté y el motivo (enfermedad, accidente, llegada tarde, retiro antes de finalización de clase), certificado de aprobación del curso, firma del director.

El trabajo de los maestros no era solo enseñar en el colegio, sino también visitar la casa de los alumnos uno por uno, para saber en qué ambiente vivía y conocer la realidad de la vida de cada uno y tratar de subsanar los problemas que pudiera tener. Hablaban con los padres sobre las virtudes y defectos del alumno y aconsejaban y pedían su colaboración.

Un día de colegio en la escuela primaria

Hay una pequeña diferencia de un colegio a otro pero en general, la vida de un chico de escuela prácticamente mantiene el mismo esquema de cuando yo estudiaba.

08:00 a 08:30: Inicio de clases: En general desde muy pequeños, los chicos entran a la escuela en grupo, acompañados por alumnos mayores o a veces los tutores se turnan y los traen. Es muy raro que los padres lleven a sus hijos a la escuela. El mundo se asombra al ver esto.

08:25-08:35: Comentario del maestro: Donde el maestro chequea la salud de cada alumno, explica el programa del día, presenta los deberes, comunicaciones de la dirección entre otros.

08:45: Comienzo de la clase, cada clase dura 45 minutos.

Recreo: 5 a 10 minutos. En este tiempo se prepara para la próxima materia o se trasladan a otra aula o van al baño o al aseo.

Entre 2da y 3ra clase el recreo es de 20 minutos

12:15 a 13:00: Almuerzo de 45 minutos. Los 15 primeros minutos para la preparación, 20 minutos para el almuerzo, y 10 minutos para ordenar limpiar, nombrando encargados/responsables que se turnan.

Mi amigo Shibata me envió una foto de un almuerzo de es-

Fig. 67. Menú escolar. El menú tiene fecha 22 de marzo de 2021. Consiste en: Arroz con curry, ensalada mixta, gelatina de naranja y leche. Arroz (Akita); Carne de cerdo (Kumamoto); Fideos (Miyazaki); Ajo (Aomori); Genjibre (Kōchi); Papa (Hokkaidō); Apio (Shizuoka); Nabo (Kanagawa); Pepino (Saitama); Brote de soja (Tochigi).

***Fig. 68.** Mi amigo Unoki (a la derecha), 1962.*

***Fig. 69.** Mi prima Rinko, 1956.*

***Fig. 70.** Uniforme sailor femenino (Foto: RageZ).*

cuela (**Fig. 67**), con el detalle de lo que contiene y entre paréntesis de qué prefectura proviene cada uno de los ingredientes. No lo veo aquí pero suele venir con indicación de las calorías.

Todas las escuelas del Japón son de jornada completa, inclusive algunos sábados, por lo que el almuerzo es un acontecimiento muy importante en la vida escolar. Depende de cada escuela, pero son muy pocas las que proveen vianda, sino que contratan a una empresa para que prepare la comida caliente y variada dentro del colegio en base a un menú predeterminado. La comida es hecha por cocineros matriculados.

Se mantiene caliente en un exhibidor y se separa la comida normal de la de los alérgicos. Se busca la variedad, cambiando todos los días, tipo japonesa, china, occidental y algunas comidas regionales, manteniendo el equilibrio entre la variación y las calorías. El menú consiste en general en un plato principal de verduras, un plato auxiliar, sopa y postre. Los alumnos pueden elegir lo que les guste, pueden repetir o si a algún alumno le sobra, pueden compartir.

Desde la tarea de ir a buscar la comida (se come en el aula) hasta la limpieza está a cargo de los alumnos. Para ello se arma previamente un grupo encargado de la comida para cada día. Es obligatorio llevar barbijo y delantal. El encargado de comida tiene que ir a buscar la comida del aula a la cocina.

Los encargados del turno deben lavar los platos y utensilios en un lugar especialmente destinado a esto dentro de la cocina. Si la escuela es grande tiene su propia cocina, pero si la escuela es chica, recibe la comida de otras escuelas y la calienta antes de servir.

Básicamente este esquema se aplica tanto en escuelas secundarias como en la escuela superior. El costo es de unos 50-60 dólares mensuales.

Actualmente las calorías diarias necesarias para un alumno del secundario son 2.400 para mujeres y 2.600 para varones. El almuerzo aporta aproximadamente 800 calorías o sea que se está absorbiendo 1/3 de las calorías diarias necesarias en el almuerzo.

13:00 a 13:20: Recreo del mediodía. Si el clima es bueno, salen al patio y si es lluvioso, se pasa tiempo en la biblioteca o permanecen en el aula.

13:20 a 13:40: Limpieza: después del recreo, todo el mundo se dedica a la limpieza. El lugar que cada uno limpia está predeterminado y asignado a cada grupo. Hay escuelas en las que la limpieza se hace al finalizar la clase.

Finalización de clase: después de finalizada la clase, el maestro dedica unos diez minutos a entregar una comunicación para los padres, reflexiones del día o el plan de trabajo para el día siguiente.

La Hora de Finalización: si son 4 materias, a las 12:30 hs, si son 5 materias 14:30 hs, 6 materias 15:30 hs. Estos son horarios aproximados.

Clases en sábado: En mi infancia eran obligatorias, pero posteriormente se suprimieron. Actualmente hay escuelas que abren las puertas una o dos veces al mes los sábados, no para estudiar materias sino para actividades culturales, deportivas, etcétera. También hay escuelas que utilizan los sábados para clases de demostración, para que los padres que trabajan durante la semana sepan cómo se están comportando sus hijos.

Las vacaciones

Las fechas cambian de acuerdo al calendario. Hay vacaciones de verano, que son las más extensas, de invierno y de primavera.

En mi infancia, las vacaciones de verano no eran solo para divertirse o descansar sino que teníamos la obligación de redactar un diario, hacer ejercicios y algunas tareas. En mi caso, algunas veces pasé estas vacaciones en Tanegashima, e iba a la playa para coleccionar caracoles, clasificarlos y llevarlos como tarea de vacaciones de verano a la escuela.

Pregunté a un amigo y me confirma que los deberes y ejercicios de práctica aún existen en la época actual. Redactar un diario, dice que no es obligatorio, sino que es opcional de cada escuela. Dice que ahora hay escuelas que dan los deberes a través de internet.

学生服 **(uniforme)**

Quiero mostrar los uniformes que se utilizaban en las escuelas secundarias y superiores en mi época (los de la actualidad prácticamente no han cambiado) (**Fig. 68 y 69**).

¿Por qué tomé este tema para incluirlo en mis memorias?

Cuando vine a Argentina, vi que los alumnos de la primaria y secundaria de las escuelas públicas llevaban guardapolvo blanco, y me comentaron la razón: para que con ello todos vistieran la misma ropa y no se notara la diferencia social. Pero me causó gracia, porque los hijos de clase rica venían con guardapolvo blanqueado, almidonado y planchado con rayas bien marcadas, no así los de clase baja como yo, que iba con el guardapolvo no digo negro, pero no tan blanco como me hubiese gustado. El color blanco hace notar más la diferencia. Pero es bueno, porque se ve la limpieza a simple vista. Solo que es necesario que todos tengan la facilidad para tener guardapolvos blancos y limpios, y para ello no debería haber una diferenciación social marcada.

Por supuesto, el uniforme del Japón cuesta, pero al ser color oscuro para todos veo más igualdad que con los guardapolvos blancos. A diferencia de los guardapolvos blancos, aquí se oculta la suciedad. No hay nada perfecto en el mundo.

Mirando televisión de Japón, vi la vida de los alumnos de la escuela primaria y me sorprendió que los chicos iban vestidos de cualquier forma. Efectivamente en las escuelas públicas no hay obligación de llevar uniforme, aunque hay algunas privadas que para mostrar la identidad obligan a sus alumnos a llevarlo. En mi época todos teníamos uniforme y sentí curiosidad de averiguar qué pasa ahora. Haciendo averiguaciones encontré que aún existen uniformes en la escuela secundaria y superior, pero no en forma homogénea sino con variantes, cuyo objetivo es identificar a cada establecimiento.

Las mujeres llevan lo que llamamos uniforme marinero (uniforme *sailor*) porque tiene la solapa similar a la que tienen los marineros (**Fig. 70**). No averigüé de dónde es su origen. En cambio, el uniforme de los varones es muy parecido a los uniformes militares, como verán en la foto de mi pasaporte, en el capítulo siguiente.

5. Viaje a la Argentina
5. 渡航・航海記

En el año 1957 mi madre decidió viajar a la Argentina para contraer nupcias con quien sería mi nuevo padre y quien me daría el apellido Matsumoto.

Durante los cuarenta y cinco días del viaje desde Japón a la Argentina escribí en japonés en un cuaderno. Voy a incorporar ese diario a este libro como anexo, para mis familiares y amigos del Japón.

El objetivo es mostrar la sorpresa que tuve al conocer un mundo completamente diferente y los acontecimientos ocurridos durante el viaje, que ahora nadie podría experimentar. También me orgullezco que haber escrito el diario siendo un adolescente de 13 años, con todo detalle y en forma meticulosa.

Me gustaría conocer la experiencia de los inmigrantes europeos que han venido también en la misma época, después de la Segunda Guerra, seguramente similar a lo que estoy narrando aquí, viniendo en barcos al igual que nosotros.

Lamentablemente a muchos de ellos al igual que mis padres e inclusive yo mismo, nos queda poca vida para contar y por eso considero importante dejar un documento como éste, que es un simple diario, pero para mí tiene mucho significado.

El viaje lo hicimos en un barco comercial que llevaba el nombre de *Brazil-Maru*, un nombre compuesto, a diferencia de los buques de guerra que llevan un nombre solo, por ejemplo, Yamato, Mikasa, etcétera.

En aquella época las rutas comerciales estaban muy bien definidas. Había tres rutas para llegar, que después me contaría el señor Takeda (hablaré más del Sr. Takeda y las rutas en el capítulo 9). Los inmigrantes japoneses cuando nos reuníamos siempre explicitábamos por qué ruta habíamos llegado y contábamos anécdotas de los viajes.

Cuando el barco levó sus anclas y empezó a alejarse del muelle, la naviera Ōsaka Shōsen repartió entre los pasajeros una foto en la que dice "en conmemoración a la zarpada del *Brazil-Maru* del puerto de Yokohama, el 2 de septiembre de 1957" (**Fig. 71**).

Era el barco de pasajeros más moderno que tenía Japón. No sé cuánta gente llevaba, pero eran todos emigrantes. Seguramente había más de 1.500. Era una época en la que Japón era muy pobre y hubo un auge de emigración: todos soñaban que en el exterior harían fortuna y tenían el sueño de volver a Japón como millonarios, cosa que no sucedió salvo excepciones. La mayoría se quedaron con el sueño y se radicaron definitivamente en los países a los que llegaron.

Conservo otra foto, de agosto de 1957 (**Fig. 73**). Es la que se usó para tramitar el pasaporte y la he guardado como un preciado recuerdo. Se ve a mi madre muy joven.

El día 2 de septiembre salimos de Yokohama para embarcarnos en un largo viaje.

Nos acompañaron para la despedida mi tío Saishōji y mi tía Kazuko, mi compañero de la primaria Tokushima y su familia (su padre trabajaba en Nippon Suisan y lo habían trasladado a Tokio).

Años más tarde, cuando mi tío Saishōji vio una de las fotos (**Fig. 72**), escribió que mi madre parecía "la protagonista de una película".

Con las restricciones que había para ingresar a la Argentina éramos muy pocos los que íbamos a ese país. Éramos nosotros, la señora de Kumabe y la señora Iwashita (ambas venían a casarse sin conocer a sus maridos). También viajaba el señor Tanoue, cuyo padre era médico también en Tanegashima, a cientos de metros de la casa de mi abuelo paterno. También viajaba una familia cuyo apellido no recuerdo, pero que se había ido de paseo a Japón y regresaban a Argentina. O sea, éramos contados los pasajeros que viajábamos a la Argentina. La mayoría, casi en un noventa y cinco por ciento, iban a Brasil y un cinco por ciento a Paraguay y a Bolivia.

Fig. 71. Buque Brazil-Maru.

Fig. 72. Mi madre en el centro de la foto.

Tenía entonces trece años y al día siguiente de la llegada a Argentina cumplí catorce. De casualidad mi hermano guardó un cajón donde estaba este diario y al verlo me invadió la nostalgia. Ese fue uno de los motivos que me impulsó a escribir estas memorias. No quise traducir yo mismo sino que le pedí al señor Kori la traducción manteniendo la versión original en japonés sin corregir errores de *kanji*. Analizándolo veo que hay errores ortográficos de un adolescente de trece años pero me orgullece haber escrito el diario a pesar de mi corta edad, muy superior comparado con el nivel general de la misma edad. Si bien lo escrito aquí es obvio y habitual en la actualidad, es decir, todo normal sin nada nuevo, para mí todas esas experiencias eran novedades y no me imaginaba que existía un mundo así.

***

2 de septiembre de 1957

Tomamos el tren expreso a Higashi-Yokohama y llegamos a la estación Yokohama en aproximadamente una hora.

Desde la estación, continuamos en un taxi y bajo la llovizna, atravesamos la ciudad de Yokohama para dirigirnos al muelle. Entre grandes paquebotes extranjeros, podía verse la imagen del casco blanco y azul del *Brazil-Maru*, el número uno de Japón, de 10.100 toneladas, amarrado en el muelle. Me dio la sensación de ser un barco pequeño, por lo grande que eran los otros barcos que lo rodeaban.

A las tres de la tarde, nos despedimos de la familia del tío Saishōji y solo quedaron la familia de Tokushima (mi compañero de la primaria) y del señor Yamamichi (amigo de mi padre adoptivo). A las tres y media, quedaron a bordo solo los pasajeros y el muelle se llenó de una multitud como una montaña negra.

La lluvia fina caía silenciosamente en forma persistente, había algunas personas en el muelle con paraguas, y otras con impermeable agitando emotivamente los pañuelos. También

Fig. 73. Foto para el pasaporte, 1957.

había personas llorando, otras personas que gritaban diciendo "Eh", y otras que nos deseaban "suerte y salud".

A medida que se escuchaba la música de salida, la aguja del reloj se acercaba segundo a segundo a las cuatro. Al terminar la marcha naval, a las cuatro en punto se inició la música "*Hotaru no hikari*", la Canción de Adiós.

A las cuatro horas y dos minutos, al observar hacia abajo, el *Brazil-Maru* se había separado más de un metro del muelle. Mientras que el "*Hotaru no hikari*" resonaba melancólica y lentamente sobre el mar, se elevaron las voces al saber que el barco se alejaba del muelle. Se alejó cinco metros, diez, veinte treinta metros y el barco comenzó a tomar el rumbo hacia Sudamérica, alejándose de mi tierra natal. A las cuatro y diez minutos, vimos un barco carguero de Singapur y las imágenes de las personas del muelle quedaron pequeñas.

Después de navegar un poco más de dos horas por la Bahía de Tokio, se detuvieron súbitamente los ruidos del motor diésel... subimos a la cubierta y el barco se deslizó lentamente por las aguas calmas de la Bahía de Edo.

Se escuchó el anuncio de que se llevaría a cabo "la inspección de polizones". Nos reunieron a todos en la gran sala y estuvieron revisando desde las camas, los baños y todos los rincones con linternas. Después de la inspección, nos revisaron el pasaporte y luego de más de una hora volvimos a nuestros camarotes. Nos pareció un camarote oscuro, pero no había otra solución. A pesar de ser un barco de ultramar, la tercera clase era muy pobre.

Cenamos a las ocho y la comida nos pareció muy rica, pero tenía dudas de hasta cuando duraría esto de la comida rica. A las diez y cuarenta me acosté en la cama en la que dormiría en todo el viaje.

3 de septiembre

Al despertar por la mañana ya no se veía el archipiélago de

Japón y en el mar soplaba un viento frío y el cielo estaba cubierto de una nube negra.

El sol se levantaba desde babor y se hundía en el estribor. Sin embargo, el cielo estaba cubierto de nubes y el sol apenas asomaba su cara. En el océano Pacífico, las olas eran altas y nada se veía.

4 de septiembre

A las once y treinta y tres de la mañana nos encontramos con un pájaro que fue el primer pájaro que avistamos en la travesía. Volaba al ras del mar, por momentos se elevaba, arrastrado por el viento, y volvía nuevamente volando sobre el mar donde soplaba el viento frío. No pude saber qué clase de ave era.

Desde estos momentos, comencé a sufrir el mareo del barco y estuve acostado todo el día en la cama. Después de las tres de la tarde volví a ver el ave nuevamente.

6 de septiembre

La comida era cada vez menos sabrosa. Fue el momento que uno comenzaba a sentir preocupación por lo que nos esperaba. Afuera soplaba el viento frío y continuaban las nubes oscuras y las olas blancas.

Hoy se proyectó por primera vez la película *Namida* (Lágrimas), pero al estar totalmente mareado y por más fanático que era del cine, fue imposible verla. Mi madre también se retiró por la mitad. El barco se movía violentamente.

Siendo un barco de diez mil toneladas, pensé que la embarcación de quinientas toneladas que hacía el trayecto a Tanegashima (isla donde pasé mi infancia hasta los cinco años), era similar a una hoja flotando en el agua.

Nuestro camarote estaba en el centro del barco, el mejor lugar, cerca de los baños. Se dice que es el lugar donde menos se sienten las oscilaciones del barco.

Quiero presentarles las personas que compartían el camarote. Era para veintiséis personas. Separado por un pasillo de un metro a ambos lados estaban las camas cuchetas. En las camas inferiores estaban: Miyo Kumabe (quien se iba a casar a Argentina), Taeko y Kazuyoshi Matsumoto, Luisa Yasutake (*nisei*), Emilia Nakatsūmi (*nisei*) y Emiko Nakatsūmi (que hacía su segundo viaje al Japón).

En las cuchetas superiores estaban: Itsumaru Tanoue (hijo del doctor Tanoue), Toshiko Iwashita (quien se iba a casar a Argentina), Shiro Kazama y Rokuro Yamazaki del grupo que viajaba a la Argentina. Al lado del señor Yamazaki mis mejores amigos Goya Adachi, graduado de la universidad de Kobe y destinado al Banco Nambei de Brasil, e Iwao Katsuya. En las cuchetas enfrentadas a las nuestras estaban los trece miembros de la familia Shimada y Hosoya que iban a Brasil.

7 de septiembre

A las tres de la tarde nos sirvieron el *oshiruko* (sopa de *azuki* con pan de arroz) y esta comida era por haber atravesado la línea de los 180 grados de longitud del meridiano de Greenwich, por lo cual cambiaba el día y volvíamos al día 6 de septiembre. Al saber que ya nos habíamos alejado tanto de Japón, sentí una gran desesperación. Por la noche nos sirvieron *sushi* por el mismo motivo. Sin novedades afuera.

11 de septiembre

Mis amigos eran Adachi-san, Katsuya-san, las personas de la familia Shimada, la segunda hija Toshiko, que era mimosa y revoltosa como mi prima Keiko-chan.

Este día nos cruzamos con el primer viajero de la travesía. Toshiko me llamó diciendo: "Se ve un barco americano, ¡vamos a verlo Kazuyoshi!", salí y un barco carguero navegaba entre las olas con las luces iluminadas. Como nos habían dicho que a más tardar el día quince llegaríamos a Los Ángeles, mirando ese barco pensé que estábamos ya cerca de Los Ángeles.

Eran las diez de la noche y estábamos al norte del Pacífico donde azotan los vientos fríos.

12 de septiembre

Desde la mañana el mar estaba calmo como si estuviera cubierto de aceite. El barco avanzaba silenciosamente.

Para llamarme, Toshiko me decía "Kazuyoshi-san". Los señores Adachi, Kazama, Yamazaki, Katsuya me trataban de "*kimi*" (usted o vos) y para el resto yo era "*boya*" (niño).

Nos dijeron que el primer pájaro que vimos era un albatros. O sea "*ahootori* (*ahoo* en japonés significa tonto, *tori*, pájaro, o sea pájaro tonto)".

13 de septiembre

Se confirmó que el día siguiente a las once horas llegaríamos a Los Ángeles. Enviamos un telegrama al señor Nakashioya (amigo de mi padre). La familia de esta persona era oriunda de Kominato y nos llevaría a pasear por la ciudad. Una gaviota se posaba en el mástil.

14 de septiembre

A la mañana desperté con la voz de Toshiko que me decía "Levantate, dormilón", pero mis ojos aún estaban pegados.

Cuando me dijeron: "se ven las islas", me levanté lentamente y al asomarme para ver hacia afuera, efectivamente se veían las islas. El reloj marcaba las ocho. Se veían sucesivamente las islas grandes y pequeñas. Estábamos llegando a la Bahía de Los Ángeles. Los americanos se divertían en sus lanchas.

Al observar las islas con los binoculares, los caminos estaban asfaltados pese a que eran pequeñas islas, había automóviles, casas y hasta un aeropuerto. Pude comprender el desarrollo de la civilización americana, solo mirando una isla. Todas parecían iguales. Los aviones volaban en el cielo.

A las once horas, el barco ingresaba al puerto de Los Ángeles.

Nos dijeron que si tirábamos un papel en el puerto nos cobrarían una multa de un dólar. No había ninguna basura. Mi impresión era que un gran país es diferente hasta en el puerto.

Por un río que parecía un canal (puede ser que lo haya sido), fuimos arrastrados por una pequeña embarcación. A los costados se veían muchos tanques de petróleo, pero no se veía lo más importante, que era la ciudad. Lógicamente no era posible verla, pues estaba a una hora de donde estábamos ya que el puerto estaba afuera de la ciudad. A las doce en punto, el barco amarró en el muelle.

Se inició la inspección de aduanas. En Estados Unidos no nos permitían bajar si no teníamos la visa y eso era para controlar a los comunistas o "rojos".

Cinco o seis agentes de la aduana subieron por la rampa. Todos tenían un físico enorme. Luego subieron también los estibadores. Ellos también eran grandes y barbudos. Tendrían 1,80-1,90 metros de estatura.

Nos indicaron que todos debíamos subir para la revisión del pasaporte. Me dieron un número, tenía el turno doscientos. La señora de Nakatsūmi decía con enojo "será mejor que pasen y atiendan a los que descienden, ya que la mayoría no bajan".

Al estar esperando unos treinta minutos, subió por la rampa una persona con ropa blanca, pantalón azul y anteojos, vestido parecido a un uniforme militar. Todos decían que podría ser una "persona importante". El error fue grande. Cuando apareció a bordo, gritaba "¡*Ice cream*! ¡*Ice cream*!". Era el vendedor de helados. Explotaron las risas.

A veinte centavos cada uno, equivalente a unos setenta yenes japoneses, era muy rico. El tamaño del envase era de 20 centímetros de diámetro y 5 centímetros de profundidad, cubierto con chocolate.

Abajo había unos diez japoneses residentes de Estados Unidos. Trataba de encontrar al señor Nakashioya, pero no pude distinguirlo porque teníamos una sola fotografía. Además, los inspectores estaban aún haciendo su tarea. Después de una hora, vimos dos candidatas que podrían ser la señora Nakashioya, pero lo más importante fue que el señor Nakashioya no aparecía. De esas dos damas, una más delgada se acercó al muelle tomando de las manos a un niño y al hablar nos señalaba. Ella era la señora Nakashioya.

El vendedor de helados había vendido todo y trajo otra caja. "¡Helado! ¡Helado!"

Ya eran las tres de la tarde y aún quedaban unas veinte personas, vino el camarero para avisarnos para que primero salieran las personas que iban a desembarcar. La que seguía furiosa era la señora Nakatsūmi.

Al concluir la revisión, a las tres de la tarde, bajamos la rampa y saludamos a la señora Nakashioya. Nos dijo que su esposo hoy estaba ocupado. Era un sábado.

Después de pasar por la casilla de aduanas, en una calle trasera había gran cantidad de automóviles estacionados. Era un Mercury modelo 1960, un automóvil amplio y confortable. La señora se sentó al volante y al ver que comenzaba a manejar sentí: "esto es América".

Después de avanzar en línea recta, doblamos a la derecha y a los diez minutos encontramos una planta incineradora de residuos. Comenzamos a correr por ahí, la autopista estaba totalmente pavimentada y marcada con líneas. Para explicar hice un esquema, era como el siguiente dibujo: (**Fig.** 74).

El N°1 es cuando el automóvil desea tomar un camino común, debe pasar al siguiente carril y después de andar un poco debe pasar al otro carril hasta la salida. No había automóviles que se cruzaran automáticamente de un carril al otro.

Para pasar al otro carril, todos debían mirar hacia atrás y cambiar de carril cuando no hubiera nadie atrás o estuviera cerca. Si había alguien adelante o detrás, se debía continuar hasta la siguiente salida. Ahí me di cuenta de que en los países motorizados, se respetan las reglas de tránsito. Pensé que caminos como aquellos servían para evitar accidentes.

El N°2 es cuando uno quiere pasar a otro automóvil. En ese caso también hay que mirar hacia atrás y sacar la mano hacia afuera para avisarle al que viene de atrás por la misma fila. Luego, cuando nadie viene de atrás y a 10 metros del automóvil de adelante (o algo más atrás), se giraba el volante. Quedé sorprendido de que nadie giraba el volante inmediatamente si quería doblar.

El N°3 era para entrar. Una vez que se entra por esta entrada, no hay que detener el vehículo. Todos respetaban las reglas y todo era ordenado.

El automóvil siguió su rumbo hacia la ciudad de Los Ángeles rompiendo el viento, por todos lados circulaban automóviles, no se veían personas caminando. En la autopista no hay que detenerse, además, no se puede circular lento y debe mantenerse una velocidad de más de 60 ó 70 kilómetros. No es posible pasear y hablar de amor con una chica manejando.

Cerca de Los Ángeles, mi mamá se sintió mal y tuvimos que detener el vehículo.

Con la intención de mostrarnos diversos lugares, la señora se perdió y tuvimos que parar para ver el mapa. La niña que estaba sentada a mi lado, dormía tranquilamente.

Al iniciar la marcha, vimos una escuela hacia la derecha. Todo estaba cubierto de césped y era una escuela cuadrada con la forma de una caja de fósforo de un piso. Era tranquila y muy linda.

Después de estar mucho tiempo en el barco tenía ganas de pisar tierra firme, pero en todas partes había pavimento y hasta el patio de la escuela estaba cubierto por el césped. No había tierra para pisar.

Después de avanzar un poco por un camino común, apareció un semáforo rojo, donde paramos, todos los automóviles pararon haciendo fila. Caminar por un lugar como éste, podía

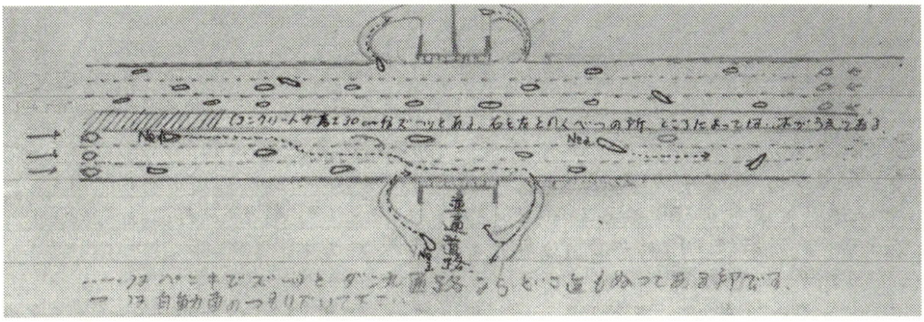

Fig. 74. Esquema de autopista dibujado por mí en el diario. Debajo dice: "….. es la línea trazada infinitamente por la autopista. Piensen que "⇒" es un automóvil".

Fig. 75. Esquema de estacionamiento dibujado por mí en el diario.

ser enloquecedor. Además, frente a uno cruzaban incesantemente los automóviles de la derecha a la izquierda o de la izquierda a la derecha. ¡Oh, qué lugar!

En una hora llegamos a la ciudad de Los Ángeles.

Cuando le dije a la señora Nakashioya que un compañero del camarote me había pedido que le comprara frutas, nos llevó a un mercado.

Contrariamente a cómo era en Japón, era un edificio de hormigón de cinco o seis pisos como si fueran oficinas. Más que eso, quedé sorprendido por la cantidad de automóviles estacionados frente al mercado. Eran cientos o más de mil. De todos modos, era una cantidad enorme. Pensé que estaría perdido si dejaba el automóvil en un lugar como éste, el secreto es que había marcadas como líneas de puntos para estacionar cada automóvil. El secreto era como en el dibujo (página anterior, **Fig.** 75).

Mi mamá y la señora fueron a hacer las compras y quedamos la niña y yo. Según me dijo la señora la niña entraría en la escuela al año siguiente. Ella continuaba durmiendo plácidamente. No sabía qué hacer si llegara a despertarse. ¿Entendería el japonés? Estuve un poco preocupado. Para colmo, como las dos estuvieron haciendo compras como una hora, estaba intranquilo, pero me sentí satisfecho por haber podido ver la vida de los americanos durante la espera.

La mayoría de las personas que venían a hacer las compras eran mujeres. Sería porque estaba tan difundidos los automóviles y eran fáciles de conducir. Me sorprendió, sin embargo, lo desarreglados que eran con la vestimenta.

Las chicas de quince, dieciséis o diecisiete años, caminaban con sandalias, pantalones cortos con una blusa que llegaba hasta debajo de los senos, con el ombligo al aire y comiendo helado. Dicen que todo el año era de un clima otoñal y pude ver apenas dos o tres hombres con traje.

Después de una hora, regresaron las dos, pero sin traer nada. Pensé, ¿qué habrá pasado? Pero la respuesta era sencilla. El auto arrancó y llegamos al costado de la entrada. Al mirar hacia la derecha, había numerosos "carritos" sin los bebés, pero cargados de cosas. Cuando la señora mostró una ficha al empleado, a quien seguramente le habrá dicho que lo cargara atrás, trajo el carrito. El chico respondió, llevó las cosas hacia atrás y con el ruido del cierre del baúl iniciamos nuevamente la marcha.

Según me explicó mi mamá, al entrar en el negocio cada uno tomaba un carrito y tomaban con la mano las cosas que se exhibían en la tienda de la planta baja. No había empleados en la tienda, también había farmacia, frutería, verdulería, casa de fotografías, etcétera. Sin embargo, no había carnicería ni pescadería. Todos cargaban en el carrito lo que querían y a la salida estaba el cajero que revisaba los artículos y a quien se abonaba el importe. El carrito se dejaba en manos de un chico para que luego lo acercara hasta el automóvil. Todo era libre. Era Estados Unidos.

Desde ahí, en algo más de una hora, llegamos a la casa del señor Nakashioya. La señora nos dijo sobre el lugar "es muy monótono con casas todas cuadradas como cajitas".

Realmente, eran casas cuadradas y la del señor Nakashioya era igual. Al rato regresó el señor Nakashioya. La distribución de la casa era muy buena.

Todas las casas tenían césped y tuve la sensación de escapar de la estrechez de las casas de Japón. Todas las habitaciones estaban alfombradas y me dio lástima caminar con los zapatos por la sala de estar. Allí estaban los sillones, el piano, la máquina de coser, y en un rincón había un aparato combinado con el televisor, la radio y el tocadiscos.

El tocadiscos (**Fig. 76**) era un aparato que al colocar doce discos, iba cayendo uno por uno. Los chicos (dos niñas y un niño) miraban recostados sobre la alfombra. Digamos que no me pareció que fuera de buenos modales mirar desde la alfombra.

También tenían diarios en japonés. A las siete de la noche salimos hacia el centro.

El automóvil avanzó velozmente por la autopista, que estaba sobreelevada respecto a los caminos comunes, por lo que podían verse bien las luces de la ciudad de Los Ángeles. Cuando me dijeron "este es el barrio japonés" comentaron que esos barrios fueron gradualmente confiscados durante la guerra y se estimaba que quedaban alrededor de la mitad de los que originalmente había. Sentí indignación cuando supe que los americanos ejercieron la fuerza en el barrio japonés de Los Ángeles.

Bajamos del automóvil para comprar una lapicera Parker que nos encargó el señor Nakatsūmi de nuestro camarote.

Habrían en el lugar dos o tres cines ya que en muchas tiendas de los americanos en las paredes se colgaban avisos de películas, recuerdo uno en japonés: *Ninjutsu Sagenta*.

Pagamos 23 dólares por la Parker y la tinta. Luego entramos a un lugar bastante oscuro que era un estacionamiento de automóviles. Después de dejar el automóvil, salimos nuevamente a la calle y fuimos a un restaurante de comida china. Nos acomodamos a un costado del primer piso. Comimos arroz y siete u ocho platos más. Estaba muy rico y quedé satisfecho después de mucho tiempo. Mientras que la comida del barco no era tan sabrosa, aquí las instalaciones eran buenas y existían sillas para pequeños.

Después de una hora, salimos nuevamente a la calle. La señora lamentaba mucho que nos tuviéramos que ir por la mañana ya que dos días después se celebraba un gran desfile de modas.

Cerca de las nueve subimos nuevamente al automóvil y recorrimos la ciudad. Al costado se veían las vidrieras iluminadas con lámparas fluorescentes y maniquíes bellamente ataviados. En la ropa femenina predominaba el negro y los trajes venían con tres botones. Al ver que las luces del primer piso no estaban encendidas, miré hacia arriba por la ventana y pude ver los edificios de más de diez pisos. Como era sábado, solo había iluminación en la planta baja, por eso no se notaban los rascacielos.

Pasó estruendosamente un tranvía. Era un tranvía muy

grande, de un tamaño una vez y medio mayor que los tranvías con *bogie*. Eran muy sucios, solo viajaban en ellos los americanos de clase baja.

Salimos por una calle de poco tránsito y mi mamá se sintió mal de nuevo. Decidimos apurar el regreso. Estábamos en Hollywood y la señora decía que éste sería el siguiente centro de Los Ángeles. Era un lugar tranquilo con poca gente, pero brillaban los carteles luminosos. Después de recorrer distintas partes regresamos a la casa.

A las diez de la noche, al acostarme en la mullida cama, tuve la sensación de ir hundiéndome hasta el fondo como si fuera "Alicia en el país de las maravillas". Comparada con esta cama, la del barco parecía un colchón de paja.

15 de septiembre

Nos levantamos a las siete de la mañana y nos lavamos la cara. Desayunamos con panqueques. Se vendía la harina preparada y era cuestión que ponerlos al fuego. Todo era práctico, incluso para los bebés se vendían los alimentos nutritivos preparados, lo que permitía salir a pasear sin preocuparse por la comida de los bebés.

En la cocina todos los artefactos eran eléctricos: la tostadora, la heladera, la cocina a gas con cuatro hornallas, algunas con horno. También estaba la aspiradora y el lavarropas. Con todo electrificado, las mujeres tenían menos trabajo y después de comer podían salir libremente.

Los americanos decían que no les desagradaban los japoneses, pero no querían alquilarles un departamento de lujo porque iban a tener problemas con los negros. Los negros sentían que tanto ellos como los japoneses eran una minoría de color. Si veían que los americanos le alquilaban un departamento a los japoneses, ellos creían que debían tener el mismo derecho. Y como los blancos no querían alquilarles a los negros, tampoco lo hacían a los japoneses. De ahí que los japoneses debían vivir en los barrios de los negros.

Decían que cuando venían los negros, los propietarios del barrio vendían inmediatamente. Con esto comprenderán cómo era el trato.

Aun cuando hubiera podido lograr una vida de lujos, no me gustaría vivir en Estados Unidos al pensar que hay tanta discriminación racial.

Se vendían muchos automóviles usados que costaban 500 dólares. Esto equivale a 500×360 = 18.000 yenes. El salario mínimo de un jardinero era de 100.000 yenes. El señor Nakashioya, que era *nisei*, había regresado a Japón durante la guerra y, por la antigüedad en su trabajo, si se hubiera quedado en Estados Unidos debería estar ganando mucho dinero ahora. La señora nos comentaba que ella iba dos veces por semana a lavar los platos y hacer la limpieza en una casa de americanos. Ella no podía entender que en este país los becarios japoneses prefirieran ganar dinero trabajando en lugar de estudiar.

El automóvil corría a toda velocidad hacia Disneylandia. Se trataba de un parque de diversiones para cumplir con el sueño de los niños, construído con recursos propios de Walt Disney, invirtiendo un costo de construcción de US$ 17 millones (¥ 6.120 millones). Utilizó un terreno de 2.110.000 m^2 en una hermosa área verde llamada Anaheim, a una hora de Hollywood.

Estacionamos el automóvil y compramos las entradas. Lo primero que encontramos al entrar, fue la estación Disneylandia con trenes de cuatro vagones que nos iban a llevar a los lugares preferidos como la Edad Antigua, la Edad Futura, etcétera. Por la calle principal, estaban los antiguos barrios americanos, como los que aparecen en los *westerns*, por supuesto también estaban los indios. Empezamos el recorrido por la jungla de la era antigua. El barco de paseo nos esperaba en la laguna verde. Lo abordamos con mi mamá, las dos niñas y yo. El paseo comenzaba con el saludo de "¡Hola!" del guía. El barco comenzó a moverse con el ruido de los motores surcando el agua verde. Ambas riberas estaban cubiertas de árboles, pasto y rocas como si estuviéramos en plena jungla. Entre los árboles, aparecían las imágenes de elefantes, jirafas, panteras, el perezoso, etcétera. Con el rugido se levantaba la nariz del elefante. Probablemente, al acercarse el barco se disparaba un mecanismo que hacía sonar el rugido a través de los parlantes. Sonó también el estampido de un rifle mientras el guía continuaba hablando por el micrófono. El que se asomó lentamente del agua fue el hipopótamo. Parecía uno verdadero e iba nadando. Se escuchaba también el ruido de la cascada y el barco fue atravesándola. Cuando se acercó a la entrada, se escuchó nuevamente un estampido. Al ver la punta del rifle aparecieron entre los yuyos unos diez indios con arcos y flechas. Seguían los estampidos y una niña comenzó a llorar. La señora que estaba adelante le sonrió. Los indios eran muñecos muy bien hechos. Esperaban a que se acercara el barco para levantarse y tomar la pose de tirar las lanzas. Parecían personas reales, pero nuevamente se agachaban al alejarse el barco. Ese fue el paseo por los pantanales donde quedé impresionado por el excelente montaje.

A continuación detallo las atracciones:

1. Barco de excursión de lujo de dos niveles.
2. Castillo de la Bella Durmiente del Bosque. Es el que se ve detrás en la foto (**Fig.** 77)
3. Barco de taza de Alicia en el País de las Maravillas. Nos subimos a una de las veinte tazas que comenzaron a girar todas a la vez desplazándose de un lado a otro sin tropezar entre sí. Es difícil de describir.
4. Barco pirata Peter Pan.
5. Recorrido por el vientre de la ballena.
6. Cablecarril.
7. Automóvil. Debe conducirlo uno mismo y al mover el volante se mueve solo. Es decir, funciona con electricidad, está

pegado al piso y al girar el volante va virando libremente a la derecha y la izquierda. De todos modos, es fantástico. Desarrollaba una alta velocidad. Es algo indescriptible y hay que verlo.
8. Tren del circo de Dumbo.
9. Avión. Es como el que había en el Kamoike (Parque de Kagoshima, Japón), pero al subir se mueve como uno quiere. Si la persona no quiere elevarse, debe mantener el manubrio fijo simplemente empujando hacia adelante se sube un escalón. En la parte más alta se elevará unos 4,50 metros. Al girar a toda velocidad inspira miedo, por lo menos yo lo sentí así. Al tirar hacia atrás va bajando y todo termina en alrededor de diez minutos.
10. Casa de plástico. Es una casa futurista de forma redonda.
11. Casa de Blancanieves y los 7 enanos.
12. País de las hadas.
13. Calesita.

Estos son los juegos que disfrutamos (**Fig. 78**). Lo hicimos en medio día y no pudimos entrar a todos, ya era imposible disfrutarlo todo en un día. Sabía que existía el pabellón del espacio, pero no pudimos entrar por razones de tiempo. Después de comer (existen numerosos restaurantes en todas partes), salimos del parque. Tiene una amplitud que es imposible recorrer en un día y costaba mucho dinero. Estábamos muy agradecidos al señor Nakashioya que nos había llevado.

Debido a que estaba anunciada la salida del barco a las tres de la tarde salimos de Disneylandia a la una y llegamos al muelle justo a las tres.

Una vez a bordo, el señor nos trajo gran cantidad de conservas y comida y luego volvió a descender. Después de conversar un rato, nos despedimos de todos a las cuatro de la tarde.

Pese a que estaba prevista la salida para las tres, se anunció que estaba demorada para las cinco. A las cinco se anunció que iba a ser a las siete. Nos quedamos perplejos y nos irritó el pen-

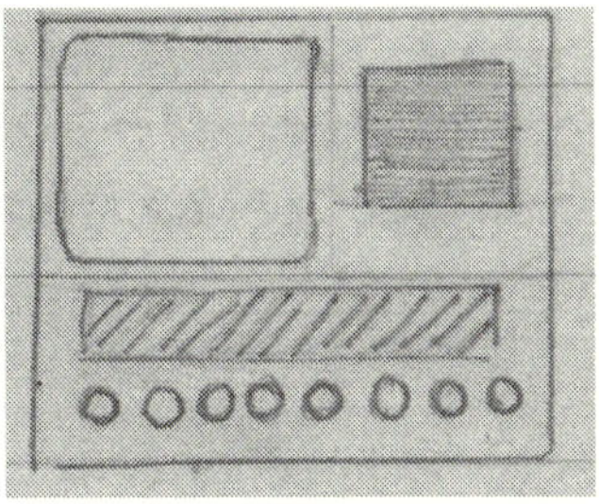

Fig. 76. Dibujo de un tocadiscos, del diario.

Fig. 77. Disneylandia.

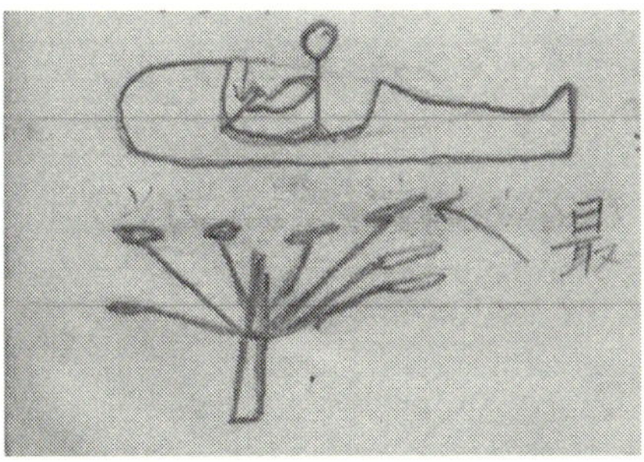

Fig. 78. Dibujo que hice de una de las atracciones de Disneylandia.

sar que nos hubiéramos podido quedar más en Disneylandia. A las siete abordó el piloto y el barco se alejó del muelle. El barco navegaba por un lugar donde se veía la iluminación de Los Ángeles. En la cubierta escuchamos tranquilamente música latina por la radio portátil de Kazuko, la hermana mayor de Shimada.

En esta ruta aparecieron los delfines y saltaban los peces voladores alegremente. Al acercarnos a Panamá, el mar estuvo calmo como aceite y era espectacular ver nadar a los delfines.

22 de septiembre

A las seis de la mañana el barco llegó a Panamá. En los cerros se veían los cañones antiaéreos y más allá, la ciudad de Panamá muy chiquita.

Nos dijeron que el barco no hacía escala en Panamá sino en Cristóbal. Al costado se veían numerosos barcos cargueros esperando el cruce del Canal desde la noche anterior con las luces encendidas.

A las ocho el *Brazil-Maru* comenzó a moverse lentamente. Al avanzar un poco, llegamos a la entrada del canal. Quizás porque el agua es poco profunda estaba turbia por el movimiento de la hélice. Al entrar en el primer dique se cerró la compuerta. El agua va aumentando rápidamente y el barco se eleva con la fuerza del agua. En ambos lados están las locomotoras eléctricas con las cuerdas amarradas. En el otro dique estaba el barco cisterna americano que ya estaba arriba. Son cinco diques de elevación (**Fig. 79**).

Adachi-san comentó que era extraño que subiéramos cinco escalones y bajáramos cinco escalones. Hay algo que no coincide, pero nunca lo entendimos.

Los barcos que vienen del Atlántico tienen flecha inversa.

Cuando entró en el dique se elevó el nivel.

El cruce dura alrededor de 8 horas con 4,5 horas de navegación por el lago y 2 ó 3 horas para atravesar los cinco diques.

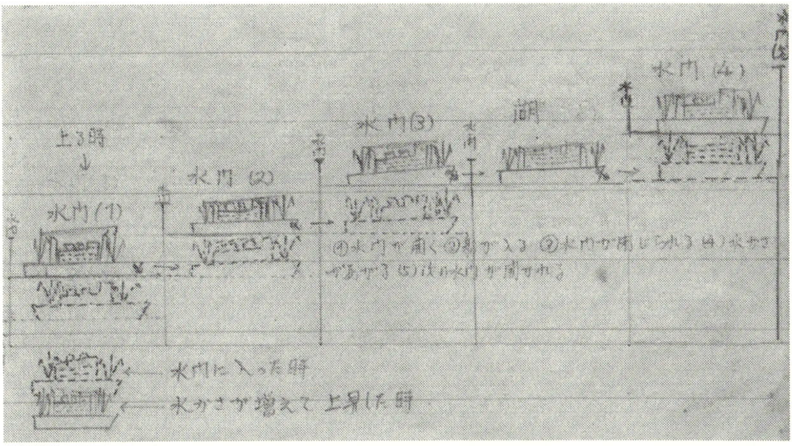

Fig. 79. Dibujo del Canal de Panamá. 1) Se abre la compuerta 2) Entra el barco 3) Se cierra la compuerta 4) Entra el agua y sube el nivel del barco 5) Se abre la compuerta.

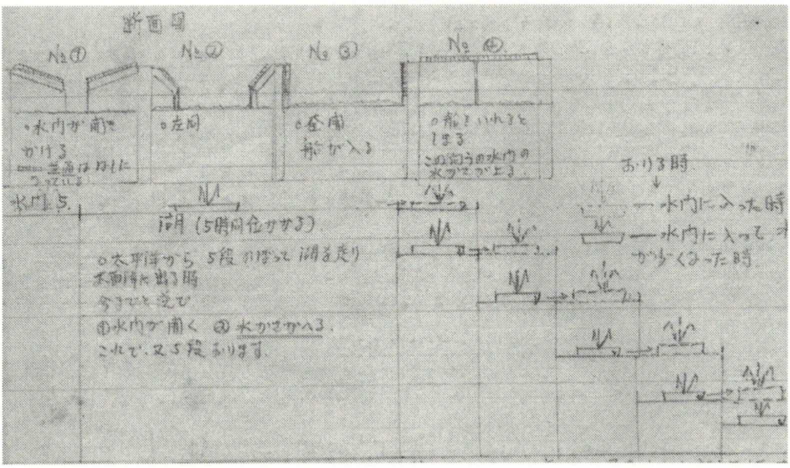

Fig. 80. Dibujo del sistema de compuertas del Canal de Panamá. Cuando entra el barco se cierra la compuerta y baja el nivel de agua de la compuerta siguiente. El barco se eleva por medio de cinco compuertas, atraviesa el lago y luego desciende pasando también cinco compuertas.

Los barcos ingresan al dique desde las ocho de la mañana hasta las tres de la tarde. Posiblemente no puedan entrar más tarde. Eso se debe a que no pueden entrar dos barcos en el dique.

Al avanzar por el lago después de pasar los cinco diques, adelante se observaba un barco cisterna (el dique del lado del Pacífico tiene dos pasos). Tienen prioridad los barcos de guerra (**Fig. 80**).

Los conductores de las locomotoras son todos blancos y los negros avanzan a pie con los barcos.

Pienso que podrían ir en la locomotora, pero van enganchando o desenganchando las sogas a pie (**Fig. 81**). Al salir al lago, el barco cisterna nos dio paso y lo pasamos.

En el lago, el barco avanzaba confortablemente. Las olas se iban abriendo a medida que avanzaba el barco. Las pequeñas boyas se movían de un lado a otro.

El jefe de camareros nos anunció: "Está listo el baño, el baño de agua dulce".

Debido a que en los barcos se aprecia mucho el agua dulce yo no me bañé. Se trataba de agua del lago, es decir que se veía un poco verdosa. Efectivamente, el agua del lago no es el agua del mar, pero todos se bañaban pensando que era mejor que el agua del mar.

Yo opté por ducharme. Además, me parecía que eran demasiados hombres y mujeres los que se bañaban en el mismo lugar.

Cerca de las doce, nos cruzamos con el primer barco que venía del Atlántico.

Por tratarse de un lago no se producían grandes olas, por lo que avanzamos lentamente alejados uno de los otros para no levantar olas. Iban uno tras otro. Cuando venía el segundo y el tercero, anunciaron que a babor venía un barco de Mitsui. Todos salimos. Después de veinte días de haber dejado la madre patria, todos gritaban y agitaban los pañuelos. Los pasajeros de la otra nave también gritaban.

A las tres de la tarde, el barco llegó al dique de descenso, pero aún quedaban los barcos que no había logrado subir y tuvimos que parar esperando la salida de otros que llegaron antes.

Recién a las siete, logramos pasar.

En el barco había agua para beber, pero no se enfriaba debido a que todos tomaban y a veces salía casi caliente. Sin embargo, el agua de las cuatro o cinco de la mañana salía fría. Una persona llamada Setoyama, oriundo de Kagoshima y amigo del señor Fukushima, quien a su vez era amigo de mi padre, estaba a bordo como maquinista. Después de salir de Los Ángeles nos vino a visitar y nos trajo gran cantidad de jugo en polvo y azúcar y también nos trajo el agua más fría de la sala de máquinas para la tripulación. Gracias a este señor, pudimos tomar agua fría y todos quedaron contentos en el camarote como la señora Nakatsūmi y la señora de Kumabe, con quienes compartimos el agua.

Cuatro personas incluyendo a este señor, el señor Hara del mismo camarote descendieron en Cristóbal.

Cristóbal era la ciudad de los ladrones y de los carteristas. Al bajar la rampa, había un camino con palmeras. Inspiraba miedo por la oscuridad. Al entrar a la ciudad, parecía un lugar pequeño, pero hermoso con caminos pavimentados. Me pareció que era totalmente diferente a los malos caminos de Japón. Se nos acercó una persona que se dirigía al Paraguay y nos contó que fue sorprendido por un carterista. Escuchamos cómo ocurrió el incidente. Nos contó que se acercaron dos personas gritando con un diario en la mano, y mientras uno lo distraía con el diario el otro cometía el robo. Realmente un mundo peligroso.

Para el señor Hara, esta era su cuarta travesía a Sudamérica y para el señor Setoyama era su primer viaje, por lo tanto, el señor Hara nos sirvió como guía.

Había una sucesión de joyerías en las que brillaban las joyas, aunque, no se sabía si eran auténticas o falsas, pero al menos eran baratas. Aceptaban dólares, teníamos ganas de comprar, pero fue imposible.

El señor Hara quería comprar cocodrilos. Me pareció algo riesgoso, pero en realidad vendían solamente la piel del cocodrilo que al llevarlos a Japón podrían venderse a un precio más alto. En el caso del señor Hara, pensaba llevarlos como regalo. Al caminar dos o tres negocios, un hombre nos invitó a entrar diciendo "*yasui, yasui* (barato, barato)" y entramos riendo. Una piel de cocodrilo de 70 centímetros costaba alrededor de 5 dólares. Cuando le dijimos que estaba "caro", contestaba "no, no es caro".

En realidad, no era caro, parecía caro, ya que costaba como 20 ó 30 yenes, entonces, solo compramos dos.

En un negocio, el señor Hara nos invitó a tomar Coca-Cola. Yo había tomado en Los Ángeles, pero no me gustó tanto y solo tomé un poco, pero mi madre se tomó una botella y media.

Fuimos al mercado de frutas, pero antes tomamos un helado. Era más grande que el de Los Ángeles. Según contaba el señor Hara, en Panamá eran más grandes, ya que con 40 ó 50 centavos tenían como 20 centímetros de altura y era imposible terminarlos.

El mercado de frutas estaba cerrado. Al golpear la puerta apareció una señora. El médico del barco nos había advertido que aquí no compráramos bananas. Eso era porque uno se descomponía al comer tanta banana por ser tan barata.

El señor Setoyama decidió comprar y me sugirió que lo fuera a buscar en el barco. Así es que violando las recomendaciones del médico compramos un racimo a 1 dólar (que al precio de 315,60 yenes tenía como 150 ó 160 bananas). Realmente barato. Lo que dijo el médico era razonable.

Compramos un racimo y medio y 50 centavos de naranjas que eran como 50 unidades. Como no tenían papel para envolver nos lo cobraron. Parece que allí escaseaba el papel. Esto puede dar idea del nivel cultural. Apenas con 2 dólares compramos el racimo y medio de bananas y cincuenta naranjas.

Cuando estábamos por regresar, de pronto se apagó la luz de

la ciudad. Todo quedó a oscuras. Habíamos intentado regresar sin saber nada, pero luego nos enteramos de que era un acto de los delincuentes. ¡Qué peligro!

Cuando se encendió la luz en la mitad de la ciudad, dos chicos negros que tendrían doce o trece años se acercaron al señor Setoyama con el diario en la mano tratando de hablarle. Cuando el señor Hara observó que uno de los chicos le metía la mano en el bolsillo, inmediatamente le gritó y salieron corriendo. Era realmente peligroso. Así es que fue un paseo pleno de suspenso.

Después de abastecerse de agua, el barco zarpó a las seis de la mañana.

26 de septiembre

Llegamos a La Guaira en Venezuela. En las laderas de los cerros del fondo, se observaban las viviendas cuadradas aparentemente pobres, pintadas con vistosos colores rojo, verde, amarillo, etcétera. En el puerto estaban los barcos de guerra, unas diez embarcaciones entre los de 3.000 toneladas y los de 500 toneladas. Más allá, estaba el aeropuerto con grandes aviones y en la parte de adelante se veían tres o cuatro edificios de más de diez pisos.

Por la mañana iniciamos el paseo por la ciudad. Éramos cuatro, Adachi-san, Katsuya-san, Luisa y yo. Al ir avanzando un hombre nos dijo en español que esa no era la dirección. Luisa, que era *nisei*, sirvió como intérprete.

Al subir las escaleras, en el camino de arriba estaban esperando los taxis. Nos querían llevar a Caracas. Dijeron algo así como "*Caracca*". Al seguir de largo llegamos a la ciudad. Estaba totalmente pavimentada y había un parque cubierto de vegetación. Era una ciudad pequeña pero sobria. Recordé los malos caminos de Japón.

Para realizar las compras buscamos un lugar donde dijera "*cambio*". Era una ciudad con tiendas sucias, pero el camino era excelente. Entramos a una panadería. Había negros, blancos y mestizos. Vimos dos policías, uno muy alto y otro bajito, ambos con bigotes.

Katsuya-san, de carácter jocoso, pidió permiso a través de Luisa para sacarse una fotografía con estos policías. Los dos con Adachi-san, Katsuya-san y yo y Luisa nos sacó la fotografía. En eso, salió el dueño de la panadería y se puso a un costado para salir en la foto, pero Katsuya-san le pidió a Luisa que no metiera a ese hombre en la fotografía. Luisa sonriente dijo "sí". Sin que el hombre supiera eso, estuvo posando. En la fotografía que recibí de los dos (Adachi-san y Katsuya-san), solo había salido su brazo (**Fig. 82**).

Como era pleno verano, fuimos caminando como una hora por el oeste muy agotados.

Después de cambiar el dinero al lado de la panadería, entramos adonde Katsuya-san compró queso y pan. Un cliente japonés que ya estaba en el negocio, al ver a Luisa pidió que le hablara, sacó el dinero para hacer la compra, pero por tratarse de moneda venezolana, no era posible distinguir los valores, fue tomando y tomando el dinero y lo que se cambió con un dólar, en un instante quedaron solo pequeñas monedas de cobre. Después de comprar helado y goma de mascar, salimos. Al comprar naranjas y bananas, inmediatamente gastamos un dólar. Regresamos los tres al barco totalmente cansados.

Después de una siesta, a las seis de la tarde terminamos de cenar y a las siete, Adachi-san, Luisa y yo, el señor Tanoue y Katsuya-san salimos a pasear.

Comenzamos a caminar por un camino oscuro. "¿A dónde vamos?" "Vamos a la playa". "Vamos hasta el aeropuerto". "Está demasiado lejos". "En este camino hay inspección. Sigamos por el otro". Resultó que el camino estaba cerrado. Sin otra alternativa tuvimos que regresar.

Vimos cuatro o cinco policías parados. Al mostrarles el pase, las mujeres y niños pasaban sin control, aunque las mujeres

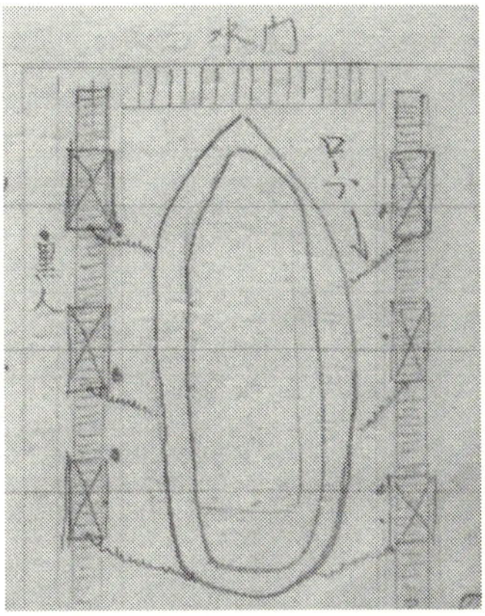

Fig. 81. Dibujo 3 del Canal de Panamá.

Fig. 82. Adachi-san, Katsuya-san y yo, con dos policías en Venezuela.

llevaran una cartera algo grande. En cambio, Adachi-san estaba furioso porque le revisaron hasta los bolsillos. Después de unos diez minutos de caminata llegamos a la playa, pero no era de arena sino de piedras, y las olas golpeaban contra ellas. "No hay nada". "Vayamos más adelante".

Después de salir a la calle, los cuatro seguimos caminando por un camino donde pasaban muy rápido los automóviles. Caminamos como treinta minutos y todos decían "estoy cansado, estoy cansado", pero continuamos caminando. Después de seguir una hora, llegamos al aeropuerto. "Oh, llegamos hasta aquí". "Regresemos, regresemos". "Para regresar, tomemos otro camino". "Eso será mejor". Al iniciar nuestro regreso por otro camino, en la mano izquierda vimos grandes edificios de departamentos. Uno era un edificio de como quince pisos, con el garaje en la planta baja. Era un edificio de lujo con ascensor, como un castillo que no duerme.

Recién después de caminar una hora por este camino, pudimos regresar al barco. Todos quedamos mudos de cansancio.

27 de septiembre

El cielo estaba despejado y se fijó la salida a la una de la tarde. Nosotros decidimos salir nuevamente a la ciudad para aprovechar las últimas seis horas (nos habíamos levantado a las siete) para despedirnos de esta ciudad.

Por supuesto, el grupo estaba integrado por Adachi-san, Katsuya-san, Luisa y yo. En realidad, Katsuya-san tenía deseos de ir a Caracas, pero yo no tenía la intención de ir debido a que nos habían prevenido severamente a mí y a Luisa que no fuéramos, porque era imposible ver todo en medio día. Sin embargo, una vez que descendimos del barco, Katsuya-san insistió en ir diciendo que él iba a pagar los gastos. Siendo así, lo lógico era que fuera solo, pero debido a que no comprendía el idioma necesitaba ir acompañado de Luisa como intérprete. Finalmente decidimos hacer el viaje. Cuando comenzamos a caminar, un señor

Kosaka de Brasil quiso también participar y paramos un taxi.
"¿Cuánto demora hasta Caracas?". "Apurando será unos 20 minutos". "¿Llega en 20 minutos?". "Sí, se puede". "¿Cuántos dólares?". "Son 10 dólares". "Queremos regresar a la una pero ¿podemos ver toda la ciudad de Caracas?". "Creo que sí."

Después de este diálogo, decidimos tomar el taxi.

Al entrar desde la avenida Costanera se extendía un camino recto de unos 50 metros de ancho. En ambos lados tenía una arboleda y vereda. Después de unos diez minutos, llegamos al aeropuerto que al que el día anterior habíamos demorado una hora en llegar. "¡Qué rápido!"

Era un aeropuerto civil donde había más de diez aviones grandes. Nunca habíamos visto tantos aviones. Tenían capacidad como para treinta o cincuenta pasajeros. El camino era pavimentado, a la izquierda con cerros altos y a la derecha con una quebrada profunda. El camino estaba dividido en dos manos, en nuestra mano había tres carriles, el exterior y central eran para 80 km de velocidad y el interior para 60 km de velocidad. Por supuesto, nuestro vehículo corría por el lado exterior a 100 km, violando las normas. Cuando el vehículo disminuyó la velocidad, vimos un policía parado. En diversos lugares estaban los policías controlando. El chofer que tal vez sabía dónde estaban, disminuía la velocidad en el lugar justo, corriendo a mayor o menor velocidad. Pronto entramos a un túnel. Se me taparon los oídos y no podía escuchar nada. Sorprendentemente, hasta dentro del túnel iluminado con lámparas fluorescentes estaban los policías. Me preocupaba que mis oídos seguían retumbando aún después de salir del túnel y no escuchaba lo que me decían.

En unos veinte minutos entramos a la ciudad de Caracas, pero antes de la entrada hubo una revisión. Es un país de muchas revisiones. Sin entrar a la ciudad, seguimos por la circunvalación y entramos nuevamente en un túnel. Éste era corto y lo atravesamos en un minuto para salir a una amplia avenida.

Paramos el vehículo y al mirar hacia abajo del automóvil, vimos sobre el túnel un hermoso edificio de más de treinta pisos. Era el edificio municipal de Caracas. Sacamos unas fotos (**Fig. 83**) y nuevamente subimos al vehículo. Primeramente, avanzamos por una calle tranquila y pasamos frente a una hermosa iglesia. Eran las diez de la mañana pasadas. Salimos a una amplia plaza. El grupo de edificios modernos de más de diez pisos, ofrecía una sensación más bella y amplia que la de Los Ángeles. La cantidad de automóviles frente a la plaza era impresionante. Casi todas las personas tenían automóviles. Estaba difundido el régimen de cuotas y cualquier cosa se compraba en cuotas sin interés. Era un país donde no se vendía si no era en cuotas. Además de los buenos caminos existían los parques cubiertos de árboles, las fuentes en el césped, los bancos, y sobre todo, cada doscientos o trescientos metros había estatuas de personajes importantes y de dioses. Es probable que en el atardecer los ancianos fueran a pasear con sus nietos.

El automóvil dobló hacia la izquierda para trepar a la montaña. Allí, estaba el famoso cable carril de Caracas. Por falta de tiempo, solo nos limitamos a mirar, sacamos una foto y vimos la ciudad desde arriba. Aquí estábamos en la cumbre y la ciudad de Caracas se extendía hacia la derecha y la izquierda, era más bien una ciudad rodeada de montañas en un valle. En este gran valle brillaban los blancos edificios bajo el sol radiante.

El automóvil comenzó su descenso, visitamos nuevamente la ciudad y en el trayecto vimos tres accidentes de tránsito. Uno que chorreaba combustible y otro con el vehículo aplastado. Cuando vio esto, Katsuya-san le dijo al chofer: "¡No choque! Yo quiero seguir viviendo". El chofer viró el volante con una cara extraña. Llegamos a un gran parque de varios kilómetros, dentro de la frondosa vegetación donde se cruzaban decenas de calles. Era un lugar absolutamente tranquilo donde los rayos del sol solo llegaban a pocos lugares.

Al frente comenzó a divisarse un edificio redondo de cinco

Fig. 83. Paseo por Caracas.

Fig. 84. Fiesta del cruce del Ecuador.

pisos, un hospital moderno de Caracas con grandes ventanas. Pasadas las once, el sol de este país sureño brillaba fuertemente. Finalmente llegamos al pabellón militar. Este edificio que es el más famoso de Caracas, la capital de Venezuela tiene apenas tres pisos, si se lo compara con los otros rascacielos, y está vigilado por muchos soldados. Sin embargo, lamentablemente no pudimos entrar porque no teníamos traje. Para los japoneses que "no soportamos estar con traje bajo este calor", fue una de las cosas que más hemos lamentado. El frente tenía un amplio espacio. "Si no podemos entrar, no podemos hacer nada". Así que subimos al automóvil nuevamente.

Ya en el camino de regreso, el chofer le dijo a Luisa que tomaría otro camino como si estuviera tratando de mostrarnos otros paisajes en un gesto de amabilidad. Mientras fuimos dando vuelta por un camino montañoso, a la derecha pudimos observar la ciudad de Caracas desde arriba y en treinta minutos llegamos al portón exterior por donde habíamos entrado. "Adiós Caracas, hasta el día que vuelva a visitarte de nuevo".

En veinte minutos llegamos al muelle. Era un poco antes de la una y nos encontramos con una situación inesperada. Apenas llegamos, nos enteramos de que, por razones de la carga, la salida del barco se había postergado hasta las tres de la tarde. Maldecimos a la Ōsaka Shōsen (la compañía naviera). "¡Si es así, por qué no nos dijeron antes!". El enojo nuestro era razonable. Con dos horas más, hubiéramos podido visitar el museo.

Como ocurrió en Los Ángeles, podrán imaginar mi estado de ánimo y el enojo con este barco.

A las tres zarpó sin problemas. Cuando La Guayra se veía pequeña, el barco viró y comenzó a navegar paralelamente a la isla. En una hora, la isla desapareció de nuestra vista. Sólo volaban las gaviotas. El oleaje del Atlántico era fuerte y yo estaba siempre mareado.

De las películas que proyectaron (todas las películas de esta travesía eran de la Compañía Daiei) vimos (no me acuerdo el título) de Raizō Ichikawa, Michiko Saga, *Hiden Tsukigata* de Shintaro Katsu y Raizō. También proyectaron otras películas y dibujos animados de Popeye.

Un día, cuando estábamos jugando con Adachi-san, pasó delante de nosotros una hermosa mujer extranjera y Adachi-san nos dijo: "Vamos arriba, vamos arriba". "¿Para qué?". "Para seguir a esa mujer". Subí apresuradamente diciendo: "¡los jóvenes de ahora!", como si yo fuera una persona mayor.

Al subir, estaba esa otra mujer, que era la hija de un director del Banco Nambei. Había tenido problemas de desarrollo por parálisis infantil y tenía el torso encorvado lo que le causó retraso en el desarrollo de las extremidades. La parte superior se había desarrollado excesivamente y a los catorce años tenía cara de adulta y espiritualmente era una adulta. Había ido a Japón a curarse, pero no había sido posible. Era una persona que casualmente viajaba con Adachi-san que iba a trabajar en el mismo banco.

La llegada a Belén estaba prevista para el treinta pero antes se celebró la fiesta del cruce del Ecuador (**Fig. 84**).

En realidad, esta fiesta debía realizarse al cruzar el Ecuador, pero en nuestro caso se adelantó uno o dos días. Existía lo que se llama el rey del Ecuador, que debía entregar una llave de tamaño mayor que el capitán, quien con esa llave abría la puerta para poder atravesar la línea del Ecuador. En ese momento, sonaba la sirena del barco en pleno mar verde. Ya estábamos en las proximidades del Amazonas y el mar se veía verde.

30 de septiembre

Por la mañana pudieron divisarse tres grandes islas. Eran las islas que estaban en la desembocadura del gran río Amazonas. Estábamos en el río, pero no se sabía dónde empezaba el mar y donde terminaba el río. El color del agua era completamente verde. El sol era generoso, pero no hacía calor y las islas que se veían a lo lejos eran misteriosas.

El barco comenzó a remontar el río, iba surcando lentamente el agua verde. Nos detuvimos a las cuatro de la tarde. Al frente se veía una isla que tenía una superficie equivalente a Dinamarca, a la izquierda se veían decenas de casas. La cruz de la iglesia brillaba por el reflejo de la luz.

Un barco de 10.000 toneladas no podía avanzar más, faltaban varias decenas de kilómetros hasta Belén. Llegó un barco de 100-200 toneladas. Con ese barco, irían todos los inmigrantes hasta Belén y desde ahí hacia el interior del Amazonas.

El señor Hara y el señor Setoyama me trataron con amabilidad y el señor Hara me contó que "la *Miss Brasil Maru* anterior descendió en Belén y cuando la volvió a ver después de más de un año, cuando vino nuevamente el barco, tenía las manos y las piernas totalmente negras y había perdido todo el encanto". Lo que más escaseaba y difícil de conseguir era el agua y las personas que venían a visitar al barco lo primero que hacían era pedirnos agua.

Después de las cinco de la tarde, todos los que tenían que bajar cambiaron de barco para dirigirse a las zonas del interior. Mirando esa escena, el señor Setoyama señaló los platos y cucharas del barco que amarró a nuestro costado y dijo: "En esos platos meten cualquier cosa y todos comen algo como el caldo de arroz lavado con esta agua sucia".

Algo que me disgustó aún más, fue el hombre de la aduana que paraba a las personas que venían desde el interior por la "llegada de un barco japonés". Inevitablemente las personas tenían que pagarle para poder subir al barco. Cuando el pago era poco, les decían que no y no les permitían subir. Era un estricto sistema de soborno. Además, la tienda de ventas de Ōsaka Shōsen estaba provista con gran cantidad de mercaderías para venderlas a un precio elevado como tres o cuatro veces el precio normal. Me causó gran indignación al pensar que eran los mismos japoneses que venían con la esperanza de hacer alguna compra con dinero que habían ahorrado trabajando duramente.

La tienda era el negocio donde los camareros obtenían sus ingresos. Explicando con más detalles, la tripulación recibe el salario según los días de navegación. Los camareros que pertenecían a la clase inferior de la tripulación, eran los que recibían el salario más bajo. Sin embargo, entre ellos existía un sistema de propinas. Los camareros de 1ª clase recibían desde 50.000 a 100.000 yenes cada uno y los de 2ª alrededor de 5.000 por persona. Sin embargo, debido a que los camareros de 3ª recibían poco, se había creado el sistema de ventas de kiosco. Las mercaderías eran adquiridas a bajos precios de los mayoristas y las vendían al mismo precio que los del minorista en Japón. Sin embargo, ellos compraban gran cantidad de *shoyu*, *miso*, etcétera, para venderlos a los japoneses de Brasil a precios exorbitantes. Fueron convincentes las palabras del señor Hara que dijo que los más perjudicados eran los que cobraban solo el salario como el personal de máquinas y el personal de cubierta.

Había señoras que llevaban el agua en las cantimploras. Todos tenían las manos y las piernas negras. Además, nuevamente debían pagar dinero al funcionario de aduanas para poder bajar. Daba lástima ver que el bolsillo del funcionario de la aduana se iba hinchando hasta explotar y aun así debían pagar "coima" y comprar las cosas a precios tres veces más caros.

Dicen que aquí viven los cocodrilos. La parada se limita al descenso de las personas y zarpamos a la una de la noche. Lo que me sorprendió fue el tamaño del sol. Se veía tan grande que me hizo recapacitar sobre su grandeza al ver cómo se iba hundiendo por la tarde en las selvas del fondo. Más que un color rojo, era de color anaranjado y de un tamaño enorme. Seguramente el sol estaría cerca del Ecuador.

Al salir a la cubierta a la una de la mañana, estaba el señor Shimada y su señora. Como era aburrido conversar con los mayores, desperté a Toshiko para que viniera a jugar a la cubierta y terminamos peleándonos como siempre. Era divertido.

El horario de un día en el barco, comenzaba a la hora de levantarse escuchando el anuncio del camarero que decía "Es la hora de la comida". Sin darme cuenta yo era el más dormilón, ya que mis ojos no se abrían a la hora del anuncio a las siete. Afortunadamente, la comida se dividía en dos turnos por la gran cantidad de pasajeros y yo podía ir siempre al segundo.

Al regresar Toshiko que desayunaba en el primer turno, abría la cortina (impertinentemente) y siempre decía, "¡Dormilón, levantate!" Entonces me levantaba a desgano y me lavaba la cara. De ahí en adelante, jugaba con Adachi-san y Toshiko, hacíamos una siesta después de almorzar, luego la cena y a dormir. Esa era nuestra vida. Conversaba y jugaba con Adachi-san y peleaba constantemente con Toshiko. Así era la cosa.

Adachi-san y Katsuya-san jugaban al *mahjong*. Mientras que Adachi-san era fuerte y nunca perdía no tenía problemas, pero a Katsuya-san no le causaba gracia. Pese a que era estudiante universitario, no fumaba y cuando ganaba un cigarrillo como premio tenía que conformarse con dárselo a Adachi-san. "Sería bueno que recibieran aunque fuera caramelos", decía.

Adachi-san, Shimada-san, el hijo la familia del señor Hosoya y yo, todos éramos hijos únicos varones y éramos mimados. Estaba bien que fuéramos mimados los dos más chicos, pero yo también recibía el trato de niño mimado.

Adachi-san que era ya grande era mimado y a mi madre decía que se parecía a la hermana mayor.

3 de octubre

El barco entró en el puerto de Recife. El agua tenía un color verde. En la costa estaban los almacenes y los depósitos que no permitían ver la ciudad. No sé para qué, pero había muchos barcos amarrados. Bajé a tierra con pantalones cortos y camisa y decidí desembarcar con Adachi-san, Katsuya-san y el señor Tanoue.

Una vez en la calle, hacia la izquierda, salía un camino viejo de ladrillos. Del lado derecho se veían escasas viviendas y del lado izquierdo, la fila de depósitos.

Fuimos caminando y al avanzar más de 100 metros vimos el Comando Naval. En el edificio los marineros entusiasmados jugaban al billar. Los marineros que no trabajaban nos miraban a través de la ventana con rejas como si fuéramos personas extrañas.

Muy cerca estaba la policía, y más adelante se podían ver los hermosos edificios de la ciudad. ¡Qué lindos eran los automóviles que iban a mucha velocidad! Algunos eran ruidosos y echaban un humo negro. Nos sorprendimos ante una escena que no parecía de este mundo: al atravesar un puente estábamos ya dentro de la ciudad, pero decidimos tomar hacia la costa, nos encontramos con un mercado pero era muy sucio. Pensamos, ¿cómo puede estar en un lugar como éste? Compramos bananas y naranjas y después de ver los negocios, salimos nuevamente a la calle. Lamentablemente las tiendas estaban cerradas (sastrería) y solo miramos desde afuera. Todo muy caro, especialmente el jabón.

Al continuar estaban los vendedores ambulantes y al asomarnos ahí, pasadas las diez, había desaparecido el señor Tanoue y los tres que quedábamos iniciamos el regreso al barco. Yo propuse, "Por la tarde vayamos para otro lado". A la vuelta, al encontrarnos con mi madre en compañía de Luisa y Miyochan (Kumabe), sacamos unas fotos y nos separamos.

Ahora que me acuerdo, cuando a la ida íbamos hablando los cuatro, venían caminando dos mujeres gorditas. Como ellas me sonrieron, me escondí detrás de Adachi-san. Entonces una de ellas se abrazó a Katsuya-san que iba adelante. Pasó un apuro tremendo. "¡Qué mujeres raras!", exclamó Katsuya-san en dialecto de Kobe.

Cuando estaba durmiendo la siesta, a las cuatro de la tarde vino Adachi-san a despertarme y fuimos a pasear al otro lado del río, como habíamos quedado por la mañana. Como el sol estaba caluroso, fuimos despacio y a duras penas cruzamos el puente.

Nos dijeron que en Recife había un solo japonés, que tenía un café y estaba en una esquina, pero decidimos entrar en el parque. En un momento exclamamos "¡Qué calor, vamos a comer helado!". Vino uno de los que viajaba con nosotros y compró los helados. Al preguntar cuánto era, contestó "Dos cruzeiros". Cuando estábamos comiendo, pensando lo barato que era, se acercó un chico negro que era el vendedor y al ver que ya terminábamos de comer, reclamó diciendo que faltaba dinero. Cuando el compañero de viaje le dijo que había pagado 6 cruzeiros, el chico dijo que "Son doce cruzeiros y ustedes me pagaron solo dos cruzeiros". Había dicho dos y después dijo doce. Nos dimos cuenta de la trampa, insistió en que eran doce y tuvimos que retirarnos pagando de más.

Cuando estábamos descansando en un rincón del parque, vimos muchas personas que entraban en el teatro frente al parque. Pasó delante de nosotros un niño de cinco o seis años con traje y corbata que iba de la mano de la madre, hasta tenía reloj e iba de lo más presumido.

En esta ciudad, no pueden entrar en los teatros ni en cines sin traje. Y todos debían estar sentados. Entonces, al llenarse no podían entrar hasta que saliera alguien (en Japón dejaban entrar hasta para ver parados si no había asientos). ¡Qué tranquilidad! Si pidiéramos que nos "deje estar parados para que no se nos caliente la cola", nos echan.

Al salir de este parque había un río. Es decir, el parque era una isla rodeada por dos ríos. Al atravesarla había un lugar de recreo con playa y hamacas y una laguna donde había patos y otras aves. Cuando estábamos mirando los patos, vino un niño que nos miró con detenimiento girando 360 grados. Para él, era raro ver japoneses.

Hasta aquí todo fue bien, pero tuvimos un contratiempo caminando en sentido opuesto a la orilla donde estaba el barco.

Los tranvías pasaban haciendo ruido. Los tranvías de Sudamérica eran famosos, ya que no tenían paredes laterales. Además, como tenían varios asientos atravesados, la gente subía y bajaba por los costados. El guarda vendía los boletos parándose sobre una pasarela de 30 centímetros que estaba a uno de los costados.

Seguimos caminando una hora y cuando estábamos agotados llegamos a la costa opuesta de donde estaba nuestro barco.

Cuando nos dirigíamos en esa dirección, un niño que estaba por ahí nos siguió riéndose. En ese momento el río estaba a 200 metros desde donde estábamos y al acercarnos, no había puente para cruzar al otro lado. "¡Qué es esto! ¡Ya es tarde!" El niño se había reído porque nosotros nos dirigimos hacia el río en busca de un puente que no existía. Protestando decidimos regresar caminando por donde habíamos venido.

A mitad del camino de regreso, vimos venir dos mujeres bonitas. Una blanca de unos 1,70 metros de estatura con tacos altos, y otra de unos 1,60 metros también con tacos altos, tomadas de los brazos. Pese a que Adachi-san medía 1,60 metros, parecían enormes. Además, por tener caras tan hermosas que no se veían en estos lugares, Adachi-san se quedó con la boca abierta. Cuando nos cruzamos, nos miraron desde arriba y nos sorprendimos cuando dijeron "¡Hum!". Después de dos horas regresamos al barco cansados.

La partida estaba prevista para las ocho de la noche, pero no llegaba el piloto y recién zarpamos pasadas las diez.

La mayoría de las personas comenzaron a prepararse para el desembarque. Quedaban tres días hasta Río de Janeiro y un día más hasta Santos, o sea cuatro días.

9 de octubre

A las ocho de la mañana el barco estaba navegando por la costa de Río de Janeiro, uno de los tres puertos más hermosos del mundo. Al ingresar a la entrada de este gran puerto, a la izquierda se veía el Pan de Azúcar. Pasamos entre los grandes rompeolas que se extendían desde la costa, y avanzamos lentamente hacia el fondo. A la derecha solo se veían los cerros con edificios blancos dispersos y a la izquierda había barcos amarrados y edificios elevados.

Vino Adachi-san y dijo: "Vamos a ver la ciudad". Era domingo y a la una en punto el barco amarró en el muelle.

A la vista había enormes edificios. Sobre la costa se veían varias decenas de automóviles de importación que estaban bajo la lluvia debido que no se les había autorizado la importación. Al lado se veía un barco carguero extranjero y quedamos impresionados al ver que era uno de los puertos más hermosos.

Adachi-san me dice que por la mañana no se podía salir a pasear debido a que uno de los superiores del Banco Nambei le había pedido que lo ayudara. Nos despedimos diciendo "Nos vemos a la noche". Durante el día salimos con la señora Nakatsūmi, Hisayo-chan, Luisa y el señor Kosaka. No pudimos ver bien la ciudad debido a que salimos solo para hacer compras.

Por la noche salimos nuevamente juntos. Debido a que los edificios del centro de la ciudad eran altos, las calles parecían angostas y la parte vieja no se veía tan limpia por los papeles desparramados en el asfalto sobre ladrillos.

Era justo la hora de finalización del trabajo y había una multitud en la ciudad. Lo que más nos molestó era que nos miraban como diciendo "japoneses, japoneses". Aunque les replicáramos con nuestra mirada insinuando que éramos como ellos, seres humanos, continuaban mirándonos.

Compramos helado y cuando comíamos caminando, mi madre no quiso comer diciendo que era "Sucio, sucio". Le dije que en el extranjero todos comen así.

Adachi-san no pudo salir por la noche por una invitación, compramos azúcar y nuevamente fuimos a pasear afuera.

Regresamos al barco a las ocho, Adachi-san regresó a las diez diciendo que "Yo lo sabía, pero al pelar la banana con la mano, se rieron". Ay, ¡qué trabajo!

Para el día siguiente ya habíamos contratado un chofer de taxi por 1.000 cruzeiros (4.500 yenes) para visitar Río de Janeiro.

El señor Kosaka sirvió como guía y puso 500 cruzeiros (la mitad), mi mamá, Miyo-chan, señor Tanoue, un señor Kawai y yo pusimos 100 cruzeiros respectivamente.

A las ocho fuimos al lugar prometido, pero el chofer brasilero no apareció. Llegó después de las ocho y cuarto. La salida del barco estaba prevista para las dos.

Primeramente, avanzamos por una larga arboleda del parque y seguimos. A la izquierda se veía el mar muy cerca y el camino era tranquilo, junto al agua. Avanzamos un rato por un camino sin viviendas y llegamos al pie del Pan de Azúcar frente a un museo. Estaba funcionando el cable carril, pero no subimos por no disponer de tiempo. Al querer sacar una foto, pasó delante de nosotros una señora con un bebé y nos sacamos una foto todos juntos. Al subir un poco (todo pavimentado), salimos a la costa del Atlántico. Abajo estaba el barranco y las olas eran de color azul y blanco bajo el reflejo del sol. Las rocas estaban cubiertas de musgo amarillo verdoso. Al bajar, sobre el Atlántico no se divisaba ningún barco.

El automóvil andaba placenteramente. Íbamos por el lado este del río. Los cerros estaban a la derecha y los barrancos, hacia la izquierda. En el camino, el chofer paró de golpe y nos dijo que esperáramos para que él pudiera tomar un café. Sin embargo, el café estaba cerrado. "Entonces nos vamos", dijo, y al encontrar otro café, paramos el automóvil y entramos también nosotros. Tomamos una Coca-Cola que pagó el chofer.

En las playas de Copacabana había señoras que probablemente habían despedido a sus esposos que se habían ido a trabajar y venían con sus hijos a divertirse. Había mucha gente. A la derecha estaban los hoteles y las viviendas. Debido a que las olas eran altas, eran pocas las personas que nadaban y todos se limitaban a tomar sol.

El chofer nos indicó que siguiendo el camino se llegaba a Santos. Dijo que al doblar a la derecha, había un gran río donde se vendían ostras. "¡Quiero comer!", dijeron Miyo-chan y mi mamá. Al bajar vimos que las ostras no eran frescas por lo que pasamos de largo. De repente Miyo-chan dijo "Hay bananas" y todos se rieron. Era sabido que Miyo-chan era loca por las bananas y cada vez que veía los bananos decía: "Aquí también hay banana", "Allá también hay banana". El chofer, que no entendía nuestras palabras (aunque el señor Kosaka lo entendía), se dio cuenta y decía "banana, banana" cada vez que encontraba una banana. Miyo-chan tuvo que callarse. Al escuchar tantas veces al final dijo: "¡Este chofer no me gusta!"

Después de sacar unas fotos en la playa desde donde se podía ver la estatua del Cristo desde abajo, comenzamos a trepar el cerro de Cristo. Esta montaña se llama Corcovado (aproximadamente 900 metros). En la cumbre había una estatua de 36 metros de altura y desde ahí se divisaba toda la ciudad de Río de Janeiro.

El automóvil iba subiendo dando vueltas por el camino. Como era una cuesta muy pronunciada, había que dar vueltas. El camino era pavimentado. En el trayecto, sacamos una foto en donde había una cascada. Seguimos subiendo y el chofer nos dijo que más adelante había una casa de un japonés. Era una casa sobria.

Después de seguir subiendo bastante, llegamos a la cumbre. Desde ahí tuvimos que subir una escalera de unos 100 metros. Cuando llegamos todos agitados, la estatua de Cristo era tan grande que no entraba en la fotografía y abajo, la ciudad de Río no se veía bien por estar cubierta de niebla,

El chofer nos dijo, "Sólo se ve bien después de la lluvia porque siempre está envuelta de niebla". Hacía calor y al bajar le pregunté a Miyo-chan "¿Qué flor es esta?", y el chofer dijo: "*This is a flower*".

En el bar de la montaña comimos sándwiches y bajamos

pagando una propina. Sólo quedaban unas horas en Río. El regreso en bajada fue rápido y entramos cada vez más en la ciudad mirando uno de los estadios deportivos más grandes del mundo. Los varones con uniforme de color verde oliva y las mujeres con pollera azul y blusa blanca era el atuendo de los estudiantes de todo el Brasil.

Entre ellos había muchas chicas hermosas, pero los varones eran todos como gorilas, por su tamaño (por lo menos a mí me parecieron así). Al entrar a los bosques preguntamos al chofer a dónde íbamos. Nos contestó que al zoológico, que era el más grande del mundo. Decidimos entrar. Como yo no conocía el de Ueno (Zoo de Tokio), era la primera vez que veía cebras e hipopótamos. En el amplio zoológico se veían muchas aves. Había poca gente por ser un lunes, vimos un gorila, pero no me pareció tan grande como me imaginaba.

Aquí vamos a hablar nuevamente sobre los tranvías. Como había escrito un poco en Recife, es parecido a los vagones mineros, con una plataforma con varias hileras de asientos y un techo. Las personas se sientan mirando hacia delante. En la parte exterior existe un estribo que apenas permite apoyar un pie y las personas que no quieren sentarse en el asiento, van parados ahí agarrados de una manija de hierro. Originalmente este estribo debía ser la pasarela para el guarda (adentro está cerrado por los asientos), pero en las horas de afluencia, la gente va colgada. El guarda va agarrándose de la espalda de las personas para trasladarse de un lado a otro, vender los boletos y cobrar el dinero. Si uno quisiera viajar sin pagar, sería posible. Para subir al Corcovado se puede tomar el tranvía. Desde la estación de salida, se pasa por un puente de hierro (ambos lados con malla para contener a las personas que se caen). Con el tranvía con cremalleras que atraviesa la ciudad, se llega hasta la cumbre en treinta minutos. Las cuestas son abruptas. Durante la bajada, el tranvía corre sacudiéndose a una velocidad increíble. Las curvas son casi en ángulo recto, cosa que en Japón no se permitiría, y baja las curvas a toda velocidad sacudiendo a los pasajeros y sobresaliendo del riel casi la mitad de la carrocería. Da miedo verlo correr tan rápido.

Así es como termina nuestra visita por Río y regresamos al puerto. El señor Kosaka le dijo al chofer: "Lamento no tener para pagar la propina, nadie tiene", y nos despedimos. Nos estrechamos las manos y finalmente el chofer le dijo a Miyo-chan: "Banana".

Ayer una chica brasilera nos preguntó por qué las niñas japonesas se afeitaban detrás de la cabeza. Le dijimos que era un hábito. Hubo una escena en la que preguntó a una cómo se llamaba, le contestamos "Junko" y se fue diciendo "¡Ah!", y enseguida volvió dándole un beso y dijo, "Junko, chau".

Aquí finaliza mi diario del viaje. Casi todos los pasajeros del barco bajaron en Santos y quedamos solo nosotros que íbamos para la Argentina. Recuerdo que la calidad de la comida mejoró mucho.

Después de pasar por Porto Alegre y Montevideo, llegamos el día 19 de octubre de 1957 al puerto de Buenos Aires.

6. Adolescencia
6. 新人生の始まり

El 19 de octubre de 1957 entré legalmente al país, tal como lo muestra el sello de ingreso en mi pasaporte (**Fig. 85**). Ése fue el comienzo de mi nueva vida.

En el puerto de Buenos Aires tomamos la primera foto en Argentina (**Fig. 86**).

Está mi padre adoptivo y su cuñado, el Sr. Saburo Miyazono que estaba casado con la hermana mayor de mi padre. Lamentablemente la familia Matsumoto no era muy unida, pero los Miyazono, que tenían una tintorería en la calle Loria y avenida Rivadavia, me ayudaron mucho en el primer año del bachillerato en el Colegio Nacional de Buenos Aires. En esa época yo vivía en Escobar y tenía que viajar más de dos horas para asistir al colegio, por lo que me ofrecieron quedarme en su departamento para ir con facilidad.

Lo primero que tuve que hacer para poder inscribirme en el colegio fue sacar la cédula de identidad, y para ello necesitaba sacar el certificado de nacimiento.

El certificado que tuve en mi poder durante mucho tiempo era un papel como el de la placa de Rayos X, de fondo negro, sobre el que, con letras blancas (no sé con qué se escribía), estaban todos los datos relativos al nacimiento. Pensé que, con el tiempo, el Registro de las Personas iba a digitalizar los documentos, pero cuando fui a sacar el duplicado, hace unos años atrás, me dieron exactamente lo mismo. Finalmente he podido conseguir que el certificado se lea correctamente (**Fig. 87**).

Voy a mostrar la evolución de las cédulas de identidad, lo que para los más jóvenes será algo del pasado. La primera cédula que tuve (**Fig. 88**), fue emitida por la Municipalidad de Escobar.

Muchos inmigrantes que llegaron a la Argentina sufrieron cambio de apellido al ser recibidos por un oficial en la entrada al país, quien escribía mal el nombre o el apellido. Un ejemplo es el primo del expresidente fallecido doctor Carlos S. Menem, cuyo apellido en su tarjeta personal figuraba como Menehem. Le pregunté por qué siendo primos, llevaban apellidos diferentes. Su respuesta fue que el verdadero apellido era Menehem, pero el oficial de Migraciones por error lo inscribió como Menem. Seguramente, en lugar de constatar lo escrito en el pasaporte, escribieron lo que entendieron de oído.

Así conocí a muchos japoneses que lamentablemente por la pronunciación han sufrido un cambio del apellido original. En mi caso particular no hubo errores, pero tengo que aclarar siempre. No sé porque, cuando digo mi nombre, Kazuyoshi, como aquí la "z" se pronuncia como "s", lo escriben como "Kasuyoshi". También sucede con mi apellido, en lugar de "Matsumoto", la mayoría escribe "Matzumoto".

Luego vino la cédula de identidad que muchos conocen (**Fig. 89**).

Con el establecimiento del mercado común se creó una nueva cédula llamada de Mercosur, donde comenzó a coexistir el número de la cédula vigente más el del Documento Nacional de Identidad. Era muy útil porque cualquier habitante del Mercosur podía viajar libremente entre los países que lo conformaban: Argentina, Brasil, Paraguay y Uruguay. Arriba, el número actual de mi DNI 93.265.891 y abajo, el número de mi cédula 6.251.408. Es decir, mi número de DNI apareció por primera vez en el Mercosur. El número 93 millones corresponde a los extranjeros con radicación definitiva (**Fig. 90**).

Si bien el poseedor de esta nueva cédula podía transitar libremente en estos cuatro países, en mi caso por ser japonés, aunque tuviera esta cédula o el DNI, para entrar a Brasil tenía que sacar visa y entrar con el pasaporte, porque Japón y Brasil no tienen convenio de reciprocidad. Para mí era un problema, ya que tanto en Mitsui como en Toyota tenía que hacer viajes frecuentes y como la visa tenía solo tres meses de validez tenía que sacarla

Fig. 85. Sello de entrada en Argentina en mi pasaporte.

Fig. 86. Primera foto en Argentina, en el puerto de Buenos Aires. Mi padre adoptivo y su cuñado Sr. Saburo Miyazono.

cuatro veces al año. Para colmo, como la visa de Brasil es tan grande que ocupaba entera la página de mi pasaporte, me obligaba a renovarlo cada tanto.

Hay una foto de la casa donde vivimos en Escobar (**Fig. 91**), estaba ubicada sobre la ruta provincial Nº 25, que une Escobar con José C. Paz, justo en la esquina donde se dobla para entrar al zoológico Temaiken. Era una casa de paredes de ladrillo (no era una choza) el piso no era de cerámica, ni de madera, sino de piedras símil ladrillo. La cocina tenía un calentador con querosén a presión que se tenía que bombear para mantener el fuego. El baño estaba fuera de la casa y no tenía inodoro. Cuenta mi madre que cuando vio esta casa, me pidió perdón por haberme traído a un lugar tan pobre, ya que, en Japón, bien o mal vivíamos en una casa con nivel medio superior.

No me acuerdo, pero según mi madre, mi contestación fue que no se preocupara, que estaba todo bien. Al haber vivido una situación como ésta, para mí no había ninguna sorpresa en el futuro. De allí mi ironía para aquellas personas que pregonan la igualdad sin haber vivido la vida de los pobres. No sé si es por mi carácter o porque en Japón conviví con mis compañeros pobres de la escuela, donde ser pobre no era ninguna vergüenza.

Mi padre cultivaba claveles en los invernáculos, en un campo alquilado.

Hay una foto (**Fig. 92**) en la que estoy montando un caballo, parezco un jinete experto, pero nunca los caballos han simpatizado conmigo, tal es así que, hasta los caballos de paseo, entrenados para llevar a la gente mansamente, me han tirado al piso, como ocurrió en Marbella en Chile en medio de un bosque. Recuerdo cómo me costó volver al hotel porque no sabía dónde estaba.

Muchos me preguntaron por qué los japoneses eran floricultores o tintoreros. En aquella época si se hablaba de los japoneses, ésas eran las dos actividades representativas de la colectividad. Mi conclusión era (no creo que me haya equivocado) que esas dos actividades permitían contar con ingresos diarios y en efectivo,

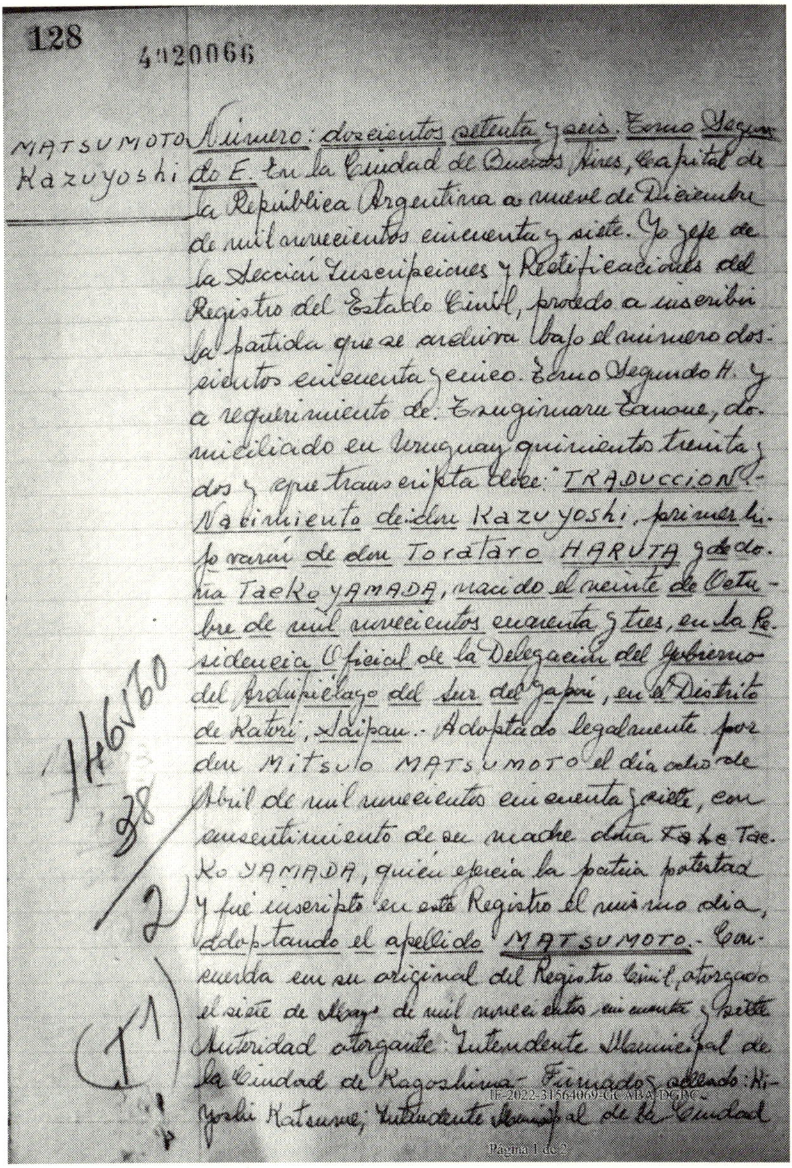
128

4920066

MATSUMOTO
Kazuyoshi

Número: doscientos setenta y seis. Tomo Segundo E. En la Ciudad de Buenos Aires, Capital de la República Argentina a nueve de Diciembre de mil novecientos cincuenta y siete. Yo jefe de la Sección Inscripciones y Rectificaciones del Registro del Estado Civil, procedo a inscribir la partida que se archiva bajo el número doscientos cincuenta y cinco. Tomo Segundo H. y a requerimiento de: Tsuginmaru Tanoue, domiciliado en Uruguay quinientos treinta y dos y que transcripta dice: "TRADUCCION.- Nacimiento de don Kazuyoshi, primer hijo varón de don Toratato HARUTA y de doña Taeko YAMADA, nacido el veinte de Octubre de mil novecientos cuarenta y tres, en la Residencia Oficial de la Delegación del Gobierno del Archipiélago del Sur del Japón, en el Distrito de Katori, Saipan.- Adoptado legalmente por don Mitsuo MATSUMOTO el día ocho de Abril de mil novecientos cincuenta y siete, con consentimiento de su madre doña Taeko YAMADA, quién ejercía la patria potestad y fué inscripto en este Registro el mismo día, adoptando el apellido MATSUMOTO.- Concuerda con su original del Registro Civil, otorgado el siete de Mayo de mil novecientos cincuenta y siete Autoridad otorgante: Intendente Municipal de la Ciudad de Kagoshima.- Firmados sellado: Hiyoshi Katsume, Intendente Municipal de la Ciudad

1146V60

28

2

(T1)

Fig. 87. Certificado de nacimiento.

sin necesidad de hablar bien el idioma y además uno era bien recompensado por su trabajo, aunque fuera muy sacrificado.

Lo que llama la atención es que todos los japoneses que trabajaban en esas actividades duras, aún en la pobreza tenían en mente la necesidad de enviar a sus hijos a la escuela, tal es así que todos los hijos han podido estudiar. Por su parte tanto la tintorería como la floricultura no son negocios gigantescos, y los hijos que han recibido educación y que han podido ejercer una profesión, no se han dedicado a continuar con el negocio de los padres, ni siquiera como dueños tomando personal. Fueron excepciones los hijos de segunda o tercera generación que siguieron el trabajo de sus padres.

Otro aspecto notable de la colectividad japonesa, a mi modo de ver, es su regionalismo. Antes que el país está su prefectura. Esto no solo sucede en Argentina, sino que también existe en Japón. Por ejemplo, muchos japoneses que salieron de Kagoshima y que viven en Tokio, se juntan formando una asociación de kagoshimanos. Esto sucede también con los egresados de una escuela, de universidad, etcétera. Es muy frecuente formar una asociación basada en la camaradería.

En la Argentina la colectividad más grande es la de los okinawenses y tiene su sede en la avenida San Juan. Es mucho más moderna e importante que la sede de la Asociación Japonesa en la Argentina propiamente dicha, ubicada en la avenida Independencia.

Lo curioso es que, existiendo estas sedes centrales, la colectividad tenga clubes regionales, y organicen encuentros también regionales. Me da la impresión de que para un japonés es más importante su región natal que el propio Japón.

Los japoneses en Argentina ocupan una posición, en su mayoría, de clase media. Una particularidad es que sólo tenemos dos escuelas, no como los alemanes o ingleses, y ningún hospital. Creo que a esta altura va a ser difícil lograr mi sueño, dado que hemos entrado en la tercera y cuarta generación y si bien

Fig. 88. Mi primera cédula de identidad.

Fig. 89. Mi segunda cédula de identidad.

Fig. 90. Mi tercera cédula de identidad.

se mantiene la sangre, el concepto y la forma de pensar sobre su origen, va tomando otro rumbo. Para nosotros la Patria es Argentina, y uno se debe centrar y pensar en este país. Es la demostración de cómo nuestra raza está integrada en la sociedad. Pero con cierta envidia, veo alemanes, ingleses y algunos italianos que mantienen más vivas las tradiciones, principalmente en lo que se refiere al idioma, quizás porque desde épocas más antiguas, se han radicado en otros países y saben convivir, no así los japoneses que recién al inicio del siglo XX comenzaron a emigrar. No sé si es mi impresión, pero veo este regionalismo más en los españoles que tienen el Centro Gallego, el Asturiano, el Zamorense, etcétera.

¿Por qué decidí cursar el bachillerato en el Colegio Nacional de Buenos Aires?

Cuando salí de Japón tenía trece años y al día siguiente de llegar a la Argentina (19 de octubre de 1957) cumplí catorce. Si bien en Japón estaba cursando el primer año de la secundaria, como no había equivalencias y tampoco hablaba el idioma, apenas llegué a Escobar empecé a estudiar castellano para rendir las equivalencias de la primaria y poder seguir estudiando. Para lograrlo fui a prepararme con una maestra particular de apellido Giordano (creo que era una familia importante en Escobar). Había muchos chicos que estudiaban con ella, porque en aquella época muchas familias de clase alta no enviaban sus hijos a la escuela, sino que estudiaban con maestras particulares. Era muy raro encontrar maestros en la escuela primaria. La mayoría eran maestras. En noviembre del año siguiente rendí el examen y al aprobar me dieron el certificado de finalización de la escuela primaria.

Al año siguiente empecé a cursar la secundaria en Escobar, pero para mi sorpresa aprobé todas las materias, y entré en la duda: no podía entender cómo un chico recién venido del Japón, sin saber bien el idioma podía aprobar todas las materias del primer año. Eso me hizo pensar que debía buscar el colegio más difícil

Fig. 91. La primera casa en la que vivimos en Escobar.

Fig. 92. Montando a caballo.

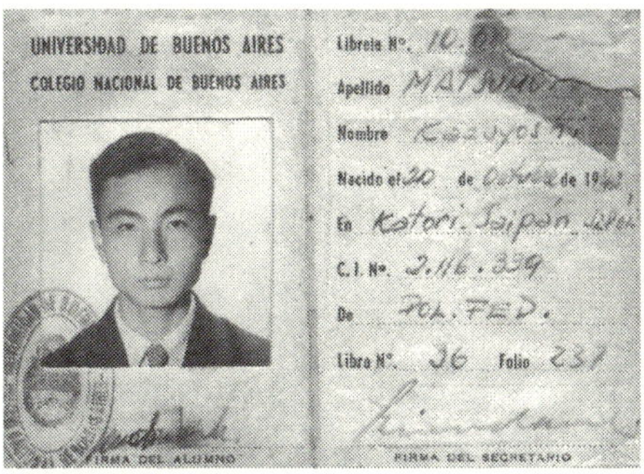

UNIVERSIDAD DE BUENOS AIRES
COLEGIO NACIONAL DE BUENOS AIRES

Libreta Nº.
Apellido
Nombre
Nacido el
En
C.I. Nº. 2.116.339
De POL. FED.
Libro Nº. 36 Folio 231

FIRMA DEL ALUMNO
FIRMA DEL SECRETARIO

Libreta del Colegio Nacional de Buenos Aires.

y empecé a averiguar y me dijeron que era el Colegio Nacional de Buenos Aires. Así que me decidí y fui a pedir la solicitud para el examen de ingreso.

El hombre que me atendió en el Colegio no me quiso entregar la solicitud alegando que al colegio ingresaban solo estudiantes de altas notas y una persona como yo, recién venido al país no tenía ninguna posibilidad de ingresar. Le repliqué que, si estaba tan seguro, igual me tenía que dar la solicitud y así podría confirmar que era cierto lo que él decía. Un hombre que estaba sentado en la mesa del fondo de la oficina (creo que era el secretario, su apellido creo que era Magnani), quien seguramemente estaba escuchando la conversación, le dijo al que me atendía "El señor tiene razón, dele la solicitud". Así fue que tuve la oportunidad de dar el examen de ingreso y la posibilidad de ingresar al Colegio.

La cuestión es que entré al Nacional de Buenos Aires en el año 1960, o sea yo ya tenía 16 años (tendría que haber estado en 4to año). No se lo dije a nadie y tampoco me preguntaron, así que mis compañeros me trataron como si fuera de su edad, por lo cual estoy muy agradecido. Se enteraron de la diferencia de edad cuando mis hijos organizaron mi cumpleaños número 60, y ellos tenían 55 ó 56 años.

Aprovecho para mencionar dos costumbres que han desaparecido hoy en día. Una, es que en aquella época nadie se tuteaba, ni siquiera entre personas grandes. El gerente con su subordinado, e incluso un adolescente de pantalón corto, era "señor". Solo se tuteaba entre íntimos amigos y en familia.

En la familia Miyazono, los hijos tenían que tratar de "usted" a sus padres.

Otra costumbre era la obligación de llevar saco y corbata para ir al colegio e inclusive era obligatorio para entrar al cine o cualquier lado. Eran muy estrictos si decía "Prohibida la entrada" a menores de catorce o dieciséis años. Los chicos tenían que llevar cédula de identidad por si llegaba a preguntarles el boletero. Una vez presencié un hecho insólito: a una señora con su bebé en brazos en un cine de la calle Lavalle (en aquella época, la calle Lavalle era la calle de los cines), el acomodador no la dejó entrar porque el bebé no tenía dieciocho años, aunque ni siquiera entendía, ni hablaba.

Durante el primer año del Nacional de Buenos Aires iba a la tarde y tardaba de mi casa al colegio más de dos horas. Un kilómetro en bicicleta hasta la estación, donde dejaba la bicicleta en la casa de un señor, en frente de la estación. Luego tomaba el tren a Retiro, a veces directo o a veces con transbordo en Villa Ballester, y de Retiro iba al colegio en el tranvía número 21 (¿o era el 22?). Si llovía, como la Ruta 25 era de tierra, mi padre me llevaba en un carro tirado por un caballo.

Los chicos de ahora no creo que entiendan el empeño que poníamos en estudiar. No solo eso, sino que éramos muy respetuosos con los mayores. La vida social también era otra. No había robos, ni delitos tan frecuentes y había castigos fuertes. La policía y los hombres del ejército eran muy respetados.

Durante el primer año, como yo era pobre me dieron una beca, que no duró mucho por mis bajas notas. En el primer año de vacaciones a los becados nos llevaron a Esquel. El viaje fue en tren y creo que tardamos más de treinta horas. Pasada la ciudad de Bahía Blanca a la noche un vagón se incendió y pernoctamos en medio del campo. Si bien era verano, en la noche hacía mucho frío. Como campamentero llevaba frazadas y algunos abrigos y encontré un cura muerto de frío en el pasillo. Me comentó que había ido a Corea para ayudar a la gente en la guerra. Le di mi frazada y me agradeció. Otro recuerdo es que para ir a Esquel nos bajamos en Ingeniero Jacobacci y subimos al famoso tren de trocha angosta que ahora se llama "La Trochita". En la subida la velocidad era tan lenta que bajábamos del tren y corríamos a la par para alcanzarlo.

En Esquel visitamos la Gruta y escalamos La Hoya o El Hoyo, que aún se había quedado con poca nieve, pero era una simple montaña y no la actual Hoya del complejo de esquí. Me impresionó la visita a los Cinco Lagos. El que más me gustó fue el Cisne, por su elegancia y cascadita, conectado con el lago Verde. Muchos años después cuando volvimos con mis hijos, la infraestructura era exactamente igual a la de hacía cuarenta años. Es una lástima, ya que es un lugar turístico tan hermoso e importante y los visitantes no tienen las comodidades del turismo moderno, a pesar del progreso.

Hubo un asado en la Sociedad Rural que para nosotros, estudiantes hambrientos, fue un manjar caído del cielo.

Allí conocí a una chica llamada Graciela (**Fig. 93**) con quien me estuve "carteando" durante varios años. No sé qué será de ella. La cuestión es que en aquella época me gustaban las mujeres mayores.

En el colegió me convertí en hincha fanático del club Independiente, los famosos "Diablos Rojos" de Avellaneda. Si les cuento cómo me hice hincha se van a reír. Resulta que entre mis compañeros había uno de tez morena, que mis compañeros hablaban de él diciendo "negro mota" -eran otros tiempos- y como yo no sabía qué significaba "mota", fui a preguntarle a él por qué lo llamaban así. No entendí su reacción porque se enojó mucho y me corrió por todo el colegio.

Él era hincha fanático de River y un día me preguntó: "Che, Japo (mi apodo era también "Japo", de japonés) ¿de qué cuadro sos?". ¿Ustedes se pueden imaginar que no sabía lo que significa un "cuadro"?

Así de pobre era mi capacidad con el idioma. Al decirme "cuadro" pensé en una pintura y le contesté si se refería a Picasso, Renoir, etcétera. Quizás él pensó que yo le estaba tomando el pelo y también me corrió por todo el colegio y desde ese momento todos los días me preguntaba por el "cuadro", y empezaba a cansarme. Al saber que "cuadro" significaba "club de fútbol", cuando volvió a preguntarme le dije: "Independiente", porque en Escobar había un club de barrio con ese nombre. Es decir, dije Independiente porque era el único club que cono-

Fig. 93. Graciela.

Fig. 94. Carnet de socio de Independiente.

Fig. 95. Gastón Perone, Jorge Sabatino y Ricardo en la fila de atrás. Infantino, Tomás Russ, yo y Napolitano en la primera fila.

cía. No sé para qué le habré dicho. Como todos eran hinchas de River, me empezó a cargar todos los días y yo sin entender nada. Eso fue en el año 1963. Me cansó tanto con su cargadas diarias que me fui a Avellaneda a la sede de Independiente, el de primera división, y me hice socio y le mostré mi carnet diciéndole: "Che, Blancanieves (yo lo llamaba así en contraste a su tez morena) me hice socio". Y le mostré el carnet (**Fig. 94**).

No me acuerdo de la reacción que tuvo, pero me imagino su sorpresa. La cuestión es que a partir de ese momento me empezó interesar el fútbol y justo coincidió con la última etapa del torneo del año (en aquel momento se jugaba un solo torneo al año de marzo-abril hasta octubre-noviembre) y River estaba punteando e Independiente siguiéndolo. Creo que fue el antepenúltimo juego cuando River vino a Avellaneda y el número 2 de Independiente, el zaguero derecho, Navarro (cuyo apodo era "Hacha Brava", por su juego fuerte), le quebró la pierna a Luis Artime, el goleador de River y ganó Independiente, consiguiendo la punta del torneo. El último partido fue contra San Lorenzo y los jugadores de ese club, descontentos con el fallo del árbitro Veralde (o Velarde) se cruzaron de brazos y se quedaron plantados en la cancha, por lo que Independiente le hizo nueve goles y salió campeón. Para mí fue una gran alegría, y una amargura para mi compañero.

La casualidad era que conocíamos a la familia Tomo, que tenía una tintorería en Avellaneda. El señor Tomo era también oriundo de Kagoshima,y su hijo Dany, fanático de Independiente y con él empecé a ir con frecuencia a la cancha. También en el colegio, donde la mayoría era de River, tenía un compañero fanático de los "Rojos". En febrero de 1964 Independiente inauguró la iluminación de su cancha y enfrentó al Santos de Pelé, invencible en esa época. Creo que ganó por goleada, después de este triunfo, comenzó la carrera exitosa de Independiente. El clímax fue su triunfo en el Maracaná contra el Santos, en la final de la Copa Libertadores de 1964: iba perdiendo

2 a 0 y en los quince últimos minutos del segundo tiempo Luis Suárez metió uno de los tres goles para obtener el gran triunfo y traer la primera copa a la Argentina.

Aquí comienza la época de oro de Independiente convirtiéndose en el "Rey de copas". No quiero en realidad hablar del historial de Independiente, solo lo hice para explicar cómo me hice hincha.

A medida que pasaba el tiempo se fue diluyendo mi interés por el fútbol, pero cuando estuve trabajando en Toyota, como la casa matriz era *sponsor* oficial de la Copa Libertadores, debí presenciar algunos partidos y participar en reuniones. Volví a tener contacto con el ambiente del fútbol y la gente me preguntaba de qué cuadro era. Como tenía que contestar algo, contestaba que me simpatizaba Boca, por la sencilla razón de que en esa época siempre aparecía en la copa y además cuando yo era hincha de Independiente, le ganaba con cierta frecuencia a Boca. No así a River, que nos "tenía de hijos" y eso me hacía no querer a ese equipo.

Lo que no me gustaba del Colegio era que había mucha política. Mi opinión era que mientras los padres nos mantuvieran, nuestro deber era estudiar. Una vez que uno se independiza puede opinar lo que quiera. Otra cosa que no me gustaba era que casi todos pregonaban la igualdad y la justicia social, sin embargo, eran de clase media alta (éramos muy pocos los de otra clase). Vivían en Recoleta o en Palermo, con empleadas con cama adentro, es decir vivían en una sociedad aristócratica, aceptando la servidumbre como cosa natural. En aquella época no había *country clubs*. Si habláramos hoy, agregaría las casas en los *country clubs*.

Si se quiere igualdad y una sociedad justa, se debe empezar por la propia casa. Como soy muy drástico, pienso que si uno pregona la igualdad, no debe tener empleada con cama adentro. Debe cocinar y hacer la limpieza. Ellos habían heredado ese privilegio de sus padres, y aun eran mantenidos por ellos.

Orgullosamente puedo decir que yo era de una de las familias más pobres entre los alumnos del colegio.

Yo tenía ciertas ideas propias sobre la discriminación racial, sobre el ataque traicionero de los japoneses a Peal Harbour, etcétera.

Hablaba de estas ideas mías con mis compañeros más íntimos: Tomás Russ (de una familia rica, que vivía en Palermo y formaba parte del grupo izquierdista) y Ricardo Kasitzky (de familia judía, su padre era dueño de la marca de equipaje y bolsos *Primicia*).

Ricardo vivía en Martin García y Bolívar, justo en frente del Parque Lezama y yo en la calle California y Montes de Oca. Pasaba el tranvía 21 y no sé por qué él siempre venía a mi casa y éramos íntimos amigos. Algún fin de semana largo como el Día de la Primavera, íbamos a la quinta que el padre tenía en Chascomús sobre la ruta 2. Era hijo de un millonario, y me hacía observaciones sobre mis gastos. Como los centavos no valían nada para mí, yo los despreciaba, pero Ricardo me decía "Mirá, Japo, no desprecies un centavo porque juntando los centavos se hace la fortuna". Yo pensaba que en Japón también hay un proverbio que dice "si se acumula la basura se convierte en una montaña". A esta edad, estoy por cumplir 78 años, recién me doy cuenta de la importancia de un centavo.

Aún con mis ideas políticas, mis íntimos amigos eran izquierdistas.

La prueba de lo que digo es la foto (**Fig. 95**) de mi cumpleaños en 1962. Están Gastón Perone, Jorge Sabatino y Ricardo en la fila de atrás e Infantino, Tomás Russ, yo y Napolitano, en la fila de adelante. Faltó un alemán para completar el Eje, ya que de los italianos tenían a Napolitano y a Sabatino. Gastón Perone vivía a dos cuadras de la casa de Ricardo, así que nosotros tres casi siempre estábamos juntos.

El final del Colegio fue muy triste para mí.

En 1965 cuando terminó el curso se organizó el viaje de egresados.

La mayoría iba a Bariloche. Ricardo que siempre iba con sus padres a Europa o Estados Unidos les pidió ir de campamento y los padres le dieron permiso. El grupo del Colegio salió en los primeros días de diciembre.

Nosotros los miembros del Eje (los hermanos Napolitano, Solari y yo) para no estar con los bolcheviques (según mi criterio) salíamos a principios de enero para Esquel y de allí subiríamos a Bariloche para encontrarnos con mis amigos íntimos Pachuli, Tomas Russ y Gastón Perone, despues de Año Nuevo. Pero antes de Navidad, Ricardo pisó mal una piedra, se cayó, se golpeó la cabeza y falleció.

Su cuerpo fue sepultado en el cementerio de Liniers en diciembre. Lo he visitado los primeros años, pero luego lo fui olvidando, como todas las cosas. Mi otro amigo, Gastón Perone, después de recibirse tomó el gerenciamiento de un criadero de pollos que tenía la familia Kasitzky en Chascomús. Se casó con una chica del colegio, pero ambos fallecieron en un accidente automovilístico cuando cruzaban el puente de San Borombón, cuando la Ruta N° 2 era todavía de doble mano. O sea, en muy poco tiempo perdí a mis dos amigos más íntimos.

No sé cómo hice, pero cuando egresé me votaron como mejor compañero de la división. En aquel entonces no sentí nada, pero ahora me arrepiento de no haber agradecido y haber guardado como recuerdo el diploma.

Así termino mi historia como estudiante secundario.

7. Profesión y desempeño laboral
7. 何故エンジニアー?

Mi formación como ingeniero

¿Por qué elegí la carrera del ingeniero?

Mi ambición era estudiar, tener un buen empleo y llegar a ser de la clase media.

El Colegio Nacional de Buenos Aires ofrecía una ventaja: era el único colegio que siendo bachiller permitía entrar a cualquier facultad sin examen de ingreso. La única excepción similar la tenía el Carlos Pellegrini, pero solo para el ingreso a la facultad de ciencias económicas.

Había cierta rivalidad entre Colegio y los alumnos del Otto Krause. Siendo una escuela industrial superior y con duración de seis años al igual que el Colegio, ellos debían rendir examen de ingreso a la facultad de Ingeniería.

Como mi obsesión era salir de la pobreza y llegar a la clase media, la pregunta obligada era qué carrera me haría ganar más plata. Estamos hablando del año 1966.

Lo primero que me dijeron era que podía ser médico, cosa que rechacé porque no podía ver sangre. Como segunda alternativa me hablaron de la abogacía. Pero yo no podía imaginarme esta profesión para un japonés recién llegado y con deficiencia idiomática. La tercera alternativa era ser ingeniero. En Japón no existe el título de ingeniero. Son técnicos especializados con mucha capacidad profesional. Cuando se habla de un ingeniero se trata de un técnico que con la camisa arremangada se mete debajo del auto o de una máquina, que se ensucia las manos haciendo el trabajo de un mecánico. Entonces pensé que esa no era mi profesión porque no quería ensuciarme las manos. Yo quería que mi trabajo fuera limpio.

Mucho más tarde me di cuenta de que estaba equivocado.

Aquí en la Argentina un ingeniero mecánico en un barco, por

ejemplo, está con su uniforme blanco y saco y corbata. Si hay problemas con un motor llama a un operario y manda a abrir la tapa de cilindros y ve lo que ocurre sin ensuciarse las manos. En cambio, un ingeniero japonés se arremanga la camisa, él mismo abre la tapa del cilindro, mete la mano y si es necesario se tira al suelo para ver qué pasa abajo y mientras lo hace le enseña al operario, porque en Japón la enseñanza se da en el lugar del trabajo. Suele decirse "las cosas se aprenden ensuciándose las manos y sintiéndolas en el cuerpo".

Iba a descartar la posibilidad de seguir la carrera de Ingeniería, pero una persona me comentó que hacía un año atrás se había creado una carrera nueva llamada Ingeniería Industrial cuyo objetivo era la administración de plantas industriales. Me aseguraron que no me iba a ensuciar las manos, así que decidí seguir esta carrera.

Seguramente los lectores se preguntarán entonces, ¿quiénes son ingenieros en Japón? Las facultades japonesas son de cuatro años, son *college* con orientación profesional, pero no otorgan título para ejercer la profesión.

Muchos países que siguen las leyes romanas son muy exigentes en protocolos y procedimientos y en muchas licitaciones se pedía que hubiera ingenieros responsables. ¿Cómo demostrar que son ingenieros si no hay un título oficial? El título, o mejor dicho la categoría, la da la experiencia. Por ejemplo, una persona que estudió en la escuela superior técnica, y trabajó en una industria una determinada cantidad de años podía ser considerado como ingeniero por su experiencia. Por supuesto esos años son menos para aquellos que han cursado *college* orientado a la industria.

Cuando me gradué declaré a todo el mundo que el título de ingeniero era un medio para ganar dinero y pedí que no me llamaran "Ingeniero", sino "Matsumoto". Nunca apliqué ese conocimiento en mi trabajo y me autotitulo "Ingeniero comercial".

Se dice que donde rigen las leyes romanas la profesión de escribano es una profesión muy rentable y por eso era prácticamente consuetudinario, porque participaban en cualquier acto legal, empezando por la certificación de firmas, compra-venta de inmuebles, etcétera. Son también agentes de retención de impuestos y en época de alta inflación y devaluaciones pueden ganar mucho dinero. En cambio, en Japón muchas transacciones se hacen sin intervención de escribanos, como un simple trámite en las municipalidades u organismos estatales, con la sola presentación del *hanko*, el sello personal. Por eso cuando recibí a una delegación de escribanos japoneses en un congreso cuando trabajaba de guía, los escribanos japoneses me dijeron que envidiaban a los escribanos latinos, dado que la principal fuente de sus trabajos eran protocolizar las documentaciones que pedían los organismos estatales latinos.

No sé si el sistema se agilizó, pero por ejemplo en aquella época en una licitación internacional, un oferente debía firmar la oferta y su firma debía ser certificada por el escribano del país de origen, y la firma del escribano certificada por el ministro de Relaciones Exteriores del Japón y la firma de ésta por el cónsul argentino en Japón y recién entonces era enviado a la Argentina. Finalmente el Ministerio de Relaciones Exteriores de la Argentina certificaba la firma del cónsul y allí se cerraba el ciclo.

En una época que no había medios de comunicación como en la actualidad, para una licitación internacional era necesario preparar todo con mucha antelación. Por eso, se mandaba toda la documentación con suficiente antelación como para que no se perdiera en el correo, y aquí en el país solo se ponía el monto de la oferta que Japón indicaba por teléfono internacional, a veces un día u horas antes de la presentación para que no hubiera fuga de información para la competencia, manteniendo así en secreto el monto de la oferta hasta último momento.

Alguien me comentó que el sistema romano se basa en la desconfianza, por lo que lo único que sirve es algo comprobable como un escrito, cosa muy diferente a la costumbre, por ejemplo, de Inglaterra, donde las cosas son juzgadas de acuerdo a los antecedentes.

Al no poder ser médico, ni abogado, ni escribano, la única opción que me quedaba era ser ingeniero.

Aún recibido de ingeniero, el trabajo de guía de turismo daba tan buen dinero con pocas horas de trabajo, que seguí sin buscar empleo. Pero mi madre insistió en que debía buscar un trabajo estable.

Trabajo de guía de turismo

Mientras cursaba la universidad trabajé de guía como "changa" para pagar mis estudios y ayudar a mis padres y a mis hermanos a cursar estudios universitarios.

Mi padre tenía una tintorería pero el local era alquilado y a veces los ingresos no eran suficientes. Por eso mi ayuda fue importante.

Saber hablar japonés me sirvió para conseguir trabajo sumado a la circunstancia de que Japón recién estaba recuperándose de las consecuencias de la Segunda Guerra Mundial.

En esa época un dólar valía 360 yenes (actualmente se cotiza 100 yenes por un dólar). Venir a Latinoamérica era un acontecimiento solo permitido para los ricos, por eso recibí a muchos famosos y empresarios adinerados. Lástima que no guardé ningún recuerdo, había recibido muchas cartas de agradecimiento. Los nombres de esas personas, ya casi todos fallecidos, son muy conocidos en Japón. Si se llega a editar el libro en japonés voy a mencionar sus nombres.

Visitar Latinoamérica significa por lo menos cinco días solo de viaje (36 horas puerta a puerta más la diferencia horaria) y si uno quería visitar algunos países importantes, por ejemplo Perú (Machu Pichu y Cuzco) y Brasil (Río de Janeiro y Cataratas), la Argentina era un país de paso obligado. Para pasar por estos tres países, por lo menos había que ausentarse y pedir licencia por dos semanas, lo que en Japón no se acostumbraba.

Los que venían eran personas con dinero y tiempo. Además, si venían aquí era porque ya habían visto todos los lugares importantes, como Estados Unidos y Europa.

También para comprar dólares había un control de cambio estricto y lógicamente para tener muchos dólares hacía falta contar con mucho dinero. Por ejemplo, 1.000 dólares equivalían a 360.000 yenes; y 360.000 yenes hoy en Japón es un buen sueldo, pero estoy hablando de cuando el sueldo normal de un japonés era de entre 50.000 y 100.000 yenes.

Es decir solo gente privilegiada podía venir. Además en aquella época no había tantos productos importados en Japón y a los turistas principalmente les interesaban los cueros. Se enloquecían comprando guantes de carpincho, carteras de cuero de vaca, etcétera. Ahora a Japón entran todos los productos y de buena calidad, y ya la gente no compra algo porque sea barato sino que busca calidad y paga por ello. Los que vienen en la actualidad lo hacen más por *hobby* o buscando lugares exóticos y no para hacer compras, ni *tours* al trote como en mi época. Por ejemplo, el *tour* receptivo que yo hacía era de grupos de quince a veinte personas, y a veces treinta. Lo más común era que llegaran un día, hiciéramos medio día de *tour* de compras por Buenos Aires, a la noche fueran a un show de tango y al día siguiente partieran a otro país. O sea, pasaban como máximo dos noches (en tal caso el *tour* incluía el Tigre o la ciudad de La Plata). En un mes solo venían uno o dos grupos, no más, o sea que yo trabajaba solo dos o cuatro días al mes, por lo que no interfería para nada con mi estudio. Incluso a veces llegaban el fin de semana. El ingreso era muy interesante por las comisiones de venta en los negocios a precios dolarizados. No me acuerdo la cifra, pero seguro ganaba mucho más que un asalariado porque trabajando de esa manera podía pagar mis estudios, además ayudaba a mis padres y pude tener dinero suficiente como para comprarme un departamento de dos ambientes con patio y terraza.

Incluyo en este capítulo este episodio, porque si no hubiera hablado japonés y si no hubiera tenido contacto con la agencia que me contrató, no hubiese tenido este privilegio.

Ingreso a Mitsui Argentina

Un día que estaba paseando por el centro, me comuniqué con mi madre y ella me dijo que Mitsui estaba buscando un intérprete y que ya tenía edad suficiente para trabajar en algo regular. Aunque no estaba preparado para una entrevista (andaba sin traje, ni corbata, cosa indispensable en aquella época), solo para satisfacer a mi madre fui a Mitsui, incluso sin afeitarme. Me atendió el Sr. Komiyama y para mi sorpresa le gusté tanto que me pidió que fuera a trabajar a partir del día siguiente. Después me enteré de que él antes ya había decidido contratar a otra persona. Le pido a esa persona perdón por haberle sacado el trabajo. Eso fue en el año 1976. Acepté porque el trabajo era solo por tres meses. El sueldo lo pusieron ellos pero como era poco tiempo, no discutí. Mi sorpresa fue que a los tres meses me propusieron prorrogar el contrato por tres meses más y con aumento de honorarios.

El trabajo si bien era de intérprete, incluía también tareas administrativas, pero lo más importante fue que yo les aconsejaba a los funcionarios expatriados de Mitsui cómo negociar, usando también mi conocimiento sobre la idiosincrasia argentina.

Mitsui había ganado una licitación internacional para la construcción y funcionamiento (llave en mano) de una planta de concentración de hierro, Hierro Patagónico de Sierra Grande (HIPASAM). En la historia de Mitsui, era la primera vez que asumía la responsabilidad de ser contratista principal, sin tener experiencia en el campo de la ingeniería, ni el personal. Subcontrató a Kurimoto Iron Work, de Ōsaka, para llevar a cabo el proyecto. A mí me fueron renovando el contrato y aumentando los honorarios sin que yo lo pidiera, hasta llegar a la Recepción Provisoria en 1978.

HIPASAM es un complejo con un proceso integrado que va

desde la extracción de hierro de la mina, con mucho contenido de fósforo, la planta de concentración de hierro para desfosforizar el hierro a cargo de Mitsui, hasta un ferroducto para llevar el hierro concentrado a la planta de peletización, situada en Punta Colorada a 30 km de Sierra Grande. Había cuatro contratistas de diferentes nacionalidades.

Como el dueño de HIPASAM era Fabricaciones Militares, la cúpula estaba formada por los militares en una época en que los militares tenían mucho poder. El presidente era un general de brigada, el gerente general era un coronel y el director del proyecto en Sierra Grande, otro coronel. Era muy complicada la negociación, pero por suerte llegamos a firmar la Recepción Provisoria. Fue muy importante para Mitsui y los funcionarios que se dedicaron al proyecto recibieron un pergamino del presidente de Mitsui de Japón. Yo como empleado no podía alcanzar ese honor. El presidente de Mitsui Argentina me otorgó una distinción, con un pergamino y un plato de plata (**Fig. 96**).

Aprovecho para contar algunas anécdotas

Sierra Grande era un pueblo de 150 a 200 habitantes antes del proyecto HIPASAM que en plena etapa de construcción llegó a tener más de 25.000 personas, convirtiéndose en la segunda población más importante de Río Negro.

Yo tenía que ir una vez al mes a Sierra Grande para negociar la certificación de la obra. Tomaba el avión a Trelew y luego iba en auto hasta Sierra Grande. La comunicación más rápida era por telegrama. No había red de telecomunicación como ahora. La llamada larga distancia era a través de la operadora, pidiendo la llamada un día para el día siguiente. Nada de comunicación directa ni inmediata. Para hablar con Buenos Aires íbamos a un teléfono público de Sierra Grande y de allí pedíamos la llamada, y nos indicaban a qué hora del día siguiente nos pasaban la comunicación. Para que la comunicación fuera eficiente en corto tiempo, preparábamos previamente un memo completo para no perder los temas a hablar. Debíamos ser concretos y precisos porque la comunicación se podía cortar por mal tiempo, por ejemplo.

El proyecto era muy importante, solo el monto del proyecto de la planta de concentración de hierro era de 20 millones de dólares, siendo el proyecto total de cerca de 100 millones, pero en el pueblo no había infraestructura para atender la necesidad de un proyecto de esa envergadura. Había solo un hotel con restaurante aceptable sobre la ruta, una parada de ómnibus, una confitería y nada más. Una vez me tuve que quedar un fin de semana y me fui a la parada, encontrándome con mucha gente. Me dijeron que como estaba por llegar el ómnibus, la gente salió a ver si había alguna persona conocida que bajaba. Era así de aburrida la vida.

Como diversión nocturna había dos cabarets. Una noche fui a ver cómo era y me encontré que el único cóctel que había era whisky-cola, con un whisky nacional imbebible. Pero me encontré a la mañana siguiente con una sorpresa. En la reunión, el director de la planta que era un coronel, me dijo delante de todo el mundo: “Matsumoto, ¿qué estuvo haciendo usted anoche?”. Allí me di cuenta de que en un pueblo chico y el movimiento de uno estaba a la vista de todos, así que decidí que, si a la noche tenía ganas de salir, tenía que agarrar el auto y recorrer 150 km para ir a Puerto Madryn. Ahí podía cenar en un restaurante decente o ir a jugar al casino, que en aquella época exigía la entrada con saco y corbata. Una noche cuando no tenía corbata, pedí prestado un cordón de zapato al portero, me lo puse como corbata y entré al casino.

No sé cómo estará ahora Sierra Grande. Sé que los chinos han comprado el proyecto, pero excepto el avance natural por el tiempo, no debe haber mucho cambio desde aquella época.

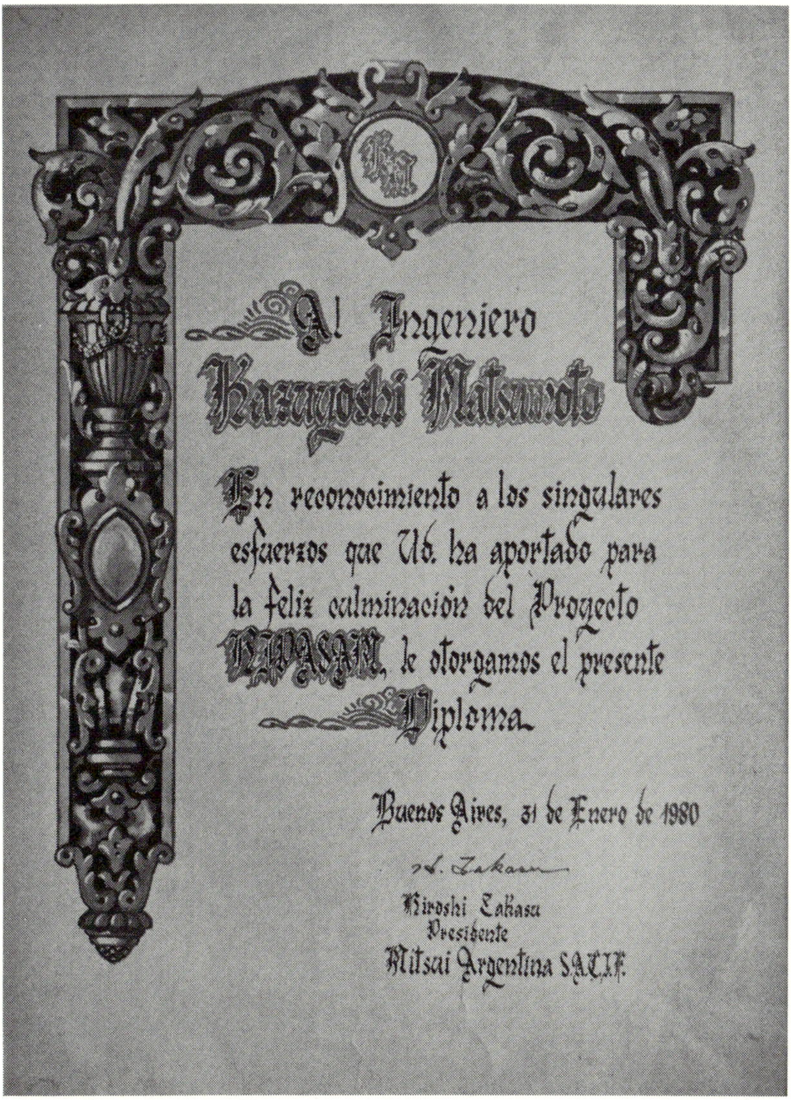

Fig. 96. Pergamino de reconocimiento de Mitsui Argentina.

Como para la Recepción Definitiva había un año más de trabajo y seguimiento de la negociación, Mitsui me pidió que me quedara a trabajar de forma definitiva como empleado local en el departamento de Maquinarias. Personalmente no me atraía pero para darle el gusto a mi madre, lo acepté. Llegué a ocupar la gerencia general de Maquinarias y la vicepresidencia antes de desvincularme de la compañía. Mi orgullo era que dicho departamento, por su complejidad y volumen de dinero que manejaba, era un área muy importante y la gerencia de las oficinas de ultramar había sido ocupada siempre por un expatriado, y mi caso fue la única excepción entre todas los filiales de Mitsui del mundo.

Durante mi gerencia, realicé varios proyectos importantes por montos millonarios: un negocio de importación de autos con Daihatsu; la donación sin reembolso para la construcción de la Escuela Nacional de Pesca del Instituto Nacional de Desarrollo Pesquero (INIDEP), el muelle de Puerto Deseado, Petroken, la financiación con provisión de equipos de conmutación de Siemens para Telefónica y Telecom; la provisión de locomotoras General Electric para la Administración de Ferrocarril Nacional (AFE) y la Administración Nacional de Telecomunicaciones (ANTEL), ambas de Uruguay, entre otros proyectos.

En 1980 el éxito que tenía el negocio de autos Daihatsu era tal que la casa matriz de Mitsui estaba estudiando la posibilidad de incorporarme como empleado de la casa matriz, pero la crisis de Martínez de Hoz hizo que Mitsui empezara a mirar con cierto recelo a la Argentina y no se concretó nada. No sé si era mejor ser empleado de Japón o haberme quedado como empleado local, pero la realidad es que cuando manejaba Daihatsu, recibí a muchos funcionarios de la competencia y entre ellos estaba el señor Arima, de Toyota, con quien llegué a tener una gran amistad. Cuando Toyota decidió invertir en la Argentina, él fue nombrado como el primer presidente de Toyota Argentina y me pidió que me incorporara a la empresa para trabajar juntos.

Mencionaré a algunas personas de Mitsui con algunas anécdotas, para poder conocer la personalidad japonesa en la década de los ochenta, del siglo pasado.

El señor X era el vicepresidente y gerente de finanzas. Cuando iba a verlo el gerente del departamento de Maquinarias, antes de sentarse, le decía "*damé*" (no rotundo), o sea, que no iba a firmar nada. En cambio, yo iba, me sentaba frente a su escritorio y él me decía, "¿Dónde tengo que firmar?" Era muy notoria su preferencia. No sé por qué me apreciaba tanto. Cuando me fui a pasar un fin de año en La Cumbre, en Córdoba, a eso de las ocho de la noche escuché una bocina y vi un hombre saliendo de un Ford Falcon que me dijo: "Vengo a festejar el año con usted". En aquella época, los fuegos artificiales eran normales en las fiestas de fin de año, pero el intendente de La Cumbre había prohibido la venta de artículos de pirotecnia, así que no había dónde comprar. Salimos a buscar pueblo por pueblo yendo hacia Carlos Paz y pudimos comprar en Huerta Grande. Volvimos a La Cumbre y a medianoche empezamos a tirar los petardos y fuegos artificiales. Todo el mundo salió a la calle estupefacto. Este hombre se levantó el día siguiente, me saludó y se volvió a Buenos Aires diciéndome que solo había querido pasar fin de año con nosotros. Para estar doce horas conmigo, había hecho un viaje de 1.400 kilómetros.

El señor Y era el vicepresidente y gerente del departamento de Metales, era muy inteligente y hablaba un español perfecto. Era muy "hincha" con los trabajos y desconfiaba de todos, tal es así que entre el último reglón de una carta donde decía "sin otro particular los saludamos atentamente" y su firma y sello, no debía haber un espacio, porque según él, cualquiera podía poner una frase no deseada. También era un gourmet y en eso era egoísta: cuando venía una visita y tenía que ir a comer a un restaurante, no le preguntaba qué quería comer a la visita, sino que él elegía el restaurante y decía que lo iba a llevar al mejor restaurante con la mejor comida. Por supuesto la elección del menú estaba en su mano y lo "vendía" diciendo que era la especialidad del restaurante y debía probar.

El señor Z era el gerente del departamento de Productos Químicos. Era muy famoso por ser un gran jugador de *mahjong*. Decía que si no era por plata y por una suma importante, no jugaba. Su señora también pensaba lo mismo y era una gran jugadora, así que entre los dos ganaban tanto dinero como el sueldo del marido. Todo el mundo lo sabía, pero igual jugaban con ellos. Tenía un apodo que se hizo famoso entre la sociedad japonesa de los expatriados: "*kobanzame*" (que es algo así como un "tiburón blanco"), tal vez porque tenía la tez muy blanca. Tal era su adicción a *mahjong* que cuando estuvo de viaje de negocios en Nicaragua, en la época de los sandinistas, todas las oficinas comerciales japonesas habían cerrado, excepto Mitsui y la embajada y como para jugar *mahjong* se necesitan cuatro personas y en la embajada había dos japoneses incluyendo el embajador, este hombre necesitaba un cuarto jugador. La desesperación hizo que pusiera un cartel en el aeropuerto de Managua, que decía: "Soy funcionario de Mitsui, y estoy buscando una persona que juegue *mahjong*. Estoy alojado en el hotel X, habitación XX. Por favor contactar."

Como se ve, en la época de los años ochenta, cada uno tenía su personalidad, a veces fuera de lo normal, pero la sociedad lo aceptaba, al igual que la empresa, sin mucha crítica. La sociedad no era tan estructurada como hoy.

La llegada de Toyota me dio la oportunidad de trabajar en esa empresa, pero como todas las cosas mi ingreso tuvo sus bemoles.

Mi ingreso a Toyota Argentina S.A. (TASA)

Como menciono en mi curriculum, yo ocupaba el cargo de vicepresidente y gerente general de la división Maquinarias en Mitsui Argentina, antes de entrar a TASA en 1995.

En 1979 cuando el gobierno argentino abrió la importación de autos, Mitsui quiso tomar la comercialización de Toyota, pero no lo logró y se conformó con la distribución de Daihatsu, que nadie conocía en la Argentina, pero que en Japón si bien era una fábrica de menor volumen, estaba muy bien conceptuada por especializarse en vehículos pequeños y económicos.

Anteriormente hablé del contacto que empecé a tener con el señor Tsuneo Arima y cómo cuando él asumió la vicepresidencia de TASA me pidió que me incorporara a la compañía para trabajar juntos.

A pesar del cierre de la importación en el año 1982 o durante un período corto de la reapertura de importación, siempre en mi mente permaneció la idea de entrar en el mercado de automóviles y cada día afianzaba mi convicción de que para lograr el éxito la vía correcta no era la importación, sino que debía ser la fabricación, para tener un negocio arraigado en el país. La mejor marca debía ser Toyota. Una vez hablé con la empresa Ford para fabricar Hilux, porque en Pacheco ellos fabricaban una camioneta F-100 de características similares, pero la Hilux era más compacta. También hablé con Renault, por su intercambio con Brasil, en el que Renault Argentina fabricaría el Corolla por especializarse en la fabricación de autos de pasajeros, en trueque con la Bandeirante (que es una 4x4 fabricada en Toyota do Brasil). Pero todas estas ideas no fueron aceptadas por la casa matriz de Mitsui.

Es decir, mi sueño era fabricar la Hilux en el país y estaba muy contento de que el señor Arima me hubiera llamado, por lo que renuncié a Mitsui a la espera de mi incorporación a TASA.

Pero para mi sorpresa la buena noticia no llegaba y según Arima, había un director de TASA que no estaba conforme con mi ingreso. Mientras tanto al conocer mi desvinculación de Mitsui algunas empresas japonesas radicadas en el país me ofrecieron trabajo, pero fiel a mi promesa esperé pacientemente la llamada de Arima. Pero pasaba el tiempo y no tenía noticias.

En ese período mi esposa, que se encontraba en tratamiento médico, lamentablemente falleció el 25 de julio y cuando estábamos en el entierro, el día 26, recibí la llamada del presidente de TASA de entonces, diciéndome que el directorio no había aprobado mi incorporación a la compañía por la oposición de un director.

Tomé con mucha calma la noticia y seguí en contacto con Arima como si no hubiese pasado nada y al mismo tiempo analicé otras ofertas. Así pasaron meses hasta que llegó noviembre, cuando debido a la crisis mejicana del efecto Tequila, la parte argentina comunicó a Toyota Japón la imposibilidad de integrar su parte del 49% restante de capital, lo que obligó a Toyota a comprar esa parte y quedarse con el 99% de acciones, asumiendo Arima la presidencia de TASA en diciembre de 1995. Apenas Arima recibió la comunicación de la parte argentina, me pidió que fuera trabajar con él, así que el primero de diciembre ya estaba trabajando en TASA. Si no hubiese sido por el "efecto Tequila", cuando la parte argentina declinó seguir invirtiendo y el *timing* del proyecto que recién estaba comenzando, yo habría aceptado otro trabajo y no habría ingresado en TASA.

Mis cigarrillos

Empecé a fumar a los 17 años. La razón es muy sencilla. Quería aparentar ser mayor ante una rubia que me gustaba y viajábamos en el tren, ella de Zárate y yo de Escobar. No me acuerdo hasta cuándo, pero en mi época de Mitsui no había prohibición de fumar en ningún lugar, inclusive en aviones. En Mitsui había momentos en que tenía prendido cuatro o cinco cigarrillos al mismo tiempo, uno en mi escritorio, uno en el escritorio de mi secretaria con una llamada del exterior y si en ese momento me llamaba el presidente subía a la presidencia y prendía otro cigarrillo.

En 1997 en Toyota, cuando me pidieron que fuera trabajar a la planta, donde estaba la oficina (Mezanine, entrepiso) mi única condición fue que en mi escritorio yo pudiera fumar. Aquellos que querían fumar venían a mi escritorio y yo me iba enterando de las cosas que estaban pasando, chimentos que no se podían comentar en voz alta, lo que me sirvió para conocer lo que real-

Fig. 97. Cuadro obsequio del personal del departamento comercial.

mente estaba pasando en la planta, para comprender a la gente y tomar las medidas necesarias para mejorar la vida cotidiana allí.

En 2001 cuando ocurrió la devaluación del real en Brasil y disminuyó drásticamente la venta de automóviles, me pidieron que fuera ocuparme del Departamento Comercial, manteniendo la Gerencia de Relaciones Institucionales. En 2004, por la reorganización, dejé el cargo comercial. El personal me entregó un cuadro (**Fig. 97**), donde se puede ver que el cigarrillo y el golf eran sinónimos de mi persona.

En la época de gran desarrollo económico, era casi una obligación para un empleado en una empresa japonesa si quería progresar, saber jugar golf, *mahjong* y cantar *karaoke*. Nunca quise aprender *mahjong*, porque el juego podía llevar muchas horas y de noche, después del trabajo, con los cigarrillos que fumaba y el whisky que tomaba, estaba seguro de que iba a dañar mi salud.

Por eso, cuando entré a Toyota, junto con los directivos japoneses, promovimos que el personal jugara golf, amenazándolos (por supuesto en broma) con que si querían progresar en la compañía, debían aprender a jugar golf. Lo mismo para los concesionarios y proveedores. Para aquellos que ya estaban jugando era una invitación que les venía "al pelo" y para aquellos que no sabían jugar, al aprender podían tener la oportunidad de jugar con el personal de la compañía. Cuando Toyota Japón tomó el control en 1995, en febrero de 1996 sugerí organizar un torneo de golf y pude hacer el primero, al que pusimos el nombre de Toyota Kai, que continúa hasta hoy y sirve para mantener la camaradería y fortalecer el espíritu de la familia Toyota (**Fig. 98**).

Gracias al patrocinio de Toyota, en los torneos golfísticos y actividades deportivas pude conocer y jugar con autoridades y profesionales de renombre y conocer muchas canchas de golf, con hermosos paisajes, con la gente del lugar, sus costumbres y comidas (**Fig. 99**).

Fig. 98. Organización de torneos de golf en Toyota. Con mi amigo el Sr. Jorge Ifrán, junto a Roberto De Vicenzo y Vicente Fernández, a quienes tuve la suerte de conocer.

Fig. 99. En un torneo de golf. Con el presidente Dr. Carlos Menem.

Charla en Toshin

Mientras trabajaba en TASA tuve oportunidades de disertar y exponer mis ideas. Aquí quiero transcribir una disertación que hice en una empresa privada, Toshin S.A., donde se reflejan mis pensamientos y filosofía de trabajo.

No tengo la fecha exacta de este *speech*, pero debe ser uno o dos años después de mi desvinculación de Toyota, o sea 2012-2013. El señor Tomonori Kitayama, dueño de la empresa Toshin, que lamentablemente falleció, siempre me respetó y me pidió varias veces que diera charlas a sus empleados. Él pensaba siempre en sus empleados y ayudó a la colectividad japonesa tomando personal de ese origen, aunque no fueran aptos para la posición. Lo hacía callado y mucha gente no se enteró. Sin embargo, había gente que lo criticaba, quizás por envidiar el éxito en su negocio.

El señor Kitayama vino a la Argentina siendo ya mayor, pero trabajó hábilmente y estableció una empresa de *courier* llamada Toshin (東進) cuya traducción directa es "Avanzar hacia Oriente". Es decir su sueño era establecer un nexo y contribuir a la relación Japón-Argentina. No solo se dedicó a ser *courier*, sino que expandió su negocio a las mudanzas internacionales y la exportación e importación de partes automotrices para que las empresas tuvieran los repuestos rápido. Asimismo, contribuyó a profundizar las relaciones en el fútbol, entre la Asociación del Fútbol Argentino (AFA) y su homóloga japonesa (JAF). En su fallecimiento, la JAF pidió a la Federación de Fútbol de Brasil que el seleccionado de su país jugara con el de Japón y los jugadores de Japón pudieran llevar un brazalete negro en homenaje a Kitayama. No creo que haya habido un hecho como éste en mucho tiempo. Era una persona muy tranquila, siempre en segundo plano, pero en el fondo muy buen comerciante.

Este es uno de esos tantos *speech* que hice a pedido del señor Kitayama:

"El siglo XXI se caracteriza por la globalización de actividades. Hay que diferenciar a las empresas multinacionales de las empresas globalizadas.

Las primeras son aquellas que desarrollan la misma actividad y tienen su punto de actividad en todos los países del mundo, como las de indumentaria, bebidas y comidas, *trading*. Las segundas corresponden a las actividades principalmente productivas como la industria automotriz, y buscan sus centros de producción en los países donde ofrecen las mejores condiciones. El ejemplo más conocido por ustedes es el "caso de Hilux IMV".

En este caso la estrategia era establecida por la casa matriz, y cada vez fue menor la participación de las filiales en la toma de decisiones.

El individualismo desaparece y se concentran las actividades en los mercados atrayentes (caso *trading*, Mitsui). El avance de la informática hace que disminuya la cantidad de viajes de negocios, reemplazados por videoconferencias, además de que es fácil la obtención de información a través de Internet. Todo esto afecta al negocio de Toshin.

No sé cómo desarrolla sus negocios Toshin, pero estoy seguro de que han disminuido los trabajos tradicionales de antes como la cantidad de mudanzas, venta de revistas y diarios, etcétera.

Sin embargo, como compensación aparece una tendencia de las grandes empresas a tercerizar los servicios y aquí es donde Toshin tiene que enfocar sus esfuerzos.

El siglo XXI también se caracteriza por la especialización de actividades, profesionalización, incorporación de tecnologías, que genera una diferenciación marcada entre las empresas de actividades similares. Por ello, las empresas de servicios deben orientar sus objetivos en concordancia con los objetivos de las empresas contratantes, y considerar que son partes o socios del negocio. Para ello deben conocer las necesidades del cliente, dar propuestas y soluciones, aumentando la productividad y rentabilidad en forma conjunta y no ser un mero ejecutor del contrato de servicio.

¿Qué es lo que espera un cliente de su empresa de logística? Básicamente los requerimientos para los servicios marítimos o aéreos están relacionados con la calidad y credibilidad de los mismos, pero en el caso del servicio aéreo hay un enemigo muy importante que es el tiempo, ya que en muchos casos se trata de emergencias y operaciones *spot* (de ejecución inmediata).

El primer requerimiento es la puntualidad: siempre se deben comparar los resultados versus lo planeado (ETD/ETA = *Estimated time delivery* versus *Estimated time arrival)*. Deben tener una excelente capacidad de seguimiento y control *online*, en tiempo real. Eso implica la reducción del plazo de entrega, que directamente está relacionado con la reducción del costo, al eliminar el tiempo improductivo u ocioso.

El segundo es la calidad de comunicación. Medir la rapidez del control y la exactitud de información, especialmente cuando ocurren incidentes. En caso de envío aéreo que son en su mayoría casos urgentes, el seguimiento de la carga es un factor primordial.

El tercero es la calidad del plan de embarques: mantener el servicio bajo con un plan concreto y en tiempo lo más largo posible, sin introducir cambios repentinos.

El cuarto es la calidad en la confección de documentos: exactitud y credibilidad de los datos contenidos en los contratos de transporte (AWB, B/L, Facturas, Packing List, etcétera).

El quinto es la calidad de los equipos que posee la empresa, controlando permanentemente los usados para el transporte, contenedores, camiones, cajas, dándoles a través de un mantenimiento adecuado una larga vida de uso.

El sexto es el costo de servicios estables, basados en el nivel del mercado, negocios permanentes, y también constante iniciativa para la reducción de costos. Para ello, es importantísimo reducir stock, reduciendo de esta forma costos financieros, introducir mejoras para eliminar Muda (pérdida de tiempo) en los servicios.

El séptimo es la innovación. Nuevas estrategias que permitan acortar los plazos de transporte y asegurar la disponibilidad de la carga.

El octavo es la capacidad de *recovery* frente al desvío del plan por imprevistos. Agilidad para captar el problema y urgencia para resolverlo.

En una palabra, lo que el cliente pretende es una solución integral "*door-to-door*" donde el proveedor se haga responsable de todo lo que está en el medio. Para realizar estas tareas, la empresa debe tener una estructura sólida, con personal capacitado, lo que cuesta dinero.

La empresa al mismo tiempo debe ser rentable. El medio para lograrlo es incrementando el volumen de negocios a través de la especialización y optimización de los procesos y recursos.

No es lo mismo ir a Zárate solo para entregar un sobre a TASA que aprovechar el recorrido pasando por Toyota Panamericana, Equipos Industriales, MTA, Honda, TTC, etcétera. Todas ellas son empresas de capitales japoneses. Hay que analizar qué otros clientes potenciales hay en el camino. Hay muchas empresas internacionales sobre la ruta 9, y en Zárate solo hay 21 empresas, la mayoría multinacionales.

¿Quién va a promover la captura de nuevos clientes? ¿Qué argumentos se van a utilizar?

También el siglo XXI exige nuevos conceptos a las empresas.

Seguridad vial (Los vehículos Toshin no deben tener accidentes).

Cuidado del medio ambiente: reutilizando o reciclando los materiales y residuos que genere la actividad. Acción social a través de contribuciones y donaciones, que no siempre sea monetario, sino también tareas voluntarias comunitarias.

La certificación ISO 14001 e ISO 9000 contribuirá a demostrar a los clientes la seriedad de la empresa. También es importante encarar las actividades de reducción de costos en las oficinas tales como ahorro de luz, gas, agua, papel etcétera. Recoger los datos del consumo incluyendo los gastos del combustible y otros, establecer el objetivo de reducción y una vez logrado establecer el nuevo objetivo.

Estos objetivos deben ser alcanzables con esfuerzo, pero no tan difíciles de lograr como para desanimar a la persona. Para que la empresa progrese, no solo debe estar alineada con el objetivo del cliente, sino que el personal debe trabajar con el mismo objetivo. Para ello el señor Kitayama deberá al principio de cada año comunicar a su personal los objetivos que pretende y los jefes de cada área deberán volcarlo en sus tareas, asignando a cada uno de sus subordinados dos a tres objetivos, no más, concretos, alcanzables con esfuerzo.

Los jefes deben ser como padres de familia. Deben conocer las cualidades y defectos de cada uno de los subordinados. Desarrollar aun más las cualidades y corregir las insuficiencias o buscar la forma de que las supere. La insuficiencia o defectos no son temas cruciales, quizás esos defectos en el fondo ocultan las virtudes. Es el rol de los jefes hallarlos. Para ello la comunicación diaria es muy importante. Ser franco en su opinión, que debe ser convincente y sabia.

Muchos se quejan de los trabajos rutinarios. Entonces, ¿cómo hacen los verduleros o carniceros? Ellos quizás toda la vida harán la misma actividad, pero siempre encuentran el sentido de la vida y están orgullosos de su oficio. Siempre están pensando en su negocio (calculan a sexto sentido el *stock* de la mercadería en base a las ventas, la estacionalidad para poner precios, etcétera).

Vamos a entrar en la resolución de los problemas: no hay que pensar mucho sino simplemente comenzar con algo sencillo que esté al alcance de cada uno y relacionado con la vida cotidiana. En grupo o en forma individual el proceso es exactamente el mismo.

El primer paso es la clasificación del problema.

Analice (clasifique) la situación actual.

Analice (clasifique) la situación ideal.

Visualice la brecha entre la situación ideal y actual.

El segundo paso es la descomposición del problema.

Descomponga el problema, clasificando en importantes, erróneos, pequeños, etcétera.

Seleccione el problema a tratar.

Vaya a confirmar el problema con "*Genchi Genbutsu*" (ir, ver y tocar)

El tercer paso es la definición de los objetivos.

Los objetivos deben ser medibles, concretos y desafiantes, pero nunca objetivos inalcanzables, sino que se puedan lograr con esfuerzo.

Tomar el problema que cause mayor efecto.

El cuarto paso es el análisis de las causas, que en Toyota se llama "Espina del Pescado".

El quinto es establecer el procedimiento para mejorar y el desarrollo de la contramedida trazada.

El sexto es el seguimiento de las contramedidas

El séptimo es el monitoreo y la evaluación del proceso y del resultado.

Por último, si se logró el objetivo, el octavo paso, es la estandarización. Dejarlo por escrito y que cualquier persona pueda acceder y realizar el mismo proceso sin equivocarse.

Una vez resuelto se puede tomar otro problema o si el problema encarado era importante, tomar el que le sigue. Así ir resolviendo de a pasos hasta erradicar por completo los problemas. Como no hay nada perfecto, si el problema que resta no es importante, directamente ignorarlo y encarar otro tema. Fijarse un nuevo objetivo, hacer un espiral, pero **ascendente** para lograr una mejoría continua, lo que es comúnmente llamado *Kaizen*. Normalmente se hace en grupo, pero como dije, se puede hacer de manera individual. Empezando por algo pequeño, por ejemplo, ordenar el escritorio, analizar la disposición de los útiles y los cajones, cuál es el mejor modo para que uno sepa dónde está cada cosa y que no cueste esfuerzo sacarlas, etcétera."

Mensaje de despedida en Toyota

Incluyo estos dos mensajes de mi despedida de la empresa. Uno dirigido a los gerentes y otro dirigido a los directores y gerentes generales de Toyota Argentina S. A., en algún día del mes de diciembre de 2010.

"A fin de año me estoy yendo de TASA definitivamente. Agradezco la colaboración y amistad recibidas de parte de ustedes durante estos quince años y principalmente al doctor Borderes, que después de mi desvinculación con TASA hace dos años, me dio lugar para seguir trabajando en la empresa.

Cuando empezamos la producción en 1997 éramos solo cuatrocientas cincuenta personas y ahora somos más de tres mil. Creo que nadie en aquel entonces pensaba que TASA iba crecer tan vigorosamente. Creo modestamente que he contribuido para este progreso.

Si hubo un Matsumoto de Toyota, fue resultado del trabajo de todos los que han trabajado conmigo. Como ustedes saben, tengo título del ingeniero, pero nunca desarrollé mi profesión, sino que como digo, fui siempre un ingeniero comercial.

Es por eso que en todos mis trabajos era necesaria la colaboración y el apoyo de todos. Si he sido bueno fue porque mi gente era buena.

Al agrandarse la empresa el manejo fue más difícil. Cuatrocientas cincuenta personas eran como una familia, eran manejables porque nos conocíamos uno al otro.

Ahora es una gran empresa y por ende, las buenas relaciones laborales van a ser un factor primordial para el éxito empresarial.

Confiar en el personal, conocerlos, escucharlos, dar buenos ejemplos y consejos, en una palabra, una buena comunicación. Ustedes como *top management* deben motivarlos, dar direcciones claras para que todo el mundo trabaje con el mismo objetivo y en el mismo sentido del vector.

Solo les deseo gran éxito a cada uno de ustedes y les agradezco nuevamente por haberme aguantado durante tantos años y haberme hecho famoso en el mundo de la industria automotriz.

Por favor les pido que transmitan mi agradecimiento a todo

vuestro *staff* ya que me es imposible saludar a uno por uno."

Simultáneamente preparé otro mensaje de despedida, para los directivos y gerentes generales. Lo hice con un pobre inglés porque había personal jerárquico japonés que no hablaba español. Las 10 C-0 siguen la tradición de Toyota de tomar los iniciales de cada palabra para identificar las actividades por ejemplo 5-S, 3-M, etcétera.

He escrito esto porque uno solo, no puede hacer nada, aunque sea Superman. Siempre se necesita de personas que nos sostengan, por eso lo que quise recalcar aquí es que es necesario trabajar en conjunto y con respeto mutuo.

"Thank you very much for organizing my farewell dinner.

Three months have passed since I left TASA definitively.

At that moment I thought "I'm finally free and I can do everything that I would like to do", however I still haven't been able to put my life in order.

I have enough free time but time goes by so quickly that days pass and pass and I don't do anything.

15 years in TASA is a long time, but it is short compared to my 67 years old.

TASA has grown from 20.000 units to 70.000 and now you are expecting to reach more than 90.000 units.

I'm confident that I have contributed for that, even a small portion.

If I had success, it was because of the good staff.

From this point of view, you should be good leaders for your staff, motivate them and be proud of working in TASA and Toyota.

Toyota has many Toyota's vocabulary like 5 S, 3 M and so.

You are TASA's Top Management so you should be good and strong leader.

My motto was as follows. I call it 10 C-O.

Conviction: what you say and do should be done with conviction. Your action should be convincent.

Consistency: Don´t change your attitude in front of the opinion of your superior.

Comprenhension: Nobody wants to make mistakes. You have to teach the right way.

Common Sense: One plus one is two, there is no other way.

Communication: Not one way only but both ways.

Cooperation/Collaboration: Work together with your staff.

Coordination: Work in a team.

Consideration: Respect your staff, protect them.

Competition: Your competitor is you.

Contribution: Help your comrades.

To reach these 10 C-O commercial negotiation with your staff and your boss is absolutely necessary.

Anyway, I wish you success and happiness. To all of you.

Thank you".

8. La suerte y las experiencias laborales
8. 偶然に助けられ

Siempre se presentan oportunidades que nos cambian la vida. Aquí quiero narrar aquellas que me ayudaron a tener éxito en el trabajo. Aún trabajando duro, si no hay suerte, aunque sea pequeña, es difícil lograr el resultado esperado.

He tenido muchas veces suerte, como casualidades inimaginables.

Certificación de ISO 14001

Por allá por 1998 Toyota de Japón decidió que todas sus plantas del ultramar tuvieran la Certificación ISO 14000 (más concretamente ISO 14001) antes del año 2000 y recomendó contratar a una certificadora internacional.

Como yo era gerente de Administración de planta (entre otros cargos) tomé la responsabilidad de concretarlo. Para implementarlo enviaron un responsable de medio ambiente de la casa matriz quien se vanagloriaba de haber logrado obtener la certificación de plantas de Toyota en Norteamérica utilizando la misma certificadora. Por eso pensé que la aprobación no iba a ser difícil.

Me sorprendí al ver que el ingeniero auditor de la certificadora tenía un apellido que coincidía con el del encargado de TASA de medio ambiente, mi subordinado, también ingeniero. Dos ingenieros de mismo apellido estaban en bandos opuestos como responsables de una misma materia. Nos comunicaron que el criterio de selección y el cálculo de los factores de impactos ambientales no seguían la norma de ISO14001, por lo que si TASA seguía el criterio indicado por el asesor de Toyota la certificadora no iba poder otorgar el certificado.

Por supuesto el asesor de Toyota, orgulloso de ser la máxima autoridad de Toyota del Japón en medio ambiente y haber logrado obtener ISO 14001 en las plantas en Norteamérica, insistió en que su criterio era el correcto. Alegaba que la certificadora de aquel país había aceptado su criterio.

En ese sentido los profesionales argentinos son más idóneos o tienen más amor y convicción por su trabajo. Por eso yo estaba entre la espada y la pared: si la situación continuaba así era probable que TASA no obtuviera la certificación.

Como la certificación era una política internacional de Toyota y por ende una imposición de la casa matriz había que conseguirla a toda costa.

De la misma forma Toyota do Brasil (TDB) comenzó con el proceso de certificación, pero a diferencia de TASA tenía un experto en medio ambiente con experiencia (había recibido entrenamiento en la planta de Japón).

Teníamos desventaja contra TDB con quien había una rivalidad histórica, por lo que no había ninguna alternativa: debíamos conseguir la certificación.

Toyota desde hacía mucho tiempo atrás había implementado su procedimiento de producción, y la enseñanza a través de la costumbre, la transferencia de conocimiento no como obligación porque había una norma. Desde hacía tiempo controlaba el consumo de agua, de energía eléctrica, la contaminación del aire y reducción de residuos, estableciendo su propio estándar y metas a lograr, con registro de estadísticas. Al no haber tenido ningún procedimiento por escrito la situación era tensa: no había perspectiva de lograr la certificación.

De repente se organizó un torneo de golf en Neuquén, nos llamó el concesionario y Arima me pidió que fuera a representar a TASA. Me acompañó Mineo, el gerente de Compras.

En el mismo vuelo me encontré con el ingeniero de la certificadora que también iba a Neuquén por una certificación.

Quedamos en cenar (en la situación en que estábamos en Buenos Aires era imposible invitarlo a cenar). La casualidad de haberlo encontrado en el avión me dio la posibilidad de cenar juntos y discutir largamente. Finalmente acordamos la forma de trabajar y logré el certificado ISO 14001.

Ceremonia de cambio menor del modelo Hilux: gobernador Dr. Carlos Ruckauf

En todas las presentaciones, es costumbre de Toyota invitar a las autoridades. Estábamos preparando un evento de presentación del modelo Hilux con un cambio de diseño.

No tuvimos problemas para invitar al presidente De la Rúa a la ceremonia, pero era imposible contactarse con el gobernador Ruckauf. La secretaria no nos atendía y la fecha del evento se acercaba. Una noche se me antojó tomar helado de coco y en ese momento había muy pocas heladerías que tuvieran helado de ese gusto, y la casualidad fue que había una heladería en la esquina de Callao y Juncal, así que me fui caminando hasta allí. Para volver a casa tomé por la calle Arenales (normalmente me movía en auto o en taxi de modo que era raro que estuviera caminando) y en la esquina de Ayacucho y Arenales veo en el restaurante El Cervatillo al mismísimo gobernador Ruckauf. Entré, lo saludé y le conté sobre el evento. En ese mismo momento aceptó asistir a la ceremonia, pero finalmente envió al vicegobernador por cuestiones de agenda. Así tuve la presencia de una autoridad provincial.

Impuestos Internos: secretario Dr. Guadagni

En la fiesta de la inauguración de la planta el 19 de marzo de 1997, me tocó a acompañar al doctor Alieto Guadagni, el secretario de Industria de aquel entonces (posteriormente fue Embajador de la Argentina en la República Federativa del Brasil). En aquel entonces los asuntos gubernamentales los llevaba un *staff*, pero el problema estaba en que el gobierno consideraba que Hilux 4x4 era un vehículo de placer y no de trabajo, por lo que iban a aplicarle un impuesto interno, lo que implicaba el aumento del costo y por ende el precio y la consecuente dificultad para venderla. Fui a explicarle varias veces el problema sin éxito.

Por suerte, me tocó acompañar al secretario en el recorrido de la planta, y al ver la línea de producción, se sorprendió y llamó en ese momento a la Secretaría para anular la resolución.

Si no hubiera estado caminando con el secretario, no hubiera ido a hablarle varias veces y no hubiera estado al tanto de mi reclamo, el Impuesto Interno habría entrado en vigencia.

Proyecto llave en mano

Aquí tengo que pedir permiso porque tengo que mencionar al señor Jorge Ifrán, con quien a través del tiempo, al conocernos más, nos convertimos en grandes amigos. No voy a entrar en detalles sobre cómo lo elegí despachante de TASA, pero hizo cosas imposibles para que TASA pudiera salvarse de situaciones operativas difíciles. Recalco que fueron siempre soluciones legales y con su asesoramiento.

Cuando se formó TASA y la parte argentina estaba a cargo de los trámites administrativos, se empezó a gestionar la exención del derecho de importación utilizando el famoso decreto Nro 977, aplicable a los bienes de capital, ante la certeza de que Toyota Japón iba a invertir en el proyecto. Cuando entré a TASA y al estudiar bien este régimen encontré con que solo los bienes de capital estaban exentos del derecho de importación, pero no sus accesorios periféricos. Por ejemplo en el caso del robot en la planta de pintura, el robot era considerado como bien de capital y entraba sin pagar derechos, no así sus accesorios, por ejemplo, la computadora, los cableados para mover el robot y cualquier otro accesorio. No eran considerados bienes de capital y debían pagar derechos de importación establecidos en la nomenclatura arancelaria.

Para la puesta en marcha de la planta, la importación de equipamientos era un tema crucial ya que sin ellos no iba a haber producción. Pagar el impuesto implicaba un aumento del monto de inversión. La cuestión económica era importante, pero lo más importante era que no se podía cumplir con el monto de inversión. Eso podía ser tomado por la casa matriz como si el proyecto careciera de certeza y pudieran aparecer otros factores que hicieran desviar el proyecto presentado.

Para dar certeza a la casa matriz, debía demostrar que el proyecto avanzaba estrictamente siguiendo el plan que Toyota Japón había aprobado.

Empecé a analizar cómo resolver la situación, buscando algunas alternativas y un subordinado mío me comentó que había un despachante de aduana que podía tener alguna solución. Inmediatamente me reuní con él y me explicó que había un régimen llamado "Llave en Mano", que consistía en poner en un solo paquete todo el proyecto y así, si se conseguía la aprobación del gobierno, todos los materiales (equipamientos y accesorios) podían entrar exento de derechos.

El problema era que se había presentado el proyecto al gobierno informando que los equipamientos se iban a traer bajo el régimen de bienes de capital. Había que buscar una razón convincente para cambiar de un régimen al otro.

Otro problema grave era que los barcos que traían los primeros equipamientos estaban en viaje y para poder despachar teníamos que tener la autorización bajo el régimen "Llave en Mano".

Para el cambio mi planteo fue que, para cumplir con el plazo de la obra, debíamos llevar la mercadería directamente del puerto a la planta, donde teníamos Depósito Fiscal y realizar el despacho allí, ya que realizar el despacho en el puerto de Buenos Aires implicaba una inspección engorrosa y se perdía mucho tiempo.

Después de varias negociaciones arduas nuestro pedido fue aceptado por la Secretaría de Industria de aquél entonces, y TASA puedo traer todos los equipamientos dentro de la inversión programada.

Obtenida la aprobación del Proyecto Llave en mano siguieron surgiendo nuevos problemas a medida que llegaban los equipamientos. Cada vez que aparecía un problema, yo gestionaba y gracias a la comprensión de los funcionarios del gobierno nacional, provincial, municipal y organismos públicos, comenzando con aduana, pude llegar a feliz término.

Aprovecho este escrito, para que los lectores sepan sobre los apoyos que Ifrán nos brindó y el empeño que ponía para cada trabajo, dando lo mejor de su parte.

En la primera etapa de producción aparecía siempre algún inconveniente. Uno que podía parar la producción era la falta de telas del proveedor y no poder fabricar los asientos. Otros pensarían en parar la producción hasta que lleguen las telas, pero no en Toyota.

La producción era más importante que el costo, en desmedro de la ganancia. Parar la producción podía significar la distracción de los trabajadores, despreciar el plan de trabajo, salir de la rutina, etcétera. La fábrica debía estar funcionando siempre de acuerdo con el plan programado.

Toyota decidió enviar una persona con 500 kg de telas, como equipaje personal acompañado. Al llegar a Ezeiza las telas debían ser llevadas a la fábrica de Zárate para no interrumpir la producción. Sin embargo, cuando la persona estaba viajando la aduana nos advirtió que una sola persona no puede traer 500 kg de tela como efecto personal. Debe importarlos como producto comercial. Como Ifrán conocía todo el mecanismo de importación obtuvo la autorización de la aduana, a tratar como mercadería comercial, emitiendo una guía aérea. Todo esto se hizo mientras la persona y las telas estaban viajando en el avión, ya despegado de Brasil. Así resolvimos el problema de la importación pero para poder sacar la mercadería de Ezeiza y llevarla a Zárate, había que pagar los derechos de importación y ya habían pasado dieciséis horas y la hora del cierre del Banco de la Nación, sucursal Ezeiza, estaba cerrado. No sé cómo hizo Ifrán para entrar a un banco cerrado y pagar los derechos. Esto es un pequeño ejemplo para mostrar cómo todas las personas estaban abocadas a resolver el problema.

Así fue el comienzo de Toyota en la Argentina y gracias a

muchos se pudieron subsanar los problemas y llegar a donde está ahora.

Si no hubiese tenido la intervención del señor Ifrán así como la buena predisposición de los funcionarios de la Aduana, la puesta en marcha de Toyota se habría retrasado mucho tiempo.

¿Por qué digo que para este problema tuve suerte? Todo se resolvió por haber conocido a Ifrán y el encuentro con él fue una casualidad: él jugaba golf, y un día, como no había lugar, lo pusieron en la línea en la que estaba mi subordinado, quien le comentó el problema que teníamos. Ifrán ofreció la solución. Si él no hubiese querido jugar golf ese día o si hubiera habido una salida disponible, no hubiese jugado con mi subordinado y no se habría enterado del problema que teníamos.

Mi fanfarroneada

Entre los muchos resultados exitosos obtenidos al ingresar a Toyota Argentina puedo mencionar los siguientes:

Banco del Buen Ayre: El primer día que entré a Toyota, 1ro de diciembre de 1995 a la noche, un funcionario de la empresa que hoy ocupa un importante cargo en una de las filiares de Toyota, llamó al gerente de Recursos Humanos, diciendo que el cajero del banco del Buen Ayre había "tragado" su tarjeta de débito. Era de noche y por supuesto nadie podía resolver la situación. Cuando me enteré pude resolver el inconveniente en forma inmediata ya que yo conocía a los dueños de Banco del Buen Ayre, la familia Garfunkel, con quienes había trabajado cuando yo estaba en Mitsui (en el proyecto de fabricación de locomotoras para el ferrocarril dado que ellos también eran dueños de Materfer, fábrica de vagones y reparación de locomotoras). Llamé a uno de los dueños y a la noche y en menos de una hora nuestro funcionario recuperó su tarjeta. Fue mi entrada triunfal a Toyota.

Construcción de la planta

Al igual que la importación de los equipos durante la etapa de construcción aparecieron muchos problemas por no haber estudiado las distintas normas legales, relacionadas más que nada con la infraestructura. Tuve que negociar mucho, pero por suerte con la comprensión y apoyo de los funcionarios pude resolver todos los problemas. Estoy seguro de que, sin mí, en algún momento todo se habría resuelto, pero no en un tiempo tan corto y sin poder cumplir con el decreto que obligaba a TASA a producir la primera unidad antes del fin de diciembre de 1996.

Por supuesto al negociar pesaba mucho el nombre de Toyota, pero pienso que mi capacidad de negociar sirvió para resolver los inconvenientes que se presentaban a medida que avanzaba la construcción de la planta.

Todos esos inconvenientes se debían al desconocimiento de las leyes y reglamentos por parte de los socios argentinos que al inicio empezaron con los trámites.

El plan original era volcar el agua tratada de la planta al río Pesquería, que está aproximadamente a 30 km. Para volcar agua allí había que cruzar varios terrenos ajenos, tender una cañería subterránea no solo con un costo infernal (además del tiempo necesario) y lo más complicado era negociar con cada uno de los propietarios de los campos además de realizar un estudio de la ingeniería hidráulica para el vuelco. Todo esto implicaba pérdida de tiempo y consecuentemente, elevación de costos.

Negocié con la Dirección Hidráulica y aceptaron el vuelco a un arroyo seco sin nombre que pasaba al lado del terreno de Toyota. No tenía nombre y cruzaba el barrio Santa Lucía. Me acordé de la canción italiana y pedí que el arroyo llevara el nombre Santa Lucía en lugar de Matsumoto. Está en el mapa.

Ingreso Ruta 193: Otro problema que encontré era que, en el proyecto de la planta, la entrada principal al edificio administrativo estaba proyectada sobre la Ruta Provincial 193 (actual Ruta Nacional 12). La ley prohíbe trazar la entrada directamente sobre una ruta. Hay que entrar por una colectora, para lo cual había que construir la colectora, pero no había espacio entre el cerco de la planta y la ruta. Negocié con la Dirección de Tránsito y Vialidad y conseguí que nos permitieran construir una dársena de entrada en lugar de la colectora.

Para las telecomunicaciones había que instalar un sistema de microondas, cuyo costo de instalación, empezando por las torres, era muy oneroso. Lo más económico y eficiente era traer la fibra óptica, pero la empresa prestadora Telecom tenía su distribuidora en la rotonda de las rutas 6 y 193 y para Toyota traerla desde allí debía tenderla de manera subterránea por 4 km, lo que obviamente Telecom no iba a hacer gratuitamente. Fue una negociación muy dura, pero finalmente los convencí con dos argumentos. Uno, que iba a tener un tráfico de 300 líneas iniciales que podían aumentar (actualmente debe haber más de 3.000 solo para Toyota), y dos, que podían radicarse muchas empresas cerca de Toyota (ahora hay muchas) y que si no nos daba la línea íbamos a optar por la microondas.

Hace poco llamé a Telecom por un reclamo y me atendió una persona que al escuchar mi apellido, me preguntó si yo trabajaba en Toyota. Era una de las personas que había negociado conmigo.

Después de más de 20 años, el hombre se acordaba de mi apellido, lo cual demuestra cuán importante era mi presencia y me orgullece.

Toyota cuidaba el medio ambiente y la planta volcaba agua limpia después de tratarla pero como nadie se animaba a tomarla, se construyó un estanque donde criábamos peces carpa. El agua era limpia y los peces nadaban con alegría. La sorpresa fue que un día aparecieron los peces panza arriba. Se hizo un recambio trayendo nuevos peces, pero a los pocos días ocurrió lo mismo.

Investigamos la causa y encontramos que la ley establece que aunque el agua salga limpia de la planta de tratamiento, es obligatorio ponerle cloruro de sodio (sal) para desinfectarla. Era lógico que los peces de agua dulce no pudieran vivir en agua salada. El problema era cómo resolver la situación. Fui a negociar con la Dirección Hidráulica y convenimos que la colocación de cloruro de sodio se haría a la salida del estanque. Haciendo que la planta de tratamiento y el estanque formaran como un cuerpo, poniendo un dispositivo a la salida, pero antes de la zanja de descarga para el vuelco.

Este estanque, no sé cómo está ahora, pero hasta cuando yo me retiré de Toyota (2010), era un lugar de recreo, donde los empleados, en lugar de comer en el comedor, aprovechaban su hora de almuerzo, llevando un sándwich para disfrutar del aire libre y limpio.

Algunas contribuciones a la República

Por supuesto no es obra mía, sino que trabajé con la camiseta de las empresas como Mitsui y Toyota, pero estoy orgulloso de haber participado activamente y muchas veces haber contribuído a la concresión de grandes obras. Muchas de ellas están relacionadas con el desarrollo del país. Menciono una, que es proyecto INIDEP.

Mitsui como *trading* tenía concretados proyectos, beneficiosos para el desarrollo del país, como por ejemplo las obras eléctricas. También existía otro tipo de proyectos, llamados "donaciones sin reembolso", lo que significaba que los beneficiarios recibían donaciones sin obligación de reembolsar el costo del proyecto. Por supuesto todos estos proyectos tenían sus fines políticos que aquí no voy a narrarlos para evitar conflictos.

Muchos países desarrollados realizaban estas donaciones a los países en vías de desarrollo. Argentina en la década de los ochenta no estaba dentro de los países en vías de desarrollo por lo que para Japón no era un país calificable. Sin embargo, el área de pesca era la excepción.

Fig. 100. Buque de Instrucción Pesquera Luisito, foto facilitada por la Escuela Nacional de Pesca.

Fig. 101. Con el presidente Dr. Fernando de la Rúa.

Fig. 102 . Con el presidente Dr. Néstor Kirchner.

En el año 1981, estando vigente el Convenio de Cooperación Técnica con el gobierno de Japón, Argentina le solicitó que estudiara la posibilidad de donar un nuevo edificio para la Escuela de Pesca. En diciembre de 1983, se realizó el intercambio de Notas Reversales, por las cuales Japón, se comprometió a la donación del edificio, todo su equipamiento didáctico y un buque de instrucción pesquera. El gobierno del Japón licitó esta obra que fue ganada por Mitsui, como proveedor de equipamientos y el buque de instrucción, y Fujita Corporation, como la empresa constructora. En mayo de 1985, se habilitaron las nuevas instalaciones y el buque de instrucción pesquera fue bautizado con el nombre de "Luisito" (**Fig. 100**).

He participado activamente para que el proyecto se llevara a cabo en buenos términos.

Ya con la experiencia de la Escuela, empecé a conversar con el gobierno argentino para la construcción de un nuevo edificio del Instituto Nacional de Investigación y Desarrollo Pesquero (INIDEP), que estaba funcionando en la costanera en un edificio muy viejo.

Expliqué el sistema de donación del gobierno del Japón, la necesidad de contar con un INIDEP nuevo, sin desembolsar divisas. La parte argentina no entendía cómo podía haber una donación de más de 20 millones de dólares sin ningún tipo de compromiso o contrapartida. Tuve que trabajar arduamente con los funcionarios no solo del INIDEP sino con la Secretaría de Agricultura, Ganadería y Pesca e inclusive con la embajada para concretar el proyecto, empezando por la redacción de una carta reversal.

Como hay cuestiones políticas no puedo entrar en detalle, aunque ya pasaron más de veinte años, así que supongo, todo debe haber quedado en el olvido.

En diciembre de 1992 se llevó a cabo la ceremonia de colocación de la piedra fundamental y el edificio se inauguró el 7 de diciembre de 1993.

Si ustedes visitan el INIDEP y si aún queda la placa de inauguración, debajo de todo está grabado el nombre de Mitsui. Como las donaciones no deben tener intermediario (Mitsui) son reacios a poner los nombres y hubo mucha resistencia para hacerlo. Peleé con la embajada, con el INIDEP, porque si no hubiera sido por Mitsui no habría INIDEP.

Posterior al INIDEP, la siguiente donación que preparé arduamente fue la construcción del muelle de Puerto Deseado.

También trabajé para concretar proyectos importantes en Mitsui, con la financiación del gobierno de Japón y de los Estados Unidos, lo que sirvió para el desarrollo de servicios e infraestructura no solo de la Argentina, sino también de Uruguay entre 1980 y 1995, cuando dejé Mitsui y empecé a trabajar para Toyota.

Es mi orgullo cuando se habla de estos proyectos, saber que he sido parte de ellos cumpliendo un rol importante.

9. Japón y Argentina, dos culturas, dos mundos
9. アルゼンチンと日本、2つの文化、2つの世界

Japón y Argentina son países con diferentes culturas, tienen cara y contracara, muchas veces notorias. Los occidentales a veces se sorprenden por las costumbres japonesas que les parecen incomprensibles.

Japón antiguo visto por los occidentales. Costumbres que no cambian

Japón fue presentado al mundo por primera vez por Marco Polo (1254-1324), mercader veneciano, cuyo viaje fue narrado por Rostícelo de Pisa con el título de *Il Milione* (en español "Los viajes de Marco Polo"), que dio a conocer en la Europa medieval las tierras y civilizaciones del Asia Central y China. El viaje comenzó en el año 1271 y duró veinticuatro años.

En su libro presenta a Japón como el "País de Oro" con el nombre de *Zipango*, posiblemente por la pronunciación de los chinos, ya que para los japoneses, el nombre de su país se pronuncia *nihon* o *nippon*.

Se dice que el primer occidental que pisó Japón fue de un barco portugués en 1550. En el año 1570 el gobierno permitió a los portugueses establecerse en Nagasaki como centro operaciones comerciales.

La difusión del catolicismo en Japón por los portugueses y españoles, principalmente en la zona de Nagasaki, provocó una rebelión de creyentes contra el régimen feudal que perseguía a los convertidos en católicos. Eso hizo que el *shōgun* Iemitsu Tokugawa cerrara el país a los extranjeros en el año 1639. Los ingleses lo llamaron "*closed country*", o sea, país cerrado. Solo se permitía entrar a los holandeses para el comercio, dándoles un espacio en la ciudad de Nagasaki, en una zona llamada Dejima.

De todos los occidentales que llegaron a Japón menciono a

los portugueses que naufragaron y llegaron a Tanegashima, y que trajeron los arcabuces, y a Francisco Javier que llegó para predicar el catolicismo en 1549. Desembarcó en mi tierra, Kagoshima, donde me crié y donde mis antepasados descansan, y emprendió un viaje hacia el interior del país, pero no tuvo éxito en cristianizar a los japoneses.

Hay muchos escritos de los visitantes, pero este libro no es para dar clases de historia sino para mostrar las anécdotas y relatos y que los lectores se sorprendan con las costumbres de aquella época. Muchas de esas costumbres se mantienen.

Entre aquellos escritores y narradores elijo a Carl Peter Thunberg (1743-1828), sueco, de profesión médico y botánico, quien llegó a Nagasaki en agosto de 1775 y al año siguiente acompañó a Arend Willen Feith, director de la Oficina Comercial Holandesa, a Edo (actual Tokio) para saludar al *shōgun*, y volvió a su país a fines de ese mismo año.

Algunas de sus consideraciones fueron las siguientes:

El nivel de la educación japonesa es muy inferior a los estándares europeos. Sin embargo, la historia nacional escrita es más confiable que la de cualquier otro país por la certeza de su contenido. Todo el mundo aprende respetando los usos y costumbres de los antepasados, sin distinción de rango social, ni de persona. Los japoneses consideran la agricultura como lo más necesario y beneficioso para su propia prosperidad y existencia, y ningún país del mundo le da tanto peso a la agricultura como los japoneses. La artesanía florece y está difundida en todo el país. Algunas superan al arte europeo. Tienen habilidad para utilizar el hierro y el cobre y para crear productos de todo tipo. La calidad de las telas de seda, como las de algodón, son superiores o iguales a los productos de otros países asiáticos. Los productos de laca, especialmente los más antiguos, son superiores a cualquier producto étnico producido por otra raza. La ley japonesa es estricta. La policía, llamada *meakashi* cuya traducción literal es "ojo abierto", vigila con severidad para mantener el orden y las costumbres. Como resultado, en Japón hay muy pocos actos de libertinaje o profanaciones en comparación con otros países. La policía no hace diferencia entre las personas. Se mantienen o conservan las mismas leyes antiguas sin variar. Sin explicación o enseñanza, el pueblo tiene un conocimiento sólido de qué hacer y qué no debe hacer desde pequeños. Aquellos que violan la ley y desprecian la justicia, la mayoría son condenados a muerte sin importar la magnitud del delito cometido. El pueblo es limpio. Todas las casas u hospedajes tienen baños propios y para aquellos que no lo tienen hay baños públicos. Se bañan todos los días. El comercio, que es completamente libre, se realiza en todas ciudades y puertos, sin limitaciones ni restricciones. Cualquier puerto está lleno de barcos de diferente calado y las rutas están colmadas de viajeros y de transporte de mercaderías y cualquier negocio o tienda está lleno de productos traídos de todas las partes del país, hasta de los últimos rincones.

La honestidad y la lealtad se pueden encontrar en todo el país. Robos o actos violentos casi no existen. Cualquier persona inclusо un extranjero puede viajar con tranquilidad dentro de Japón sin prestar mucha atención al equipaje que lleva. Es un pueblo pobre, pero limpio y alegre, ojalá que los occidentales con sus costumbres no lo manchen. Cuenta un viajero que se hospedó en un *ryokan*, hospedaje al estilo japonés en el que la separación de la pared no es sólida (*fusuma*), sino que es una pared corrediza, construida con marco de madera y pegado papel no transparente, o sea que cualquiera podría entrar. Antes de partir en un viaje de tres días, le preguntó a la empleada dónde podría guardar sus pertenencias y la mujer contestó que las dejara en su cuarto. Él titubeó, pensando que si perdía sus pertenencias se quedaría sin un centavo, pero se animó a probar la honestidad de los japoneses y dejó sus pertenencias, inclusive su billetera en el medio del cuarto, arriba del *tatami* (piso hecho de paja). La sorpresa fue que al volver encontró sus cosas exactamente donde las había dejado.

Anécdotas como éstas hay muchas y son contadas por los viajeros occidentales con asombro.

Agrego otros dichos:

-Chamberlain: Para este viajero el viejo Japón era un pequeño país lindo, amoroso y misterioso donde vivían las hadas.

-Morse: Cuenta que fue a ver el llamado festival de la famosa apertura del río Sumida de Tokio que se celebra en su orilla, en el que los barcos flotantes con techo y los botes de pasajeros llenan el río. La gente se aglomera en ambas orillas y disfruta de los fuegos artificiales. En el período Edo, se celebraba el 28 de mayo del calendario lunar y se consideraba el primer día fresco antes del comienzo del verano caluroso. La gente podía refrescarse con los suaves vientos del río. Dice que solo escuchaba a la gente diciendo "*Arigatō* (gracias)" y "*Gomennasai* (perdón)", no había griterío ni palabras agresivas. Este hombre cuenta que entendió, viendo el comportamiento de la multitud, por qué los japoneses llaman a los extranjeros "bárbaros".

-Siebold: Era un alemán que llegó a Japón como holandés para trabajar como médico en la Oficina Comercial de Holanda en Nagasaki, acompañó al director a Edo (Tokio) y cuenta que en un templo de mucha concurrencia vio una especie de kiosco donde habían colocado en una mesa las mercaderías para la venta pero sin vendedores. Los compradores recogían lo que querían, ponían el dinero en una pequeña caja. Siebold se sorprendió de que esto ocurriera en una de las ciudades más pobladas del mundo en aquel momento.

El método de "venta sin vendedor" aún sigue vigente en los lugares alejados de la ciudad, donde los productores arman un kiosco como el de la foto (**Fig. 103**). Cuando se acerca una persona, empieza a sonar una música y el muñeco le da la bienvenida.

Por supuesto hay cosas que han sorprendido a los occidentales sobre algunos modales de aquella época como por ejemplo, que

Fig. 103. Venta sin vendedor.

las mujeres llevaran los dientes pintados de negro como símbolo de belleza, tirar gases en cualquier momento y lugar, tener concubinas oficiales, reírse de cualquier conversación y no dejar de reírse a carcajadas.

Heladera, centro musical y TV en blanco y negro. Los avances tecnológicos

Como dije, cuando llegué a la Argentina encontré las tres cosas que menciono, llamadas *Sanshu no Shinki*, solo permitidas para la clase alta en Japón cuando salí. Para la mayoría la heladera era una barra de hielo, el centro musical no existía, solo había radio en las casas y la televisión solamente en las esquinas de las principales avenidas. Cuando yo llegué a ser de clase media y logré tener lo que ansiaba y que en Japón no había podido tener, ya Japón no solo los tenía sino más avanzados. Si me hubiese quedado en Japón en la década de los setenta hubiese estado viviendo con un estándar de vida superior a la Argentina.

Estoy hablando del año 1977 cuando recién por el mundial de fútbol apareció en el país la televisión a color que no todos tenían, y ni hablar de una heladera con *freezer*. Los chicos de los expatriados decían a sus padres que el televisor estaba roto, porque lo veían en blanco y negro. También los expatriados se reían cuando me quedaba sin hielo y sin *freezer*: tenía que esperar un día para tener hielo con el refrigerador.

Lo mismo pasó con los autos. En 1980 cuando el gobierno autorizó la importación, los argentinos se encontraron con la sorpresa de que autos de 1.600 cc. de 4 cilindros compactos tenían mejor performance que los autos fabricados localmente de 3.000 cc. Además de que tenían bajo consumo de combustible, asientos delanteros individuales, aire acondicionado como equipamiento de serie y tamaño compacto.

En esa época yo trabajaba en el departamento de Maquinarias de Mitsui, donde uno de los negocios era la importación de vehículos japoneses y la marca que manejábamos era Daihatsu. Uno de los modelos que trajimos fue el Cuore, de 500 cc. o sea más chico que una moto grande, para cuatro personas. Se vendió tanto que la competencia dijo que el Cuore tenía motor descartable. Para refutarlo pusimos un aviso en un diario importante recalcando el bajo consumo del Cuore, y la prueba era que con el tanque lleno podía hacerse un viaje de ida y vuelta a Mar del Plata sin recargar nafta. Cuando se demostró esto fue una sorpresa para todos.

La llegada de los vehículos japoneses abrió los ojos a los usuarios argentinos y la industria automotriz local tuvo que ir modernizando su producción para responder a las exigencias del público.

Argentina, un país demasiado extenso

Argentina tiene una superficie casi ocho veces más grande que la de Japón y en su mayor parte, llanura. En cambio, Japón tiene una superficie un poco menor que la Provincia de Buenos Aires, y casi un 70% de su superficie es montañosa. Desde el punto de vista de disponibilidad de terreno para el cultivo la Argentina es casi sesenta veces Japón.

Japón es una isla alargada en forma de arco atravesado en el medio por montañas. Excepto en una pequeña zona de Hokkaidō, en cualquier punto del Japón se puede ver la montaña o el mar, es decir que se puede subir a la montaña o a los montes o tocar el agua del mar con solo caminar unos kilómetros. Por eso me sorprendió cuando encontré en Argentina mucha gente que no había visto nunca ni la montaña ni el mar más que en fotografías.

Ahora que todo el mundo tiene televisor en colores sabe cómo es una montaña o el mar, pero creo que muchos argentinos aún no han podido tocar el agua salada del mar o ver una montaña nevada, o verla de cerca.

Si uno mira en el mapa, Japón aparece como una isla acostada, pero, si lo ponemos arriba del globo terráqueo es una isla alargada como Chile o Argentina, pero en forma arqueada. El huso horario no sirve porque de la salida del sol a su puesta solo hay una diferencia de una hora entre el este y el oeste. Es impracticable implementar horario de verano.

Como Japón se extiende a lo largo desde el sur (calor) al norte (frío), los consumidores gozan de dos grandes ventajas. Primero no hay precios estacionales importantes, segundo no hay interrupción en la entrega, o sea que no hay desabastecimiento. Esto se llama provisión en posta y se asemeja a la carrera de postas. Por ejemplo, si en una prefectura A hubo tormenta fuerte o el frío arruinó su cosecha, los comerciantes no aumentan el precio por escasez de la mercadería porque saben que en pocos días les van a llegar mercaderías de la prefectura vecina, por ejemplo de la prefectura B.

La diferencia de precio de un mismo producto está basada en la regionalidad. Por ser un país alargado, el mismo producto ofrece distintas calidades y sabores, dependiendo mucho del clima, y siendo determinante el gusto de los consumidores, y también el precio. Es muy difícil hacer entender aquí en la Argentina este proceso, pero una naranja de la prefectura A, B, C y D tiene valores diferentes, y a veces con precios muy diferenciados, o sea el precio depende más de que sea de una región, que de la falta o escasez de la provisión.

Por esta razón en una frutería se ven frutas con cartel indicando su origen y al lado, otra fruta de mismo aspecto pero a precio diferente.

Sistema organizativo del Japón

Japón se caracterizaba por el cambio frecuente de rangos sociales. Una persona de clase humilde podía llegar a la cima del poder, como en el caso de Hideyoshi Toyotomi (1537-1598) que era un campesino y llegó a ser dueño de Japón. Otro caso es el del primer ministro Kakuei Tanaka (1918-1993), único primer ministro sin nivel universitario. Se decía que una familia no podía durar tres generaciones a menos que sus hijos fueran brillantes como su precursor porque aparecían siempre otros más brillantes que los podían destronar.

Actualmente esto no sucede y ocurre muchas veces que una familia rica mantiene su dinastía. Ya no hay guerras ni lucha de poderes, como en otra época. Es el resultado de la democracia, el pacifismo y el sistema social.

Los ricos evitan el pago de impuestos, creando fundaciones, o con sedes en otros países donde no existe el pago de ganancias, también hay políticos que mantienen a su familia a través de funciones públicas. Un ejemplo es Shinjiro Koizumi que fue nombrado ministro de Medio Ambiente a los 38 años (en 2019). Es la tercera generación de políticos, empezando hace cien años con su bisabuelo, ministro de Comunicaciones.

En Japón la máxima autoridad del Poder Ejecutivo es el primer ministro, que es elegido entre los miembros de la Cámara Baja, por lo que debe ser diputado y además ser el jefe del partido oficialista que cuente con la mayor cantidad de diputados. Ningún senador puede ser primer ministro. El nombramiento es ratificado formalmente por el Emperador. El primer ministro nombra a los ministros de Estado y organiza el gabinete. Puede haber civiles en su gabinete, pero la mayoría deben ser miembros del parlamento. Para evitar la militarización del gobierno, todos los ministros deben ser civiles. La característica interesante es que la mayoría de los programas político-económicas son sugeridos por los funcionarios de carrera. Por esta razón no es exagerado decir que la decisión de la política del gobierno está en manos de los funcionarios de carrera, salvo que el primer ministro tenga carácter y una autoridad fuerte, utilizando su poder de decisión sobre el futuro de cada funcionario, por ejemplo ofreciéndoles puestos importantes dentro y fuera de organismos públicos cuando lleguen a una edad determinada.

El rango más alto que un civil no político puede llegar a ocupar en un ministerio es el de subsecretario y no es exagerado decir que su futuro está prácticamente predeterminado cuando ingresa al ministerio.

Un ejemplo, fácil de entender, es la carrera de policía cuyo sistema funciona como sigue:

Todos los años aproximadamente veinte estudiantes graduados de universidades "pre-seleccionadas" entran como funcionarios de carrera (un club de élite) y después de treinta y tantos años, el máximo cargo que uno puede llegar a ocupar es el de procurador general (que depende del Ministerio de Justicia), o el jefe de la Policía Metropolitana de Tokio, que maneja 102 comisarías y 47.000 agentes.

La restricción es que de la misma promoción no puede haber dos personas que ocupen ambos puestos, es decir si uno de su promoción ocupó un puesto, sabe que no hay posibilidad de que ocupe otro puesto ninguno de esa misma promoción. También en cada uno de esos treinta años, viendo los distintos movimientos, nombramientos y promociones de sus compañeros sabe uno qué futuro le espera.

Este mecanismo se aplica no solo en todos los organismos públicos sino también para muchas empresas privadas grandes e importantes.

Las empresas, así como los organismos públicos, publican de

antemano cuántos empleados nuevos planean tomar para el año siguiente. Así los postulantes saben la cantidad de competidores que van a tener cuando eligen las empresas u organismos que quiera ingresar.

Para ingresar se debe aprobar el primer examen selectivo, luego el segundo examen y las empresas anuncian quiénes están en la lista de los candidatos para la entrevista. Esto no implica el ingreso automático, sino oportunidad de tener al menos tres entrevistas.

Me estoy refiriendo a potenciales empleados para los cargos ejecutivos en el futuro, pero para niveles intermedios también se aplica el mismo procedimiento, pero sin tanta rigurosidad.

Para que la carrera sea equitativa para todos, el ingreso del personal se hace en los primeros días de abril de cada año y en fechas muy cercanas en todas las empresas, y en ese momento ya cada uno tiene "el número de camiseta puesto" para la carrera. Por eso se dice, "soy de promoción año XXXX", y quien escucha sabe que se trata de funcionarios públicos o empleados de grandes empresas.

Por supuesto los empleados temporarios no entran en esta categoría y son pocos los que entrando como tal llegan a ocupar algún cargo jerárquico quitando lugar a los empleados antiguos (esta costumbre es aplicable también para empresas medianas). La excepción son aquellas personas cuyos antecedentes son conocidos. Tampoco se aplica a los graduados de las escuelas superiores, es decir el progreso está reservado para los graduados de las universidades y preferentemente de aquellas de renombre.

¿Por qué un funcionario de carrera tiene más poder que los ministros y los políticos?

Tomemos como ejemplo el poderoso MITI (Ministerio de Economía e Industria y Comercio) que tiene nueve directores, que están a un paso de ser sub-secretarios si su desempeño es bueno y pertenece a la dirección más valuada dentro del ministerio. Aunque haya llegado a ser uno de estos directores aún le quedan ocho competidores para ascender a la próxima categoría. Una dirección tiene varias gerencias. Por ejemplo, la dirección de la Industria Manufacturera tiene once gerencias (Administración, Metales, Materiales químicos, Materiales de insumo, Productos relacionados con la vida, Maquinarias, Automóviles, Aeronáutica). Cada una de éstas es manejada por un gerente también poderoso (por ejemplo, un gerente de la sección automotriz no solo tiene todos los datos e informaciones de la industria en el país, sobre sus actividades y planes futuros sino también del mundo, lo que es suministrado por agregados económicos de las embajadas). Por eso este funcionario puede dar consejo o establecer la política de su sector (conociendo los secretos de las empresas más que cualquier empleado de empresas privadas). De estos once gerentes solo uno puede llegar a ser director, es decir, para llegar a ser un subsecretario, hay varios escalones, compitiendo con sus propios compañeros de la promoción.

Los escalones que debe transitar un funcionario de élite para llegar a ser secretario de Estado son los siguientes: jefe-jefe de sección-oficial de Planificación y especialista-gerente de Oficina-asistente del gerente de sección (un funcionario de carrera llega a este puesto a los treinta años, pero para empleados sin curriculum es el máximo cargo que pueden anhelar antes de jubilarse)-gerente de sección (los de élite llegan a los cuarenta años)-director adjunto-gerente general-director-secretario del gabinete-secretario de Relaciones Institucionales-sub-secretario-secretario del Estado.

Creo que por esto Japón funciona tan organizado.

Sistema de reclutamiento (雇用制度)

Para que el mencionado sistema público o privado funcione bien, existe el sistema del reclutamiento muy especial que se realiza una vez al año, donde todos ingresan a principios de marzo, pero el comienzo de la búsqueda del personal y de trabajo se inicia desde mediados del año anterior.

El sistema de empleo, tan especial en Japón tiene la siguiente característica (esta tendencia se va diluyendo, aunque no del todo):

1. Empleo para toda la vida.
2. Salario de acuerdo a la antigüedad.
3. Sindicato dentro de la empresa.

Estas características son llamadas los "Tres tesoros de Dios", de manera similar a los tres elementos que simbolizan la Casa Imperial.

Este sistema contribuyó al gran desarrollo económico del Japón después de la Segunda Guerra, manteniendo estable el empleo, pero desde alrededor de 1980, aparecieron otras opiniones fomentando la fluidización del empleo y la necesidad de evaluación por desempeño y resultados en lugar de la antigüedad.

Muchas empresas toman su personal recién graduados de la universidad solo en primavera y les asignan los distintos sectores. Pero cada dos o tres años los rotan en los distintos sectores, para que tengan experiencia en distintas áreas y promoverlos con el tiempo de acuerdo a su aptitud. También esto impide que haya relaciones íntimas y especiales con los clientes.

Sin embargo, este sistema de reclutamiento está cambiando, debido a la globalización de la economía, agravado por la falta de mano de obra disponible por la disminución de nacimientos y la digitalización de los trabajos.

Las empresas tuvieron que dejar el concepto anterior y atender a un mercado cambiante en un mundo donde hay variedad amplia de productos y servicios y necesitan personal que pueda amoldarse rápidamente al cambio permanente y continuo.

El sistema de empleo para toda la vida que era muy común en Japón, pero extraño para el mundo occidental, ha tenido mucho éxito para que Japón saliera del pozo de la guerra y dio origen al gran desarrollo admirado por todo el mundo.

¿Quiénes eran los empleados de por vida?
Son jóvenes, egresados de la universidad (*College*) que comienzan a trabajar bajo el mecanismo llamado "Reclutamiento Masivo" ("de un saque") de los graduados.

En Japón se llama "Nuevos Graduados" a aquellos que entran a la universidad directamente de la escuela superior sin haber repetido de año y terminan el cuarto año cuando tienen menos de veintidós años, o aquellos que han repetido hasta dos años, y que éste sea su primer trabajo.

¿Por qué las empresas piden a los nuevos graduados y el primer empleo lo obtienen después de la graduación? Posiblemente porque para la empresa es mucho más atractivo un joven fresco sin experiencia, para poder educarlo a la forma que la empresa quiere y que aprenda a compenetrarse con su filosofía.

Cuando la empresa u organismo selecciona su nuevo personal, éste aún no terminó sus estudios, dado que el examen de ingreso lo hace mientras está estudiando.

El último examen para graduarse es en febrero y cuando entra a trabajar en marzo debe estar graduado.

Las empresas y los organismos no esperan de su nuevo empleado lo que él aprendió en la facultad ni su especialidad. Estos establecen su objetivo (*target*) para reclutar a aquellos estudiantes que tengan nivel superior en el promedio de notas, que sean egresados de aquellas universidades que tengan fama de ser difíciles para entrar (pública o privada).

Aquí ya aparece la discriminación preliminar. Si una persona quiere entrar en empresas de primera línea u organismos públicos para lograr puestos jerárquicos en el futuro deberá haber cursado sus estudios en determinadas universidades y con notas aceptables.

¿Cuáles son esas universidades? Son siete exuniversidades imperiales (Tokio, Kioto, Hokkaidō, Tōhoku, Ōsaka, Nagoya, Kyūshū), exuniversidades comerciales (Hitotsubashi, Kobe), dos universidades técnicas (Tokyo Institute of Technology, Nagoya Institute of Technology), universidades privadas famosas

(Waseda, Keiō y algunas otras), son llamadas "universidades designadas" y sus egresados tienen prioridad para entrar a las grandes empresas.

Lo destacable es que para entrar en estas universidades hay escuelas superiores destacadas, donde los alumnos tienen mayor probabilidad de ingresar a esas universidades. Así sucesivamente hacia nivel inferior de la educación, de tal forma que no es exagerado decir que el destino de una persona comienza desde su infancia.

Por supuesto cada empresa y organismo elige alumnos en concordancia a sus necesidades.

Así como las empresas pueden elegir a los nuevos empleados, los graduados tienen también sus preferencias. Las empresas de primera línea que quieren los graduados son: comercial (Mitsubishi, Mitsui, Sumitomo, Sōjitsu (ex-Itōchū, Nissho-Iwai), bancos (Sumitomo, Mistubishi, Mitsui, Kangin -The Dai-ichi Kangyō Bank, Ltd.-, Kōgin -The Industrial Bank of Japan-), Industrial-Electrónica (Sony, NY, Panasonic, Sanyo, Mitsubisi, Sharp), automóviles (Toyota, Nissan, Honda), compañías aéreas JAL (Japan Air Line), ANA (All Nippon Air), etcétera.

Estas empresas toman los candidatos analizando las solicitudes de universidades predeterminadas y una persona puede recibir ofertas de varias empresas.

¿Cómo y en qué forma una empresa contacta al candidato y a través de qué proceso van decantando los candidatos?

Si bien la forma puede ser un poco diferente pero el concepto es el mismo para organismos públicos.

Hay una cierta competencia entre las empresas que quieren asegurar el reclutamiento de graduados que podrían ajustarse a su estilo. Para evitar esta "pelea" entre las empresas la Confederación Económica da una orientación, estableciendo una fecha de iniciación de la búsqueda de los candidatos para el reclutamiento, así como una fecha en la que tienen que avisar al futuro graduado, la "intención" de tomarlo. De esta forma todo el mundo actúa en un mismo momento y no hay prioridad para nadie.

¿Por qué digo "intención"? Porque en ese momento el candidato no está graduado, porque las clases terminan en febrero.

Las empresas contactan con el candidato en septiembre/octubre, y lo invitan a visitar para explicarle su política, qué tipo de trabajo podrían ofrecer, qué perfil de persona están buscando, etcétera. Esta visita se hace en forma grupal o individual, dependiendo a la conveniencia de las empresas.

Los estudiantes, mientras están cursando su último año, manifiestan su interés en trabajar en determinada empresa y el departamento de recursos humanos los analiza y tiene ya para septiembre hecha la preselección de los candidatos. En esas reuniones van avisando a los futuros graduados cuál es la distribución del reclutamiento asignado a cada universidad, a través de dos o tres encuentros personales. El primer entrevistador, puede ser egresado de la misma universidad con uno a tres años de antigüedad en la empresa que le hable de lo bueno que es trabajar en la empresa. Este entrevistador recomienda o no a recursos humanos el reclutamiento. La segunda entrevista la lleva un *staff* de recursos humanos, y a través de conversaciones formales, evalúa la personalidad del entrevistado. La tercera entrevista es con el nivel superior, por ejemplo, gerente de recursos humanos, quien observa si esa persona es apta para trabajar de por vida. Puede invitarlo a comer, para observar el nivel social, el grado de disciplina, etcétera.

Con estos tres pasos, queda reducida la cantidad prestablecida de cada universidad.

Por supuesto hay un cupo, pero pequeño, para estudiantes que no pertenecen a las universidades predeterminadas, porque las empresas también necesitan personas fuera de la regla.

Terminado estos pasos surge un problema de duplicación. De parte de las empresas puede haber mucha demanda sobre un mismo postulante y por el lado del postulante, el deseo de probar con varias empresas para asegurarse el trabajo por si falla una.

Para que un postulante no pueda elegir varias empresas sino definir por una, o que la empresa no tenga varios postulantes quitando la posibilidad a otras empresas, la Confederación Económica establece la "única fecha de 'Reclutamiento Previo'". A las nueve de la mañana de ese día el postulante tiene que concurrir para recibir la notificación del reclutamiento previo, o sea el graduado tiene solo una opción y si está indeciso entre varias empresas, ese día tiene que decidir.

Así se van ensamblando los intereses de los alumnos próximos a graduarse y los de las empresas.

Volviendo un poco para atrás, y quizás al lector le extrañe que, a través de esas tres entrevistas, el objetivo de la empresa sea principalmente "evaluar la personalidad" y no darle la importancia al puntaje de las materias cursadas. Tampoco existe examen escrito para la selección del personal o para el ingreso.

Esto es porque, aunque la llamamos universidad, es como un bachillerato superior orientado a una especialidad, dado que no otorga títulos profesionales (que solo se obtienen a través de exámenes oficiales-nacionales, obteniendo las matrículas correspondientes para ejercer la profesión).

Es decir, las empresas no están tomando personal profesional sino futuros empleados para capacitar de acuerdo a la necesidad de cada empresa.

Muchos estudiantes universitarios una vez egresados prefieren comenzar a trabajar en lugar de continuar estudiando y lograr la matrícula para trabajar como profesionales. Por eso muchos prefieren elegir en la universidad la carrera denominada "Orientación General".

La empresa tampoco espera mucho de los nuevos empleados, sino que piensa que el mejor resultado lo van a obtener re-educándolos. La empresa establece un período de seis meses, desde abril que entran a trabajar todos los nuevos empleados como el "período de educación o entrenamiento o adaptación" y la asignación del sector del trabajo se hace recién en octubre, es decir un empleado nuevo, cuando entra a la compañía, no conoce a qué sector lo van a asignar, ni qué tarea va a desempeñar.

Les cuento el caso de mi amigo, que trabajó en Toyota, ahora ya jubilado. En abril le dieron cursos teóricos sobre la industria, no solo de la producción, sino de ventas, distribución, economía-financiera. En mayo-junio hizo la práctica en la fábrica, incluyendo el trabajo real en la línea de producción como si fuera un operario. En julio-agosto hizo la práctica comercial, incluyendo visita y trabajo en los concesionarios como vendedor. En septiembre-octubre, nuevamente hizo la práctica en la fábrica incluyendo el estudio y reducción de costos, y terminó así siete meses de enseñanza teórico-práctica. En el caso de mi amigo al cabo de ocho meses lo asignaron al sector comercial. Luego sus superiores le enseñaron y lo educaron de acuerdo con su experiencia. Eso se llama OJT (*On Job Training,* Entrenamiento en el lugar de trabajo), más enseñanza de práctica en la vida real que la teoría.

En Japón hay un proverbio que dice "la mejor enseñanza es aprender con el cuerpo, sintiendo en su propia piel". Si el desempeño es bueno, habrá ascenso, pero igualmente hay que esperar los años y la edad, como en la carrera militar.

El tiempo más rápido para ascender es en general después de diez años a sub-gerente de la sección, a los quince años gerente de sección, a los veinte años gerente general del departamento y a los veinticinco años gerente general de la división. Los ascensos se anuncian generalmente una vez al año.

Cada ascenso es acompañado de nueva educación donde enseña y entrena a cada uno de los ascendidos cuál es el rol que la empresa espera de la persona en ese puesto y qué debe hacer para el desarrollo de la compañía, incluyendo el manejo del personal para motivarlos en concordancia a su nuevo puesto. Al igual que el régimen militar, el puesto para ascender es uno solo en niveles jerárquicos, de modo que si uno de la promoción o promoción posterior lo ocupó, ya se sabe que su posibilidad de llegar a niveles superiores va a ser menor.

En caso de la automotriz de mi amigo, cuando entró él reclutaron a 700 de los cuales 100 eran de orientación general y 600 eran técnico-científico.

En las grandes empresas comerciales, como *trading*, bancos, servicios, etcétera, la proporción del reclutamiento es inversa al de las empresas industriales.

La tendencia actual en las grandes empresas es aliviar la pesada estructura organizativa, tal es así que muchas han eliminado el cargo de vicepresidencia.

Antes era común ver la siguiente organización: *Chairman*, *Vice-Chairman*, presidente, vicepresidente, directores ejecutivos *senior*, directores ejecutivos, directores y, recién a nivel operativo, división, departamento, sección. Por ejemplo, una automotriz actualmente tiene *Chairman*, *Vice-Chairman*, presidente, 21 directores ejecutivos; un *trading* tradicional, *Chairman*, presidente, 2 vicepresidentes, 7 directores ejecutivos *senior*, 8 directores ejecutivos, 21 directores, etcétera, cuando antes había más de 30 ó 50 directores.

Cada uno de los directores tiene bajo su cargo determinada área (sectores) y/o regiones. Actualmente hay muchas quejas por aquellas personas que no pertenecen a las instituciones pre-determinadas, y por ese motivo algunas empresas están introduciendo una especie de exámenes abiertos, pero es difícil eliminar la tradición de evaluar la persona a través de encuentros personales.

En caso de los organismos públicos, el sistema es similar al de las empresas privadas pero con alguna diferencia.

La fecha del examen para alumnos de cuarto año es de abril-mayo, cuando recién están entrando al último año donde deben aprobar el examen "nivel superior del funcionario nacional" para ser incorporado en los organismos públicos (ministerios, policía, fuerzas armadas, etcétera). El resultado del examen es anunciado en julio y el estudiante aprobado visita los distintos organismos manifestando a cuál quiere entrar.

Para entrar en el organismo que uno desea, a diferencia de empresas privadas, la prioridad es por orden de puntaje: el de mejor calificación tiene asegurado el ingreso al organismo que pidió.

Se puede considerar que el sistema de ascenso es prácticamente igual al de las fuerzas armadas.

Ser empleados o funcionarios de élite tiene muchas ventajas. Cualquier empresa importante tiene empresas de su grupo, y cada una de estas empresas también tiene sus empresas de grupo y empresas proveedoras que dependen de esas empresas. O sea, una empresa líder tiene empresas hijos, nietos, bisnietos, parientes, que pueden albergar al personal jerárquico de la empresa madre una vez que se jubile. Llegar a un nivel jerárquico asegura continuar con el trabajo aún después de jubilarse.

Mi amigo que en la empresa llegó a tener el cargo de subgerente general, antes de jubilarse, a los cincuenta y cinco años la empresa le recomendó moverse a una filial con el cargo de asesor, pagándole el retiro que establece la empresa (en Japón muchas empresas pagan el retiro, como agradecimiento). Mi amigo recibe el sueldo de una nueva empresa más el retiro a los sesenta y cinco años, habiendo empezado a recibir la jubilación a los sesenta años.

Los funcionarios públicos también tienen gran posibilidad para ocupar cargos en las delegaciones, oficinas regionales, u oficinas públicas de menor rango, etcétera. Es decir, tienen el futuro asegurado y tienen otra gran posibilidad de incursionar en la política, razón por la cual, el anhelo de todos es entrar en empresas de primer nivel u organismos públicos y llegar a ocupar puestos importantes. Por eso la carrera comienza desde el jardín de infantes.

Parece mentira, pero hasta los locutores de radio o televisión entran como empleados para hacer carrera, empezando en el mes de abril como cualquier otro.

Este sistema hace que los salarios sean similares para todos aquellos de la misma promoción y la diferencia se establece a través de los premios que se les otorga dos veces al año. El sistema está directamente ligado con el resultado económico de la empresa. Una empresa con mucha ganancia puede dar el bono varios meses, pero en cambio si la empresa da pérdidas o si está atravesando un problema financiero, los empleados suelen aceptar la propuesta de la empresa renunciando al bono o aceptando una cantidad menor o inclusive la reducción del sueldo.

Como todo, actualmente estas costumbres van cambiando, pero la esencia no se ha modificado.

No hay nada improvisado.

Diferencia entre las empresas japonesas y las occidentales

Creo que es interesante analizar por qué los japoneses muestran su fidelidad hacia la empresa donde trabajan (ahora ya no tanto) y cambiar de una empresa a otra es visto como falta de consistencia. Por eso es interesante comparar las empresas japonesas con las occidentales.

En las organizaciones de empresas japonesas no son visibles los propietarios (excepto las empresas donde el dueño ejerce una gestión personal). Las compañías del grupo, los bancos, las compañías de seguros, etcétera, son los poseedores de las acciones de grandes empresas y están entrecruzados, siendo minoría los particulares, los individuos. No se puede visualizar quién es el dueño de la empresa. Por lo tanto, los directores a quienes los accionistas confían la administración serán seleccionados entre los empleados. Las organizaciones así formadas, cuando piensan qué se debe hacer para llevar a cabo un negocio, como no hay que pensar en maximizar el beneficio individual del propietario, se enfocan como misión (objetivo) de la compañía contribuir al desarrollo social y beneficiar a los clientes.

En cambio, en las sociedades anónimas occidentales, el capital (accionista principal = propietario) y la administración (gerentes y empleados) están separados. Cualquiera sea el propósito de la compañía, los intereses financieros de los accionistas son prioritarios.

En una sociedad occidental, si uno tiene dinero, puede contratar administradores o gerentes capaces para que manejen la empresa, y el dueño puede llevar una vida cómoda y próspera, sin trabajar.

Además, dado que el impuesto a la herencia es bajo, los hijos y nietos pueden mantener su riqueza económico-financiera.

En este esquema cualquier persona capaz que quiera salirse de la vida de contratado y convertirse en capitalista como sus patrones, puede convertirse en competencia.

En cambio, en las empresas japonesas un empleado puede llegar a ocupar cargos jerárquicos si su desempeño es evaluado por los accionistas y puede llegar a ocupar la presidencia de la compañía y al retirarse quedar como *Chairman* y ocupar cargos importantes en federaciones y asociaciones privadas, nacionales e internacionales. Por este motivo, nadie quiere salir de la compañía y todos prefieren trabajar bajo la protección del paraguas de la empresa hasta jubilarse.

Por esta razón las acciones de las empresas están muy atomizadas y no hay accionistas importantes. Por ejemplo, en una empresa automotriz la composición era en un 34% empresas financieras, 20% empresas privadas, inversores extranjeros 20%, e inversores particulares 26%.

Si tomamos a una fábrica del grupo donde la automotriz es uno de los accionistas, tiene a su vez diseminado los accionistas: 1,04% son acciones propias, 9,65% financieras, 8,84% personería jurídica extranjera, conjunto de empresas locales 68,20%, particulares 11,18%. Es imposible decir si hay alguien con participación importante o decir que esa persona o esa empresa es la dueña y que puede manejar la empresa. Es esta la razón por la que el manejo de la empresa va a estar en aquellos empleados que entraron a trabajar de jóvenes, ganándose los ascensos.

También facilitan la vivienda (la llamada vivienda pensionada) a aquellos recién ingresantes que vienen del interior y no consiguen vivienda (por ejemplo, un tucumano que ingresa a la empresa de Buenos Aires), o cuando se traslada a un funcionario al interior por unos años por trabajo (por ejemplo, un funcionario de agencia impositiva central, se le asigna una tarea en una prefectura del interior), o para aquellos empleados que desean alquilar la vivienda de la compañía, especialmente construida para ese fin, a través de un sorteo (**Fig. 104**).

También hay edificios contruidos para los funcionarios de un ministerio (**Fig. 105**). Esto se aplica también a los funcionarios públicos que por su función tengan que ir a trabajar al interior. Cada organismo tiene en cada prefectura viviendas destinadas para el personal, por lo que es muy fácil trasladar su personal de una parte a la otra.

Algunas universidades tienen pensiones para sus alumnos provenientes del interior del país (**Fig. 106**).

Fidelidad hacia la empresa

Como ejemplo de fidelidad de los empleados hacia la empresa escribo mi experiencia vivida en el proyecto de HIPASAM a fines de la década de 1970 en Argentina. Sé que ahora las empresas japonesas son mucho más consideradas con sus empleados, pero pongo este ejemplo para mostrar que el Japón de hoy está basado en el sudor de sus inmediatos antecesores.

He hablado del proyecto HIPASAM (en el séptimo capítulo), motivo de mi ingreso a Mitsui Argentina. Quiero comentar cómo el personal de las empresas japonesas sacrificaba su vida por la empresa. Por supuesto, estoy hablando de hechos de hace cuarenta años. Ahora ningún japonés tendría este espíritu de tanto sacrificio, pero estoy seguro de que muchos jóvenes actuales, en alguna parte de su corazón, llevan ese pequeño amor hacia la empresa.

La empresa consultora, la supervisora del proyecto, era una empresa sueca y mientras sus ingenieros venían con su familia e inclusive el gobierno sueco enviaba un maestro para sus hijos,

Fig. 104. Este edificio es la vivienda para los empleados de empresa.

Fig. 105. Edificio para los funcionarios de un ministerio.

Fig. 106. Pensión universitaria para alumnos del interior.

Fig. 107. Habitación de pensión universitaria.

Fig. 108. Ejemplo de menú en pensión de estudiantes.

aunque eran solo tres o cuatro, nuestro subcontratista compuesto por los ingenieros, supervisores y hasta el doctor en ingeniería especializado en minería, en total más de veinte personas vinieron a trabajar sin familia. Y muchas veces sin volver a Japón por más de seis meses, es decir, sin poder ver a sus familias, inclusive trabajando los fines de año, festejando aquí la Navidad y Año Nuevo, sin tener ninguna ayuda del gobierno.

La diferencia era abismal. Era una demostración de cómo los empleados de las empresas japonesas trabajaban sacrificando su vida privada.

Lo que nunca entendí es por qué las empresas que ganaban la licitación, donde se supone que el precio debía ser competitivo, no podían dar a los trabajadores, por ejemplo, la posibilidad de estar acompañado de la familia, darles descanso, vacacionales, o al menos darles la posibilidad de volver a casa cada tres o seis meses. Seguramente el empleo de toda la vida hacía que el gasto fijo de la empresa fuera pesado.

¿Cómo calculan las ganancias las empresas en Japón?

En muchas partes del mundo el dueño de pequeñas empresas, inclusive también algunas grandes, establece que el precio de venta es igual a costo más ganancia. Esto puede ser cierto si el mercado acepta cualquier precio, pero hay competencia, entonces el comprador compra el mismo producto al menor precio.

Para muchas empresas japonesas al precio de venta lo determina la demanda o sea el mercado, y como hay un costo para producir, la ganancia es igual a precio de venta menos costo, o sea si uno quiere tener mayor ganancia hay que reducir el costo, de aquí que cada empresa busca la mayor eficiencia en la producción o reducción de gastos.

Un ejemplo mundialmente conocido es el Sistema de Producción Toyota conocido como TPS.

Las empresas japonesas cuando hay una recesión y la demanda baja, en lugar de aumentar el precio para tener la misma ganancia, buscan bajar el precio para tener mayor volumen de venta y lograr la misma ganancia.

Este tipo de consideraciones y pensamientos se aplican también para empresas importadoras, por ejemplo, petroleras (Japón importa casi la totalidad del petróleo), que se benefician cuando el yen está fuerte contra el dólar, pero si hay una devaluación su margen disminuye o puede dar pérdidas. Las empresas mantienen el precio en desmedro de la ganancia porque consideran como una contribución social mantener el precio local estable, porque si el yen revalúa recuperan su ganancia. El precio no fluctúa tanto ante la contingencia cambiaria o cualquier otro factor coyuntural.

Por eso a veces es muy difícil entender lo que pasa aquí en la Argentina, en donde parece natural que cuando hay devaluación aumente el precio y cuando hay revaluación de la moneda el precio no baja. Aquí hay un concepto filosófico diferente y poca responsabilidad social de los empresarios.

Matrícula nacional

Para ejercer una profesión en Japón es necesario rendir un examen nacional. En total son 227 matrículas para ejercer profesiones. Para rendir examen, cada licencia exige condiciones tanto de estudios cursados, exámenes teóricos, prácticos e inclusive previa experiencia de trabajo en cierta cantidad de años.

Nadie se sorprendería si menciono las profesiones de abogado, médico, enfermero, gasista, nutricionista, escribano, contador, arquitecto, bibliotecario, mantenimiento de aviones, manejo de productos peligrosos y /o contagiosos. Quizás aquí también existe la obligación de tener licencia con las mismas exigencias y solo por mi ignorancia no la conozco.

Algunas me causan gracia, como la matrícula para masaje de acupuntura y *shiatsu* o la de encargado de negocio de lavandería, el de panadero (hay 2 categorías), jardinero o preparador de carteles publicitarios.

Tomo como ejemplo una matrícula para evaluadores de olores desagradables.

El contenido del examen es como sigue:

Metodología: Elección de aparatos, métodos, paneles, mantenimiento.

Utiliza el sistema Alternativo 5.

Elección de extremidades, método de hoja de marca.

Contenido del examen.

Introducción a la teoría de olfato: el olfato humano y su función.

Administración de prevención de olores: contenido y operación de la Ley de Prevención de Olores, regulaciones de cumplimiento, notificaciones, regulaciones y orientación de acuerdo con las ordenanzas locales y las relaciones con las leyes y regulaciones.

Descripción general de la medición del mal olor: método de medición del instrumento, método de medición del olor general por olfato, concepto básico y método específico para el método de medición del olfato.

Descripción general de las estadísticas de análisis: estructura básica de datos como distribución de frecuencia, valor representativo, grado de dispersión, regresión única, correlación.

Práctica de medición del índice de olor: características de la fuente de olor, equipo utilizado para la medición y su manipulación, método de muestreo, selección y gestión de paneles.

Me causó gracia también la exigencia de tener la matrícula para ejercer las profesiones de consultor de carreras, que estudia si la persona es apta para determinado trabajo, tanto por su capacidad intelectual como psíquica. Los mecánicos para taller de servicios automotores, decoradores de flores para fiestas y eventos, evaluador y tasador de inmuebles, quien debe cotizar el inmueble con fundamento y debe emitir el informe escrito y firmado, estilistas y limpieza facial, entre otros.

Aquí no he visto que un peluquero o un encargado de lavandería exhiba algún tipo de título.

Impuesto a la herencia y a la sucesión

Según averigüé en la Argentina, el Código Civil, que regula las herencias, combina dos sistemas.

A partir de estos dos sistemas, se generan tres tipos de herederos:

1) Los herederos forzosos
2) Los herederos no forzosos
3) Los herederos testamentarios

El porcentaje del impuesto depende de cada jurisdicción (Nación, Provincia, etcétera). Es decir la relación familiar predomina sobre la voluntad del causante.

¿Por qué estoy hablando de este tema?

Allá por el año 1980 visité Salta, porque trabajando en Mitsui habíamos recibido de los países del Medio Oriente un pedido de compra de poroto alubia. Como es una de las provincias de mayor producción fuimos a visitar al dueño de un campo en Orán.

Nos explicó que su campo tenía una superficie cultivable superior a 80.000 ha, casi un 40% de la superficie de Tokio. Le preguntamos ¿cuál es la superficie total de su tierra? Nos dijo que no lo sabía. Pero señalando a la montaña que estaría a más de 30 km dijo que esa montaña era también de él y que atrás había otra montaña con termas, pero nunca había ido.

Esto me hizo acordar a una película del lejano Oeste (los chicos de ahora ni la habrán visto) donde el *cowboy* cabalgaba hasta donde llega el caballo y se declara propietario de esa tierra, sin saber cuántos kilómetros ha recorrido.

Supongo que aquí ocurrió algo similar en la época de la conquista, pero no sé cómo actuó el gobierno para trazar el plano catastral de toda la república y escriturar el terreno. Si lo hubiera hecho me gustaría ver a quién pertenece las montañas que aquel hombre nos señalaba.

Me gustaría saber, ¿quién fue su primer titular?, ¿cómo fueron sucediendo a sus herederos?, ¿cuántos impuestos a la herencia pagaron para llegar a esa situación?

En Japón siempre hubo un cambio social drástico en poco tiempo y se habló siempre de que una familia rica no podía mantener su fortuna por tres generaciones.

Como razones principales se podrían mencionar:

1. Si los hijos salían malcriados y no participaban en el negocio, cuando tenían que asumir responsabilidades delegaban el manejo de los negocios en los administradores. Los administradores los traicionaban absorbiendo la empresa para su beneficio y el su familia; o no tenían la misma capacidad de conducción que su antiguo patrón.

2. Los hijos acostumbraban a derrochar el dinero, mientras vivían con los padres los controlaban, pero al quedarse en libertad no tenían noción del valor del dinero y seguían gastando hasta arruinarse por completo.

3. Al decaer el negocio, o al fallecer el fundador, siempre aparecía un competidor que, con espíritu progresista y combativo, superaba en capacidad a los sucesores.

Hasta el 1550 si bien siempre hubo conflictos internos, Japón era una nación ordenada con la Casa Imperial a la cabeza, administrada por la nobleza. Los guerreros del interior que los nobles tenían como súbditos y como guardianes de sus tierras, fueron acumulando fuerzas y empezaron a rebelarse contra la nobleza. Una vez desaparecida la nobleza empezaron una lucha interna feroz entre los señores feudales. El que llegó a dominar el país en 1591 fue Hideyoshi Toyotomi, de origen campesino, que llegó a ser el dueño de Japón.

Cuando la familia Tokugawa devolvió a la Casa Imperial el dominio del país y empezó la era Meiji, los jóvenes de la clase baja de samurái o aquellos que ni siquiera llegaban a ese rango, ocuparon puestos importantes.

En Japón existieron muchas veces cambios drásticos en la sociedad, pero creo que esto no ocurre desde la finalización de la Segunda Guerra Mundial (1945).

Pero lo que más contribuyó al decaimiento de las fortunas personales fue el impuesto a la herencia.

El ejército de ocupación de los Estados Unidos, después de la Segunda Guerra Mundial, tuvo como objetivo el desmantelar las grandes corporaciones y crear un alto impuesto a la herencia.

El impuesto a la herencia fue cambiando cronológicamente.

Año 1950, de 25 a 90%
Año 1975, de 10 a 75%
Año 1994, de 10 a 70%
Hoy, de 10 a 55%

Hace setenta años el impuesto a la herencia más alto llegaba a 90%, o sea con este porcentaje ninguna familia podía mantener su fortuna durante muchos años.

Aunque hay un mínimo de exención, comparado con el 45% de Francia, el 40% de Estados Unidos e Inglaterra y el 30% de Alemania, sigue siendo un impuesto alto.

En un mundo globalizado, tanto individuos como grandes corporaciones, dejan de lado el patriotismo y emigran a otros países de bajos impuestos o crean fundaciones.

La diferencia fundamental con la mayoría de los otros países es que en Japón el testamento prevalece sobre el derecho civil de la herencia. Esto significa que si una persona con gran fortuna quiere dar su patrimonio a su amante o a una institución o a cualquiera, lo puede hacer, salvo que esa donación sea excesivamente injusta o exceda al derecho que otorga a los legítimos herederos. Es decir, ser heredero legítimo no garantiza a recibir la totalidad de la fortuna de su progenitor.

Como un comentario interesante: en el período Nara (710-794) las mujeres también tenían derecho a la herencia.

Proverbios

El proverbio que más me gusta del japonés es el siguiente: lo venerable no es la herencia sino el sudor derramado por los antepasados para lograrla.

Es decir, nuestro bienestar está basado en lo hecho por nuestros antepasados.

Entonces me dio curiosidad ver si había alguna similitud con proverbios en español, y encontré muchos ejemplos, lo que demuestra que el pensamiento y comportamiento de las personas no cambia mucho de un país o raza a otro.

1. En boca cerrada no entran moscas (proverbio en español).
La boca es la causa del conflicto (proverbio japonés traducido).

2. Matar dos pájaros de un tiro.
Con una piedra matar dos pájaros.

3. Si hay principio hay fin.
El encuentro es el comienzo de la despedida.

4. Lo malo es más fácil de mancharse (extenderse) que la buena conducta.
La mala moneda expulsa la buena.

5. Siempre después de la desgracia viene algo bueno.
Después de la tormenta siempre viene la calma.

6. No hay que desesperarse esperando la noticias.
La buena noticia se espera durmiendo.

7. No hay expertos que no fallen.
Hasta los perros tropiezan.

8. A veces hay que mentir para complacer.
Mentira piadosa.

9. Es perder el tiempo si el otro no entiende.
Dar sermón a un caballo.

10. No hay que confiar en nadie.
Mordido por su propio perro.

11. No hay secreto que quede.
La pared tiene orejas.

12. Solo recuerda al Dios en desgracia.
Plegaria cuando uno está en desgracia.

13. No hay que desperdiciar nada.
Juntando la basura se hace la montaña.

14. Uno no se da cuenta lo que hay alrededor.
Hay oscuridad debajo del faro.

15. Los ojos expresan lo mismo que la boca.
Los ojos hablan igual que la boca.

16. Tengo todo.
Flores en ambas manos.

17. Dime con quién andas y te diré quién eres.
Uno busca siempre a uno igual.

18. Del tal palo, tal astilla.
Hijo de sapo es un sapo.

19. El que madruga coge agua clara.
El que madruga encuentra tres beneficios.

20. No hay mal que por bien no venga.
El fracaso es la madre del éxito.

21. Cuando el río suena, agua lleva.
No hay humo si no hay fuego.

22. Ojos que no ven, corazón que no siente.
No hay que retener al que quiere partir.

Siento que hoy en día hay mucha gente que saca sus conclusiones viendo a aquellas personas con facilidad de habla y de gestos aparatosos y no analizan el contenido de su exposición. La apariencia es la que determina la personalidad. Viendo esto, me acordé que en Japón hay un proverbio que dice "El que grita más fuerte es el que siempre gana".

Orquídeas

En Occidente cuando se habla de la orquídea, se refiere a la flor y aprecian su belleza. Es de origen tropical o subtropical. En cambio, en Japón, si bien ahora la flor es apreciada, en mi infancia eran más apreciadas las orquídeas orientales, con hojas. No se conocía la orquídea en flor (**Fig.110** y **111**). Como mencioné el *hobby* de mi abuelo era ir al monte a buscar orquídeas silvestres y mantenerlas en su pequeño invernáculo con algunas plantas que según él valían como cien sueldos de un maestro.

Fig. 109. Una florería en Japón (Foto: iStock.com/davidf).

Fig. 110. Típica planta de orquídea (Foto: homydesign).

Fig. 111. Otra orquídea (Foto: Laboko).

Bandera

Aquí en la Argentina, en las escuelas antes del comienzo de las clases se iza la bandera con canciones patrias, y en los días de la Patria se canta el himno nacional. Siempre se ven banderas izadas en las escuelas y establecimientos públicos, en contraste con Japón que en mi infancia no se veía ninguna bandera nacional en las escuelas, ni en los edificios públicos.

Para este tema también recurrí a mi amigo, para que me explique la situación actual en Japón.

Me cuenta que después de la Segunda Guerra Mundial, cuando los activistas (socialistas y comunistas) empezaron a manejar los gremios, durante un tiempo no se izó la bandera ni se cantó el himno nacional. Actualmente, hay acontecimientos en los que se canta el himno y se iza la bandera, pero no hay obligación de ponerse de pie. Hubo un caso en el que un maestro no se puso de pie y ante la observación del director, inició un juicio, y la Justicia le dio la razón alegando que tenía libertad de pensamiento. Aun así, creo que en el fondo en Japón todavía mucha gente lleva ese nacionalismo y patriotismo en su corazón, aunque no se demuestre o exprese. Los funcionarios del gobierno que trabajan en el exterior o empleados de las empresas internacionales actúan pensando en el interés nacional y así llevan la bandera del sol naciente en su pensamiento.

Recién ahora las instituciones públicas empezaron a izar las banderas, y se ven más banderas en cada colegio y en cada institución o empresa privada.

Pero veo que ahora principalmente en eventos deportivos internacionales hay hinchadas con la bandera. Creo que eso se debe a que actualmente hay deportistas que se destacan mundialmente y también el público ha visto las hinchadas de otros países alentando a su equipo nacional.

Gatos que no comen carne

En mi infancia, teníamos gatos y decíamos que los gatos no

comían carne porque la detestaban, que solo comían pescado. La carne era tan cara que ni la gente la comía, así que menos había carne para los gatos. Si se le daba pescado con hueso, se lo limpiaba y lo comían sin tragar los huesos. Verlos comer era una maravilla.

La verdad era que teníamos gatos en casa porque había muchas ratas, inclusive en la casa de una familia de la clase media. Estoy hablando de la década del 50.

Un amigo que pasó su infancia en la Prefectura de Nagano me contó que a la noche oía correr a las ratas por el techo. Ahora al igual que aquí todos los gatos y los perros son mascotas y comen alimentos preparados, pero en Japón también existen los gatos y perros abandonados que pasan buscando restos de comida, rompiendo las bolsas de residuos. Por eso muchos municipios proveen redes de alambres para evitar esto.

Direcciones postales en Japón

Todo el mundo se pregunta cómo es el sistema para llegar a una dirección de una casa o un hotel, porque con la dirección que figura en los sobres o tarjetas personales es imposible ubicarla, inclusive para los taxistas. Cuando uno preguntaba a otro el lugar del encuentro decía: "Usted baje en la estación del subte X, busque la salida Y y enfrente va a encontrar la Farmacia Z, camine a la izquierda A y va a encontrar una óptica llamada B y de allí doble a la derecha...".

Desde la época de los señores feudales, las calles eran un laberinto para que los enemigos no pudieran saber exactamente dónde estaban y hacia dónde debían ir y atacar. Salvo Kioto, que fue diseñada siguiendo la planificación de las ciudades chinas (con calles divididas por manzanas), y aquellas ciudades bombardeadas en la Segunda Guerra Mundial, que tuvieron que reconstruirse por completo (como Nagoya), o las ciudades construidas en la época moderna (Sapporo), en la mayoría de las ciudades del Japón la dirección no está determinada por el nombre de la calle, ni por manzanas, salvo las avenidas que tienen nombres.

Por este motivo, empecé a estudiar el sistema para poder explicarlo con claridad, pero resultó ser tan complicado que mi recomendación es que si algún lector visita al Japón, y no puede ubicar una dirección, la mejor solución es preguntar en un *Kōban* (cabina de policía) o a cualquier transeúnte. Hasta los taxistas necesitaban cierta orientación de otro para ubicarse, pero eso cambió con la utilización del navegador satelital.

Solo para el conocimiento de los lectores, quiero mencionar que las direcciones japonesas comienzan con la división más grande del país llamado "*To*" (都) para Tokio, "*Do*" (道) para Hokkaidō, "*Fu*" (府) para Ōsaka y Kioto y por último las 47 "*Ken*" (県), que son las prefecturas.

Cada prefectura tiene su ciudad capital y está dividida en *Gun,* que puede imaginarse como un condado de la época medieval, que su vez tiene su ciudad capital *(Shi)*, pueblo *(Machi)* o aldea *(Mura)*, dependiendo de la cantidad de población.

Hay infinitas combinaciones, no hay una regla preestablecida.

Hay dos esquemas comunes de indicar una dirección:

1. *Tokyo*: *To*, *Ku* (distrito), X (zona), *Chome* (barrio), *Gai-Ku-* (bloque), *Banti* (número del edificio o casa).

2. *Ken* (Prefectura), *Shi* (ciudad), *Oaza* (distrito), *Aza* (zona), *Banti* (número de edificio o casa).

Todas direcciones tienen un número de código postal cuyo símbolo es 〒.

La dirección se escribe en orden de la unidad más grande a la más pequeña, con el nombre del destinatario al final de todo.

Por ejemplo, si el destinatario es la Oficina Central de Correos de Tokio en el sobre se va a encontrar con esta descripción:

"〒100-8994

Tokyo-to (prefectura) *Chuo-ku* (distrito) *Yaesu* (zona) 1-*Chome* (barrio) 5-*ban* (bloque) 3-*g* (ubicación)"

Es decir que en la tarjeta estaría escrita así:

"〒100-8994
Tokyo-to Chuo-ku Yaesu 1-5-3
Oficina Central Tokio"

Pongo un ejemplo:

La dirección de la casa de mi amigo Takeda es la siguiente:

9-5-22. Akatsuka, Itabashi-Ku, Tokyo, Japan.

Si quiero ir a su casa tengo que tomar el tren y él, para explicarme cómo ir después de llegar a la estación, me diría:

Busque la salida Norte de la estación Shimo-Akatsuka, gire a la derecha, y luego gire a la izquierda y se va a encontrar en la esquina un negocio de *pachinko* llamado Cannonball. Hay un semafóro y un *Kōban* (cabina de policía) enfrente. La cabina de policía está en el lado opuesto antes del negocio de *pachinko*. Siga esa calle y aproximadamente a 400 metros se va a encontrar con un edificio que tiene la placa de Village Kaneko. Doble a la derecha allí y siga una calle angosta. En la tercera esquina (aproximadamente a 300 metros) gire a la derecha y en la mano izquierda va a encontrarse con un departamento con una placa que dice Akatsuka Pearl Heights. Allí doble a la derecha allí y va a ver la casa del señor Ito y el señor Hosaka/Adachi. Allí hay un estacionamiento, y se va a encontrar con mi casa, con una placa en la entrada que dice "Shimo Akatsuka 9-5-22" con mi nombre.

Sencillo, ¿no?

Si uno agranda el mapa de Akatsuka 1-*Chome* (mi amigo Takeda es 9-*Chome*, arriba de 1-*Chome*, lo cual demuestra que tampoco los *Chomes* están ubicados correlativamente), se va a encontrar con la sorpresa de que están indicados no solo los negocios, sino quién vive en cada una de las casas. Me dijeron que este tipo de mapa antes estaba disponible, pero ahora por supuesto que no, por la privacidad y posiblemente por la seguridad también (**Fig.112**).

Antes era común poner en la entrada la placa con el nombre, pero dicen que ahora hay muchas casas que tienen colocadas las placas solo con las direcciones.

Seguridad en Japón. *Kōban*.

Se habla mucho de la seguridad en Japón. Mi opinión es que los *Kōban*, *police box* o cabina de policía, (**Fig. 113, 114** y **115**) tienen mucho que ver con esto. Son pequeñas delegaciones o puestos con infraestructura para funcionar como oficina y guardia, que cuenta con dos o tres policías de un turno de 24 horas y que están en muchos lugares.

Su ventaja es que pueden detectar rápidamente algunos hechos delictivos o accidentes que ocurren en las zonas cercanas. Además, tienen confeccionados mapas de las viviendas de la zona, lo que facilita la ubicación de personas.

Cada *Kōban* tiene "comunicaciones ambulatorias" en las que los policías visitan las casas y empresas y registran sus actividades, por ejemplo, si es la casa de una familia, su composición, dónde trabajan o estudian sus hijos y si son empresas, sus actividades y la cantidad de empleados. Recopilan los datos a través de entrevistas directas. Este registro se renueva cada seis meses o al año, con lo cual la información está permanentemente actualizada.

Si uno se pierde en la calle o quiere saber una dirección, que de por sí son difíciles de ubicar, si se dirige a un *Kōban* cercano, el policía le indicará con un mapa. Si hay un accidente sale inmediatamente para ordenar el tránsito, y llamar a la ambulancia. La respuesta es inmediata. Está al servicio de la población las veinticuatro horas.

Quizás uno puede sentir que lo están vigilando, pero si una persona es limpia y no tiene nada que ocultar, es una buena protección y ofrece seguridad saber quiénes son los vecinos.

El idioma japonés y su simbología

Es de conocimiento general que la escritura japonesa tiene su origen en la escritura china, aunque se la ha simplificado, pero siguen siendo básicamente similares. Tal es así que, aunque con los chinos no nos entendemos hablando, seguramente podríamos entendernos en un 30 o 40% escribiendo.

Las letras simbólicas, las llamamos *kanji* ("*kan*" china, "*ji*" letra), en japonés tenemos dos formas de pronunciarla, una al estilo japonés y otra al estilo chino. Por ejemplo, la letra 松 (pino) los japoneses la leen y pronuncian *matsu* (estilo japonés) o *shō* (al estilo chino), dependiendo de dónde esté ubicada la letra.

La mayor diferencia entre los dos idiomas es que los japoneses introdujeron escrituras fonéticas llamadas *hiragana* y otra también fonética pero para expresar todo lo relativo a lo extranjero llamada *katakana*, combinada con la escritura *kanji*.

Fig. 112. Mapa de Akatsuka 1-Chome.

Hiragana es una escritura muy sencilla, fonética. O sea que representa las letras *a, e, i, o, u*, y las sílabas *ca* (*ka*), *que* (*ke*), *qui* (*ki*), *co* (*ko*), *cu* (*ku*), *sa, se, si, so, su*, etcétera. Son 51 sílabas en total. La fonética japonesa no se basa en letras sino en sílabas, por eso no tiene consonantes independientes, y tampoco existe la diferencia en la pronunciación entre la *"R"* y la *"L"*.

Por eso al ser silábico, para un japonés es más fácil pronunciar el español, que tiene menos terminaciones en consonantes que el idioma inglés.

Los chicos aprenden fácilmente las sílabas siguiendo la pronunciación y a medida que avanzan, van incorporando los *kanji*. No hay errores ortográficos, dado que se escribe tal como se pronuncia. En cambio en el español he visto errores ortográficos como "yo te deCeo" (deseo), "*ice*" (hice), "*boy*" (voy) porque con la misma pronunciación puede escribirse de varias formas.

Para nombres o lugares extranjeros se utiliza *katakana*, que es una escritura que representa las sílabas y la fonética, por ejemplo, Buenos Aires (ブエノスアイレス).

Al verlo escrito en *katakana*, uno lo relaciona inmediatamente con lo extranjero y sabe que no es propio de Japón.

Con respecto a los *kanji*: muchas veces con mirar un caracter, uno puede intuir de qué se trata, aunque no lo sepa leer.

Por ejemplo, "árbol" se escribe así: 木; dos arboles: 林, y quiere decir "bosque"; tres árboles: 森, "selva".

Todos los árboles o relativo a la madera llevan lo que se llama *kihen* 木 (derivado de árbol). Por ejemplo los árboles: 松 (pino), 梅 (durazno), 桜 (cerezo), 杉 (cedro), 柳 (sauce); o sus derivados 机 (mesa), 板 (tabla), 枝 (rama), 根 (raíz). Sin saber cómo se pronuncia o sin entender a qué producto se refiere, uno puede saber que se trata o que está relacionado con un árbol o algún derivado.

Otro ejemplo es lo relativo al agua. El símbolo se llama *sanzuihen* 氵 y las letras que llevan este símbolo están relacionadas con el agua. Por ejemplo, 池 (estanque), 河 (río ancho), 湖 (la-

Fig. 113. Kōban en Warabi (Foto: Ebiebi2).

Fig. 114. Kōban en Matsudo (Foto: Suikotei).

Fig. 115. Kōban en Chichibu (Foto: Ebiebi2).

go),海 (mar), 洋 (océano), 沼 (marisma), 液 (líquido), 湯 (agua caliente), 滴 (gota), etcétera.

Hay otros caracteres que llevan *sanzuihen*, por ejemplo 法 (derecho, regla, ley), que aparentemente no tienen nada que ver con el agua pero tiene su explicación, que es tan sofisticada que aquel que tenga interés puede profundizar la investigación.

Se puede escribir un libro entero con este tema.

También hablar bien japonés es complicado. La mejor forma de aprender es viviendo, como todos los idiomas.

El mismo caracter se pronuncia de dos formas diferentes; dependiendo de dónde está ubicado o en qué circunstancias, la pronunciación cambia. Tomo como ejemplo *matsu,* porque es mi apellido; 松, si está, escrito 松林 se lee (***matsu-bayashi:*** bosque de pinos) y si está escrito 松竹梅 (***shō-chiku-bai:*** árbol de pino, bambú y durazno). Otro ejemplo, 山 (***yama***: montaña) o 山脈 (***san-myaku***: cordillera) o 高山 (***kō-zan***: alta montaña), es decir la letra 山 tiene tres formas de pronunciación (*yama, san, zan*).

También puede ocurrir que la misma pronunciación se escriba de diferentes formas. Por ejemplo, Matsumoto: 松本 (la mayoría de los apellidos japoneses corresponden a esta escritura), Matsumoto: 松元 (mi apellido, que si no les indico nadie lo escribe así). Si bien ambos se pronuncian "Matsumoto" la diferencia es cómo escribir *moto,* 本 o 元. Cuando me preguntan cuál es mi apellido y les digo Matsumoto, el 95 % de las personas escriben 松本, por lo que casi siempre tengo que decirle a la persona que mi apellido se escribe de la otra forma.

Para no aburrirlos menciono solo un ejemplo más: la pronunciación *geki* tiene cuatro alternativas, 隙 (vacío), 劇 (obra teatral), 撃 (golpe), 激 (violencia), así de sencillo.

En conclusión, el japonés se puede hablar mejor o peor, pero escribir es más complicado, incluso para muchos japoneses.

Otra característica es que el idioma japonés no tiene género, ni singular, ni plural, con lo cual a veces es difícil traducirlo. En castellano se dice "el tío" o "la tía": tienen el género con los artí-

culos, o sea que con la definición del género no hay problema, pero no se puede saber si "el tío" es el hermano mayor o menor. En cambio, el japonés, a pesar de no tener esos datos, si uno ve la escritura se sabe de qué tíos están hablando, aunque la pronunciación sea la misma. Es decir, hablando no se sabe el parentesco, pero sí escribiéndolo.

伯父 (*oji*: tío, hermano mayor de mis padres); 叔父 (*oji:* tío, hermano menor de mis padres); 伯母 (*oba:* tía, hermana mayor de mis padres); 叔母 (*oba:* tía , hermana menor de mis padres).

Lo mismo pasa con los primos cuya pronunciación es *itoko*. Existen las siguientes alternativas:

従兄 (primo mayor que yo); 従姉 (prima mayor); 従弟 (primo menor); 従妹 (prima menor); 従兄弟 (primo mayor y menor); 従姉妹 (prima mayor y menor); 従姉弟 (prima mayor y primo menor).

Mi nombre es Kazuyoshi y se escribe 和良. A veces sale en los diarios algún personaje japonés con ese nombre y todo el mundo pregunta si es común el nombre y tengo que explicar cada vez que no. Si uno busca en Google por esta pronunciación se va a encontrar por ejemplo 和義, 一義, 一嘉, 一良, 和好, 知良, 一吉 , 一好, 和芳, 和佳 y muchos otros más. En Google se van a encontrar con distintas combinaciones, cerca de treinta; inclusive uno puede tomar cualquier símbolo y pronunciar "Kazuyoshi".

Es difícil de explicar pero un conocido mío tiene de nombre Hitoshi. Su padre puso esta letra, 眸, y todos los japoneses que ven este *kanji* lo leen como Hitomi (es un nombre exclusivamente de mujer). Por eso este señor cada vez que se presenta tiene que aclarar que no se llama Hitomi, sino que se llama Hitoshi. Con esto quiero decir que se puede formar el nombre con *kanji* y hacer leer *a piacere*.

A pesar de estas complicaciones, hay una ventaja enorme. Uno, mirando los símbolos, va sacando sus conclusiones. Para leer, por ejemplo, un libro o un diario, no es necesario estar leyendo todo, sino ir buscando los símbolos. No es recomendable

ni tampoco es serio, pero yo solía leer una novela de trescientas páginas en una hora porque no voy letra por letra, sino siguiendo los *kanji*. Ya que en muchos casos el *hiragana* sirve como auxiliar o conjunción para la redacción.

Pero como todas las cosas donde hay ventajas hay desventajas. Las escrituras tienen sus misterios.

Otra curiosidad es la forma de escribir. Si se escribe en forma horizontal, se escribe de izquierda a la derecha y los reglones van de arriba hacia abajo. En las cartas y papeles de trabajo se utiliza mucho este estilo.

Si se escribe en forma vertical, los reglones van de derecha a izquierda. Se usa mucho en revistas y diarios.

En muchos de los cuadros antiguos los textos están escritos en forma horizontal, pero escribiendo de derecha a izquierda. En la presentación de Kagoshima, puse un cuadro escrito por Saigō Takamori con esta forma (ver página 29).

Otro tema interesante es que los niños, adolescentes menores, adolescentes mayores, estudiantes universitarios, personas adultas hablan de forma diferente y también si son de género femenino o masculino. Para no complicar a los lectores, simplemente digo que un hombre mayor habla de una forma a un niño, pero si es a una niña lo hace en otra forma y si es una mujer la que habla, lo hará de una forma diferente si el niño es varón o mujer. Así cada rango, de acuerdo con quién se está hablando, tiene una forma de comunicación diferente.

Tomo un caso. Supongamos que hay dos hombres de la misma edad, compañeros de la facultad que entraron en la misma empresa, pero a los diez años uno ocupa un cargo superior al otro; la comunicación será diferente cuando estén en la oficina, donde hay una relación superior-inferior, que cuando estén fuera de la oficina, por ejemplo, en un bar, con una relación de compañeros de facultad.

Por eso si me siento en una mesa de un restaurante y escucho la conversación de los que están al lado, sin verlos, con solo es-

cuchar, puedo concluir qué relación existe entre ellos, si es de jefe-subordinado, compañero de trabajo, estudiantes, persona mayor con un menor, amantes o conocidos.

Objetos perdidos

Como se sabe, el transporte principal del Japón es el ferrocarril. No tengo datos recientes, pero tiene casi 20.000 km de vías y diariamente transportan casi 63 millones de personas, la mitad de la población. Es famoso por la seguridad y limpieza, pero lo más sorprendente es su certeza horaria. Una variación de 5 a 30 segundos es considerada una llegada tarde.

Anualmente hay objetos olvidados por los pasajeros, cuyo valor asciende a aproximadamente 4.800 millones de yenes (48 millones de dólares), correspondiente a 4.100.000 objetos. Estos objetos son llevados a un depósito del Departamento de Policía Metropolitana donde permanecen tres meses y si no aparece el dueño, el objeto es declarado como propiedad del gobierno y son empaquetados en una caja de cartón cerrado y se llama a licitación, a la que concurren empresas especializadas. Cada caja tiene un valor de 100.000 yenes (1.000 dólares) pero la empresa compradora no sabe qué contiene cada caja. Puede haber objetos superiores a ese valor o inferior que haciéndoles una reparación pueden llegar a un valor superior. Una vez abierta la caja, artesanos especializados reparan o limpian los objetos para ponerlos casi a nuevo y se ponen a la venta en locales. Hay en las ciudades importantes negocios especializados en venta de estos objetos perdidos en el ferrocarril. Hay empresas que tiene un volumen anual de venta de 800.000 dólares, suma interesante para una empresa pyme.

Si el objeto perdido es un celular, la Policía Metropolitana averigua el SIM y lo comunica a la compañía de celulares, quien se comunica con el usuario para avisarle que su celular fue encontrado.

Lo mismo pasa con las tarjetas de crédito. La mayoría de estos objetos son devueltos a sus dueños.

La conclusión de esto es que en Japón la gente al encontrar objetos en los asientos no se los lleva sino que avisa al guarda del tren o los lleva al *Kōban*. Si aplico el criterio de cuando era chico, creo que se debe a la enseñanza de que el objeto no es tuyo y quedarte con eso es lo mismo que robar. También existe la idea de que el que lo perdió lo está necesitando y hay que devolverlo a su legítimo dueño.

Quiero recalcar aquí, como virtud de los japoneses, la honestidad, capacidad de control (administración) y criterio de ahorro (no tirar sino regenerar).

En mi caso particular, cuando viajé con mis hijos a Japón, en la estación de Oita dejé en el banco del andén una mochila, que contenía filmadoras y una suma importante de efectivo. Apenas subí al tren me acordé de la mochila y hablé con el guarda, quien inmediatamente se comunicó con la estación y me confirmaron que efectivamente estaba la mochila en el banco donde la había dejado y me la llevaron el día siguiente donde me alojaba. Les pregunté si querían que les dijera el contenido, para que supieran que era efectivamente mía, pero me dijeron que era suficiente mi palabra porque yo era la persona que la había reclamado. Me la llevaron al hotel y no había nada faltante.

Actividades

En Japón hay muchas asociaciones, corporaciones, inclusive el gobierno, que fomentan actividades con participación de todo tipo de personas. También hay, en cada acontecimiento, acciones concretas que se ejecutan con un plan y un programa preestablecido. Es importante destacar que dichos planes son ejecutados y revisados permanentemente.

A mí me pareció interesante mencionar las siguientes:

-Reconocimiento a los mayores: En el año 2019 había aproximadamente 70.000 personas mayores de 100 años. Según la estadística en el año 1963 eran solo 153 personas, en 1981 aproximadamente 1.000, es decir en 20 años han crecido 10 veces.

El 15 de septiembre (día de los ancianos) de cada año, el Primer Ministro entrega una placa de plata pura cuyo costo es de 7.600 yenes (76 dólares) a los mayores de 100 años, pero al incrementar considerablemente su población y considerando el presupuesto, se hizo bajar la calidad de las placas a plateado (con la mitad de costo). No es un gran monto, pero es un ejemplo de hasta dónde tienen pensado los distintos acontecimientos, y simultáneamente, controlado el presupuesto.

-Los deportes de todo tipo son muy populares en Japón. Si hay deporte siempre hay competencias, entre los colegios, empresas y prefecturas. El deporte más popular es el *baseball* y lo practica todo el mundo. Por supuesto hay ligas profesionales, pero también hay torneos entre colegios, empresas, etcétera. Muchos de esos torneos llevan más seguidores que los torneos profesionales.

Lo que hay que destacar es que todas estas actividades se dan como actividades anuales programadas. Es una forma de demostrar la unión entre los alumnos, empleados o el amor a su región, lo que hace que algunas competencias amateurs tengan más peso que los torneos profesionales. También para los participantes es un orgullo representar a su colegio o su empresa. El más famoso es el torneo de *baseball* entre las escuelas superiores, que se celebra dos veces al año (primavera y verano) y es un acontecimiento nacional.

No hay deporte que no se practique. Los estudiantes durante su permanencia en los establecimientos donde estudian practican algún deporte como una materia adicional.

Desarrollo regional

Es un sistema que permite fomentar el desarrollo regional, combinado con los beneficios que el donante recibe, a través de su colaboración monetaria.

El donante puede elegir a cualquier gobierno local (prefectura) y donar un monto X eligiendo el proyecto que le guste (por ejemplo, la construcción de rutas) con un monto superior a la donación mínima de 2.000 yenes (20 dólares), se puede deducir del impuesto nacional (renta) o local (inmobiliario). Hay un monto máximo de donación para recibir esta exención, pero además el donante recibe algún producto regional de esa prefectura. Por ejemplo, si la prefectura fuera la provincia argentina de Mendoza, haciendo la donación a un determinado proyecto puedo reducir del impuesto a las ganancias o ABL (impuesto municipal a la propiedad), además de recibir productos regionales como vino o uvas; y si fuera Misiones, yerba o cítricos. Es decir, se contribuye a promover también los productos regionales de todo el país.

Para evitar la expansión de la ciudad a las áreas conurbanas el gobierno del Japón declaró el 2 de noviembre como el día de la Ciudad-Agricultura, donde define lo que es la ciudad y lo que es la zona de agricultura. "La agricultura que se desarrolla dentro de la ciudad y a sus alrededores". Con esta ley se evita que la ciudad pierda a su alrededor el área dedicada a la agricultura y que el terreno agrícola se convierta en zona de viviendas. Esta ley se estableció en el año 2015 y de esta manera la ciudad de Tokio mantiene su verde en los alrededores. Si se hubiese efectivizado esta ley en Argentina no habría asentamientos en el conurbano.

Tener la agricultura cerca de la ciudad beneficia a los agricultores porque tienen un centro de consumo cerca, y para los habitantes de la ciudad la ventaja es tener productos frescos a un costo menor.

Esto se aplica también para las ciudades del interior, porque cualquier ciudad capital de cada prefectura tiene una característica poblacional muy similar a Tokio, aunque en escala menor.

Las 100 mejores elecciones

A los japoneses les gusta establecer los 100 mejores de cualquier cosa, como decir las 100 mejores yerbas mate, y lo registran y el resultado es utilizado para fomentar el turismo. Esta tendencia se aplica también a cada prefectura que elige sus mejores 100 de X cosas, y también algunos profesionales a través de sus actividades relacionadas eligen los 100 mejores de X. No sé por qué 100 y no 10 ó 50 pero seguramente porque es un número redondo y que abarca mucha gente.

Aquí hay algunos ejemplos, registrados: agua, canales de agua, termas, lugares de *sakura*, áreas no exploradas, paisaje con viento, bosques con agua, baños agradables, lugar donde los hombres conviven con la naturaleza, lagos artificiales, *onigiri*, saltos de agua, montañas, puentes, castillos, hojas que se ponen rojas en otoño, templos, establecimientos de ventas regionales elegidos por los profesionales, hoteles y hospedajes tradicionales elegidos por los profesionales, empresas que manejan diversos negocios, etcétera.

Recolección de basura y objetos usados, abandonados o tirados

En Japón existe una reglamentación para la disposición de la basura, y es muy estricta, comenzando con la simple clasificación de orgánicos y reciclables. Además, desde hace tiempo los supermercados no entregan bolsas de plástico. Aquí en Argentina, yo separo mi basura entre orgánico y reciclable, pero el encargado del edificio junta los dos tipos de basura. Existe la ley, pero no se cumple.

En cambio, la mayoría de los municipios y ciudades del Japón tienen sus propios reglamentos y los habitantes cumplen con esas exigencias. Para no aburrirlos y para que me crean, pongo el ejemplo de la ciudad de Koganei, pegada a Tokio, donde vive mi amigo: entrega a cada casa un manual de 30 páginas, escrito en japonés, inglés, chino, y coreano, donde se explica cómo clasificar los residuos, los días que pueden tirarse y qué trámite hay que hacer para desechar objetos grandes (**Fig. 116**).

En Japón no se acostumbra a conservar los objetos que ya no se usan, posiblemente por no disponer de lugar para guardar. También puede ser que, al aparecer con mucha frecuencia los nuevos modelos, a los japoneses les gustan los productos nuevos y los dueños suelen tirarlos, a veces casi sin usarlos.

Hay días específicos para tirar la basura según el material, y son cumplidos estrictamente.

No sé exactamente qué día correspondía tirar los electrodomésticos y maquinarias (cámaras fotográficas, televisores, heladeras, lavarropas, bicicletas). Me contaron que había funcionarios del consulado que recorrían las calles buscando objetos nuevos tirados, los juntaban y los guardaban en un contenedor para enviar el material, aprovechando la valija diplomática, una vez que terminaba su misión diplomática.

Muchos japoneses viajan en tren, pero muchos de ellos suelen ir de su casa a la estación en bicicleta. Por esta razón en la estación hay lugar donde colgar las bicicletas. Mucha gente que cambia la bicicleta por una nueva, no retira la anterior sino que la deja colgada. El empleado de la estación que controla el lugar lleva un registro de cuánto tiempo una bicicleta está en su lugar sin moverse. Al cabo de cierto tiempo teóricamente la propiedad pasa al ferrocarril (**Fig.117**). Me contaron que había chilenos que venían cada tanto para ofrecerse a retirar esas bicicletas (lo que para el ferrocarril era una solución, para no tener que quedarse con ellas) y las llevaban a Chile en contenedores para venderlas, porque la mayoría de esas bicicletas eran prácticamente nuevas.

Un amigo me contaba que pasaba lo mismo con las pequeñas maquinarias agrícolas que eran usadas por personas de edad mayor. Esto se debe a que los campos de Japón son como chacras de pequeñas extensiones y muchos son trabajados por personas mayores. Esto significa que hay necesidad de maquinarias pequeñas, pero no tienen lugar para guardarlas y, para evitar el costo de mantenimiento, a veces prefieren regalarlas y agradecer a quien se las lleve. Así, aquellos chilenos (los que se llevan las bicicletas) llevaban también esas maquinarias pequeñas, que sirven, por ejemplo, para cortar el césped y que son nuevas.

Un taxi en Japón recorre en un año de 250.000 a 300.000 km; y aunque el auto puesto en venta tenga un valor irrisorio y solo

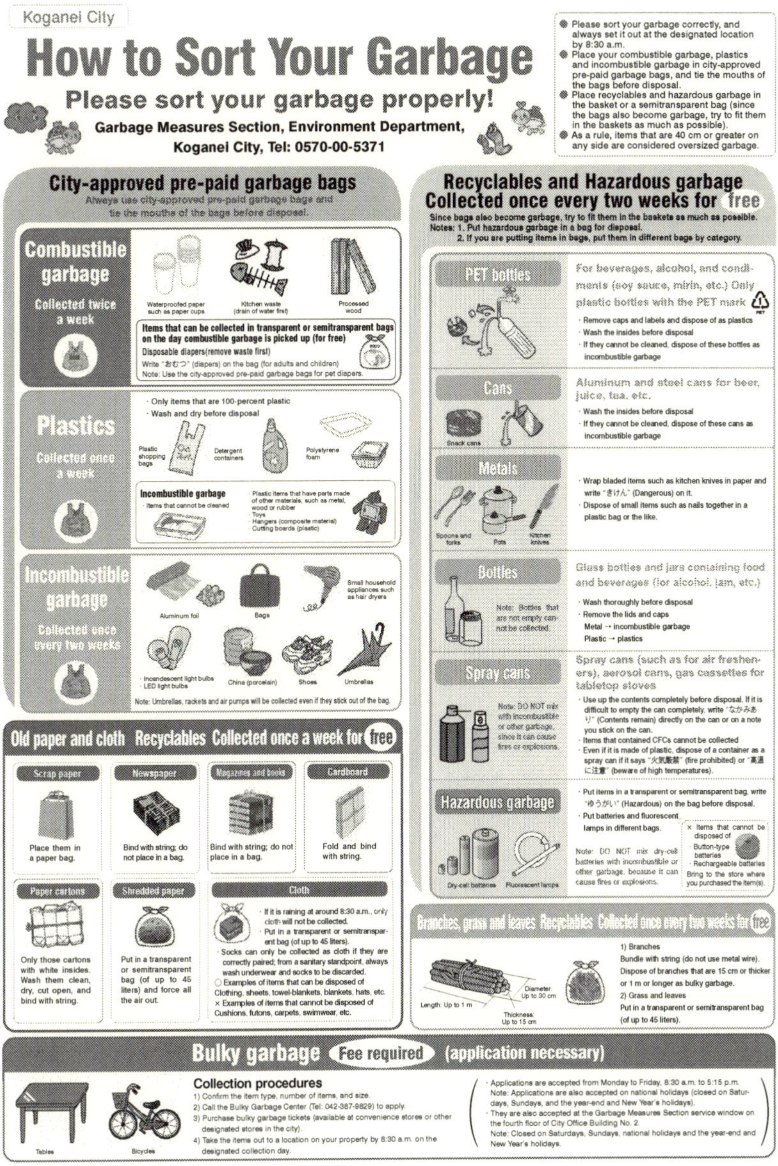

Fig. 116. *Folleto para la disposición de la basura en la ciudad de Koganei, en inglés para extranjeros.*

un año de uso, nadie lo compra. Al contrario: pagan para que lo desguacen. Cuentan que algún dueño del negocio de autopartes del sudeste asiático venía con sus operarios para recibir estos autos y cortarlos en cuatro pedazos; y se llevaba un contenedor para desarmarlos en su país y venderlos como repuestos. Por ejemplo, las cubiertas eran muy apreciadas porque su estado era casi nuevo.

Países como Ecuador o Perú fueron a buscar a Japón autos usados que estaban para tirar (en Japón una persona usa el auto un año como mucho 15.000 km, y mucho menos de 10.000 km, excepto los taxis o los vehículos comerciales). Si los querían vender nadie los compraba. Los ecuatorianos o peruanos llevaban estos autos a su país y lo único que hacían eran cambiar la posición del volante (**Fig.118** y **119**), porque en Japón el vehículo tiene al igual que en Inglaterra, el volante a la derecha. Por eso en esos países se encontraban autos con panel de instrumentos a la derecha, mientras el chofer manejaba el auto del asiento a la izquierda. Todo esto ocurría en los años ochenta. Mucho de lo que he dicho ya no debe existir, pero dejo esto por escrito para que los lectores, principalmente los jóvenes, sepan que hubo una época en que pasaban estas cosas, sin que ellos tuvieran la oportunidad de verlas. Quizás con suerte, si visitan esos países puedan ver un ejemplar como una reliquia.

Tres Tesoros de la Casa Imperial

Conté muchas veces que las "tres joyas" que anhelaban los japoneses de la década del cincuenta eran: el televisor blanco y negro, la heladera y el centro musical. Cosas que cualquiera de clase media de la Argentina podía tener. La expresión "tres joyas" viene de *Sanshu no Shinki,* relacionadas a la Casa Imperial. "Tres joyas" que nadie ha visto, ni siquiera los emperadores, pero que alguien imaginó que podrían tener estas formas (de izquierda a la derecha, espejo, sable y joya) (**Fig.120**).

La leyenda cuenta que estos tres objetos son los que los suce-

Fig. 117. Depósito de bicicletas abandonadas.

Fig. 118. Auto convertido en Paraguay.

Fig. 119. Auto con volante a la izquierda.

sivos emperadores vinieron recibiendo de sus antepasados y por eso son considerados tres tesoros dados por los dioses.

En Google dice que en mi época los tres tesoros eran la heladera, el lavarropas y la televisión en blanco y negro y no el centro musical. Mi memoria me falla o Google está equivocado. La cuestión es que en Japón no había centro musical y aquí sí.

Si hubo tres tesoros en 1950, por qué no, conociendo a los japoneses, hubo luego sucesivos tesoros. En la década de 1960, eran los automóviles, el aire acondicionado y la televisión en color; y en la década de 2010, los celulares, la televisión de pantalla plana y el lavarropas automático programable.

Sería interesante conocer cuáles podrían ser los tres tesoros para los japoneses en esta década y en el año 2030.

Sector social (士農工商)

En la época de Tokugawa se estableció una división clara de clases sociales en cuatro rangos: *Shi* (guerreros: nobles), *Nō* (agricultores), *Kō* (artesanos) y *Shō* (comerciantes). Esta clasificación no define la profesión, sino que establece el rango de categoría y relación superior-inferior.

En la época de Edo (1603-1868), la clase más alta era *Bushi* (guerrero: samurái). No había una clara diferenciación entre los guerreros y los agricultores. Los señores feudales para defender su feudo, ubicaron guerreros alrededor de su castillo e hicieron una clasificación catastral para poder ligar a los agricultores a sus tierras. De esta forma diferenciaban a los guerreros de los agricultores, pero los agricultores, que eran víctimas de robos y saqueos, también se convertían en victimarios, y se levantaban en rebeliones porque también usaban sables para defenderse. Por este motivo si bien había una diferenciación social, ello era solo ideal, lejos de la realidad.

Lo que hizo Hideyoshi fue confiscar los sables de los agricultores, con lo cual estableció claramente una diferencia social relacionada con el agricultor para establecer el tributo (que con-

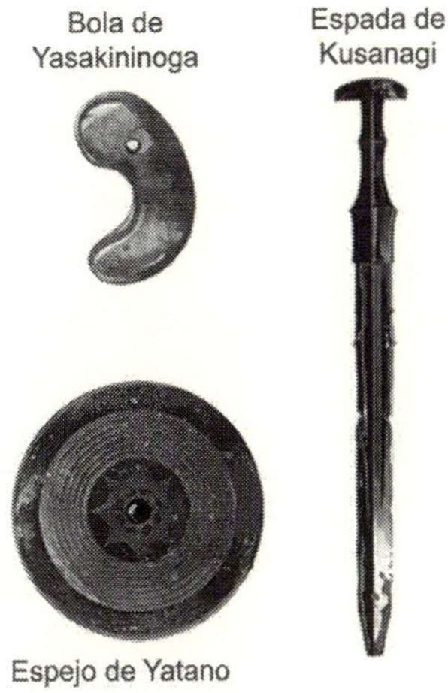

Fig. 120. Los tres tesoros.

sistía en arroz cosechado) a entregar al señor feudal.

De la misma forma se hizo una separación entre los agricultores y los comerciantes. El mayor privilegio que tenían los guerreros o nobles (más conocidos como *bushi* o samurái), era que podían llevar apellido y sable.

Sin embargo, la mayoría de los samuráis no llevaban una vida holgada y parece que solo los señores feudales y los altos funcionarios vivían holgadamente.

Los artesanos producían objetos, pero eran productos no tan esenciales como el arroz, indispensable para comer; y su producción se podía vender con cierta ganancia, porque su venta estaba orientada a la clase pudiente y si se era un buen artesano, sus obras se cotizaban bien. Eran ellos los que fabricaban sables para los samuráis, todos los utensilios necesarios para la vida; y con la pacificación del país, empezaron a producir artículos regionales de calidad o productos artesanales y artísticos que podían vender a otros feudos y que sirvieron para fortalecer el arca de los señores feudales. O sea, contribuían como una exportación.

Muchos de esos artículos son todavía apreciados inclusive en

Occidente, muchas cerámicas, pinturas, etcétera. O sea, si bien su posición social estaba por debajo de los agricultores, eran respetados y económicamente acomodados.

La clase comerciante era la más baja de todas, pero tenía el poder de mover la economía y era la que sostenía al país. Como los comerciantes eran los que movían la economía, inclusive los samuráis de mediana o baja clase tenían que recurrir a ellos a pedir préstamos. Hasta los señores feudales debían pedirles dinero, con lo cual los comerciantes llegaron a dominarlos, logrando beneficios especiales. Aun siendo de la clase más baja, a aquellos comerciantes poderosos les fue permitido llevar apellido y sus descendientes los conservan hoy en día.

Buraku (Grupo discriminado)

Había una clase debajo de los comerciantes llamada *eta* o *hinin*. Los hombres que la formaban no tenían ningún tipo de derechos, ni eran considerados como humanos. *Eta* significa "trabajo sucio", por ejemplo, tratar los animales muertos, ejecutar a un criminal, etcétera. Se les asignaban una zona donde debían quedarse y se les daba vivienda. *Hinin* significa: aquel que está obligado a realizar trabajos que nadie quiere hacer, y al igual que *eta* su lugar de vida estaba definido y tampoco podían elegir su trabajo. Cualquier persona normal podía pasar a formar parte de esta clase, por ejemplo, por llegar a la máxima pobreza, por haber cometido un crimen grave, porque sus padres lo habían desheredado, etcétera.

Recién en el año 1871, cuando un nuevo gobierno Meiji decretó una ley liberándolos, lograron tener los mismos derechos que cualquier otro ciudadano. Aun así, en mi infancia, era común decir que aquel chico era hijo de *eta*, así se lo discriminaba y efectivamente ellos se dedicaban a la carnicería, a los servicios funerarios. Viendo la *web* me sorprendí al ver la palabra *buraku* (aldeas donde vive gente discriminada) equivalente a *eta*, lo que muestra que esa discriminación aún existe y muchas personas que trabajan en el famoso mercado de pescado de Tsukiji, vienen de ese grupo. No es exactamente igual, pero esto equivale a la libertad de vientres (31 de enero de 1813) y a la abolición completa de la esclavitud (1ro de mayo de 1853).

Actualmente siguen existiendo múltiples grupos con diferentes antecedentes políticos, cada uno de los cuales tiene su propio camino en su política de movimiento, el gobierno japonés reconoce que los grupos a negociar son Liberty Dowakai y la Federación Nacional de Movimientos de Derechos Humanos. Son tres grupos de la Alianza de Liberación de *Buraku*.

苗字. Apellido

En 1870 el gobierno de Meiji autorizó la utilización de apellido, pero como nadie hacía caso, el 13 de febrero de 1875, por una ley obligó a toda persona a llevar apellido. No llegué a estudiar cómo cada persona elegía su apellido. Por ejemplo, mi apellido es Matsumoto 松 (pino) 元 (origen) pero por qué no también Matsumoto 松 (pino) 本 (libro) que se pronuncia igual *(moto)*, pero se escribe diferente.

No sé tampoco cuál fue el motivo del apellido de mi padre biológico, Haruta, 春 (primavera) 田 (campo).

No he encontrado si hubo aquí en la Argentina una ley similar que haya obligado a todo el mundo a llevar apellido. Sé que los inmigrantes vinieron con su apellido de origen. Pero los aborígenes, ¿cómo eligieron su apellido?, ¿cuándo se implementó el sistema de registro civil?

Divorcio

Actualmente en Japón rige el sistema de custodia exclusiva de un solo progenitor (padre o madre). Este régimen lleva más de cien años. El que quiera tener la custodia de sus hijos se separa llevando los hijos consigo. Sea cual fuere la forma del divorcio (acuerdo mutuo, conciliación, juicio, etcétera) casi siempre el derecho de la tenencia la obtiene el que se llevó a los hijos. Esto es porque se le da importancia a la continuidad del custodio. Esto trae muchos problemas al que no tiene la tenencia, porque impide ver a sus hijos, participar en la educación de los hijos, etcétera.

Por este motivo desde el año pasado están considerando la necesidad de discutir el sistema de derecho compartido del padre (aunque no haya tenencia real) y también considerar que algunas mujeres aun después del casamiento puedan mantener el apellido de soltera.

En la mayoría de los casos de divorcio, la tenencia de los hijos correspondía a la mujer, porque en la mayoría de los hogares de clase media el marido trabaja y la mujer cuida la casa; con lo cual hay un concepto de que la casa y los hijos corresponden a la mujer.

El señor Takeda

Lo conocí trabajando en Tamura Eléctric Co., fabricante de teléfonos públicos que, aquí en la Argentina, junto con la firma SIAP de La Plata, ensambló los famosos teléfonos públicos monederos de color anaranjado. Como Mitsui era representante de Tamura Corporation aquí y en Uruguay, trabajamos juntos para vender a ENTEL (Empresa Nacional de Telecomunicaciones), de Argentina, y a ANTEL (Administración Nacional de Telecomunicaciones), de Uruguay, los teléfonos públicos de tarjeta magnética, en dura competencia con la firma Telefónica, de España.

Su vida era muy similar a la mía dado que casi a la misma edad que yo (dos años menor) se fue a vivir a Brasil, casi en la misma época, pero a diferencia de mí, cuando entró a trabajar para Tamura en Brasil la empresa lo llevó a Japón y de allí fue el encargado de negocios y de servicio técnico para toda Latinoamérica (donde la empresa proveía los teléfonos públicos), porque hablaba portugués y español.

Los teléfonos públicos japoneses eran muy buenos y tenían gran aceptación, y el negocio era interesante porque había financiación del gobierno del Japón, con lo cual era ventajoso para ambas partes, vendedora y compradora. Así Tamura se convirtió en proveedor de los teléfonos públicos en casi toda Latinoamérica.

Takeda me contó un poco sobre su llegada a Brasil, casi idéntico a lo que me pasó a mí en la Argentina, como hijo de inmigrante. Takeda era un hombre muy meticuloso. Tomaba nota de todo en su cuaderno, con letras bien chiquitas, que necesitaban verse con lupa, y lo más asombroso era que todo lo tenía ordenado y conservado.

Él me escribió que en el año 1957, el año que vine a la Argentina, había dos barcos de Ōsaka Shōsen (Ōsaka Line), una firma que después se fusionó con Mitsui Shōsen (Mitsui Line), para constituir la empresa Mitsui-Ōsaka Line, más conocida actualmente como MOL. Para venir desde Japón a Sudamérica había una ruta vía el Pacífico-Panamá con dos barcos llamados *Brazil Maru* (en el que vinimos) y *Argentina Maru* (más moderno), y otra vía por cabo de Buena Esperanza, operada con tres barcos de la línea holandesa. Los barcos japoneses que venían por el canal de Panamá tardaban unos cuarenta y cinco días, mientras que los barcos holandeses por Ciudad del Cabo lo hacían en unos sesenta días.

Según el registro de Takeda, los inmigrantes que iban a Brasil tomaban un préstamo del gobierno del Japón para pagar los pasajes. Costaban 105.000 yenes para mayores de doce años cumplidos, 52.500 yenes, de 3 a 11 años cumplidos y 26.500 yenes para menos de 3 años. El interés del préstamo era 5,5% anual y tenían cuatro años de gracia para devolver el dinero, en ocho años a partir del 5to año, en cuotas iguales al capital, más los intereses. Pero dicen que nadie devolvió ese préstamo. Ahora, a yenes a 100 por un dólar, serían 1.050 dólares; pero en aquel entonces como el yen estaba a 360 contra el dólar, eran aproximadamente 290 dólares. Dirán que eran muy baratos, pero en aquel entonces el padre de Takeda, que era maestro de escuela secundaria, ganaba un sueldo de 21.000 yenes, es decir menos de 60 dólares, cuando una carta simple costaba 10 yenes.

Cuando vinimos a la Argentina un dólar valía 360 yenes y un operario de cualquier automotriz en los Estados Unidos ganaba un dólar por cada hora, o sea 8 dólares por día, 1.600 dólares al mes, igual a 576.000 yenes al mes contra 21.000 yenes al mes del sueldo de un maestro de la escuela secundaria.

Seguro que la hora-hombre de Estados Unidos aumentó considerablemente, pero a 100 yen por dólar la diferencia salarial se achicó mucho entre los trabajadores de ambos países.

Takeda al enterarse de que yo estaba escribiendo estas memorias, me mandó el cuaderno de cuentas (ingresos y egresos) de su hogar, en el que su abuela era la encargada de llevar las anotaciones. Me envió la copia de una página correspondiente al mes de diciembre de 1912 (**Fig. 121**).

Las letras eran chiquitas, y según Takeda los ingresos están escritos con tinta azul y los egresos con tinta roja. Esto es también es una demostración de cómo a los japoneses les gustan escribir (como cuando hablé de los diarios y películas vistas o de los libros leídos), pero lo más recalcable es el tamaño de las letras, chiquitas, y la meticulosidad con la que escribían.

Hay alguna parte ilegible, pero el contenido es más o menos como sigue:

La unidad del dinero es sen = 0,01 yen.

Con 1 yen se podía comprar 3 kilogramos de arroz, 100 panes (que se consideraba caro en ese momento) y 10 a 14 cortes de pelo.

Dice, por ejemplo, que el día 29 de noviembre, fue a visitar a la familia Sumita llevando un regalo de 40 sen, seguida de la tarifa de compra de este cuaderno de 6 sen, el correo 21 sen. El día 26 el envío del cuaderno 16 sen, etcétera. También en la columna de ingreso figura el alquiler de 25 viviendas por 250, 13 yenes.

Sellos. Escribanos japoneses vs. escribanos latinos

Cuando trabajaba de guía, una vez tuve que atender a un grupo de escribanos japoneses, que venían a un congreso mundial de los mismos. Ellos se sorprendieron de la buena vida que llevaban los escribanos latinoamericanos, y me explicaron que aquí aplican las leyes romanas, donde todo debía estar escrito, y que el contrato de palabra no existía, con lo cual, todo tenía que estar documentado y para ello se requerían los servicios de los escribanos.

No sé cómo es el sistema actual, pero hasta los años 90 existía este sistema engorroso. La conclusión fue que sin los escribanos, era imposible una transacción, desde lo más sencillo, la certificación de la firma, hasta la transacción de inmuebles.

En cambio, en Japón, muchos de estos trámites se pueden hacer en Oficinas Públicas Municipales. ¿El requisito? Tener un sello personal (**Fig. 123**), registrado en la oficina. Hay gran variedad y se hacen complicados para evitar la falsificación. Con sellar el formulario de compra-venta de muebles o inmuebles, la transacción está hecha, lo mismo para conseguir la financiación e inclusive hasta para hacer el trámite de sucesión; o sea, en Japón, los escribanos no existirían si los países extranjeros no exigieran las documentaciones avaladas por escribanos.

Como caso extremo, se puede decir por ejemplo que uno puede divorciarse sin que la otra parte de la pareja lo sepa. La única condición es que el sello debe estar registrado (**Fig. 122**). Pongamos un matrimonio que tiene sus respectivos sellos registrados. Un día la mujer se cansa del marido, agarra su sello, va a la oficina municipal, pide el formulario del divorcio y pone sello de ambos, y listo.

También en las grandes transacciones, o documentos oficiales de empresas, aun son válidos los sellos y en muy pocos casos hay firmas a mano, aunque muchos sostienen que es mucho más seguro. Sin embargo, hay resistencia a aceptarlo porque creo que el concepto básico de cumplimiento en Japón es la palabra, que es la que más vale.

Mi opinión es que por ejemplo todo el estándar ISO y otras normas, son reglas escritas y obligan a todos a estandarizar. En Japón no se necesitaba la norma escrita, sino que la misma pasaba de generación a generación. Por ello, para los japoneses de antes, obligar a escribir algo que ya estaban haciendo era ridículo, pero ahora que se debe someter a las normas ISO inventadas por los europeos, hay un negocio jugoso e interesante de la era moderna.

El lujo es el comienzo de la decadencia

En Japón, que ha sufrido la guerra pero que a partir del año 1970 empezó a ser un país desarrollado, son pocos los que se acuerdan de lo que era el Japón pobre. Inclusive personas de mi edad que han conocido esa época pobre. Pero al vivir como viven ahora se han olvidado de esa vida.

No hay nada que decir de los chicos e inclusive de aquellas personas de edad que están tan acostumbrados a la vida actual que no saben lo que es vivir en la pobreza. Por eso si uno va a Japón se encuentra con todo tipo de actividades, modas, costumbres del mundo globalizado.

Lo notable es que en Japón se encuentra de todo. No solo en lo que se refiere a lo regional del país, sino también a lo extranjero.

Por ejemplo, uno quiere comer comida hindú y va a un restaurante especializado, el mozo pregunta comida de qué región está buscando, qué ingrediente quiere; y parece que uno en lugar de ir a comer se siente sometido a un interrogatorio o a una lección de comida hindú. Si uno quiere comer *spaghetti* puede elegir de qué región de Italia, qué tipo de *spaghetti*, su forma de cocinar, qué tipo de salsa, así de sencillo.

Yo digo que este tipo de lujo lleva a la decadencia, porque la gente empieza a pensar que todo lo que encuentra es natural y que le corresponde por derecho propio, pero se olvidan del sacrificio, del trabajo y del sudor necesario. Y cuando se recae en la pobreza, después de conocer el lujo, se hace muy difícil acostumbrase a la pobreza.

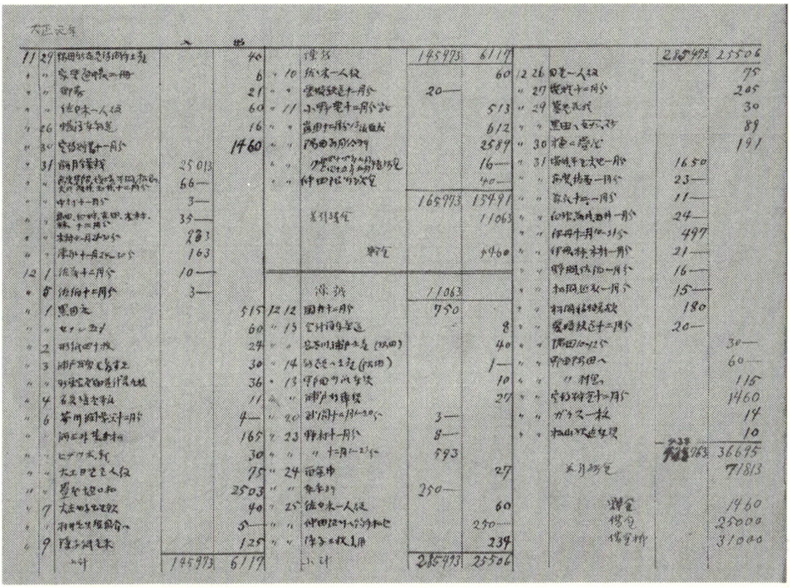

Fig. 121. Cuaderno de cuentas domésticas de la abuela del señor Takeda, de 1912 (ingresos en azul, egresos en rojo)

Fig. 122. Validación de sello.

Fig. 123. Sellos japoneses.

Juego típico de Japón, *hanafuda*

Había dicho que en Japón cada mes está simbolizado por flores, plantas o fenómenos climáticos que los representan.

Hay un juego de cartas llamado *hanafuda* (**Fig. 124**), con dibujos e imágenes que representan al *Kachō Fūgetsu* (*Ka*: 花: flor; *Chō*: 鳥: pájaro; *Fū*: 風: viento; *Getsu*: 月 : mes) del Japón. Consta de un total de cuarenta y ocho cartas, cuatro por cada mes, de enero a diciembre del año. Cada figura simboliza determinado mes: enero (pino), febrero (ciruelo), marzo (cerezo), abril (glicina), mayo (lirio), junio (peonía), julio (poroto rojo), agosto (plumillo), septiembre (crisantemo), octubre (*sapindacea* u hoja de color), noviembre (lluvia), diciembre (*paulownia,* también conocido como *kiri* en japonés).

Cada mes está acompañado de varios hechos simbólicos, por ejemplo: enero (pino) con la cigüeña; febrero con el ruiseñor; julio con el jabalí; agosto con la luna llena; octubre con el ciervo, etcétera.

Cada mes tiene cuatro figuras, dos de ellas con distintos dibujos y otras dos con figuras simples llamadas *kasu* (basura).

Seguramente en el mundo debe haber cartas y juegos similares, pero como ignorante que soy, quiero tocar este tema, ya que se trata de un juego con gratos recuerdos, porque he jugado mucho con mi prima Keiko en mi infancia, y después con mi compañero de escuela Unoki, cuando lo visitaba en Japón; y aquí en la Argentina con los mayores, apostando pequeñas cantidades del dinero.

Las cartas son de cartón duro, difícil de doblar y de tamaño muy pequeño, un poco menos de 3,5 cm de ancho y 5,5 cm de alto.

Algunas explicaciones sobre las cartas:

El mes de enero está representado por una grulla (cigüeña) y por un pino. Ambos son considerados símbolos de amuletos de la suerte para los japoneses.

Las grullas son originalmente aves que viven en pantanos y llanuras, por lo que no hay concordancia con el pino, que es un árbol en tierra firme. Desde la antigüedad, la grulla ha sido con-

Fig. 124. Hanafuda (Foto: iStock.com/MakotoK).

Fig. 125. Celebración de florecimiento de cerezos (Foto: sepavone/Depositphotos).

siderada como un símbolo de longevidad, después del pino y la tortuga, en semejanza con las plumas blancas y el pelo gris de un anciano. De manera similar, el pino ha sido llamado un símbolo de inmortalidad y longevidad debido a su naturaleza, como un árbol de hojas perennes que crece verde incluso en invierno.

El mes de marzo está representado por la flor *sakura* (cerezo), atrás del mismo se encuentra una tela dibujada que representa un pabellón o carpa para observar al cerezo.

El mes de junio está representado por la peonía, considerada la más hermosa y llamada "La reina de las cien flores". En esta época, las mariposas dan color al mes. El mes de julio lo representa *hagi*, planta perteneciente a las leguminosas, llamada frijoles rojos y con los que se acostumbra a preparar una especie de torta, llamada *ohagi,* en la semana equinoccial de otoño, cuando florecen. *Hagi* es el lecho favorito de los jabalíes y aquí la planta amistosa contrasta con el aspecto salvaje y áspero del jabalí. El crisantemo es la flor de septiembre y en esta época, se observa la luna llena en el cielo despejado. La carta simboliza la situación en la que la persona disfruta observando la luna llena, tomando *sake*. La copa bermellón tiene escrito la palabra *kotobuki* que significa "felicidades", con el deseo de deshacerse de los espíritus malignos y esperar la longevidad.

El mes de noviembre no sigue fielmente el concepto básico de *hanafuda*. El hombre es un famoso escritor, Ono no Michikaze y observa una rana tratando de subir a un sauce llorón. Se dice que cuando Ono sentía impotencia en su capacidad de escritor, al ver la rana tratando de atrapar las hojas de sauce, entendió que a él le faltaba todavía un gran esfuerzo si quería lograr el éxito.

El juego consiste básicamente en conseguir la combinación de cartas previamente establecida. Cada combinación tiene distintos puntajes a los que se les da valores monetarios, sobre los cuales los jugadores apuestan. Muchas veces mueve mucho dinero y antiguamente podía llegar a una pelea mortal. Las com-

Fig. 126. Barriletes de niños. Koinobori (Foto: iStock.com/magicflute002).

Fig. 127. Otros koinobori (Foto: makieni777/Depositphotos.com).

Fig. 128. Figura con casco Kabuto.

binaciones son muy diversas y en cada región del Japón existen reglas locales, así como la asignación de puntos.

Como ejemplo de combinación se puede mencionar *Tukimite Ippai* (beber la copa mirando la luna, combinación de la carta con dibujo de luna, con la copa con crisantemo), *Hanamite Ippai* (combinación de la carta de cerezo con la de copa), o *Inoshikachō* (cartas de jabalí, ciervo, mariposa).

Esto de festejar con la naturaleza es muy común en Japón. Por ejemplo, en marzo cuando florecen los cerezos, la gente sale a festejar al aire libre para observar las flores llevando viandas y juntándose con los familiares o amigos, debajo de los árboles de cerezos (**Fig. 125**). En las compañías, los recién ingresados son los encargados de buscar un lugar para la gente de su departamento y, por ejemplo, ordenar las viandas. Lo que demuestra que hasta en la vida privada existe cierta jerarquización.

Fiestas para los niños

En Japón los niños celebran su día el 5 de mayo, que es día feriado. Se izan barriletes con formas de pez carpa para que los niños crezcan fuerte como ellos.

La ceremonia se llama *Tango no sekku*, refiriéndose al mes de mayo, quinto mes del calendario, y para que sea concordante el día 5 como día del niño, originalmente reservado para varones. La fecha fue designada por el gobierno como un día de fiesta nacional en 1948, para celebrar la felicidad y respetar la personalidad de todos los niños y expresar gratitud hacia los padres, siguiendo la costumbre de la celebración que había en el mundo.

Hay tres elementos estrechamente ligados a esta fiesta: *kabuto* (casco), *koinobori* (barrilete de pez carpa) (**Fig.126** y **127**) y la planta de iris.

En este día, las familias izan los *koinobori,* que generalmente están formados, arriba, por un pez de color negro, que simboliza al padre, inmediatamente abajo está el pez de color rojo, que simboliza a la madre; uno azul, que representa al primogénito

Fig. 129. Señor Onizawa a los siete meses (Foto: Sr. Onizawa).

Fig. 130. Muñecos de Hinamatsuri (Foto: Miya).

y luego el de color verde o violeta, dependiendo de si es varón o mujer. Los peces representan el deseo de ser fuertes, nadando contra la corriente, ascendiendo las cascadas y subiendo al cielo en forma de dragones, venciendo todas las adversidades, es decir, un deseo de los mejores augurios para sus hijos.

Kabuto es el casco para augurar que un niño sea fuerte y sano (**Fig. 128**).

También en el interior de las casas se prepara una especie de altar donde se exhibe el casco tradicional japonés.

Mi amigo y compañero de trabajo en Toyota, señor Onizawa, me dio una foto de cuando tenía apenas siete meses, en el mes de junio de 1956 (**Fig. 129**).

Se dice que los lirios ahuyentan a los espíritus malignos y se han utilizado desde la antigüedad. Se pueden poner en el techo o en la entrada de la casa, o también se usan como bebida sumergiéndolos en alcohol.

Para las niñas hay un evento anual que se celebra el 3 de marzo, llamado *Hinamatsuri* (**Fig. 130**), que reza por el crecimiento saludable de las niñas. Los muñecos representan a los pollitos machos y hembras, y son acompañados de sus súbditos con adornos de árboles como flores de cerezo y de durazno, y también dulces. En el festival se puede disfrutar bebiendo *sake* blanco y comiendo *sushi* adornado con varios ingredientes. Se puede servir *kashiwa mochi,* bollo de arroz glutinoso relleno de pasta de poroto *azuki* envuelto en una hoja de *kashiwa* (roble) y también *chimaki*, bocado de masa de arroz dulce envuelta con hoja de bambú.

10. Anécdotas sobre mí
10. 私についての逸話

Cristiano Ratazzi
Cómo olvidarme de Matsumoto. Casi compartimos nuestros comienzos en ADEFA, él en representación de una Toyota que todavía no tenía la gravitación local que hoy tiene, y yo con la flamante Fiat Auto Argentina. Siempre tranquilo, pero atento para sacar una apreciación certera en el momento justo. Para mí, "Matsu" es uno de los japoneses más latinos con los que he tratado. Muy bien adaptado a nuestra Argentina siempre tan cambiante. Pero además de compartir los encuentros del Comité Directivo de ADEFA, en esas reuniones también nos parecíamos en algo. Como las reuniones se extendían y se debatían temas más de forma que de fondo, éramos proclives a cerrar los ojos, casi entrando en estado de letargo hasta que alguna palabra de algún otro colega nos volvía a poner en alerta. Matsumoto encabezó la representación corporativa de la Toyota que estaba dando sus primeros pasos como terminal radicada en el país, y que en ningún momento cambió su plan de inserción en Argentina pese a todas las turbulencias que transitamos. Y la verdad, hay que sacarse el sombrero por lo bien que han trabajado para consolidar esa estrategia. Sin duda, Matsumoto tuvo mucho que ver con la Toyota que hoy gravita fuerte en el mercado argentino.

Sebastián Baquero
A principios de 2012 desarrollé un programa de manejo y seguimiento para pacientes EPOC para la empresa Medicus. El primer consultorio fue en la calle Arroyo y Medicus enviaba los pacientes para ser evaluados.

Uno de esos días, recuerdo que no había nadie y me informan que llegó un paciente.

Entra un señor evidentemente japonés, saluda muy respetuosamente. Venía acompañado de un niño de unos 5 años que no paraba de correr y tocar todo lo que había en el consultorio: guantes, gasas, etcétera, y no había forma de pararlo.

Cuando pregunté su nombre, me dijo: "Matsumoto". Entendí que era el apellido y pregunté, pero, ¿su nombre? "No, no", me dijo, "solo Matsumoto". Las visitas de control se fueron sucediendo siempre con la metodología de responder todas las consultas que Matsumoto traía escritas en una carpeta con todos sus estudios organizados.

Al poco tiempo comenzamos a compartir salidas a comer donde tuve la suerte de conocer su historia, la llegada a la Argentina, el ingreso al Colegio Nacional, por qué se hizo hincha de Independiente, las costumbres japonesas y muchas historias más.

Con tantos cigarrillos que ha fumado, tanto whisky que ha tomado y con todas las operaciones, no puedo creer que esté intentando a escribir su historia y editarla.

Gabriel Toguchi

En la sala de choferes el protagonista siempre fue el señor Matsumoto, sobre todo sus anécdotas. Por ejemplo, uno contaba que le había pedido que lo llevara en "upa" hasta el hoyo 1 en Kai, porque la noche anterior había tomado mucho. Nunca quiso sentarse en el asiento trasero. Siempre iba en el asiento del acompañante y dormía. Pero dormido y todo nos indicaba los caminos a seguir. Conocía más calles inclusive en la provincia que nosotros los choferes. Era realmente un GPS humano. No sé cómo era su relación y contacto, pero a la Casa Rosada entraba sin anuncio por la explanada, mientras que el alto directorio de la compañía debía anunciarse cada vez que visitaba a las autoridades y entraba por la calle Balcarce. Una vez en un acto en Campana, el gobernador de entonces lo saludó muy afectuosamente y le pidió disculpas por no haberlo visto. Matsumoto-san le contestó que eso era porque el gobernador no estaba mirando hacia abajo. Ante esa respuesta, el gobernador soltó una carcajada. Era muy severo en cuanto a las obligaciones y disciplina sobre el trabajo, pero también era muy atento e interesado en que los choferes tuvieran los descansos y tratos igualitarios. Aún después de más de 10 años de su desvinculación, los choferes de aquellos tiempos lo recordamos con nostalgia.

Roque Fernández

A principios de la década del noventa recibí en varias oportunidades en mi oficina a una delegación de ejecutivos japoneses que estaban evaluando la posibilidad de instalar una planta automotriz que finalmente se concretó en Zárate. Han transcurrido casi tres décadas de aquellas reuniones y recuerdo el nombre de Arima, el primer presidente de Toyota Argentina, acompañado siempre de Matsumoto, quien conocía la idiosincrasia de ambos países, facilitaba la comunicación y ayudó para concretar la radicación de una importante automotriz japonesa en la Argentina. Así comenzó una larga amistad que transcurrió con partidos de golf y salidas a cenar por distintos restaurantes de Buenos Aires. El restaurante favorito de Matsumoto era Nihonbashi, al cual concurrimos varias veces. Al ingresar y ocupar su lugar favorito, la moza vestida de *kimono*, traía una botella de whisky con su nombre. Ha quedado grabado en mi memoria que nosotros los argentinos tomábamos solo un trago inicial, para continuar luego con copas de vino. Él seguía con el resto de la botella diciendo que el vino lo mareaba. Una vez en Japón, lo vi tomar una botella y media en solo 2 horas y a raíz de ello, siempre lo presenté como un hombre tomador de whisky. Tal era su vocación a esta bebida que en todos los lugares donde íbamos a cenar estaba su botella.

Vanessa Pekerman

Podría contar tantas cosas de Matsumoto-san. Que se quedaba dormido en la reunión pero de repente se despertaba para darnos sus observaciones e instrucciones. Que tenía botellas de whisky a su nombre donde fuéramos. Que nos llevaba a comer a lugares desconocidos, comidas ricas, *karaoke*, y así aprendíamos a conocer las costumbres japonesas. Si alguien necesitaba algo era el primero en darse cuenta. Si nos quedábamos hasta muy tarde, por ejemplo hasta las 5 de la mañana en el día del cierre del pedido de unidades, se preocupaba de que hubiéramos cenado y aseguraba el transporte del regreso. También siempre nos defendía sin importar quién estaba en su frente, ya sea director o autoridades de la compañía, o gerentes de otros departamentos, porque para él nosotros éramos sus hijos y siempre teníamos razón ante aquellos. Si el error estaba en nuestra parte él nos retaba después explicando cómo deberíamos haber hecho para no equivocarnos o asumía toda la responsabilidad como nuestro superior, si efectivamente nosotros habíamos cometido algún error.

Mariano Barriola

Formé parte del primer grupo de 11 Ingenieros de manufactura que el 1 de Junio de 1995 comenzó a trabajar en Toyota Argentina.

En esos días estaba empezando el movimiento de suelo en el predio de Zárate en donde se iba a erigir la planta.

Apenas ingresamos, viajamos a Japón para nuestro entrenamiento inicial, que duró poco más de tres meses.

Al regresar y no tener lugar de trabajo en Zárate, nos ubicaron en la oficina comercial, pero convencidos de que debíamos trabajar para la preparación de la producción que nos habían encomendado nuestros entrenadores en Japón.

Un día nos llaman a todos los ingenieros a una reunión urgente en la oficina del directorio. Ahí apareció un japonés bajito y ya medio pelado que, en castellano y de no muy buena manera, nos dio un listado interminable de todos los dispositivos que debía importar la empresa para equipar la planta, para clasificarlos de acuerdo al nomenclador de aduanas argentinas.

Empezamos, sin mucha idea, a estudiar los listados y uno de mis compañeros se puso a rezongar diciendo que ese no era su trabajo y que en Japón no le habían dicho que teníamos que hacer trabajos ajenos a la producción.

El mismo japonés bajito estaba escuchando lo que decía mi compañero y nosotros le hacíamos señas para que bajara la voz.

En eso, el japonés se acerca y con voz ronca y tono calmado le dice: "mirá, pibe, si no hacés esto no tenés planta y no vas a tener tu trabajo así que dejá de quejarte y ¡hacelo!".

Obviamente, el japonés era Matsumoto que con el paso de los días y conociéndolo más pasó de ser el japonés cabrón al *japo* macanudo que todos conocemos.

Gustavo Aznárez

Marzo de 2002, primera carrera del Campeonato Argentino de TC2000 en General Roca. El equipo oficial Toyota se presentaba a la competencia con toda la intención de ganar ese campeonato y para conseguirlo había contratado a Traverso, el piloto más ganador de la historia de la categoría, y a la figura más prometedora de Argentina en ese momento, Norberto Fontana.

Para acompañar al equipo en su debut estaba allí una persona en representación de Toyota Argentina. Un japonés petiso con cara de muy pocos amigos que se llamaba, me dijo mi jefe, Matsumoto.

"¿Y a qué viene?", pregunté yo.

"Preguntale", me respondió Gustavo Ramonda, mi jefe.

Lejos estaba de mis intenciones hacerle semejante pregunta al japonés con cara de malo, porque seguro que era un tipo jodido.

El resultado de nuestros dos pilotos no podría haber sido peor. Al término de la clasificación compartían cómodamente puestos contiguos entre los cuatro últimos de los veinte tantos competidores y desde esa posición debían largar la carrera al día siguiente. Un verdadero desastre en mi debut como director técnico del equipo.

Así, me encontraba yo solo contemplando nuestros dos autos estacionados en los boxes. Parecían estar esperando que mi furioso y desesperado cerebro produjera algún cambio milagroso que revirtiera la situación al día siguiente. Por supuesto, yo sabía que eso no era posible, pero ¿qué otra cosa podía hacer sino intentarlo?

En eso, se me acerca el japonés con cara de malo a mi lado.

"¿Qué vas a hacer?", me pregunta sin vueltas.

Yo miraba para todos lados buscando a Gustavo, en busca de ayuda. Nada. Estaba solo.

"Voy a modificar los amortiguadores delanteros y los resortes de los dos autos. Hay que revisar los autoblocantes. También voy a cambiar las bar..."

"No, no, no, no", me interrumpió. "¿Qué vas a hacer esta noche?", dijo imperturbable.

"Eh, uh, ¿Ah? ¿No entiendo, a qué se refiere, Matsumoto?"

"¿Me dejás que haga un asado para todo el equipo esta noche? Están todos muy tristes y preocupados, como vos, y así no van a solucionar nada. ¿Vos crees que es posible solucionar las cosas para mañana?"

"No, la verdad es que no es posible".

"Es cierto. No es posible. Entonces hagamos el asado, que se vayan a bañar y cambiarse".

"Bueno, Matsumoto. Muchas gracias", y me dirigí un tanto titubeante al camión donde estaban los demás para darles instrucciones.

"No, no", me dijo y me agarró fuerte del brazo. "Esperá. Te quiero decir algo".

Me preparé para escucharlo, sin saber que lo que me diría y me cambiaría para siempre.

"El problema de los autos no lo vas a solucionar mañana", dijo. "Pero sí debes pensar en qué podés solucionar para la próxima carrera y después qué otra cosa para la siguiente y así todo el tiempo. Debes hacer pequeñas cosas posibles. No intentar hacer grandes cosas imposibles. El resultado es la consecuencia de cómo hagas las cosas todos los días, no de lo que hagas hoy y aquí. Me voy al hotel ahora y vuelvo para el asado".

Los que nos vieron esa noche desde afuera deben haber pensado, con razón, que estábamos completamente locos. Matsumoto y Héctor, el papá de Norberto, sentados lado a lado frente a mí y trabados sin cuartel contra una botella de whisky, contaban una anécdota detrás de otra haciendo que los demás nos dobláramos de risa. De las anécdotas y de ellos.

"¡Ahhhh! Maximoto (sic)", dijo Héctor en un momento acariciándole la panza a Matsumoto, "¡cómo te gusta la joda a vos, eh!"

Fue una inmensa alegría cuando ganamos la primera carrera en la carrera siguiente en Río Cuarto, con Norberto Fontana.

Rómulo González

Recuerdos risueños de Matsumoto

La historia que les voy a relatar me sigue causando mucha gracia, a pesar de la tensión y preocupación que me causó en ese momento.

Estimo que debe haber sido un día de verano del año 1997. Toyota Argentina había acordado un préstamo de 200 millones de dólares y/o pesos (era la época del 1x1) con el Banco de la Nación Argentina, para iniciar su operación de fabricación en nuestro país.

Para celebrar este logro tan importante, se organizó un asado en la casa que alquilaba Toyota en el country club Highland. Asistieron el presidente y vicepresidente del Banco de la Nación con sus esposas, yo con mi esposa y el presidente y el vicepresidente de Toyota Argentina con sus esposas, el director financiero y Matsumoto.

Todo muy protocolar, pero a la vez muy distendido, haciendo gala de la amabilidad y excelencia de la más rancia tradición japonesa.

Había una gran variedad de bebidas alcohólicas de muy buena calidad, que Matsu se ocupó especialmente de probar al mismo tiempo. Seguramente esta circunstancia, ese día fatídico, lo sorprendió con la guardia baja, visto los acontecimientos posteriores.

Matsu se había sentado en una de las cabeceras, solo, con un cómodo espacio para observar, manejar los detalles y poniendo de manifiesto su obsesiva costumbre de que todo esté en orden. Yo estaba en el lateral de la mesa, a su lado, como quien disfruta de la relación cordial de dos culturas.

En la mitad de la cena Matsu quiso ponerse de pie con la energía que lo caracterizaba. El destino dispuso que enganchara sus piernas y a continuación firmemente con sus dos manos, el elegante y fino mantel de la larga mesa.

No fue un pequeño tirón, no paraba de caer y llevarse el mantel con todo lo que había sobre él. No exagero. Copas, botellas, platos con la comida, cubiertos, ensaladeras, todo desapareció como por arte de magia. Quedo la mesa limpita.

Se había verificado una vez más la ley de la gravedad. Ni una Hilux 4x4 de esa época tiraba tanto. Todo el contenido de la mesa había caído sobre Matsu que seguía enredado peleando con el mantel y la silla, como quien se quiere sacar las abejas africanas de encima de su cuerpo.

Todos los comensales quedamos atónitos. Entre risas y preocupación, saltamos de la mesa.

Las autoridades del banco por un momento creyeron que era una tradición japonesa y una demostración de celeridad para retirar el servicio.

Matsu en su intento de recuperar la compostura se paraba y volvía a caer, lo que le provocó lastimaduras con sangrado, al cortarse con los vidrios de las abundantes copas de cristal, que por cierto estaban llenas.

Yo intentaba ayudarlo y rescatarlo, con la esperanza de que la cena continuara y de que el Banco no se arrepintiera de otorgar el préstamo.

Sin embargo se repuso la mesa y todo siguió como si no hubiese pasado nada, terminando con el brindis del caso.

Ahora viene la anécdota y una enseñanza japonesa.

Matsu me decía "Rómulo, no me ayudes, no me toques".

Yo insistía en ayudarlo.

Matsu se resistía, seguía peleando solo como un gladiador en el circo romano, con el rebelde mantel.

Y me dijo: "Por favor no me ayudes. Si vos estuvieras en esta misma situación, yo no te ayudaría".

PD: Nunca ayudes a un japonés, si quieres ser su amigo.

Tomás Russ

El mundo real vs. los imberbes

Cuando Kazuyoshi (alias *Japo*) ingresó en el Nacional Buenos Aires en 1960, había todavía un grado significativo de diversidad entre los alumnos. El examen de ingreso era muy exigente, pero si uno era capaz, lo podía aprobar. Así sucedió con *Japo*, que había inmigrado hacía solo tres años desde Japón y apenas dominaba el idioma. Allí nos conocimos, en el primer año de la secundaria, cuando todavía usábamos pantalones cortos. Desde entonces fuimos amigos, yo atraído por su sagacidad e inteligencia, y él probablemente como manera de conectarse con el país en que vivíamos.

En la adolescencia, yo (como muchos otros en esa camada) me dediqué mucho a la política, impulsado por la ideología de la liberación y la lucha contra la dictadura. *Japo* no tenía tiempo para eso: todavía en la secundaria, tuvo que salir a trabajar para mantener a su familia y financiarle la carrera de medicina a su hermana. Aprendió a vivir en el mundo real, donde las opiniones se definen por necesidades concretas y cotidianas. Él siempre pensó que yo era un idealista ingenuo.

Más de 60 años después, hoy veo que *Japo* se dio cuenta de cómo funcionaba el mundo mucho antes que yo. Amigos para siempre, aun en el ocaso de nuestras vidas.

Diana Seino

En Mitsui se hacían reuniones anuales con las familias para fomentar la camaradería. Sin embargo, con el correr de los años, se suspendieron por razones económicas.

Pero Matsumoto siguió con la costumbre de hacer reuniones en diferentes lugares con nuestras familias, pero solamente del departamento de Maquinarias bajo su cargo. Su filosofía era que la compañía debía tener ganancias para mantener los puestos de trabajo, pero si no daba pérdida debía mantener incentivado a su personal.

En una de esas reuniones, en una casa de campo, después del almuerzo con un abundante asado, algunos se fueron bajo los árboles para hacer una siesta.

Matsumoto apareció con un peón de campo que trajo unos caballos. Dos o tres se animaron a montarlos. Eran caballos acostumbrados a pasear a la gente, mansos y obedientes.

A él lo tuvieron que ayudar a subir, porque estaba gordito o más bien tenía panza. Creo que eso y el buen whisky que había tomado conspiraron contra sus intenciones. Logró subir al caballo pero a pesar de la mansedumbre del animal, después de unas caminatas, por impericia o por mareo, se cayó del caballo.

Todos nos asustamos, pensando que habría roto algún hueso, pero un poco avergonzado, se levantó del suelo y se fue caminando hacia los árboles.

Años después nos contó que los caballos nunca se podían familiarizar con él y no había sido la primera vez que se había caído de un caballo.

11. Viajes con mis hijos
11. 子供との旅行

Cuando visitamos Japón con mis hijos mayores escribí un diario y quiero que les quede. Seguramente los nombres de los lugares les traerán gratos recuerdos. No he vuelto desde entonces. Siendo un anciano, lamento no poder llevar a mi hijo menor a que conozca Japón, espero que él lo pueda hacer en algún momento.

Viaje a Japón con mis hijos en abril del año 2007

Miércoles 4 de abril

Estoy contento de poder viajar con mis hijos (**Fig. 131**).

No sé qué pensamientos tuvieron ellos al estar en un avión tan grande como este B747 y en clase ejecutiva, pero me sentí muy feliz de estar con ellos. Me senté junto a mi hija, pero fue poca la oportunidad de conversar.

20:20 Salimos de Ezeiza por Malasya Airlines (MH202) para Ciudad del Cabo.

Primer largo trayecto, pero mi hija aguantó sin problemas.

Jueves 5 de abril

09:02 Llegamos a Ciudad del Cabo (hora argentina 04:02), tiempo de vuelo 8 horas 42 minutos recorriendo 6952 km.

10:35 Salida de Ciudad del Cabo a Johanesburg (hora argentina 05:35).

12:14 Llegada a Johanesburg recorriendo 1.300 km (hora argentina 07:14) en 1 hora 39 minutos horas de vuelo.

14:33 Salida a Kuala Lumpur (hora argentina 09:33).

Viernes 6 de abril

06:00 Llegada a Kuala Lumpur recorriendo 8.668 km (hora argentina del jueves 05,19:00). Tiempo de vuelo 9 horas 27 minutos.

Nos alojamos en el Swiss Garden, Day use, para poder ducharnos y descansar.

A las 10:00 vino a buscarnos el guía. Había pedido uno de hablara español, pero nos mandaron de habla inglesa. El mayor inconveniente fue el auto. A pesar de ser un Mercedes, el aire no funcionaba y sufrí de mucho calor.

Visitamos el Palacio del Rey (**Fig.132**), Templo Chino (jardín de tortugas), el Monumento a los caídos de Guerra, los edificios de la exadministración inglesa (actual sede judicial), la confluencia del río Kuala, la mezquita Jamel. Almorzamos en el barrio hindú, visitamos el barrio chino, Petronas Twin Tower, Shopping Suria y la Menara Tower de 421 m de altura, con un observatorio a 276 m. Fuimos a Menara porque a la hora que llegamos a Petronas ya había cerrado el acceso.

Después de ducharnos nos trasladamos al aeropuerto.

23:45 Salida de Kuala Lumpur a Narita (Tokio, Japón). Hora argentina del Jueves 10:45.

Sábado 07 de abril

Ya había doce horas de diferencia con respecto a Argentina.

06:55 Arribo a Narita recorriendo 5,680 km en 8 horas 10 minutos.

12:00 Salida del hotel con Unoki (mi compañero de primaria) con su mujer e Yoshika (hija de Keiko, mi prima) fuimos a Asakusa, templo budista, al centro comercial y por barco el viaje turístico a través del río Sumida, antiguamente muy contaminado, muy similar a lo que es Riachuelo de Buenos Aires, pero ahora limpio. Hasta se podía pescar. Yoshika que trabajaba en una empresa de diseño interior y estuvo viviendo en los Estados Unidos, se comunicó con mis hijos en inglés.

19:00 Cena con Kōichirō (mi primo) con su señora e hija (Rei), Unoki, su señora e hijo, comida de Satsuma (nombre antiguo de actual Kagoshima).

Rei era una chica vivaracha, casi al estilo latino. También

Fig. 131. Mi hijo en el avión.

Fig. 132. Mis hijos en el Palacio Imperial.

el hijo de Unoki, era joven y estuvieron entretenidos hablando entre ellos.

Domingo 8 de abril

Estuvimos todo el día visitando Kamakura, en compañía de Unoki. Fue la antigua capital entre 1192 y 1333 cuando Minamoto Yoritomo abrió el shogunato. Con Bakufu, Kamakura se convirtió en el centro político. La intención de Yoritomo al mudarse a esta ciudad era que sus súbditos no se mezclaran con los aristócratas y quedaran influenciados por sus costumbres.

Visitamos: Engaku-ji, pero solo fueron Unoki y mi hijo porque había que subir escalones y para mi hija y para mí era un recorrido cansador. Fue construído en 1282 para guardar la memoria de los guerreros muertos durante las dos invasiones Mongólicas.

Jinrikisha (人力車: carro motorizado por hombre): subimos con mi hija en dos *Jinrikisha* para recorrer Kamakura (**Fig. 133**).

La empresa de *Jinrikisha* se llamaba Yūfūtei y solo tenían dos carros, o sea tuvimos suerte de conseguir los únicos dos en ese momento. Ambos hombres también eran guías. Me decían que es más difícil cuando se jala cuesta abajo porque hay que hacer un gran esfuerzo para frenar. El carro pesa 80 kg. Nos contaron que les daba alegría comunicarse con la gente y ver cómo disfrutaban del paseo.

Meigetsu-in: Ya sin la necesidad de hacer una caminata larga, visitamos a Meigetsu-in, famoso por su jardín de flores (hay 33 árboles con flores en distintas épocas).

Cuando lo visitamos habían florecido los cerezos y los duraznos (**Fig. 134**). El jardín es famoso por las hortensias. Fue construído en 1160.

Saryo Kazabana (茶寮風花) famoso por *manjū* (tortita) con forma del conejo.

Kenchō-ji: Solo lo vimos desde *Jinrikisha* y sacamos fotos. Es el primer templo Zen construido en Japón en el año 1253. Uno-

Fig. 133. Mi hija y yo en jinrikisha.

Fig. 134. Mi hija visitando un jardín de flores.

ki y mi hijo subieron al monte de atrás y siguieron por el camino de la ladera, quedamos en encontrarnos en el centro de Kamakura, pero se equivocaron del rumbo y cuando bajaron de la ladera encontraron con Meigetsu-in de nuevo. Hicieron una caminata larga para volver al mismo lugar que ya habíamos visitado.

Tsurugaoka Hachiman-gū: Fue el primer templo sintoísta que vimos. Fue construido en 1063. Hay 61 escalones de piedra. Nos tocó la suerte de que ese día había el Festival de Kamakura, así que cada barrio preparó sus carrozas. Los chicos sacaron fotos como locos. Este templo fue construido en homenaje a la mujer de Yoritomo llamada Masako.

Kōtoku-in: Esta en Hase. Es famoso por el Buda más grande del mundo, con una altura de 11,312 m, pesa 121 toneladas (**Fig. 135**). Fue construido en madera en 1243 pero se incendió y se volvió a construir en bronce en 1252.

A la noche fuimos a comer *yakitori*, pero a ninguno de nosotros nos gustó porque utilizaron todas las partes del pollo, con salsas de gustos extraños.

Lunes 9 de abril

Hicimos un *petit tour* sin esforzarnos, visitando el Palacio Imperial, actual residencia del Emperador. Originalmente cuando Ieyasu Togugawa transladó la capital a Tokio (en aquel entonces Edo), creando el shogunato que duró desde 1603, 300 años, Tokio se convirtió en el centro político y comercial.

Había un castillo que se incendió en la Segunda Guerra Mundial, por lo que solo quedan los mangrullos y puertas de entrada a las que sacamos fotos. Todos los castillos japoneses son en su mayoría construidos sobre terreno llano, para mostrar el poderío de los señores feudales. El castillo estaba rodeado de fosas y paredes de piedras, que dejaron de servir como defensa con la aparición de los cañones. Eran edificaciones simbólicas para épocas de paz, que duraron trescientos años bajo la dominación de la familia Tokugawa.

Fig. 135. Buda en Hase.

Fig. 136. Mis hijos.

Tokyo Tower: Lamentablemente el día estaba nublado por lo que no se pudo observar el monte Fuji. De cualquier manera, subimos al observatorio que está a 250 m y se pudo apreciar la vista panorámica de la ciudad de Tokio.

También visitamos a Odaiba, una ciudad nueva construída con relleno (**Fig. 136**).

Al final del shogunato los países europeos exigieron a Japón la apertura de sus puertos. El almirante Perry de los Estados Unidos apareció en Japón con su flota, dejando estupefactos a los japoneses, con sus buques de hierro y largando humo negro.

Para contrarrestar el posible ataque en el futuro (Perry se había retirado exigiendo la apertura de los puertos, pero sin ofrecer combate), se construyó una base (Daiba) donde colocar cañones pero nunca se concretó. De allí su nombre.

Visitamos Toyota Megaweb, tiendas Venus, etcétera, tomando el tren Yurikamome. Mi hija (**Fig. 137**) no tenía interés en visitar Megaweb, pero cuando su hermano le dijo que había un auto que andaba solo, se interesó y entró y se sacó la curiosidad subiendo a uno de los autos.

A la noche Nakamura, mi excompañero de trabajo en Mitsui y su señora nos invitaron a nosotros, Unoki y señora, y Arima y señora, al restaurante Ninja y disfrutamos de una cena excelente, aunque a mi hija no le gustó mucho la comida (*shabu-shabu*), pero sí el ambiente y presentación de un mago (**Fig. 138** y **139**).

El nombre *ninja* es bien conocido no solo en Japón sino también en el mundo a través de animés y películas. Se dice que sirvieron a los señores feudales y también actuaron en forma independiente en actividades de inteligencia, sabotaje, tácticas de infiltración y asesinatos. Por este motivo el ambiente del restaurante estaba ambientado como una cueva misteriosa, desde su entrada, sin ningún cartel con un camino oscuro y sinuoso hasta llegar a la mesa.

Fig. 137. Mi hija divirtiéndose.

Fig. 138. Cena con mis amigos Arima, Nakamura y Unoki, con sus señoras.

Fig. 139. Después de la cena.

Martes 10 de abril

Es el comienzo de un largo viaje a Kagoshima. Como hay mucha frecuencia del tren bala y dado que mi hija quería disfrutar del paisaje, en lugar de ir a Kioto en forma directa, nos bajamos en Atami, para recorrer la zona de grandes termas y hacer el circuito turístico de Hakone, alquilando un taxi.

Visitamos Jukkoku Tōge (Cuesta de Diez Naciones) donde se puede observar todo el espectáculo del valle de Hakone. Se llama "de diez naciones", porque en la época de Edo, cada señor feudal era dueño de su territorio y este lugar era justamente donde se reunían las fronteras de varios de esos territorios y además se podían ver los territorios lejanos. En total se contaban diez naciones, de allí su nombre.

El lugar esta aproximadamente a 1.000 m sobre el nivel del mar. Con tiempo bueno, se podía observar el Monte Fuji, pero ese día había mucha bruma por lo que solo pudimos ver la cima con nieve. El monte Fuji es el monte más alto del Japón con más de 3.776 m de altura y es un volcán activo pero con muy poco riesgo de erupción.

Owakudani: Es el resto del volcán Hakone y tiene las fosas de escape de gas de azufre por lo que hay un olor muy fuerte. Por la alta temperatura, permite el crecimiento de los vegetales por lo que la zona es árida y las rocas están fosilizadas.

Ashinoko (Lago): Aunque se escribe diferente como tiene la forma de pie se llama Ashinoko. Es un lago estrecho y largo. Hay muchas embarcaciones de turismo. Es famoso porque en días de sol el lago se convierte en un espejo, reflejando el monte Fuji, pero lamentablemente no pudimos ver este espectáculo.

Hakone Sekisho: el régimen del *shōgun* Tokugawa era muy estricto en cuanto al cruce de un territorio feudal a otro. Solo lo podían hacer aquellas personas que poseían los pases especiales. Las montañas de Hakone dividen el Japón en dos. El Oeste representado por Kioto y Ōsaka y el Oriente representado por Tokio. Era el paso obligatorio, además de ser una zona montañosa de severas condiciones. Allí Tokugawa puso un control cuya réplica visitamos. Nos mostraron las distintas instalaciones y personajes de la época, por ejemplo, la mujer del funcionario del paso, revisando los cabellos de otra mujer por si llevaba alguna misiva. Dado que el objetivo principal era vigilar el transporte de armas de fuego y las mujeres que se escapaban de sus casas.

Camino de Cedros. Caminamos unos 100 m de caminos de cedros centenarios. Da mucha tranquilidad caminar y respirar aire puro de los cedros.

Museo del camino antiguo: Junto a este museo quedaban restos del camino del paso de Hakone. Se observaban caminos con piedras que dificultaban el paso pero eran necesarias para que la lluvia no destruyera el camino.

Se pudo observar lo que era una casa en la época de Edo.

Mi hijo (**Fig. 140**) encontró un sello, que fue el primer sello que mi hija consiguió en su viaje, aunque faltó la almohadilla y no se pudo conseguir una estampa nítida.

Hakone Jinja: fue el segundo templo sintoísta que visitamos. Tiene dos *torii*, arcos. Uno dedicado al Dios de la montaña y otro al del Agua, porque estaba situado en la ladera de la montaña, pero a 100 m tiene el agua del lago.

El sintoísmo es la religión oficial del Japón y es politeísta. Tiene su mitología igual que la griega y la romana. Los dioses son humanos, tienen sentimientos y representan la naturaleza y esos mismos sentimientos.

De Hakone salimos a Mishima, al otro lado de la montaña y tomamos el tren a Kioto llegando ya de noche.

Miércoles 11 de abril

El primer día en Kioto nos dedicamos al *city tour,* visitando: Nijō-jō (castillo Nijō) construido en 1603. Dentro hay explicaciones de cada habitación. Es famoso el corredor llamado del Ruiseñor, porque cualquiera que caminaba arriba de la madera emite un sonido muy similar al canto del ruiseñor. El objetivo era alertar la intromisión de los intrusos. Este castillo fue construido para la residencia de *shōgun* en Kioto. En 1994 fue declarado por UNESCO Patrimonio Mundial (**Fig.141**).

Kinkaku-ji (el nombre verdadero es Rokuon-ji). Se llama Kinkaku por el edificio dorado. Es un templo de Zen construido en 1397. Un bonzo lo incendió y fue reconstruido. En 1994 fue declarado Patrimonio Mundial.

Ginkaku-ji (Templo Plateado de Zen). Fue construido en 1482 (para vuestra referencia el descubrimiento de América fue en 1492). Si lo comparamos con el templo dorado es mucho más sobrio. Hay muchas teorías sobre su nombre, ya que a pesar de llamarse templo plateado no hay nada de plata en su estructura. La teoría que más me convenció, que me dijo el chofer del taxi, fue que las paredes de madera del templo son de laca color negro. Tiene en su frente un jardín de arena que cuando hay luna llena, el reflejo del rayo de luna, hace que dichas paredes se tornen color plateado. Si esto es cierto, hay que sacarse el sombrero ante el diseñador que tuvo en cuenta la combinación con la naturaleza.

Camino de Filosofía: Estaba lleno de cerezos, pero solo nos limitamos a sacar fotos.

Heian-Jingu: templo sintoísta, en memoria de los caídos en la Segunda Guerra Mundial. Es una construcción inmensa. Si uno tiene la suerte de visitar un fin de semana puede encontrar una exhibición de cantos y de bailes, pero por ser un día laborable no tuvimos la oportunidad de ver ningún espectáculo.

A la noche llevé a mis hijos a Gion Corner donde en una hora muestran las distintas artes del Japón a los visitantes, a saber, la ceremonia de té, *ikebana* (arte floral) y *koto* (arpa), *kyōgen* (comedia antigua, donde muestran cómo se ingenian dos subordinados de un señor para beber *sake* con las manos atadas), *gagaku* (música antigua con máscara) y *bunraku* (teatro de marionetas).

Creo que les gustó el espectáculo. Yo lo había visto más de

Fig. 140. Mi hijo mayor.

Fig. 141. Mis hijos visitando el castillo Nijō.

cinco veces, y desde la primera visita no cambió nada, incluso tengo la sospecha de que los actores siguen siendo los mismos.

Jueves 12 de abril

Fuimos a Nara, otra ciudad capital antigua. Se dice que el primer Emperador Jinmu fundó esta ciudad que fue la primera capital de Japón en el año 660 antes de Cristo. Fue también la capital entre 538 y 784.

Tōdai-ji: fue construido entre 724 y 749 y en su interior está el Buda más grande dentro de un templo. Fue el lugar de enseñanza para que los bonzos aprendieran a predicar la paz y felicidad de todos. Han surgido de este templo notables bonzos. Ha sido destruido dos veces por lo que el actual edificio fue reconstruido en la época de Tokugawa. El Buda tenía una altura de 14,98 m, ojo de 1,02 m y oreja de 2,54 m.

Kasuga-taisha: era un templo sintoísta. Hace 1.200 años, el Emperador de aquel entonces, en lugar de destruir los dioses regionales de los señores feudales de otras regiones compartió la liturgia de ellos en su palacio imperial, unificando al Japón pacíficamente. Su intención era asegurar el agua a sus habitantes, y gobernando Nara, extender su dominio a todo Japón. Este templo fue construido con esa idea en 768.

Hay más de 3.000 faroles que han sido donados por los creyentes en agradecimiento a los dioses.

Para ir a Kasuga-taisha, en el camino se ven muchos ciervos sueltos y el templo llamado Taga Jinja. Es el templo de unos de los súbditos de Kasuga.

Kōfuku-ji: no entramos al templo, pero vimos desde fuera la famosa pagoda de cinco pisos, la más alta de Japón.

Hōryū-ji: el templo fue construido en el 607 y es la pagoda de cinco pisos más antigua del Japón, de madera. Solo sacamos fotos desde afuera.

Viernes 13 de abril

A la mañana mi hijo se quejó de molestias en los ojos (conjuntivitis). Lo llevé a una clínica y se sorprendió porque para recetar remedios le hicieron muchos análisis. Pensó que iba salir muy caro, pero al ver la factura se alivió.

Ese día nos dedicamos a descansar, visitando solo algunos lugares. Ya a esta altura, mi hija estaba cansada de ver templos y más templos, así que solo visitamos Sanjūsangen-dō (Templo de 33 espacios). Fue construido en 1164, y luego del incendio se reconstruyó en 1266. El edificio tiene un largo aproximado de 120 m y se llama así porque los pilares separan en 33 (*Sanjūsan*) espacios (*gen*) el templo (*dō*). Adentro hay 1.001 budas de distintas expresiones, todos de madera de *hinoki* (ciprés).

Kitano Jinja: como favor especial pedí a mis hijos que me acompañaran a este templo sintoísta, porque me acordaba de la belleza de los durazneros (había creído que eran los cerezos). Dio la casualidad de que estaban dando un espectáculo de arpa.

Ya esta altura dejamos los paseos y fuimos a caminar para hacer compras. Me sorprendió la vitalidad de mis hijos caminando mientras que yo me quedaba esperándolos afuera de cada negocio, descansando.

Sábado 14 de abril

Ya terminado los paseos turísticos, los últimos días íbamos a dedicarlos a visitar a los familiares.

El primer destino era Oita, para ver a mi tío Tetsu y mi prima Michiko pero como mi hija quería ir a Hiroshima y esta ciudad quedaba en el camino, tomamos un tren a Hiroshima, donde nos esperaba Sumiko Takei (mi compañera de primaria) con su esposo.

Nos llevaron al Museo Recordatorio de la Bomba Atómica. A pesar de que había un cartel que decía no sacar la foto con flash, mi hija estuvo sacando muchas fotos.

Había un reloj que señalaba la hora que cayó la bomba atómica el día 6 de agosto de 1945 (**Fig. 142**).

Luego los chicos se fueron a pasear por el parque. Creo que llegaron hasta el Atomic Dome (único edificio sobreviviente de la bomba atómica).

Mientras tanto yo los esperaba en un banco, mirando como los voluntarios limpiaban la plaza. Luego pedí a Sumiko que nos llevaran al Castillo de Hiroshima. Por supuesto es el castillo reconstruido, en 1958, aun así para mí, fue la primera vez que vi a un castillo de tan cerca (**Fig. 143**).

Los chicos entraron, pero yo, como de costumbre me quedé afuera esperándolos, porque había que subir escaleras.

Luego de despedir a mi amiga y su esposo, fuimos a Beppu, ciudad de termas naturales cerca de Oita, donde viven mi tío y mi prima. Sin embargo, a último momento me llamó mi prima diciendo que para mi tío era muy difícil moverse y era imposible vernos.

Ante esta situación ofrecí ir nosotros a Oita, y cenar en un lugar cerca de la casa de mi tío y así nos pusimos de acuerdo. Pero surgió otro inconveniente. Resulta que el hijo de Mikko fue a vivir a Tokio por haber conseguido trabajo, su compañero de estudio que también se había ido por la misma razón, pero trabajaba en otra compañía y falleció a raíz de un incendio durante el entrenamiento del ingreso a la compañía, por lo que debían asistir tanto ella como su esposo Toshio, al velatorio. Por eso les era imposible llegar a la hora de cenar.

Por suerte (no sé si se puede decir así) en Japón todas las cosas están ordenadas, así que el velatorio duraba de 19 a 20 hs, y les daba la oportunidad de llegar para el postre.

Como comenzamos la cena con mi tío, su nuera, esposa de mi primo Shigeru y su hijita. Pasadas las siete Mikko y su esposo Toshio que habían asistido al velorio y Shigeru que volvía de una conferencia en Tokio llegaron al restaurante, y así pudimos compartir una cena juntos para mi alegría (**Fig. 144**).

Creo que para mi hija fue la comida japonesa más parecida a la que suele comer en Buenos Aires, seguramente porque en el

Fig. 142. Reloj que señala la hora en que cayó la bomba atómica.

Fig. 143. Mi hija y mi hijo disfrutando el viaje en el Castillo de Hiroshima.

interior del Japón las comidas japonesas no son tan sofisticadas como en las grandes ciudades.

Previo al encuentro, contraté un taxi para recorrer la ciudad de Beppu, que en todas las partes tiene vapor saliendo de la tierra. Es un lugar donde hay termas naturales y por este motivo muchas casas tienen su propio baño termal.

Lamentablemente por la bruma, no se pudo observar la isla de Shikoku (una de las cuatro islas mayores que componen Japón). Antes de entrar al restaurante estuvimos viendo la clínica que tiene mi tío que estaba a la vuelta.

En la cena intercambiamos regalos y estuvimos todos contentos.

Lo más interesante fue que a pesar del problema de idioma, creo que los chicos pudieron comunicarse. Esto demuestra cuán importante es la predisposición.

Domingo 15 de abril

Es el último destino hacia Kagoshima, la ciudad donde pasé mi infancia.

Cuando subimos al tren me di cuenta de que había dejado en el banco de la plataforma de la estación de Beppu mi mochila con videocámara, cámara de fotos digital y una respetable suma de dinero, con la que podría comprar un auto económico.

Me puse en contacto con el guarda, y por suerte como había alquilado un celular me pude comunicar con la estación Beppu y me ubicaron la mochila en el mismo banco donde yo estuve sentado y me prometieron enviarla al hotel de Kagoshima.

La traza Beppu-Miyazaki-Kagoshima es más larga, pero elegí esta ruta, porque la otra ruta, la íbamos a transitar a la vuelta. A lo largo del recorrido el paisaje es muy lindo y el tren pintoresco, pero lamentablemente mi hija no pudo luchar contra el sueño y se durmió durante gran parte del trayecto.

En la clase especial donde viajábamos, éramos solo nosotros y un matrimonio. La señora al escuchar que hablamos en espa-

Fig. 144. Cena con mi familia en Oita.

ñol, le habló a mi hija, diciendo que su primer viaje al exterior fue a España y que quedó enamorada, así que algo de español entendía.

El marido era médico y como hacía poco se había jubilado estaba visitando aquellos lugares que no habían conocido.

Intercambiamos tarjetas para intercambiar fotos más adelante.

En Kagoshima, inmediatamente después del *check-in* en el hotel, fuimos a ver a mi tía Midori.

Todos los cuartos de la casa en la que viví (**Fig. 145**) conservaban su estructura de madera, aún después de 80 años, todos en muy buen estado.

En la foto la ventana del extremo derecho corresponde a lo que era mi cuarto, de 1,8 m 2,7 m. Bien chiquitito. Lo mostré a mis hijos.

Fuimos al cementerio, limpiamos la lápida de la familia Yamada (**Fig. 146**) y presentamos nuestros respetos. Ahí están mis bisabuelos por parte de mi abuelo Kyuhichi (bisabuelo) y Chisa (bisabuela), mis abuelos Kyuemon (abuelo) y Shizu (abuela), mi tío Tanenaru y Keiko (esposa del tío Tetsu).

Ya anocheciendo fuimos a ver la estatua de Saigō Takamori, héroe de Kagoshima que luchó para derrocar al shogunato, haciendo que el Emperador volviera a la cima de los japoneses; pero el descontento con muchos samuráis que querían mantener las costumbres anteriores con la política de modernización del nuevo gobierno, lo obligó a sublevarse contra el gobierno. Fue derrotado y murió haciéndose *harakiri* en su ciudad natal Kagoshima. Es el héroe más querido del Japón, amaba los perros por lo que muchas de sus estatuas están acompañadas de perros.

En mi infancia era una simple estatua, la encontré rodeada del jardín y flores.

La película *El último samurái* toma el perfil de Takamori y su época.

Cuando salí del Japón a los 13 años, la única calle asfaltada era de Tenmonkan (lugar de diversión), pero ahora es muy difícil en-

Fig. 145. Casa en la que viví.

Fig. 146. Lápida de la familia Yamada.

contrar un camino no asfaltado. Caminamos de noche esta calle de Tenmonkan, convertido en gran centro comercial y comimos en uno de los restaurantes que encontramos allí (**Fig. 147**).

Lunes 16 de abril

Tenía previsto ir a Tanegashima, donde pasé mi infancia hasta los cinco años, y para ir había que tomar el barco. Como me quedaba poco tiempo para dejar Japón, no me quise arriesgar posponiendo un día el viaje a la isla, decidí ir ese día aunque el tiempo estaba nublado y con gran posibilidad de lluvia. Lamentablemente por el clima mis hijos no pudieron observar los paisajes, como la hermosa vista de la bahía de Kinkouwan (**Fig. 148**), Kaimondake, monte de 942 m de altura, llamada Satsuma Fuji, por su aspecto similar a Monte Fuji.

Mageshima, isla sin habitantes, solo de 80.000 m cuadrados, donde el nivel más alto es 71,7 m, Yakushima, isla en frente de Tanegashima, de 1.800 m de altura, famosa por sus pinos milenarios y delfines que se ven nadando.

Si Kagoshima no tenía calles asfaltadas, Tanegashima menos. Ni siquiera había calles, sino sendas, salvo los caminos principales donde apenas podía pasar un auto.

Como me imaginé, en Tanegashima ya no había calles sin asfaltar como cualquier calle.

Llegamos a las 09:30 hs. Como teníamos planeado el regreso a las 15:50 hs, había que recorrer rápido. Había que buscar los recuerdos para llegar a mi casa de infancia. Alquilamos un taxi para todo el día.

La isla con caminos asfaltados había cambiado por completo. Quizás el paisaje no tanto, pero no me acordaba bien.

Fuimos derecho al Registro de Nakatane. No había registro mío, ni de mi padre, ni de mis abuelos. Yo era un don nadie. Salí desilusionado, pero mi hijo fue mi salvador. Me sugirió averiguar el nombre de algún conocido o pariente.

Me acordé de Mitsuo, de apellido Haruta, un primo lejano

Fig. 147. Centro comercial en la calle Tenmonkan.

Fig. 148. Bahía de Kinkouwan.

quien era como mi hermano mayor y me cuidaba cada vez que yo iba a la isla. Muchas veces me quedaba en la casa de él, que vivía con su madre y hermanos.

En el Registro me dieron la dirección de un tal Haruta Mitsuo. Yo vivía en Noma, pueblo cabecera de Nakatane, pero el cementerio mío estaba en Nokan, a unos 4 km de Noma, sobre la costa.

Como el chofer de taxi era de Nishinoomote, no conocía bien la zona de Nokan, y como todavía no había navegador, nos perdimos varias veces, pero en una de esas, llegamos a la costa. Vi el cartel que decía playa Nagahama, y me acordé que era la playa donde yo iba cuando era chico, y entendí que estábamos a la vuelta de Nokan. Preguntando y preguntando, encontramos la casa de Mitsuo, pero era otra persona, aunque el apellido y el nombre eran los mismos.

Dicen que en Nokan había 4 clanes (aldeas). Este hombre por supuesto conocía al otro Mitsuo y nos indicó la dirección. Aun así el chofer se equivocó una vez y otra vez, pero finalmente encontramos la casa de Mitsuo. Él ya sabía que veníamos porque el otro lo había llamado, pero no sabía quién venía a verlo. Cuando le dije mi nombre se acordó de mí. Me emocioné y no pude contener mis lágrimas. Mis hijos aprovecharon y me sacaron muchas fotos.

Vino una señora también que me conocía de chico y se acordaba que cada vez que yo venía a visitarlos. Ella gritaba y agitaba y agitaba las manos, a la madre de Mitsuo que estaba trabajando en el campo de arroz que está en frente de su casa, avisándole que yo había llegado.

Después del intercambio de saludos, le pedí a Mitsuo que nos llevara al cementerio. Al lado del cementerio hay un templo sintoísta. Había que subir escalones: por supuesto, yo no subí. De lejos observé que el templo principal estaba mucho más limpio de lo que yo me imaginaba. Todo Japón se había embellecido, no había basura, ni pinturas despegadas. Todo era prolijo.

En la ladera del monte donde estaba el cementerio, había una casa y me enteré que allí vivía mi medio hermano mayor que se llama Toshio. Sus facciones son semejantes a las de mi tío paterno.

Nos saludamos y subimos la ladera para ir al cementerio.

Previo a ello vimos el monolito (que a su vez era algo así como una cápsula del tiempo) que había mandado a construir mi abuelo Kakuya, que nadie sabe que contiene pero hay una leyenda que dice que se debe abrir a los 300 años y el que intente a abrirlo antes, la maldición caerá sobre él. El monolito fue construido en 1957, el año que salí de Japón. Quizás mi abuelo, pensó que con mi ida, desaparecía el apellido Haruta, porque yo era el único y legitimo sucesor del apellido, y haya pensado dejar algunas cosas para la historia.

En mi época a lo largo de los escalones había lápidas, algunas simples piedras con inscripciones, pero que ya no existían.

En la cima del monte, había dos lápidas de la familia Haruta. Una de piedra grande antigua y otra más nueva. Saludamos solo a la lápida antigua.

Luego volvimos a la casa de Mitsuo quien nos mostró los rollos del árbol genealógico. La casa de él es la rama principal de los Haruta por lo que los papiros deben quedar en su casa. Hay diez ramas, de las cuales la mía es la tercera bifurcación. Desde el fundador yo estoy a la 16ta generación así que seguramente podemos remontar mi familia hasta 700 a 800 años atrás.

Mitsuo y señora insistieron en que nos quedáramos, pero lamentablemente teníamos que volver porque solo quedaba un día más en Kagoshima para salir del Japón el día siguiente, y el clima parecía que iba empeorar y debíamos tomar el barco de regreso. A pesar de la nostalgia, nos despedimos.

Antes de despedirnos, apareció el hijo de Mitsuo que se llama también Kazuyoshi pero que se escribe de distinta forma, quien se recibió de bombero, así que quizás podamos comunicarnos a través del mail.

Mitsuo dijo que la casa donde yo vivía en Noma ya no estaba, y que en su lugar habían construido un hotel al estilo japonés (*ryokan*) y lo único que quedaba era el pozo de agua. Fuimos a visitarla, pero la dueña no sabía nada, porque ellos habían comprado el hotel al anterior dueño. Tampoco conocía del pozo, pero suponía que había sido rellenado.

El barco salió a pesar del mal tiempo, se movió bastante porque la isla está en pleno océano Pacifico, pero cuando entró en la bahía de Kinkouwan, se calmó el movimiento.

Fue una lástima que no pudiera llevar videocámara, pero mis hijos sacaron fotos así que quedarán como un recuerdo.

A la noche fuimos a comer con Nakamata, compañero de escuela, en un restaurant típico, que a mi hija no le gustó para nada.

Martes 17 de abril

Nos levantamos y con la tranquilidad de haber recuperado la mochila con todo su contenido, tomamos el micro para visitar los distintos lugares.

Shiroyama, el monte que está a la espalda de la ciudad es de donde se puede observar Sakurajima, y la ciudad de Kagoshima. Sakurajima es un volcán en actividad y está sobre la bahía de Kinkouwan. Por la similitud del paisaje, Kagoshima es llamado también Nápoles del Oriente y son ciudades hermanas.

En la mitad de la ladera está la cueva donde Saigō Takamori se refugió y se suicidó, pero está cerrado el acceso.

El cementerio de Takamori y sus soldados está también sobre una colina desde donde se puede observar Sakurajima. Había que subir muchos escalones pero lo hicimos. Allí veneran a Takamori con los 800 soldados que lo acompañaron, entre los cuales hay chicos de 14 a 16 años.

Iso Teien es la residencia de recreo de la familia Shimazu (**Fig. 149**), famosa por su hermoso jardín de azaleas y de bambúes gigantes y la hermosa vista a Sakurajima.

Recorrimos con mi hija todo el jardín mientras mi hijo seguía sacando las fotos. Luego tomamos un taxi para recorrer los lugares que yo frecuentaba.

Fig. 149. Iso Teien, residencia de recreo de la familia Shimazu.

Fig. 150. Estacionamiento donde estaba la casa en que viví.

Visitamos la tumba de Yukie Hirata, quien se encargó de la construcción del dique en el río Kiso, por orden de Tokugawa y se suicidó.

Terukuni Jinja (sintoísta): el feudal Nariakira, fue un hombre muy culto y a espaldas de Tokugawa introdujo novedades de Occidente, inclusive los telares que sirvieron para que Kagoshima fuera la cuna de la revolución industrial para derrocar al shogunato. El Emperador Meiji, en reconocimiento a sus méritos y después de su muerte, autorizó construir este templo y le dio a Nariakira el nombre del dios Terukuni (nación que brilla) en 1862. Es decir, si bien es relativamente nuevo, es un templo de mucho prestigio.

Después en el hotel nos encontramos con Nakamata, quien nos llevó a la escuela primaria donde estudié.

Luego intentamos a buscar la casa donde yo había vivido un tiempo y de la que no quedaban rastros. Supusimos que estaba donde ahora hay un estacionamiento (**Fig. 150**). No me canso de mencionar que en aquella época todas las calles eran de tierra y ahora es imposible en todo el Japón encontrar calles sin asfaltar.

También pedí que nos llevaran a la plaza Tempozan, donde jugábamos.

Pero al igual que todo, este parque estaba bien arreglado y no quedaba nada de lo que yo conocía.

La conclusión es que de todo lo pasado y que soñaba encontrar, no existía absolutamente nada.

A la noche comimos en un restaurante popular, creo que esta vez mi hija pudo comer algo.

Me puse muy contento porque en estos días (ya desde Kioto) mi hija caminaba mucho y miraba las cosas con interés. Creo que la comida y las caminatas le estaban haciendo muy bien.

Miércoles 18 de abril

Por la mañana dejamos Kagoshima. Tomamos el tren a

Ōsaka. A la estación vinieron a despedirnos mi tía y Nakamata. Prometí internamente que algún día íbamos a volver con toda mi familia. Espero que mis hijos estén de acuerdo.

El viaje fue de 6 horas, cambiando dos veces de tren. Fue monótono pero me dio tiempo para meditar y sumergirme en los recuerdos.

Llegamos a Ōsaka y en el hotel preparamos las valijas y comimos en el restaurante del hotel.

Jueves 19 de abril

Nos levantamos temprano y nos dirigimos al aeropuerto de Ōsaka que ha sido construido sobre el mar. No hubo congestionamiento de tránsito, así que llegamos media hora antes de lo previsto y pudimos hacer compras, pero me hicieron sacar todos los encendedores que había comprado para regalos, cuando pasé por el control, por tener gas. Fue el doble gasto ya que tuve que comprar otras cosas para reemplazarlos.

12:10 Salida de Ōsaka (hora argentina 00:10).

17:40 Arribo a Kuala Lumpur (hora argentina 06:40) tiempo de vuelo 6 horas 30 minutos con un recorrido de 5.710 km

01:23 Partida a Johannesburgo (20 de abril en Kuala Lumpur, hora argentina 14:23 del 19 de abril).

Viernes 20 de abril

05:50 Arribo a Johannesburgo (hora argentina 00:50 del 20 de abril) con 10 horas 13 minutos de vuelo y un recorrido de 9058 km.

07:42 Salida de Johannesburgo a Ciudad del Cabo (hora argentina 02:42).

09:15 Llegada a Ciudad del Cabo, con 1 hora 33 minutos recorriendo 1304 Km.

Si bien veníamos viajando más de 24 horas, incluyendo las escalas y esperas, por la diferencia horaria estábamos aún en el día 20 (en Japón era el día 21 a la mañana) así que pudimos aprovechar todo el día en Ciudad del Cabo.

A la tarde nos vino a buscar el guía para un tour de habla española.

Fuimos a Table Mountain. En mi viaje anterior no pude subir por el mal tiempo. Hoy nos tocó un hermoso día y me encontré con un espectáculo impresionante. Me había sorprendido el espectáculo de Cape Point y si bien la vista de Table Mountain es similar tiene el agregado de que en frente tiene la ciudad del Cabo y en el fondo el océano.

El cable carril me dio un poco de miedo, pero lo bueno fue que el piso era giratorio, así que cualquiera podía ver el espectáculo en 360 grados. A la noche nos fuimos a Water Front, recorriendo las tiendas. Había mucha neblina con llovizna y tenía miedo de que el día siguiente no tuviéramos buen tiempo para ir a Cape Point.

Sábado 21 de abril

Amaneció con muy buen tiempo. El tour era grupal (**Fig. 151**). Si bien ya conocía todo el tour estaba emocionado porque estaba con mis hijos y era el último día del viaje. Al otro día íbamos a estar de vuelta en Buenos Aires.

Después de recoger a otros turistas, el tour comenzó visitando Camps Bay, donde se aprecia la playa sudafricana. La próxima parada fue en Hout Bay donde subimos a un barco para ir a ver las focas. No tiene nada que ver con Puerto Madryn donde hay muchas más focas y lobos marinos, pero es interesante verlas de tan cerca. Luego en Scarborough, visitamos el criadero de avestruces. Hasta entonces el tour era simple, pero nos esperaba el espectáculo de Cape Point.

Entramos el parque nacional y nos paramos en el cabo de Buena Esperanza. Es un lugar árido, pero seguramente los marineros al pisar tierra firme hayan sentido tranquilidad. Luego fuimos a Cape Point. Ya no había monos. Se ve que hacían mucho daño a los turistas. Subimos y al igual que la anterior visita, la vista era inenarrable. La inmensidad de los océanos,

Fig. 151. Paseo en Ciudad del Cabo.

Fig. 152. En Ciudad del Cabo con mi hija.

Fig. 153. Mi hija y mi hijo en Ciudad del Cabo.

donde se ve claramente que la Tierra es redonda me hizo sentir mucha emoción.

Lo que siguió fueron "las yapas". En Simon Town, en un lugar llamado The Boulders vimos algunos pingüinos. En Argentina, Punta Tombo gana "por goleada" por la cantidad de pingüinos, pero el tour estaba bien organizado.

El punto final fue el Jardín Botánico. Debe ser interesante visitarlo con tiempo (según el guía se necesitarían cinco días para recorrerlo, ¿exagerado, no?), pero como siempre mi hija y yo estábamos tan cansados que nos quedamos y tomamos unos helados. A la noche fuimos otra vez a Water Front y saboreamos la comida española, mi hija, una especie de cazuela, yo, langosta y mi hijo, fideos.

Lamentablemente el viaje se estaba acabando.

Esperaba que mis hijos hubieran disfrutado y poder repetirlo en el futuro para unir más y más a esta pequeña familia.

Domingo 22 de abril

11:08 Salida de Ciudad del Cabo (hora argentina 06:08).

16:40 Llegada a Ezeiza con 9 horas 32 minutos de viaje, con un recorrido de 7.052 km.

Nos estaban esperando mi familia y señor Ifrán.

¡Volvimos!

Viaje con mi hija a Europa, en abril de 2009

El viaje duró desde el día 4 al 26. Como no sabía si podíamos volver a visitar Europa, preparé un itinerario bastante ambicioso y por lo tanto, cansador. Como todo el mundo conoce más que yo de estos lugares turísticos, solo les cuento algunas anécdotas.

Lo concreto es que en 22 días visitamos Madrid, varios lugares aledaños, Granada, Venecia, Florencia, Roma, El Cairo, Atenas, París y Londres.

Elegí visitar esta ciudad porque me habían contado maravillas

Fig. 154. En Granada .

Fig. 155. Sierra Nevada.

del palacio de la Alhambra (**Fig. 154**) y tal era la fama que la agencia de viajes me comentó que tenía que reservar la entrada con mucha anticipación, cosa que despertó mi curiosidad. Si había tanta demanda debía ser algo espectacular. Reservé para el 6, un día después de la llegada a Madrid, ida y vuelta en avión a Granada. También la palabra Granada me sonaba como una ciudad romántica, quizás por la canción de Frank Sinatra, pero me sorprendió cuando bajé del avión, ver un aeropuerto parecido a cualquier ciudad del interior de la Argentina y una ciudad muy pequeña. La sorpresa grande fue que la entrada se podía conseguir en el mismo día, sin ninguna reserva previa y el palacio si bien era digno de conocer, no era nada del otro mundo. Podría haber ido a otros lugares, pero ya era tarde.

Otro motivo para ir a Granada, era que podía ver Sierra Nevada (**Fig. 155**). Su nombre me sonaba romántico y me impulsó a ir. El paisaje es muy hermoso, pero me acuerdo de la sierra de Cachi que me pareció más pintoresco.

Lástima, Argentina tiene muchos lugares dignos de ver y mejores que cualquier lugar, pero lamentablemente la falta de infraestructura y la extensión del territorio juegan en contra para recibir a los turistas.

Atenas

Como la Acrópolis era muy famosa y me habían dicho que el único hotel que desde la ventana se podía ver se llamaba Adrián Hotel Athens. Hice la reserva. El taxista no lo conocía y costó ubicarlo. Era un hotel de dos estrellas (si es que se puede llamar, porque era una habitación simple muy pequeña con baño privado sin ningún tipo de servicio). Lo único destacable era efectivamente, que desde la ventana se podía ver la Acrópolis (**Fig. 153**).

El domingo, como no había nada para ver, contraté un taxi para ir al templo de Zeus, porque mi perro siberiano se llamaba Zeus. Tardó bastante para llegar al templo y lo encontramos

Fig. 156. Acropolis vista desde la ventana del hotel.

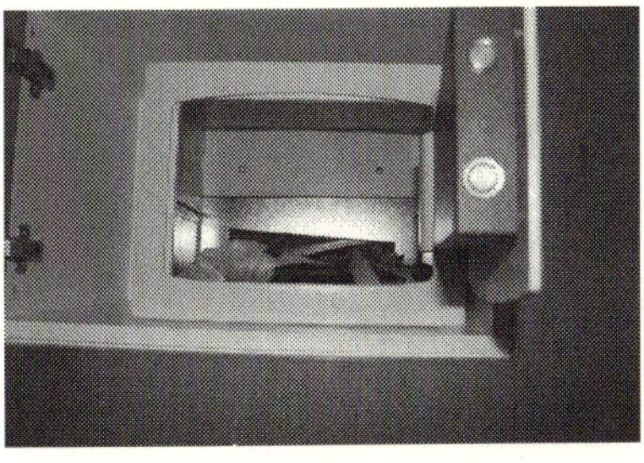

Fig. 157. Robo de nuestra habitación en Atenas.

cerrado por ser feriado de Semana Santa. Esto me enseñó que cuando uno programa un viaje corto, pero con muchas actividades, tiene que averiguar si los lugares a los que uno quiere ir están abiertos y sus horarios. Lo único bueno, para mi hija, fue que pudo meter sus pies en el mar.

Una sorpresa desagradable nos estaba esperando a la vuelta al hotel (**Fig. 157**). Encontramos la habitación con las valijas abiertas, la ropa desparramada en el piso, la caja fuerte abierta, con todo el dinero robado, dólares, euros. ¡Hasta los pesos argentinos!

Lo único bueno era que por gentileza habían dejado los pasaportes. Aparentemente el o los ladrones alquilaron la habitación de al lado y en nuestra ausencia, a través de los balcones contiguos, entraron a nuestra habitación. No sé si el encargado del hotel estaba en complicidad, pero no habían tomado los datos de los huéspedes de al lado y por supuesto, ellos no volvieron al hotel. Fuimos a reclamar a la policía con mi pobre inglés, tomaron mi declaración y la firmé pero no hubo citación al encargado del hotel, ni nada. Solo una pérdida de tiempo porque estuvimos en la comisaría hasta pasada medianoche y como el día siguiente tuvimos que volar a París, no hubo nada que hacer.

El hotel cuando volví a Buenos Aires me ofreció devolverme el dinero del hospedaje, lo que rechacé, pero ahora estoy arrepentido. Por suerte con el dinero que llevaba encima, más la tarjeta de débito (con la que pude sacar efectivo), más el hecho de que casi todos los servicios estaban ya pagos de Buenos Aires, no tuve problema por el resto del viaje.

Egipto

Para ver el desierto y las pirámides pensé que había que hacer un viajecito, pero vi que las mismas están a un paso de El Cairo. Vimos un espectáculo de luces en la Esfinge, pero era en francés y no entendimos nada. Aquí también hay que averiguar de an-

Fig. 158. Paseo en camello.

temano, el día que corresponde al inglés o el japonés (al menos para mí) o el español (si es que hay). Tenía mucho interés en entrar a la pirámide y llegar al sarcófago. En la entrada nos retuvieron las cámaras fotográficas, inclusive los celulares. Entramos y subimos escaleras angostas ayudados por sogas tendidas a lo largo. Cuando llegamos al sarcófago, era simplemente un cuarto de 6 x 6 m vacío.

¡Una desilusión completa! ¡Aunque sea hubieran puesto un sarcófago de imitación! Era simplemente una subida por una escalera angosta para llegar a un cuarto sin nada.

Con mi hija contratamos dos camellos y subimos. Nunca me imaginé que la silla estuviera tan alta y me dio miedo. Se podía pasear arriba del camello (**Fig. 158**) por el desierto pero no me animé, así que me subí, saqué la foto para el recuerdo y me bajé. Mi hija no se animó a pasear sola así que contra su voluntad tuvo que bajar. Después me reclamó por eso, al igual que en Venecia, donde le dije que no subíamos a la góndola porque salía 100 euros, mientras yo había pedido una langosta de 100 euros.

Me habían comentado que en Egipto, cuando uno hace compras siempre hay que regatear. Efectivamente era así. Yo regateaba y regateaba. Mi hija nunca se animó a hacerlo y por cada cosa que ella compraba yo tenía que hacerlo. En un bar donde estábamos merendando, un mozo pidió la mano de mi hija y me ofreció 3 camellos. No sé si lo hacía como cortesía, pero la cuestión es que no aceptaba 15 camellos (no sé cuál es el valor en dólares) que yo contraoferté.

Estas son algunas anécdotas. No sé si mi hija pueda aportar algunas más que no me acuerdo.

12. Algunos escritos de mi madre
12. 母の手書のメモ

Esto es lo que encontré escrito por mi madre. No sé si debería tomarlo como testamento pero de alguna forma muestra su pensamiento. No sé si es adecuado ponerlo aquí en el libro, pero lo hago para que la familia la recuerde. El original, por supuesto escrito en japonés, está guardado en una caja celeste, que dice "Abuela".

Está escrito en un cuaderno, donde menciona la fecha 10 de agosto de 201?. Puede ser entre 2010 a 2012. No sé dónde está. Intentaré averiguar.

Mi madre murió el 24 junio de 2013, o sea este año se cumplen 9 años.

Traducción
Página 1
Gracias que terminó el primer año desde la muerte de mi hija Silvia.

No se puede borrar la tristeza. Al contrario, me sigue doliendo que hasta el final no le pude dar el cuidado que hubiese querido.

Estoy muy agradecida de que en mi lugar, mi hijo Pablo haya aceptado cuidarla. Gracias, Pablo.

Página 2
También a Irene, que la ayudó, muchas gracias.

Es como si fuera mi hija.

A Kazuyoshi quería pedirle perdón por haberlo traído a la Argentina y haberle hecho pasar penurias.

Pero usted superó todo y tengo respeto por eso. Y después ayudó a nuestra familia que era pobre. Por eso mi agradecimiento. Gracias a eso mis hijos pudieron desempeñar sus actividades.

Página 3
Y después de la muerte de Silvia estoy rodeada de ustedes y gozando de una buena vida.

Los nietos también me han tratado bien y por eso soy feliz hasta los últimos días.

Muchas gracias a todos.

Página 4
Mi último pedido es que como se trata de una pequeña familia, sigan manteniendo el vínculo de una buena familia.

Pablito siempre me sorprendía con los regalos inimaginables.

Con Carolina esperaba con ansiedad poder almorzar los viernes.

Nico no habla mucho pero su corazón es tierno y bueno.

Página 5
Me pone contenta ver a Martín, que es alegre y bueno.

A Franco le pido perdón porque ya estaba muy vieja y no pude hacer mucho con él.

Página 6
Mi último pedido.

A Kazuyoshi, en agradecimiento por el sostén que ha brindado y porque me sigue viendo.

A Pablo, por sus sacrificios, no tengo suficientes palabras de agradecimiento.

Irene es como si fuera mi hija. Muchas gracias.

Sin numeración
Es mi deseo que sigan viviendo felices.

10 de agosto de 201?

Madre Taeko

Carta que me mandó por mi cumpleaños
Traducción

Feliz cumpleaños.

Muchas gracias por las atenciones que me brindás siempre.

Estoy agradecida.

Como recibí la pensión, hoy estoy dando el lujo de poder regalarte un poco más de dinero.

Que compres cosas que te gusten.

Cuidá tu salud y que tengas una larga vida.

Palabras finales: mi visión de la vida
最後に私の人生観

Antes de terminar, quiero agradecer a señorita Astrid Kuroki y a la señora Masako Unoki (鵜木正子) por las fotos provistas, a los señores Masashi Onizawa (鬼澤正志), Masazumi Shibata (柴田正純), Koshi Niibori (新堀耕司) y Tomomasa Takeda (竹田朋正) por las informaciones y fotos provistas, a las personas que escribieron anécdotas sobre mí y todas aquellas personas que me ayudaron y alentaron para concretar mi sueño de dejar estas memorias para mis hijos, familia y amigos. Por este motivo quiero agradecer especialmente a la doctora María del Carmen Magaz, mi compañera de colegio, y a la señorita Alejandra Kamiya que me ayudaron con la redacción y compaginación del libro para que mis escritos fueran entendibles y presentables. Como cierre quiero escribir sobre mis creencias y la visión de la vida que fueron la base de mi forma de vivir y creo que me han ayudado a llegar a donde estoy, sin lujos, pero pudiendo seguir mi vida con sacrificios pero sin sobresaltos.

Seguramente voy a encontrar opiniones contrarias y críticas a mi pensamiento, pero tengo la firme convicción de que el mundo debe permitir la expresión libre, equivocada o no, siempre manteniendo el respeto y sin faltar a las buenas costumbres y las leyes.

Los medios de comunicación

Desde hace mucho, pero especialmente en los últimos tiempos, encontré grandes incongruencias, a tal punto que los noticieros no me atraen, porque no me dan opiniones imparciales de lo que está pasando en el mundo. El periodismo pregona y se jacta de ser "aliado de la justicia, justiciero, protector de la justicia", pero todos ellos tienen contradicciones e incongruencias. Un ejemplo es lo que sucede en Japón.

El gobierno quiere aumentar el impuesto al consumo. Por supuesto que el periodismo critica la medida porque implica un aumento de precio y ellos son protectores de los consumidores. Sin embargo, está en contra de firmar el acuerdo comercial con los Estados Unidos porque eso implica bajar los precios de los productos locales, alegando que la medida afecta a los productores a pesar de beneficiar a los consumidores.

Es decir, en la vida no hay un equilibrio perfecto. El periodismo si es neutral, debe mostrar las dos caras al público, para que ellos juzguen.

Aquí en la Argentina observo que los canales tienen su política bien definida, entonces solo veo y escucho una parte, pero nunca ambas partes antagónicas. Se podría ver dos canales para conocer la opinión de cada una, pero no encuentro casi nunca, políticos o periodistas reconociendo sus errores o alabando a otros, al mismo tiempo que defienden su pensamiento y postura. Es decir, no veo la actitud de diálogo que tanto se necesita en este momento.

Las incongruencias que veo es que las manifestaciones y la violencia en las calles suceden como si estuvieran reservados para determinados sectores, y no se ve la presencia de la clase media. Mi respuesta es bien simple. La clase media trabaja y trabaja para buscar el bienestar de su familia, para buscar un mejor futuro, la educación de los hijos y lo tiene que hacer sin ayuda de nadie. Para ellos es primordial conservar su trabajo. No tienen tiempo para salir a la calle, tampoco pueden faltar al trabajo para manifestar. La clase media es la que sostiene la economía, por eso el nivel de un país lo define el porcentaje de clase media en la totalidad de la población. Siempre quise pertenecer a la clase media.

Lo mismo pasa con la policía. Son guardianes que deben mantener el orden legal y proteger a los ciudadanos, pero la noticia importante para muchos periodistas es tratar a los policías de asesinos, corruptos y no como policías que ayudan a la gente, salvan la vida de otros a costa de la suya, que son la mayoría.

Lo mismo pasa con los de fuerzas armadas, maestros, médicos, bomberos, es decir que aquellos que están al servicio de la comunidad no son reconocidos.

En la época 1970-1980, Nueva York era una de las ciudades más peligrosas con policías corruptos (como se ve en muchas películas). Todo el mundo conoce la mano firme de Giuliani, quien lo primero que hizo fue mandar a construir una cárcel para albergar a los delincuentes, inclusive invitándolos, ya que tenían sus habitaciones reservadas. Fue así de sencillo. Si hay respeto hacia la justicia y si hay castigo, la gente que es en sí miedosa, más los criminales o corruptos que saben que están en contra de la ley y pueden ser castigados, son los primeros que dejarán de actuar.

No entiendo por qué la mayoría de los periodistas son sensacionalistas y nunca muestran a los "malos" en la pantalla, lo hacen con las caras borrosas, pero sí muestran las caras de las víctimas haciendo como que acompañan al dolor, pero haciendo participar a los familiares de las víctimas en el programa.

No hay presentación de personas o agrupaciones que están trabajando para el bienestar de la población. Conozco gente y sé que hay muchos que trabajan de manera silenciosa, pero lamentablemente tampoco hay gente interesada en ellos, entre los cuales me incluyo.

1 + 1 es siempre 2. No hay otra.

En mi trabajo, siempre preguntaba a mi gente, ¿porqué 1+1=2?

Cuando tomaba entrevistas para seleccionar al personal les hacía esa pregunta y muchos me miraban con extrañeza.

Matemáticamente es correcto decir que 1+1 es 2, pero en la vida real, si uno sigue ese criterio, no hay innovación o desafío. Siempre uno debe tener un desafío y realizar un esfuerzo para lograr el objetivo superior, es decir que 1 + 1 sea 3, o 4, sin recurrir a la ilegalidad, sin sobreexigir a la gente o causar daños a otros. Para lograrlo hay que tener una idea clara y el método correcto porque 1+1 puede convertirse en cero o en un caso peor, en negativo (pérdida), pero siempre, hay que tener en la mente la idea del progreso.

La lealtad

La lealtad es una de las palabras de las que aprendí cómo vivir la vida. El concepto de lealtad fue cambiando a través del tiempo.

Actualmente no existe el antiguo concepto de lealtad según el cual el líder debía proteger a sus subordinados y a cambio, éstos debían mostrar su obediencia, para recibir su protección, como en el sistema feudal de los señores feudales y sus súbditos. Actualmente el concepto de lealtad se centra más bien en la relación entre amigos o en un grupo de amigos. En los viejos tiempos muchos japoneses pensaban que era una cualidad que tenían que mantener, aún a costa de sus propias vidas. Esta creencia no es tan vieja. Más recientemente, al menos los japoneses durante la Segunda Guerra Mundial, lo creían firmemente. La prueba mayor está en los famosos pilotos *kamikaze*, o torpedos humanos, que sacrificaron sus vidas por la creencia de lealtad hacia la Patria y el Emperador.

Para demostrar su inocencia, en lugar de justificarse hablando, debían renunciar a su vida, callados, aunque no hubieran cometido un delito.

Nunca había que poner excusas ni buscar justificativos. La verdad la conoce solo el cielo y uno mismo.

Con la muerte, se protegía el honor de uno mismo y de la familia. Esa era la forma de vida de los japoneses, de allí el concepto de *seppuku* (*harakiri*) considerado como un acto sagrado, solo permitido a los samurái en la época antigua. El morir era una virtud.

También se ha enseñado a las mujeres la importancia de la fidelidad, pero la gente moderna entiende mal el significado de la fidelidad. La fidelidad no es no engañar a su marido, sino mantener obstinadamente sus votos con la persona a quien realmente ama.

Para mí, la lealtad es hacia a mí mismo, vivir honestamente con una convicción, sin perjudicar a nadie y como buen miembro de la familia y de los amigos. Creo haber podido cumplir con esto.

El *harakiri*

El mundo se sorprendió cuando conoció la costumbre de los samurái sobre *harakiri*, y lo calificó como una costumbre bárbara.

Lo más odioso era ser humillado, es decir sentir vergüenza. Ser sospechado era una vergüenza y uno debía demostrar su inocencia. La forma era *harakiri*.

Al niño de un samurái, cuando cumplía la edad para ser mayor, llamada *genpuku* (era a los 15 años y ahora es a los 18 años), en una ceremonia se le enseñaba el procedimiento de *harakiri* (*seppuku*). A las hijas de un samurái, también se les enseñaba el método de suicidio que consistía en una ceremonia similar.

Este concepto antiguo para mí sigue siendo válido. A lo largo de mi vida, traté de ser respetuoso con la gente, cumplir con las normas y leyes, evitar actos que me hicieran sentir vergüenza, no molestar a las personas, no prometer cosas que no se pueden cumplir, entre otros. No llegué a cumplir 100% pero me autocalifico con un 70%. Aprobado.

La pobreza opaca la consciencia (貧すれば鈍する)

Es un proverbio japonés. Cuando trabajaba en Mitsui y en Toyota, con buen sueldo, nunca pensé en la vejez de este modo. Me habían enseñado que el régimen de jubilación garantizaba un haber 80% móvil, lo cual me garantizaría el resto de mi vida. No fue del todo así finalmente. Tuve que contratar un estudio de abogados, hacer un juicio, la Corte sentenció a mi favor, pero aún así las distintas normas y leyes existentes hicieron que no resultara como me había imaginado. Lo que nunca quise es que los problemas económicos opacaran mi consciencia o me hicieran pedir favores como un mendigo. Espero que eso no ocurra. Lo que siento es que uno sacrifica toda la vida y no hay un reconocimiento.

La vida

Finalmente, mis consideraciones y conclusiones son:

Vivir una larga vida no se trata de una cantidad de años, sino de lograr lo que uno quiere. Disfrutar de la familia, tener amigos.

Cuando la humanidad descubrió la forma de producir el fuego, frotando ramas de árboles, buscando la chispa, encontró el bienestar: comida caliente y protección contra el frío. Al inventar la flecha y el arco que reemplazó a la piedra, la rama y la lanza, aumentó la defensa contra los animales salvajes, al mismo tiempo que sirvió para la caza y aseguró los alimentos. Al inventar la cerámica aprendió a guardar el agua, evitando ir a cada momento al río o a la vertiente para saciar su sed. Actualmente el automóvil, distintos artefactos de la cocina, el aire acondicionado, el lavarropas, la cama, la televisión y cualquier artefacto doméstico permite a las personas disponer de mayor tiempo para disfrutar de la vida.

Viajes, espectáculos, vacaciones son importantes, pero más importantes es que en ese tiempo uno pueda comunicarse con el otro, no solo con la familia, sino, y de algún modo, con la humanidad.

Espero que mis hijos, nietos y bisnietos, al leer este libro, sepan quién soy, y entiendan que lo importante no es cuántos años van a vivir sino cómo. No me refiero a lo material, sino al sentido de la vida y a disfrutar.

Anexo

Diario de viaje japonés
(1957)

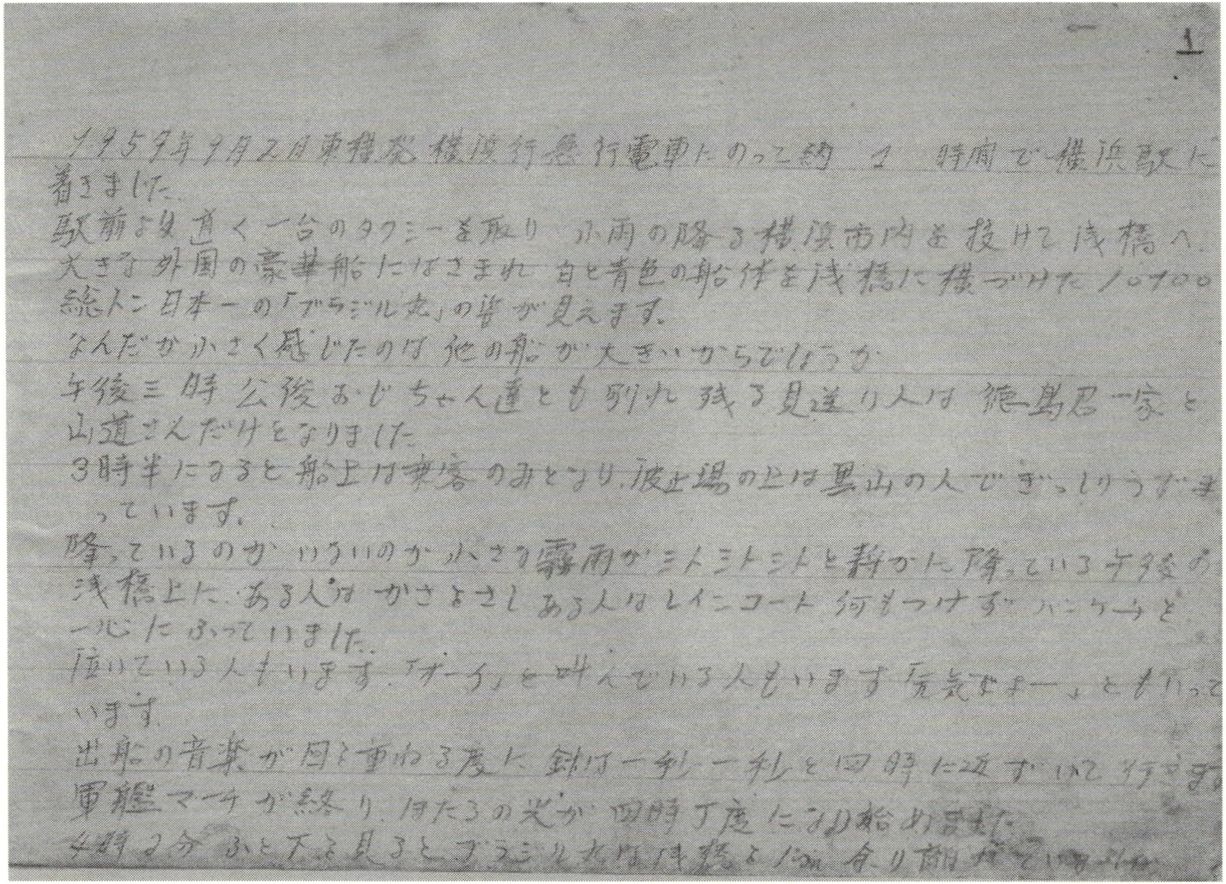

1

1959年1月2日東横線横浜行急行電車にのって約1時間で横浜駅に着きました。
駅前より直ぐ一台のタクシーを取り 小雨の降る横浜市内を抜けて浅橋へ。
大きな外国の豪華船にはさまれ 白と青色の船体を浅橋に横づけた10700総トンに日本一の「ブラジル丸」の姿が見えます。
なんだか小さく感じたのは他の船が大きいからでなうか
午後三時 公後おじちゃん達とも別れ 残る見送り人は徳島君一家と山道さんだけとなりました
3時半になると船上は乗客のみとなり、波止場の上は黒山の人でぎっしりうずまっています。
降っているのかいないのか小さな霧雨がシトシトシトと静かに降っている午後の浅橋上に、ある人はかさをさし ある人はレインコート 何もつけず ハンケチを一心にふっていました。
泣いている人もいます。「オーイ」と叫んでいる人もいます「元気でよー」と言っています。
出船の音楽が耳に重なる度に 針は一秒一秒と四時に近づいて行きます。
軍艦マーチが終り ほたるの光が四時丁度になり始めました。
4時2分 ふと下を見るとブラジル丸は[illegible]

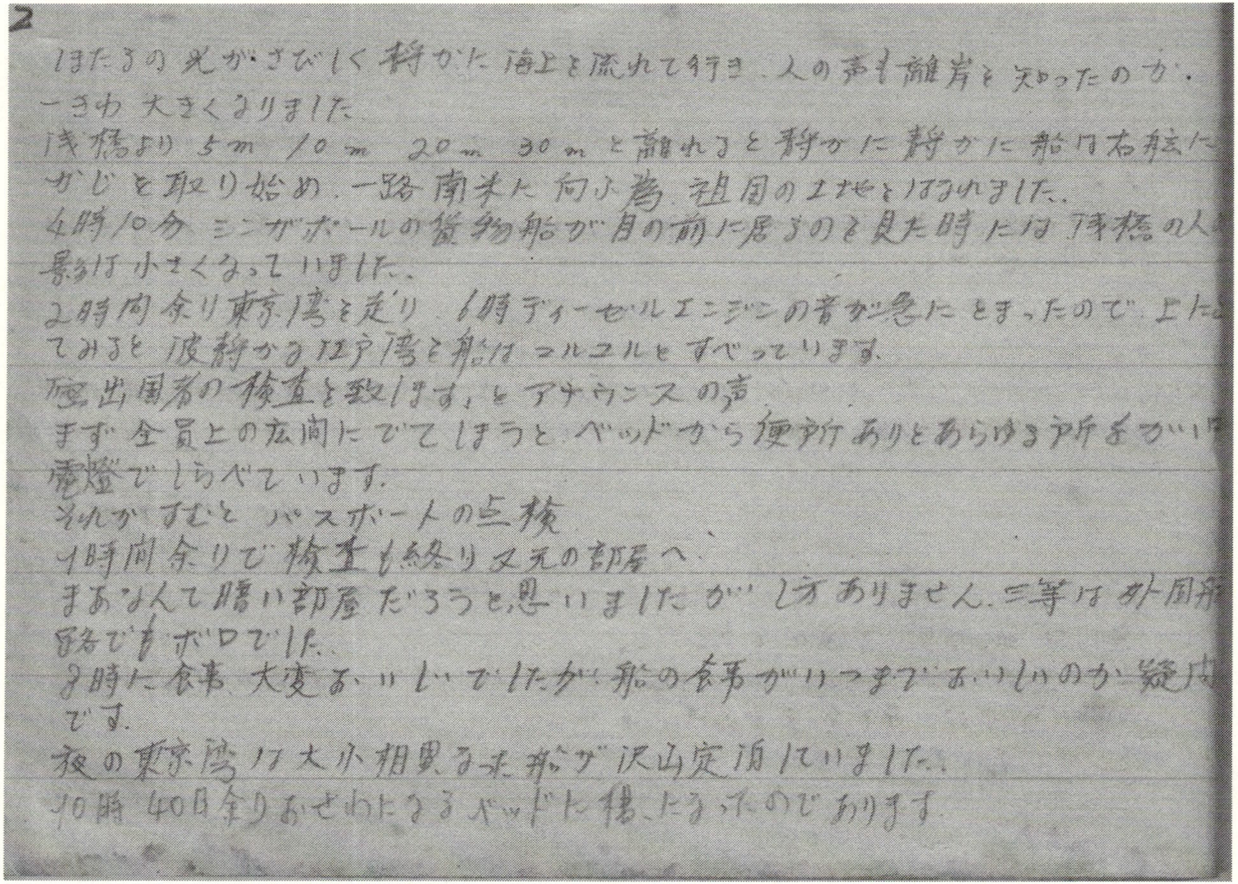

2

ほたるの光がさびしく静かな海上を流れて行き、人の声も離岸を知ったのか、
一きわ大きくなりました
桟橋より 5m 10m 20m 30m と離れると静かに静かに船は右舷に
かじを取り始め、一路南米に向ふ為、祖国の土地とはなれました。
4時10分 シンガポールの貨物船が目の前に居るのを見た時には桟橋の人の
影は小さくなっていました。
2時間余り東京湾を走り、6時ディーゼルエンジンの音が急にとまったので、上にと
てみると 波静かな江戸湾を船はスルスルとすべっております。
密出国者の検査を致します、とアナウンスの声
まず全員上の広間にでてしまうと ベッドから便所ありとあらゆる所をかい中
電燈でしらべています。
それがすむと パスポートの点検
1時間余りで検査も終り又元の部屋へ。
まあなんて暗い部屋だろうと思いましたが しかたありません。三等は外国航
路でもボロでした。
8時に食事、大変おいしいでしたが、船の食事がいつまでおいしいのか疑問
です。
夜の東京湾は大小相異なる船が沢山停泊していました。
10時40分余りおさわたるるベッドに横になったのであります

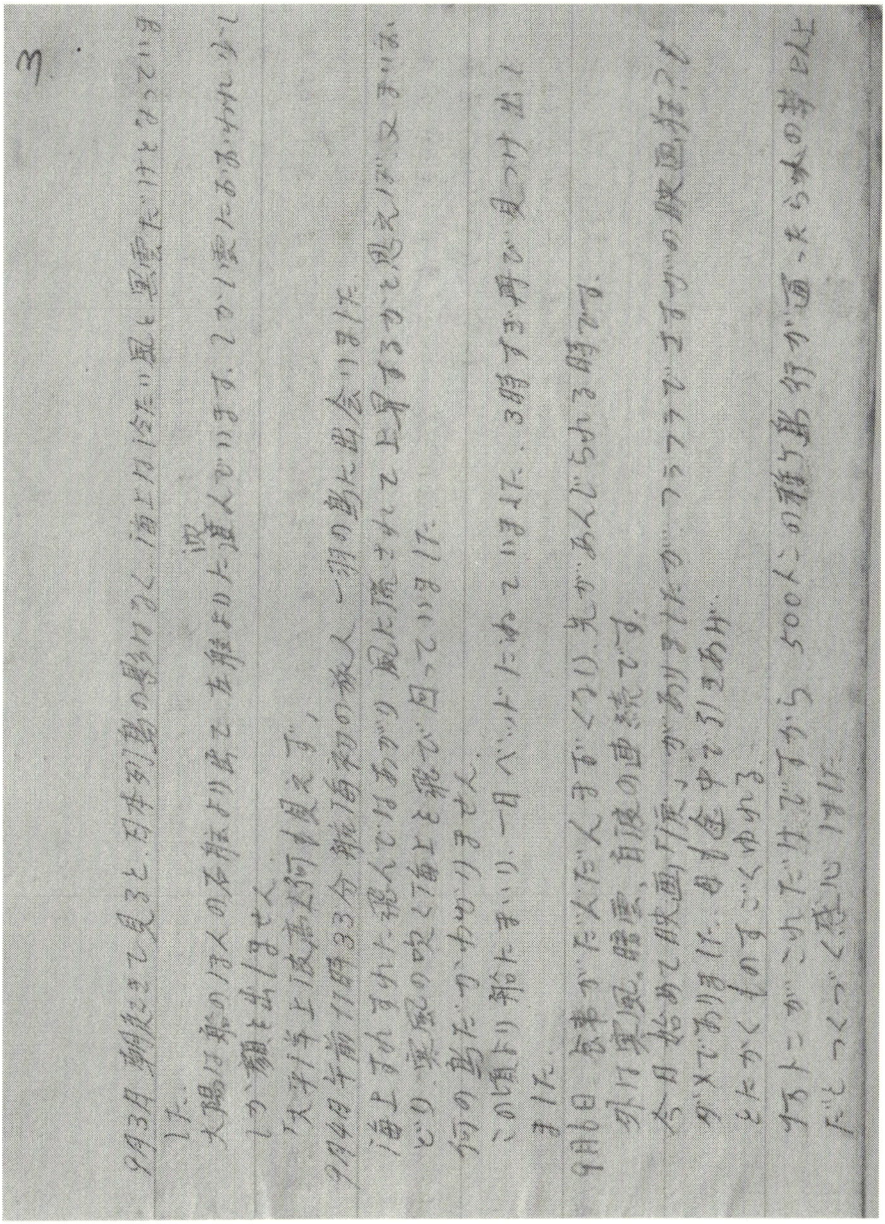
3

9月3日 朝起きて見ると、日本列島の影はなく、海上は冷たい風と黒雲だけとなっていました。
太陽は船の後ろの右舷より出て 左舷よりに沈んでいます。しかし雲におおわれ少ししか顔を出しません。
「太平洋上波高し何も見えず」
9月4日午前11時33分 航海初の旅人 一羽の鳥に出会いました。
海上すれすれに飛んではあがり 風に流されて上昇するかと思えば又まいおどり 寒風の吹く海上を飛び回っていました。
何の鳥だかわかりません。
この頃より船にまいり、一日ベッドにねていました。3時すぎ再び見つけ出しました。
9月6日 食事がだんだんまずくなり、先があんじられる時です。
外は寒風、暗雲、白波の連続です。
今日始めて映画「涙」がありましたが、フラフラでさすがの映画狂?もダメでありました。母も途中で引きあげ…
とにかくものすごくゆれる。
1万トンがこれだけですから 500トンの移民航行が通ったら私の想以上だとつくづく感心しました

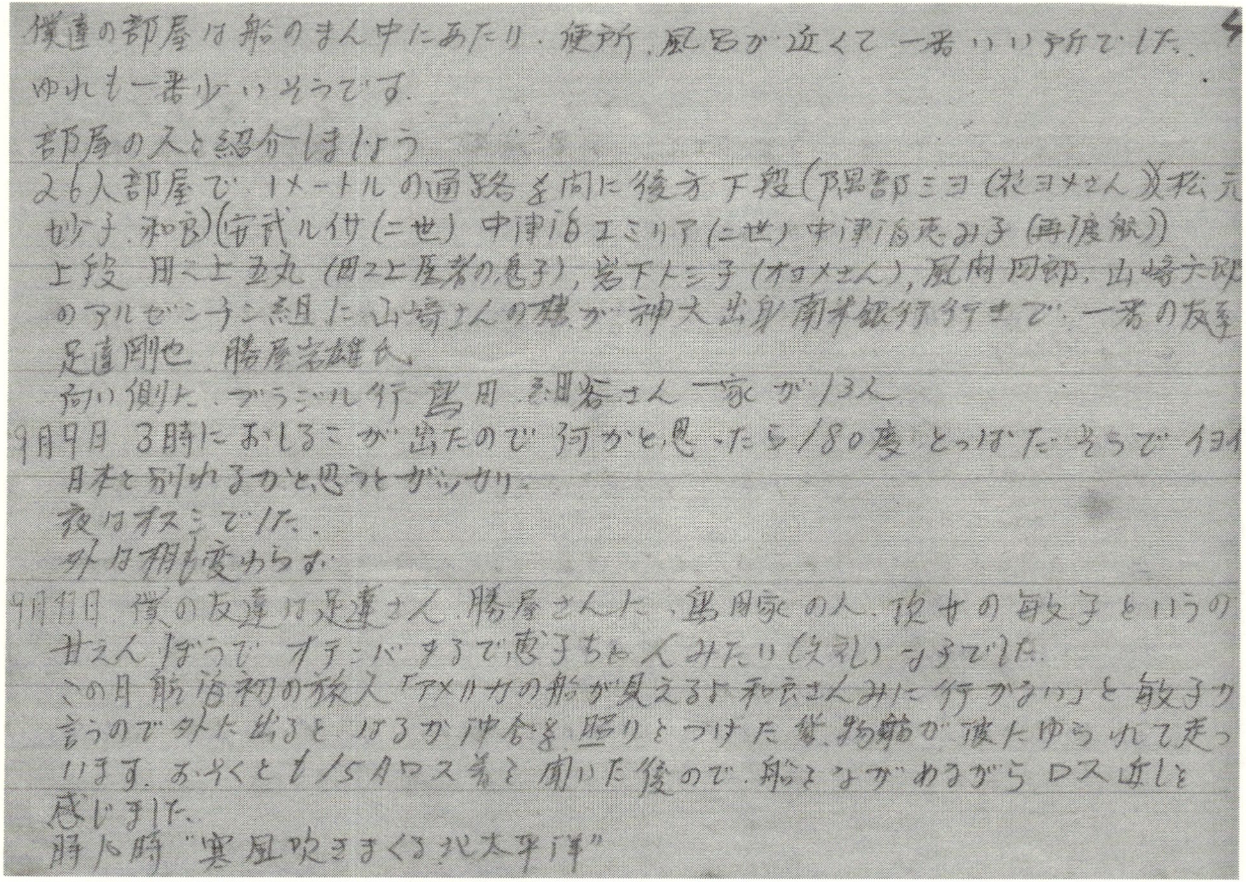
4
僕達の部屋は船のまん中にあたり、便所、風呂が近くて一番いい所でした。
ゆれも一番少いそうです。
部屋の人を紹介しましょう
26人部屋で1メートルの通路を向に後方下段（隈部ミヨ（花ヨメさん））松元
妙子、和宏）（安武ルイサ（二世）中津浜エミリア（二世）中津浜恵み子（再渡航））
上段　田之上五丸（田之上屋者の息子），岩下トシ子（オヨメさん），風間四郎，山崎六郎
のアルゼンチン組に山崎さんの孫が神大出身南米銀行行きで一番の友達
足達剛也、勝屋宗雄氏
向い側にブラジル行　島田、細谷さん一家が13人
9月9日　3時におしるこが出たので何かと思ったら180度とったそうで　イヨイ
日本と別れるかと思うとガッカリ。
夜はオスシでした。
外は相も変わらず
9月11日　僕の友達は足達さん、勝屋さんと、島田家の人、彼女の敏子というの
甘えんぼうで　オテンバ　まるで恵子ちゃんみたい（失礼）なようでした。
この日航海初の旅人「アメリカの船が見えるよ　和宏さんみに行かない」と敏子が
言うので外に出ると　はるか沖合を明りをつけた貨物船が波にゆられて走って
います。おそくとも15日ロス着と聞いた後ので、船をながめながらロス近しと
感じました。
昨今時"寒風吹きまくる北太平洋"

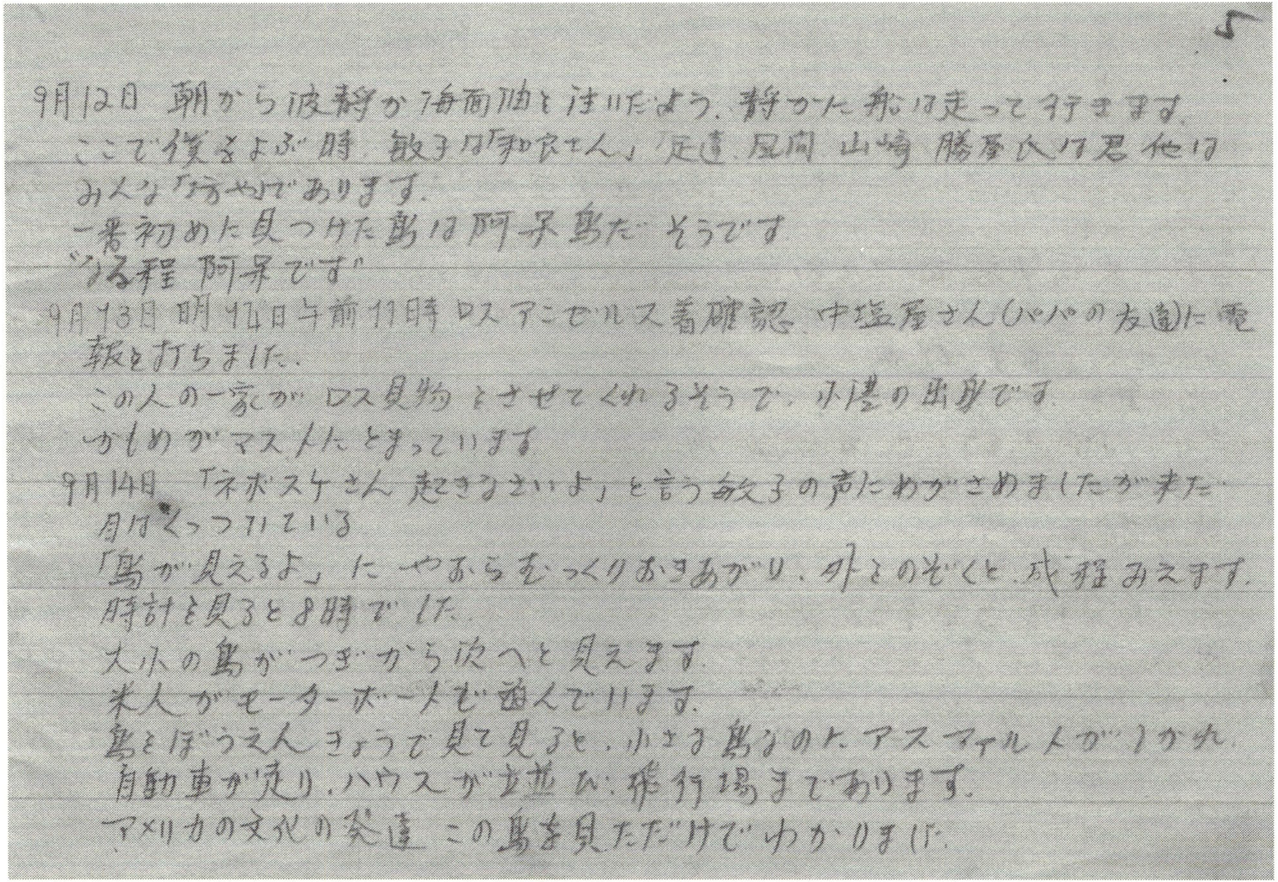

5

9月12日 朝から波静か 海面油を流したよう. 静かに船は走って行きます.
ここで僕をよぶ時 敏子は「和良さん」 正達 尾崎 山崎 勝彦氏は君 他は
みんな「坊や」であります.
一番初めに見つけた島は阿呆島だそうです
なる程 阿呆です
9月13日 明14日午前11時ロスアンゼルス着確認. 中塩屋さん(パパの友達)に電
報を打ちました.
この人の一家がロス見物をさせてくれるそうで. 小樽の出身です
かもめがマストにとまっています
9月14日 「ネボスケさん 起きなさいよ」と言う敏子の声にめがさめましたがまだ
目はくっついている
「島が見えるよ」に やおらむっくりおきあがり. 外をのぞくと 成程みえます.
時計を見ると8時でした.
大小の島がつぎから次へと見えます.
米人がモーターボートで遊んでいます.
島をぼうえんきょうで見て見ると. 小さな島なのにアスファルトがしかれ
自動車が走り. ハウスが立並び. 飛行場まであります.
アメリカの文化の発達 この島を見ただけでわかりました.

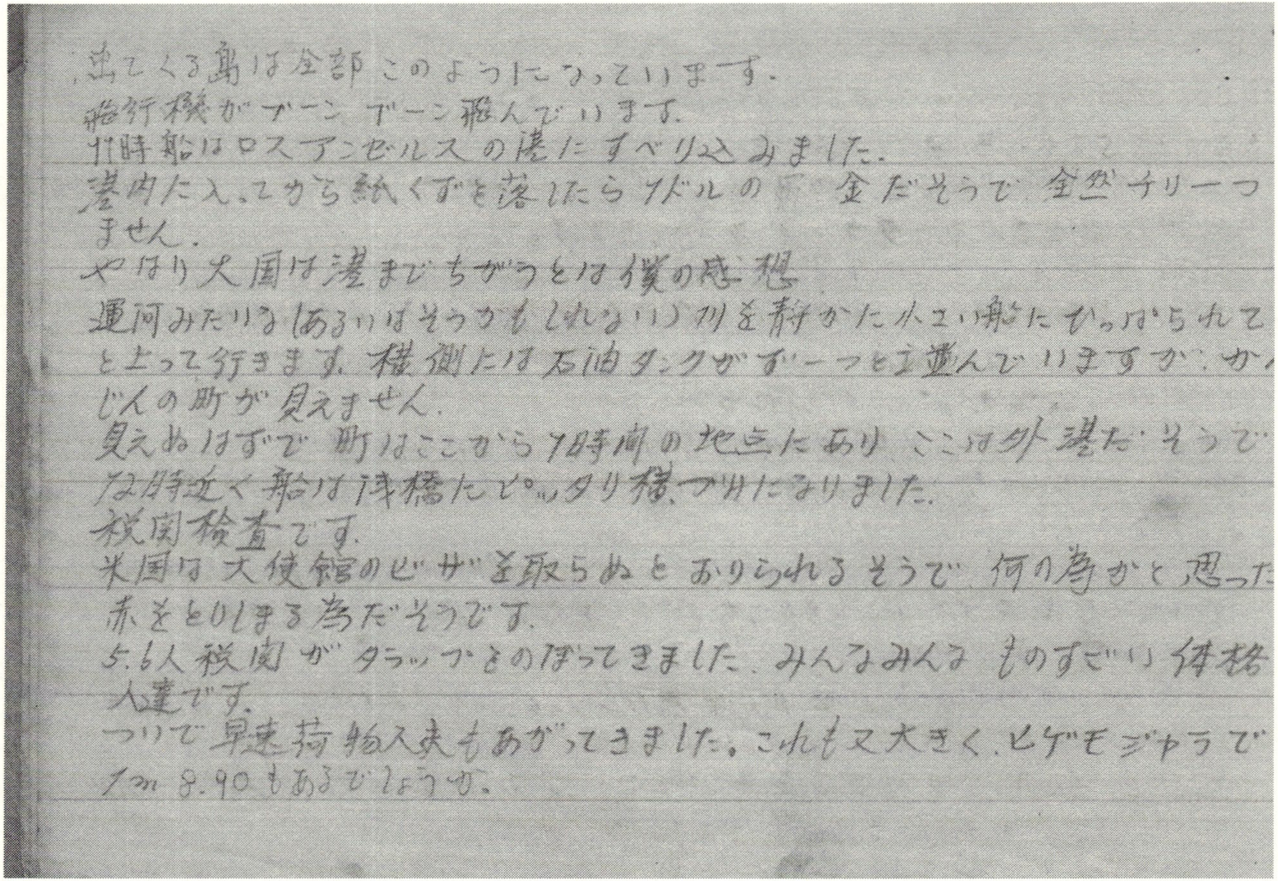
出てくる島は全部このようになっています.
飛行機がブーンブーン飛んでいます.
11時船はロスアンゼルスの港にすべり込みました.
港内に入ってから紙くずを落したら1ドルの 金だそうで 全然チリ一つ
ません.
やはり大国は港までちがうとは僕の感想
運河みたいな(あるいはそうかもしれない)所を静かに小さい船にひっぱられて
と上って行きます. 横側には石油タンクがずーっと並んでいますが, か
じんの町が見えません.
見えぬはずで 町はここから1時間の地点にあり ここは外港だそうで
12時近く船は桟橋にピッタリ横づけになりました.
税関検査です.
米国は大使館のビザを取らぬとおりられるそうで 何の為かと思った
赤をとりしまる為だそうです.
5.6人税関がタラップをのぼってきました. みんなみんなものすごい体格
人達です.
ついで早速荷物人夫もあがってきました。これも又大きく. ヒゲモジャラで
1m 8.90もあるでしょうか.

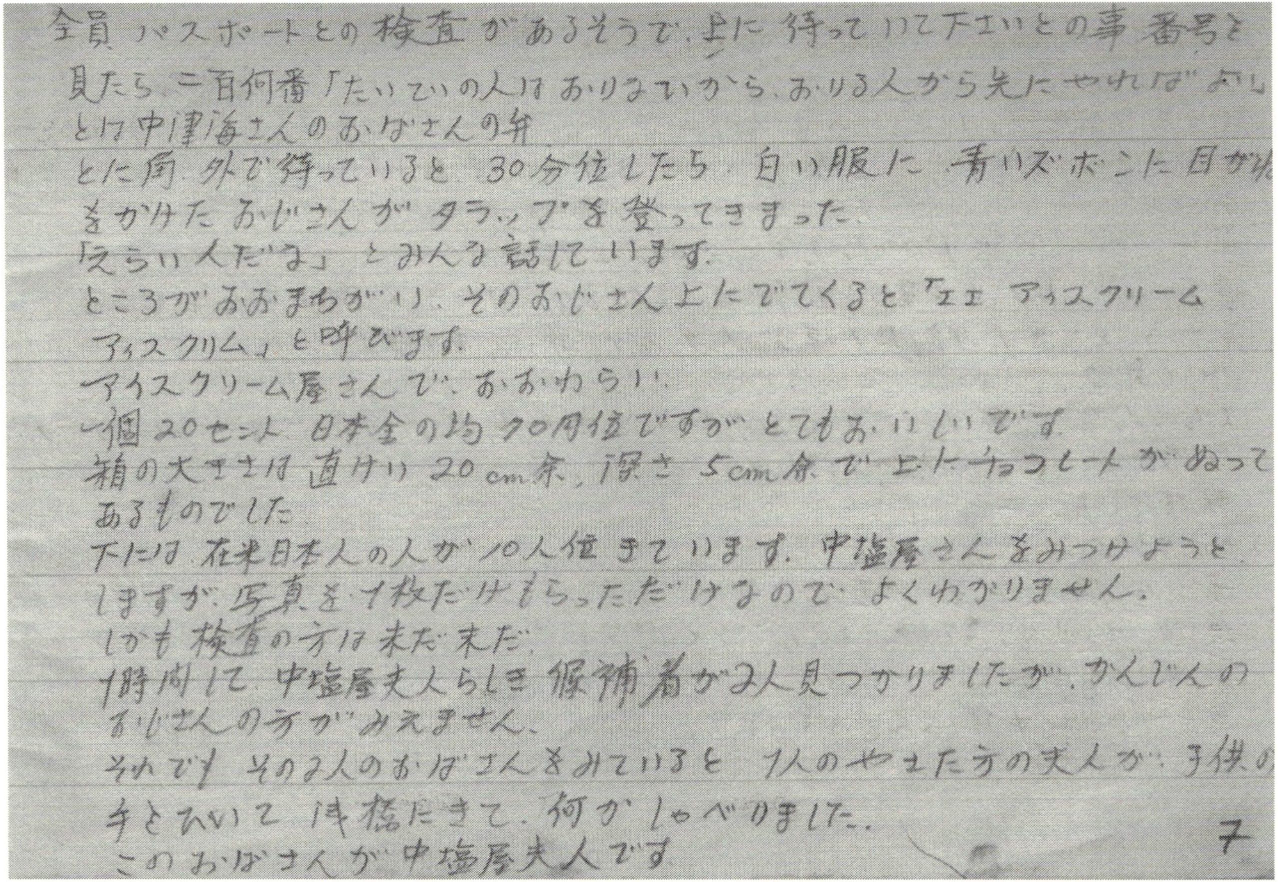

全員パスポートとの検査があるそうで、上に待っていて下さいとの事 番号を
見たら 二百何番「たいていの人はおりないから、おりる人から先にやればよい」
とは中津海さんのおばさんの弁
とた向、外で待っていると 30分位したら 白い服に 青いズボンに目がね
をかけたおじさんがタラップを登ってきまった。
「えらい人だな」とみんな話しています。
ところがおおまちがい、そのおじさん上にでてくると「エエ アイスクリーム
アイスクリム」と呼びます。
アイスクリーム屋さんで、おおわらい
一個20セント 日本金の約70円位ですがとてもおいしいです
箱の大きさは直けい20cm余、深さ5cm余で上にチョコレートがぬって
あるものでした
下には在米日本人の人が10人位きています。中塩屋さんをみつけようと
しますが、写真を1枚だけもらっただけなので よくわかりません。
しかも検査の方は未だ未だ。
1時間して 中塩屋夫人らしき候補者が2人見つかりましたが、かんじんの
おじさんの方がみえません。
それでも その2人のおばさんをみていると 1人のやせた方の夫人が、子供の
手をひいて 傍にきて、何かしゃべりました。
このおばさんが中塩屋夫人です
7

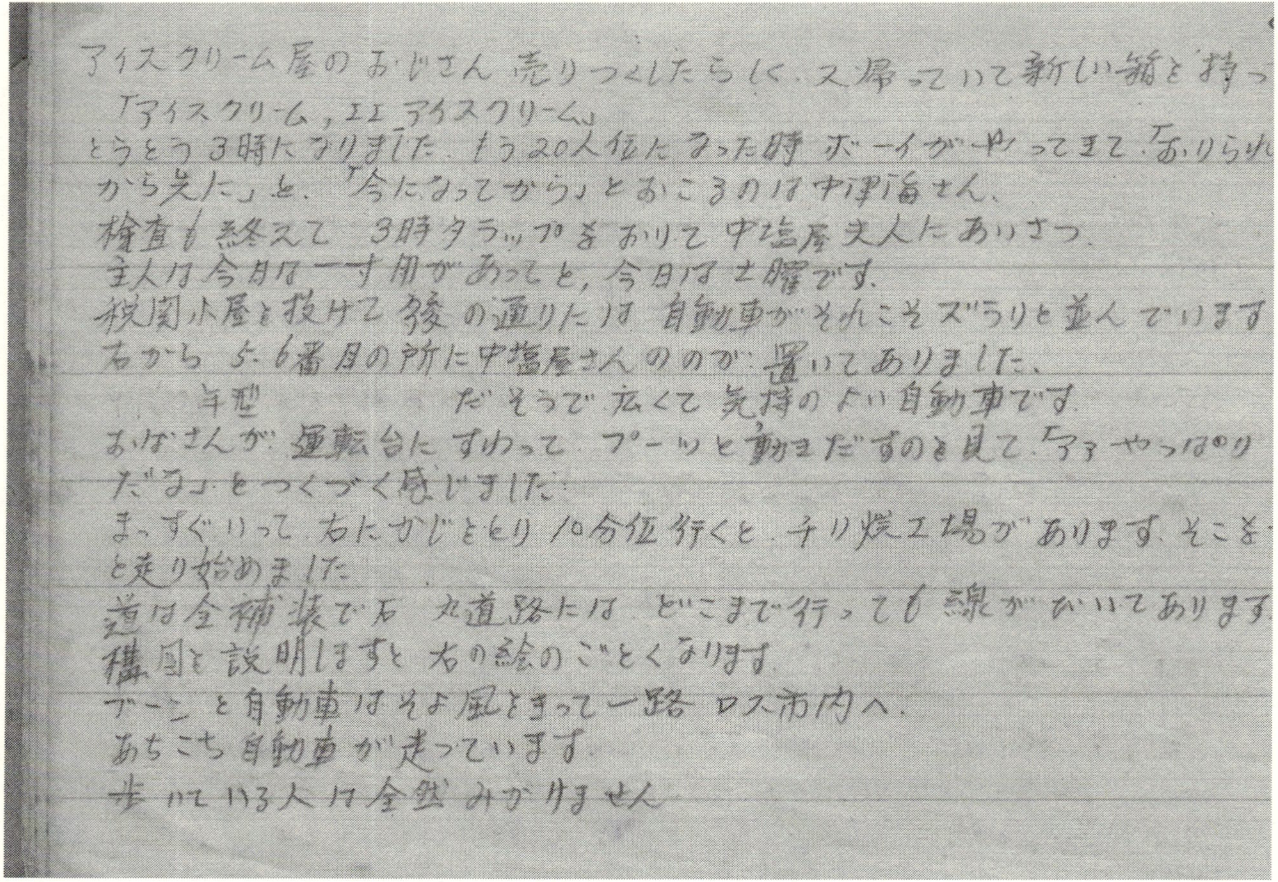
アイスクリーム屋のおじさん売りつくしたらしく、又帰っていって新しい箱を持っ
「アイスクリーム，エエアイスクリーム」
とうとう3時になりました。もう20人位になった時ボーイがやってきて「おりられ
から先に」と。「今になってから」とおこるのは中浬涌さん。
検査も終えて3時タラップをおりて中塩屋夫人にあいさつ。
主人は今日は一寸用があってと，今日は土曜です。
税関小屋を抜けて後の通りには自動車がそれこそズラリと並んでいます
右から5、6番目の所に中塩屋さんのが置いてありました。
年型　だそうで広くて気持のよい自動車です。
おくさんが運転台にすわってブーッと動きだすのを見て「アァやっぱり
だなア」をつくづく感じました。
まっすぐ行って右にかじをとり10分位行くと、干り焼工場があります。そこを
と走り始めました
道は全舗装で右　え道路にはどこまで行っても線がかいてあります。
構図を説明しますと右の絵のごとくなります。
ブーンと自動車はそよ風をきって一路ロス市内へ。
あちこち自動車が走っています。
歩いている人は全然みかけません

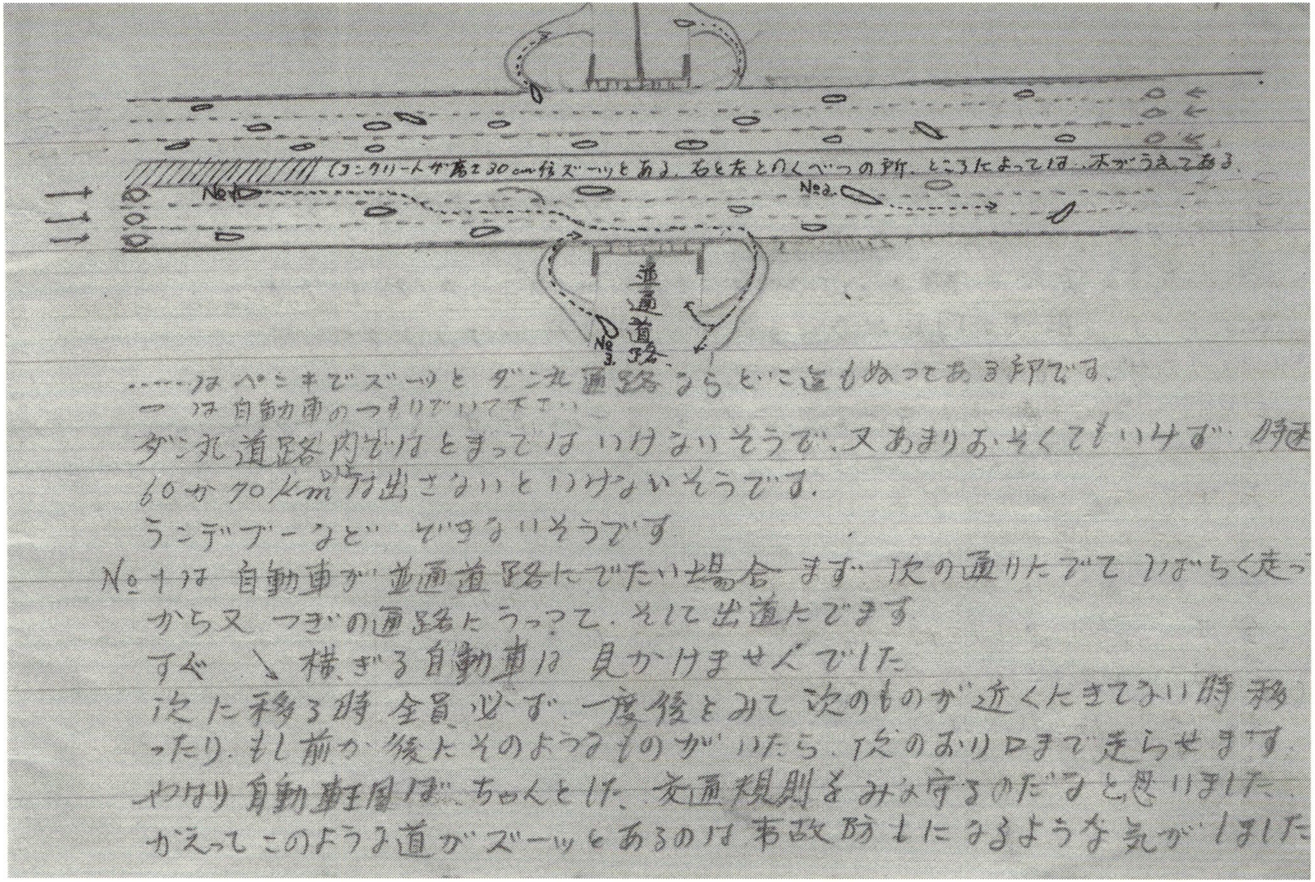

……はペンキでズーッとダン丸道路ならどこ迄もぬってある印です。
ー は自動車のつもりでいて下さい
ダン丸道路内ではとまってはいけないそうで、又あまりおそくてもいけず、時速
60か70kmは出さないといけないそうです。
ランデブーなどできないそうです
No.1は 自動車が並通道路にでたい場合 まず 次の通りにでてしばらく走って
から又 つぎの通路にうつって、そして出道にでます
すぐ ↘ 横ぎる自動車は見かけませんでした
次に移る時 全員必ず一度後をみて 次のものが近くにきてない時移
ったり、もし前か後にそのようなものがいたら、次のおり口まで走らせます
やはり自動車屋は、ちゃんとした交通規則をみな守るのだなと思いました。
かえってこのような道がズーッとあるのは事故防もになるような気がしました

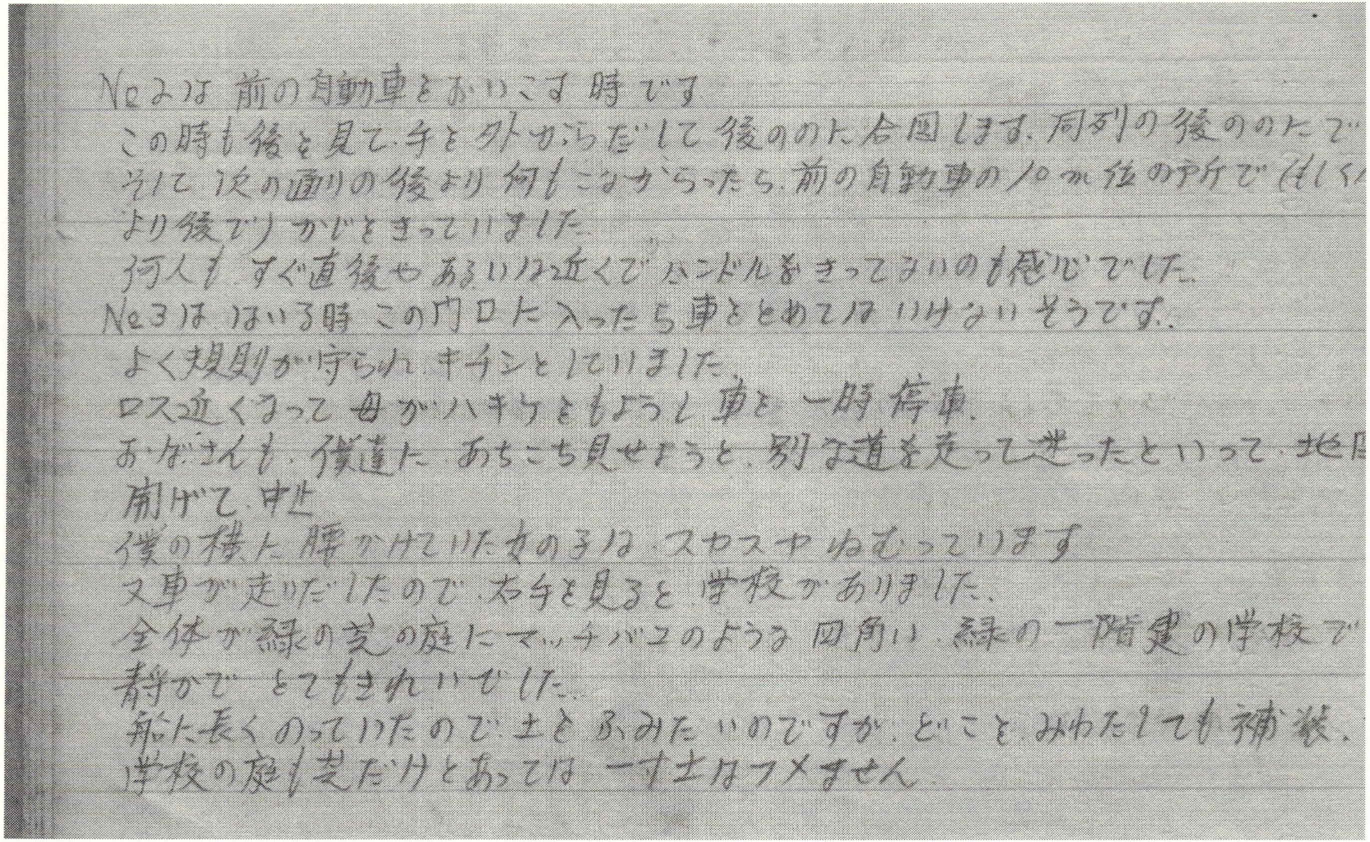
No.2は 前の自動車をおいこす時です
この時も後を見て.手を外からだして後ののに合図します.同列の後ののたで
そして 次の通りの後より 何もこなかったら.前の自動車の10m位の所で(ほく
より後でりかじをきっていました
何人も すぐ直後やあるいは近くでハンドルをきってないのも感心でした.
No.3は はいる時 この門口に入ったら車をとめてはいけないそうです.
よく規則が守られ.キチンとしていました.
ロス近くなって 母がハキケをもようし車を一時停車.
おじさんも.僕達に.あちこち見せようと.別な道を走って迷ったといって.地図
開げて.中止
僕の横に腰かけていた女の子は.スヤスヤねむっています
又車が走りだしたので.右手を見ると 学校がありました.
全体が緑の芝の庭にマッチバコのような四角い.緑の一階建の学校で
静かで とてもきれいでした.
船に長くのっていたので.土をふみたいのですが.どこをみわたしても補装.
学校の庭も芝だけとあっては 一寸土はフメません.

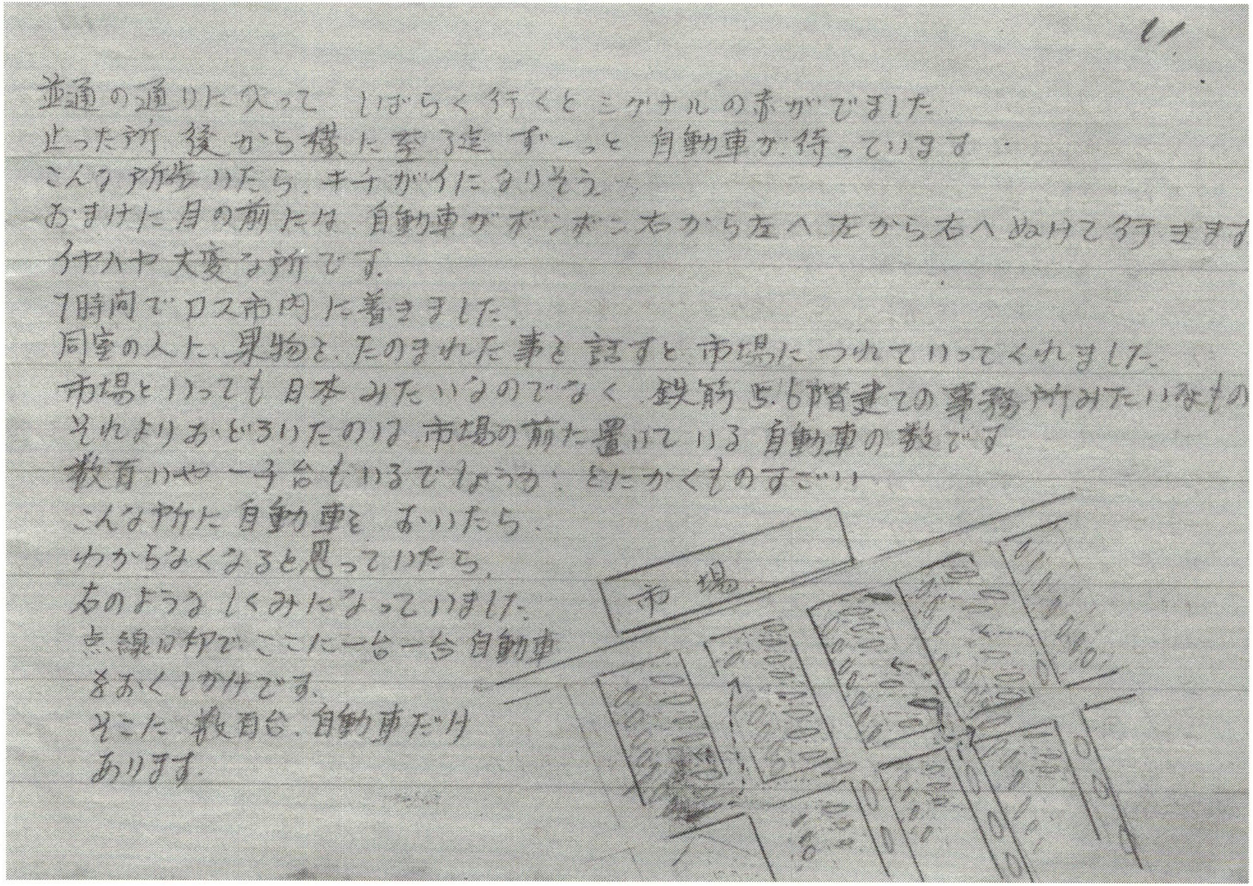

11

並通の通りに入って しばらく行くと シグナルの赤がでました
止った所 後から横に至る迄 ずーっと 自動車が待っています
こんな所歩いたら キチガイになりそう
おまけに目の前には 自動車がボンボン右から左へ 左から右へ ぬけて行きます
イヤハヤ 大変な所です.
7時間で ロス市内に着きました.
同室の人に 果物を たのまれた事を 話すと 市場につれていってくれました.
市場といっても 日本みたいなのでなく 鉄筋 5.6階建ての事務所みたいなもの
それよりおどろいたのは 市場の前に置いている 自動車の数です
数百いや 一千台もいるでなうか とにかくものすごい!!
こんな所に 自動車を おいたら
わからなくなると思っていたら,
右のようなしくみになっていました.
点線日印で ここに一台一台 自動車
をおくしかけです.
そこに 数百台 自動車だけ
あります.

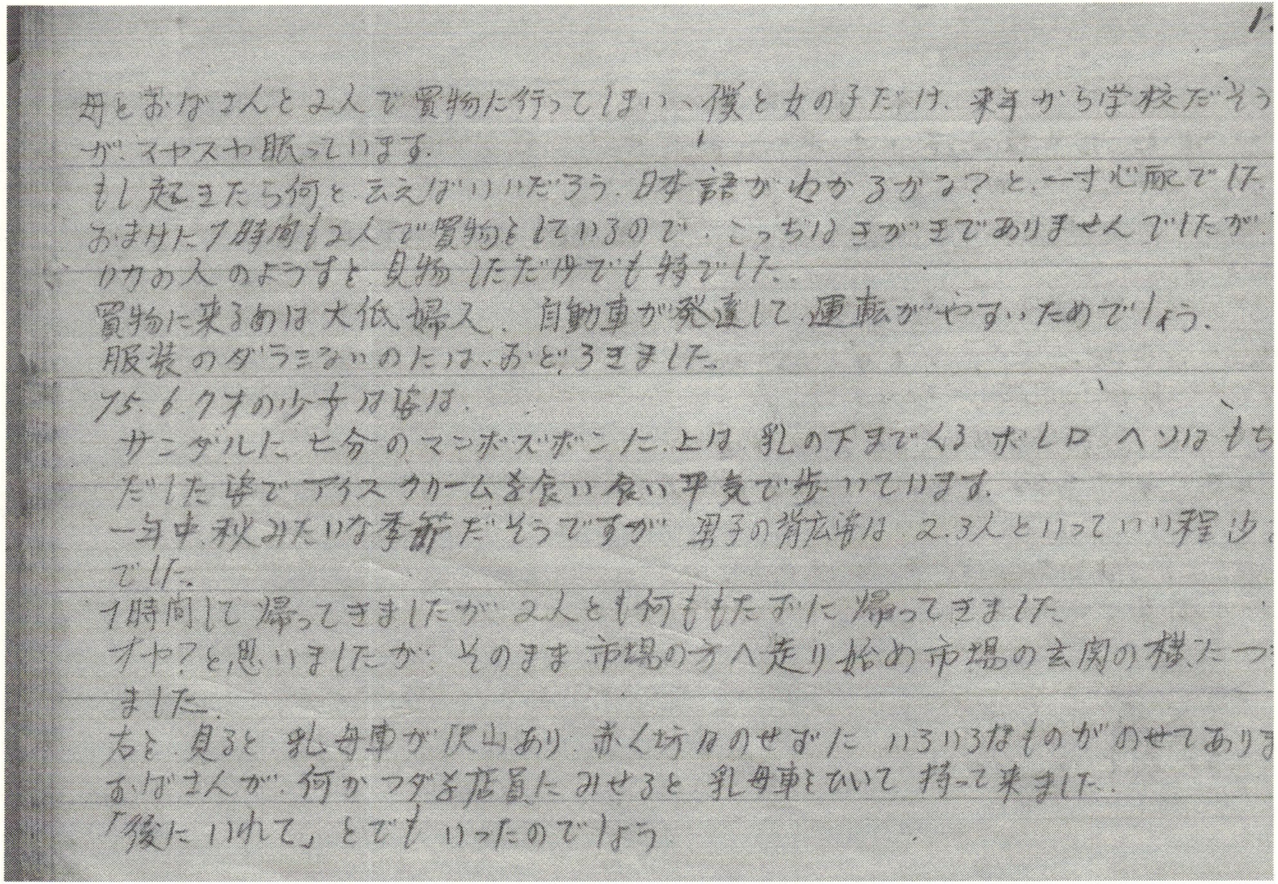

1.

母とおばさんと2人で買物に行ってしまい、僕と女の子だけ。来年から学校だそう
が、スヤスヤ眠っています。
もし起きたら何と云えばいいだろう。日本語がわかるかな?と、一寸心配でした
おまけに1時間も2人で買物をしているので、こっちはきがきでありませんでしたが
ソトの人のようすを見物しただけでも楽でした。
買物に来る者は大低婦人。自動車が発達して運転がやすいためでしょう。
服装のダラシないのには、おどろきました。
15.6才の少女等は、
サンダルに七分のマンボズボンに上は乳の下までくるボレロ　ヘソはもち
だした姿でアイスクリームを食い食い平気で歩いています。
一年中秋みたいな季節だそうですが　男子の背広者は　2.3人といっていい程少な
でした。
1時間して帰ってきましたが、2人とも何ももたずに帰ってきました
オヤ?と思いましたが、そのまま市場の方へ走り始め市場の玄関の横につ
ました。
右を見ると　乳母車が沢山あり　赤く坊やをのせずに　いろいろなものがのせてありま
おばさんが、何かつげて店員にみせると　乳母車をひいて持って来ました。
「後にいれて」とでもいったのでしょう

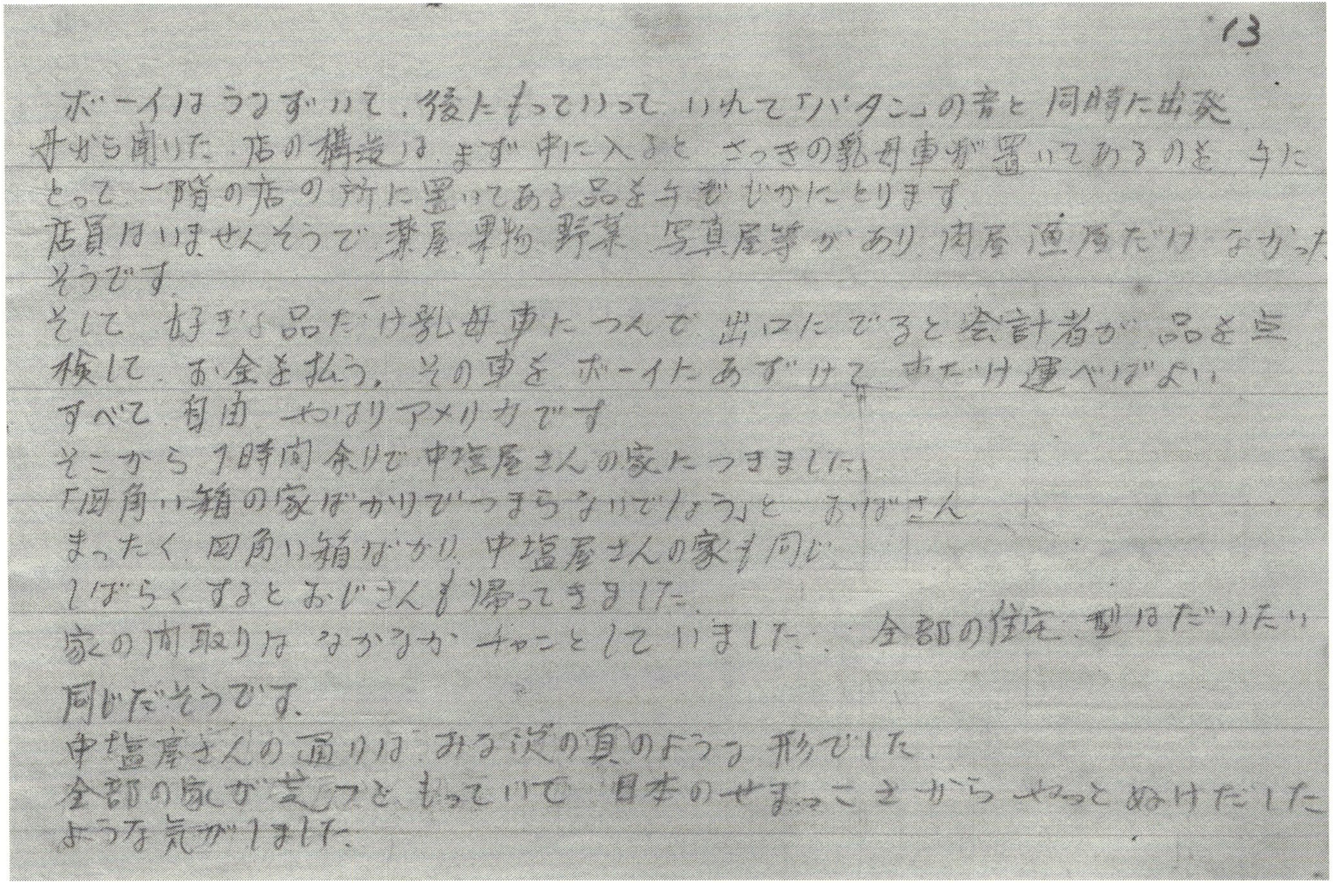

13

ボーイはうなずいて、後たもっていっていれて「バタン」の音と同時た出発
戸が開いた 店の構造は まず中に入ると さっきの乳母車が置いてあるのを 手た
とって 一階の店の所に置いてある品を手でじかにとります
店員はいませんそうで 薬屋 果物 野菜 写真屋等があり 肉屋 酒屋だけ なかった
そうです
そして 好きな品だけ乳母車たつんで 出口たでると会計者が 品を点
検して お金を払う。その車を ボーイたあずけて 車だけ運べばよい
すべて自由 やはりアメリカです
そこから 1時間余りで 中塩屋さんの家たつきました
「四角い箱の家ばかりでつまらないでなう」と おばさん
まったく 四角い箱ばかり 中塩屋さんの家も同じ
しばらくするとおじさんも帰ってきました
家の間取りは なかなか チャンとしていました。 全部の住宅 型はだいたい
同じだそうです
中塩屋さんの通りは みる次の頁のような形でした
全部の家が芝生をもっていて 日本のせまっこさから やっとぬけだした
ような気がしました

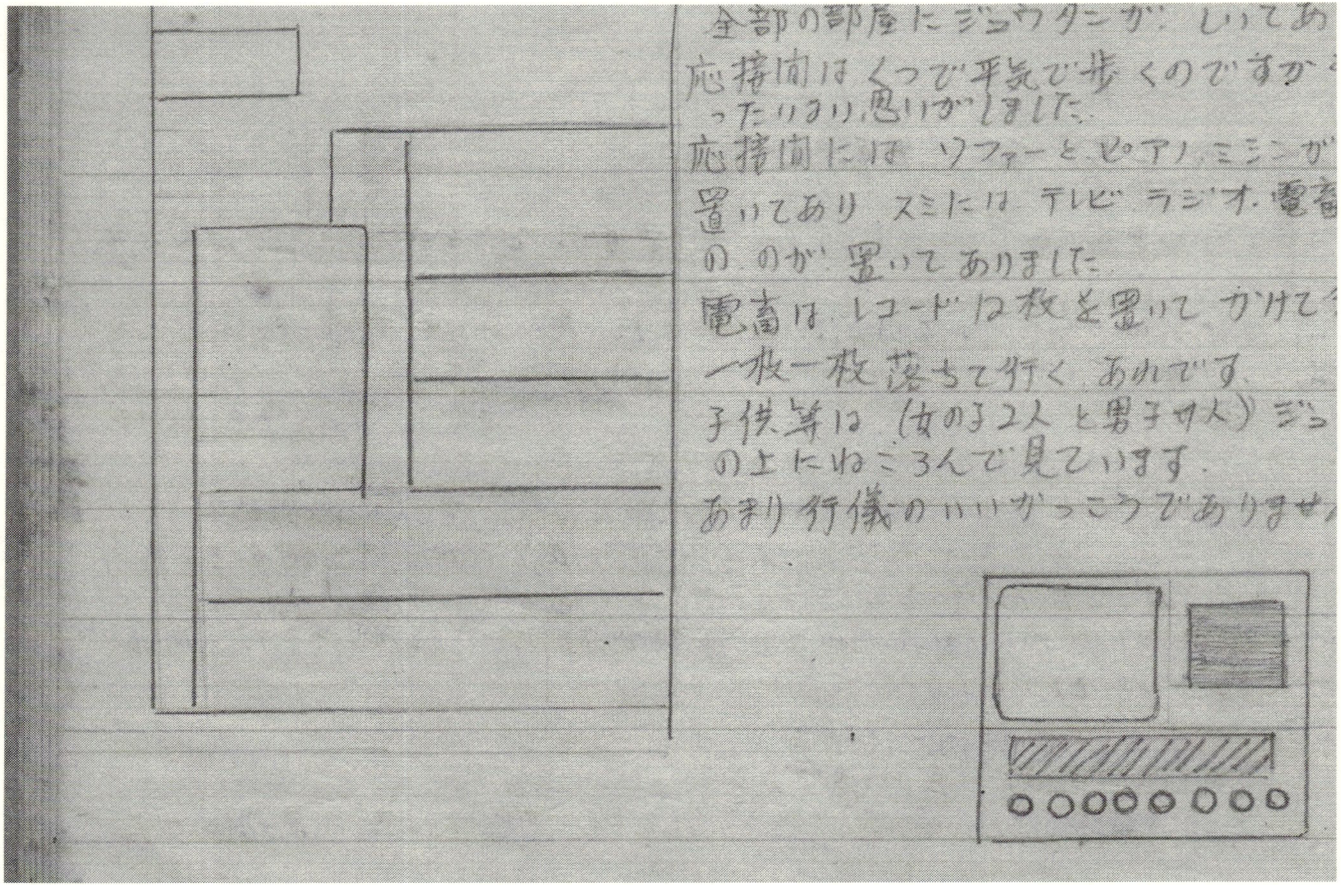

全部の部屋にジュウタンがしいてあ
応接間はくつで平気で歩くのですが
ったりあり思いがしました。
応接間にはソファーとピアノ、ミシンが
置いてありスミにはテレビ、ラジオ、電蓄
の、のが置いてありました。
電蓄はレコード12枚を置いてかけて
一枚一枚落ちて行くあれです。
子供等は（女の子2人と男子4人）ジュ
の上にねころんで見ています。
あまり行儀のいいかっこうでありませ

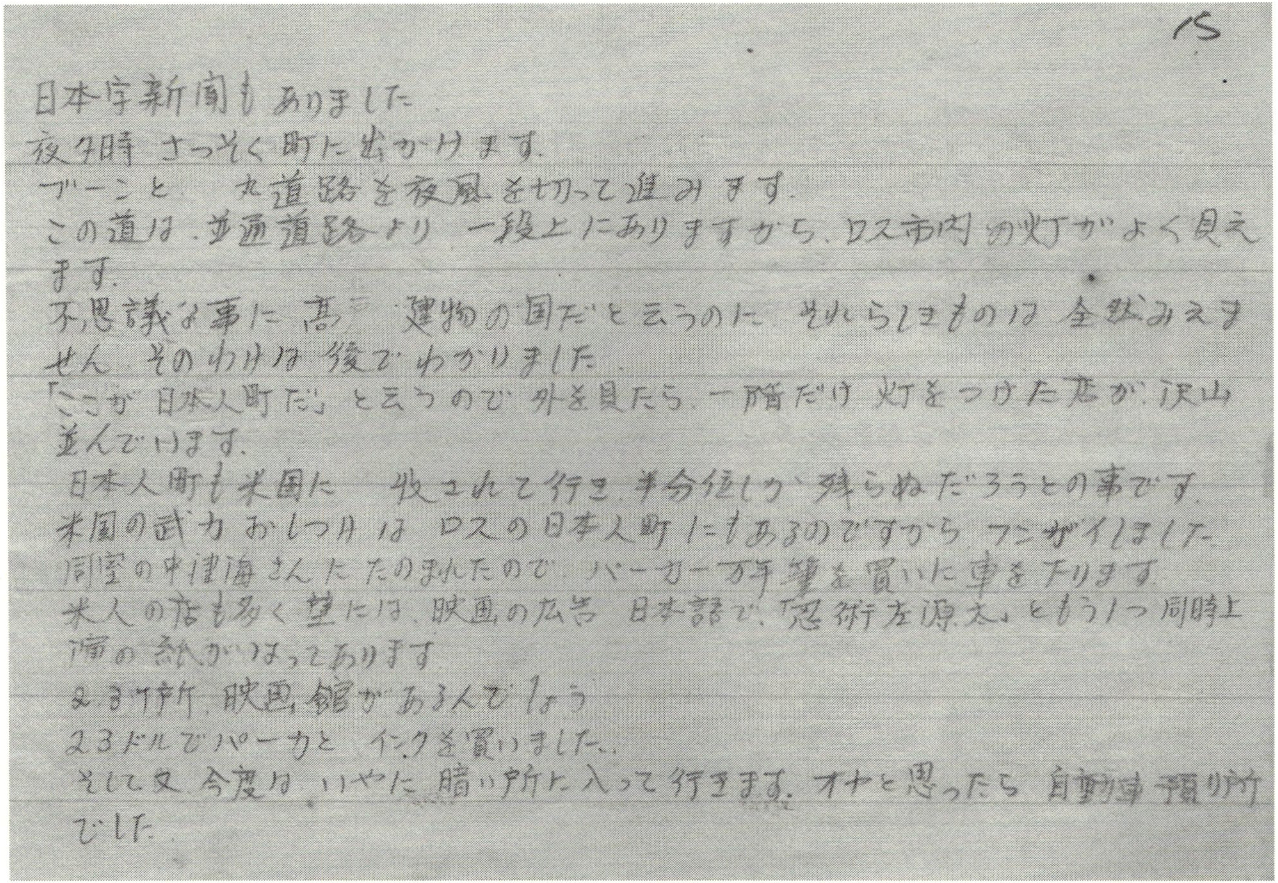

15

日本字新聞もありました

夜9時 さっそく町に出かけます.

ブーンと 丸道路を夜風を切って進みます.

この道は 普通道路より 一段上にありますから、ロス市内の灯がよく見えます.

不思議な事に 高い建物の国だと云うのに それらしきものは 全然みえません その訳は後でわかりました.

「ここが日本人町だ」と云うので 外を見たら 一階だけ 灯をつけた店が 沢山並んでいます.

日本人町も米国に 收されて行き 半分位しか残らぬだろうとの事です.

米国の武力おしつけは ロスの日本人町にもあるのですから フンガイしました

同室の中津海さんにたのまれたので パーカー万年筆を買いに車を下ります.

米人の店も多く壁には 映画の広告 日本語で「忍術左源太」ともう1つ同時上演の紙がはってあります

又3ヶ所 映画館があるんでしょう

23ドルでパーカとインクを買いました.

そして又 今度はいやに暗い所に入って行きます. オヤと思ったら 自動車預り所でした.

16

そこに預けて再び往来に出て入った所は料理店。二階の　に陣取って
中　料理を取りました
御飯に中　料理が7、8種類
とてもおいしく久しぶりに腹が喜んだ事でしょう。船の食事はまずいから
ここも設備はよく特に幼年向きにイスは右のようなのがあり
ます。

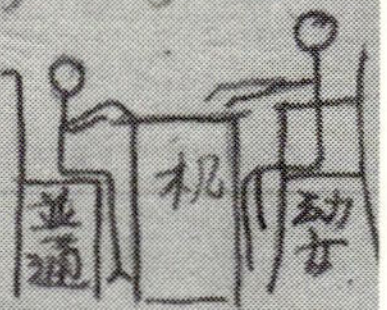

1時間位して再び外へ
おなさんは　明日帰るのを非常におしんでいました。明後日今年のファッション大会
あるのだそうです
9時すぎ車に乗って町の中を走ります
横には　光燈に照らされたショウウインドウのマネキンが美しく着　さってい
女の服装は黒のものが多く背広は3つボタンが多いでしたが、どうでした
二階に灯がついていないので、ふと窓から上を見ると十数階の建物が立ち並んで
います
つまり土曜日なので誰もいないから一階しか　が照らないのでした
ゴーと電車が通り過ぎました

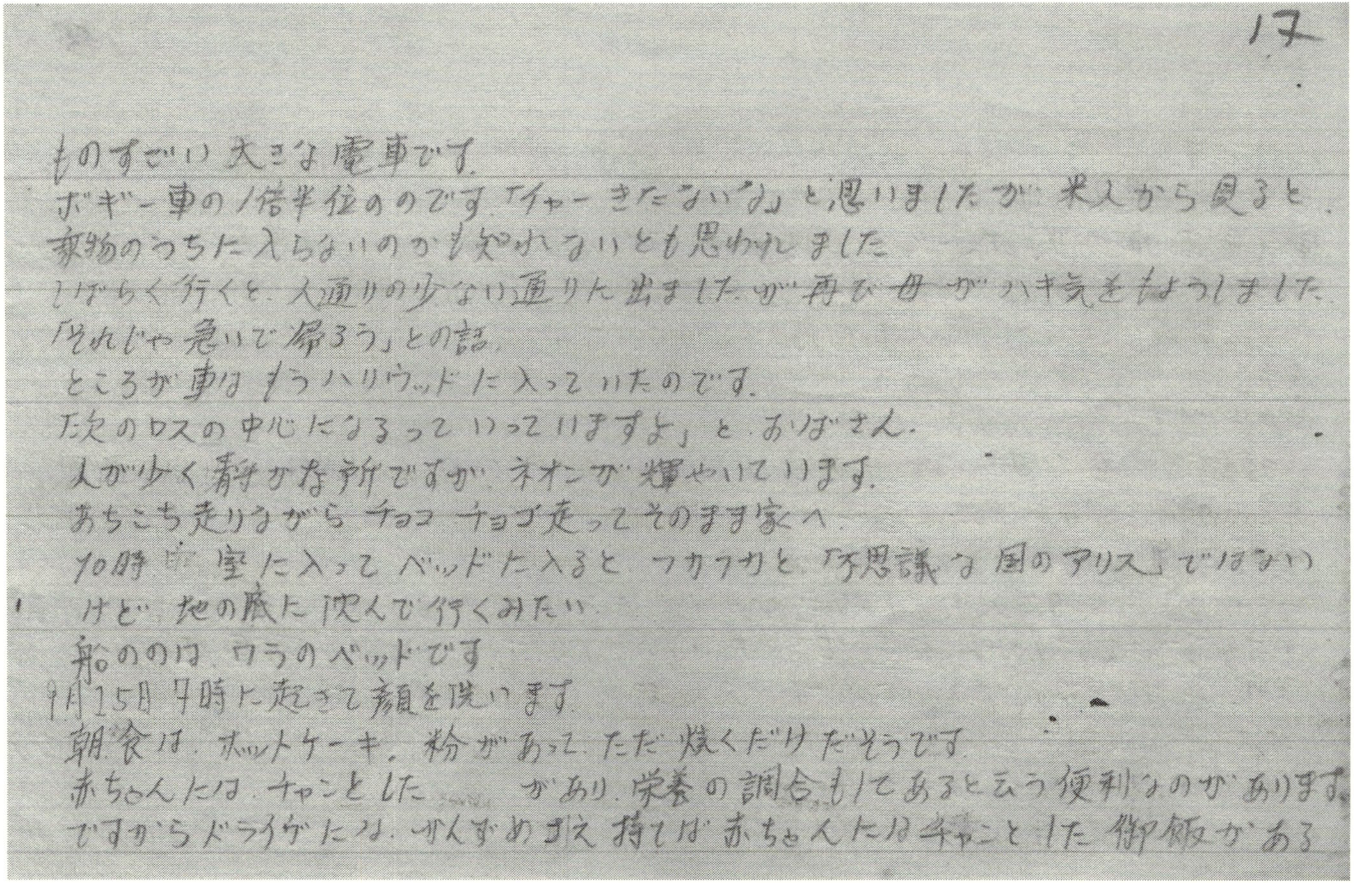

17

ものすごい大きな電車です.
ボギー車の1倍半位のです.「イャーきたないな」と思いましたが米人から見ると
乗物のうちに入らないのかも知れないとも思われました
しばらく行くと.人通りの少ない通りに出ましたが再び母がハキ気をもようしました
「それじゃ急いで帰ろう」との話.
ところが車はもうハリウッドに入っていたのです.
たのロスの中心になるっていってますよ」と.おばさん.
人が少く静かな所ですが.ネオンが輝やいています.
あちこち走りながらチョコチョコ走ってそのまま家へ.
10時.寝室に入ってベッドに入るとフカフカと.「不思議な国のアリス」ではない
けど.地の底に沈んで行くみたい.
船のの日.ワラのベッドです
9月15日7時に起きて顔を洗います
朝食は.ホットケーキ.粉があってただ焼くだけだそうです.
赤ちゃんには.チャンとした　があり.栄養の調合もしてあると云う便利なのがあります.
ですからドライブにな.かんずめさえ持てば赤ちゃんにはチャンとした御飯がある

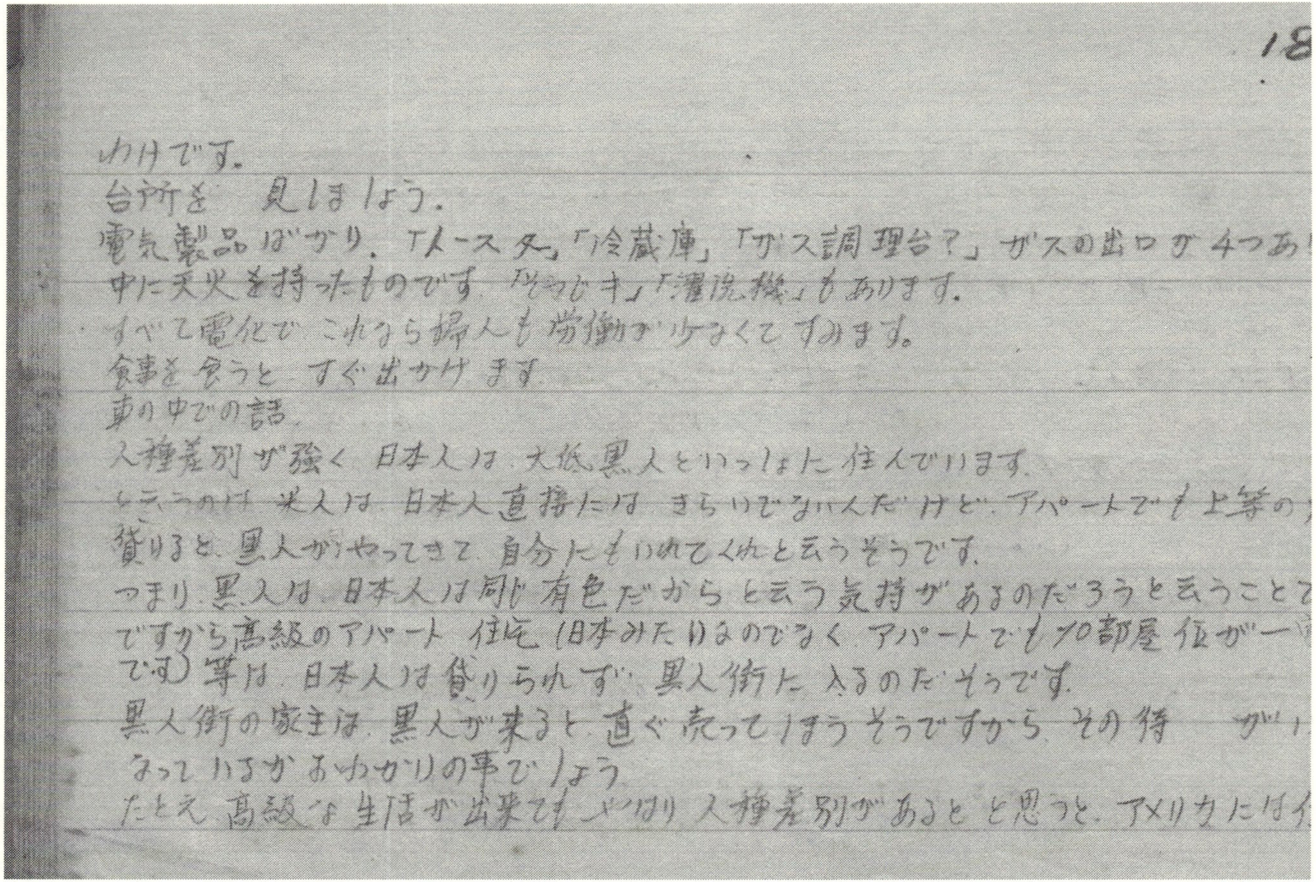

18

わけです。
台所を　見ましょう。
電気製品ばかり。「トースター」「冷蔵庫」「ガス調理台？」ガスの出口が4つあり
中に天火を持ったものです「そうじき」「洗濯機」もあります。
すべて電化で これなら婦人も労働が少なくてすみます。
食事を食うと すぐ出かけます
車の中での話。
人種差別が強く 日本人は 大抵黒人といっしょに住んでいます。
と云うのは 米人は 日本人直接には きらいでないんだけど、アパートでも上等の
貸りると、黒人がやってきて 自分たちもいれてくれと云うそうです。
つまり黒人は 日本人は同じ有色だからと云う気持があるのだろうと云うことで
ですから高級のアパート 住宅（日本みたいなのでなく アパートでも10部屋位が一
です）等は 日本人は貸りられず 黒人街に入るのだそうです。
黒人街の家主は 黒人が来ると 直ぐ売ってしまうそうですから その待　がい
なっているかおわかりの事でしょう
たとえ 高級な生活が出来ても やはり人種差別があるとと思うと、アメリカには

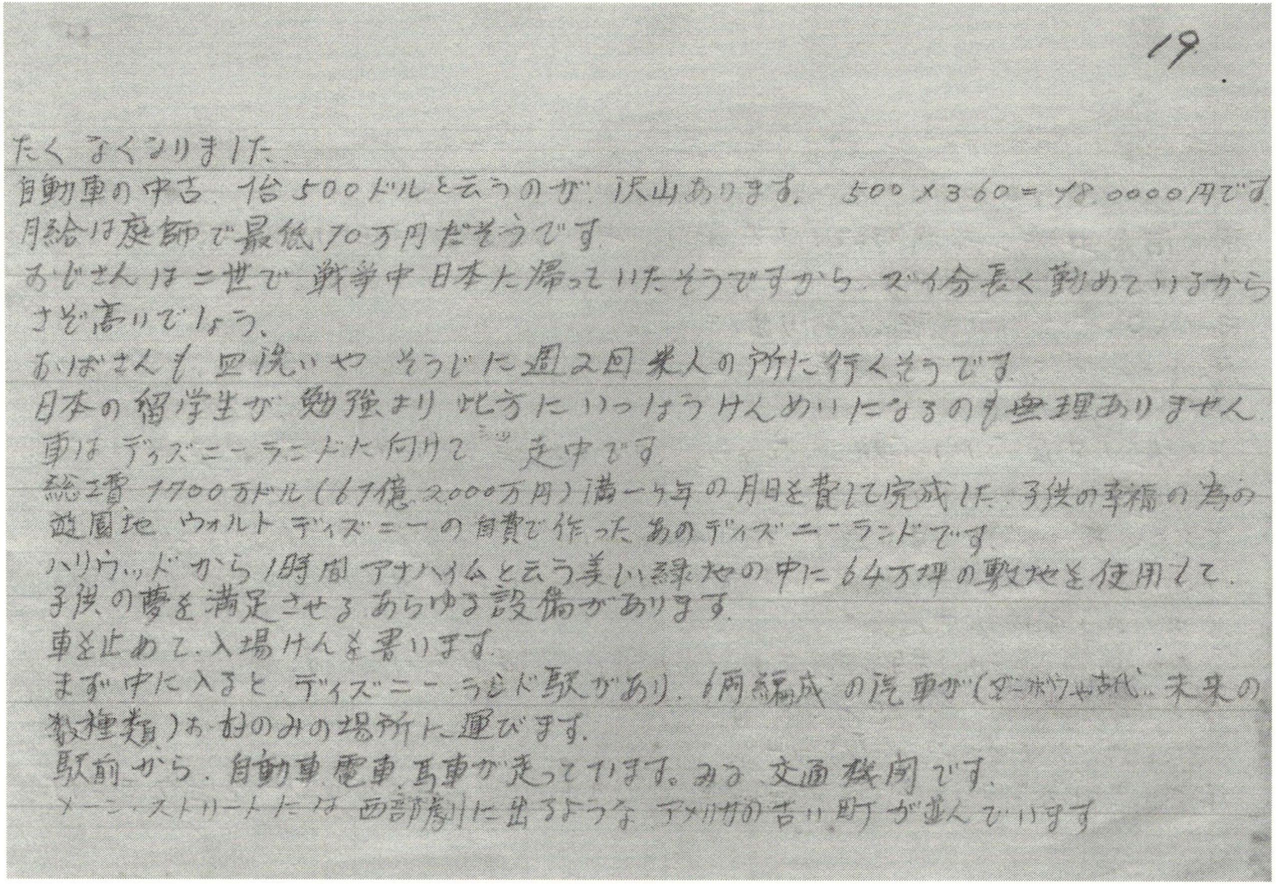
19

たくさくなりました.
自動車の中古 1台500ドルと云うのが 沢山あります. 500×360=18,0000円です.
月給は庭師で最低70万円だそうです.
おじさんは二世で 戦争中 日本に帰っていたそうですから, ずい分長く勤めているから
さぞ高いでしょう.
おばさんも 皿洗いや そうじに週2回米人の所に行くそうです.
日本の留学生が 勉強より 此方にいっしょうけんめいになるのも無理ありません.
車はディズニーランドに向けて シッ走中です.
総工費 1700万ドル(67億2000万円)満一ヶ年の月日を費して完成した 子供の幸福の為の
遊園地 ウォルトディズニーの自費で作ったあのディズニーランドです.
ハリウッドから1時間 アナハイムと云う美しい緑地の中に64万坪の敷地を使用して
子供の夢を満足させるあらゆる設備があります.
車を止めて 入場けんを買います.
まず中に入ると ディズニーランド駅があり, 4両編成の汽車が(ボーボウや古代, 未来の
数種類)お好みの場所に運びます.
駅前から, 自動車 電車 馬車が走っています。みな 交通機関です.
メーン ストリートには 西部劇に出るような アメリカの古い町が並んでいます

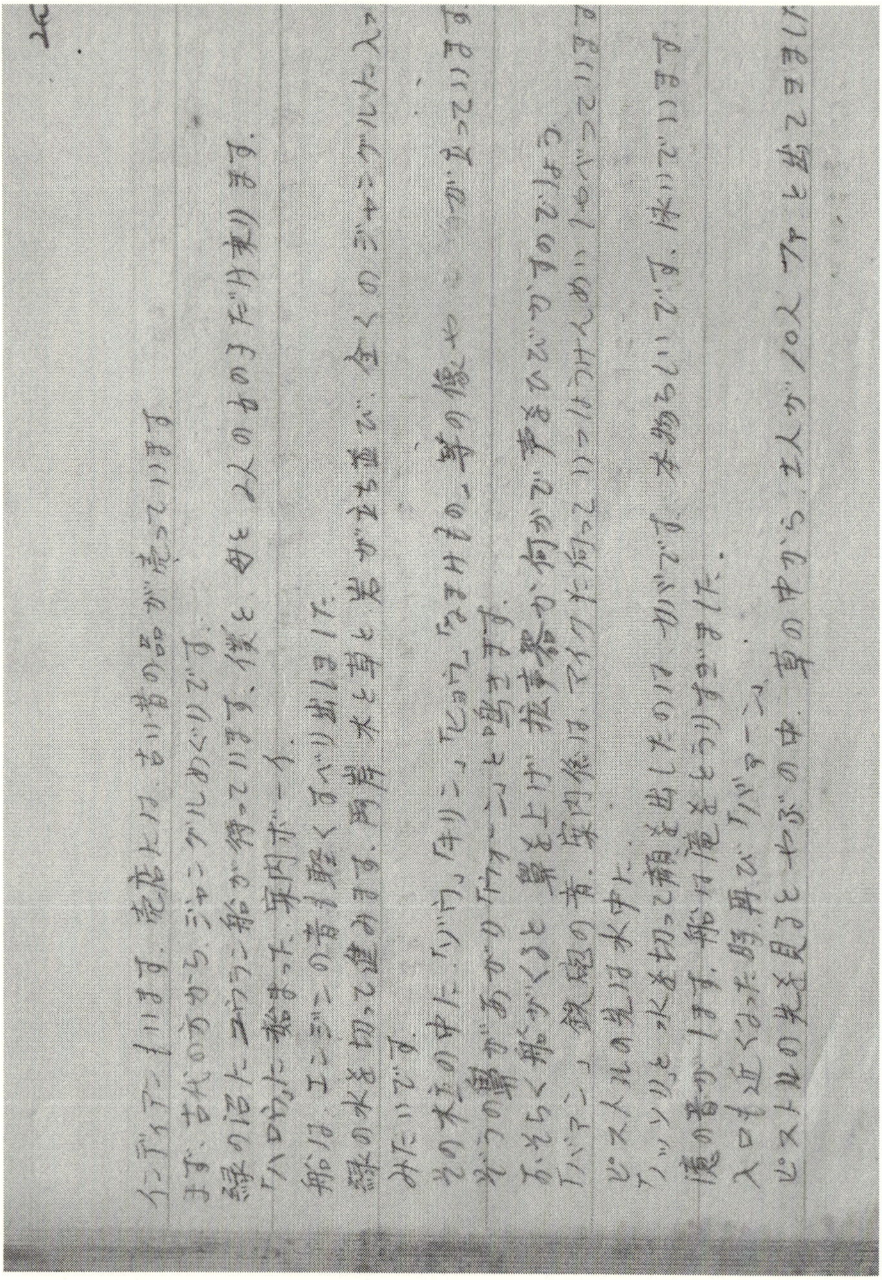

インディアンもいます. 売店には 古い昔の品が売っています
まず、古代の方から ジャングルめぐりです.
緑の沼に コウラン船が待っています、僕と 母と 2人の女の子だけ乗ります.
「ハロウ」に 始まった 案内ボーイ.
船は エンジンの音も軽くすべり出しました.
緑の水を切って進みます. 両岸 木と草と 岩が立ち並び 全くのジャングルに入っ
みたいです.
その木立の中に「ゾウ」「キリン」「ヒョウ」「なまけもの」等の像や [illegible] が立っています.
ゾウの鼻があがり「ウォーン」と鳴きます.
おそらく船がくると 鼻を上げ 拡声器か何かで声をひびかすのでしょう
「バァン」 鉄砲の音. 案内係は マイクに向っていっしょうけんめいしゃべっています
ピストルの先は水中に.
「ノッソリ」と 水を切って顔を出したのは カバです. 本物らしいです. 泳いでいます.
滝の音がします. 船は滝をとうりすぎました.
入口も近くなった時 再び「バァーン」.
ピストルの先を見ると やぶの中. 草の中から 土人が10人 ワァ と出てきまし

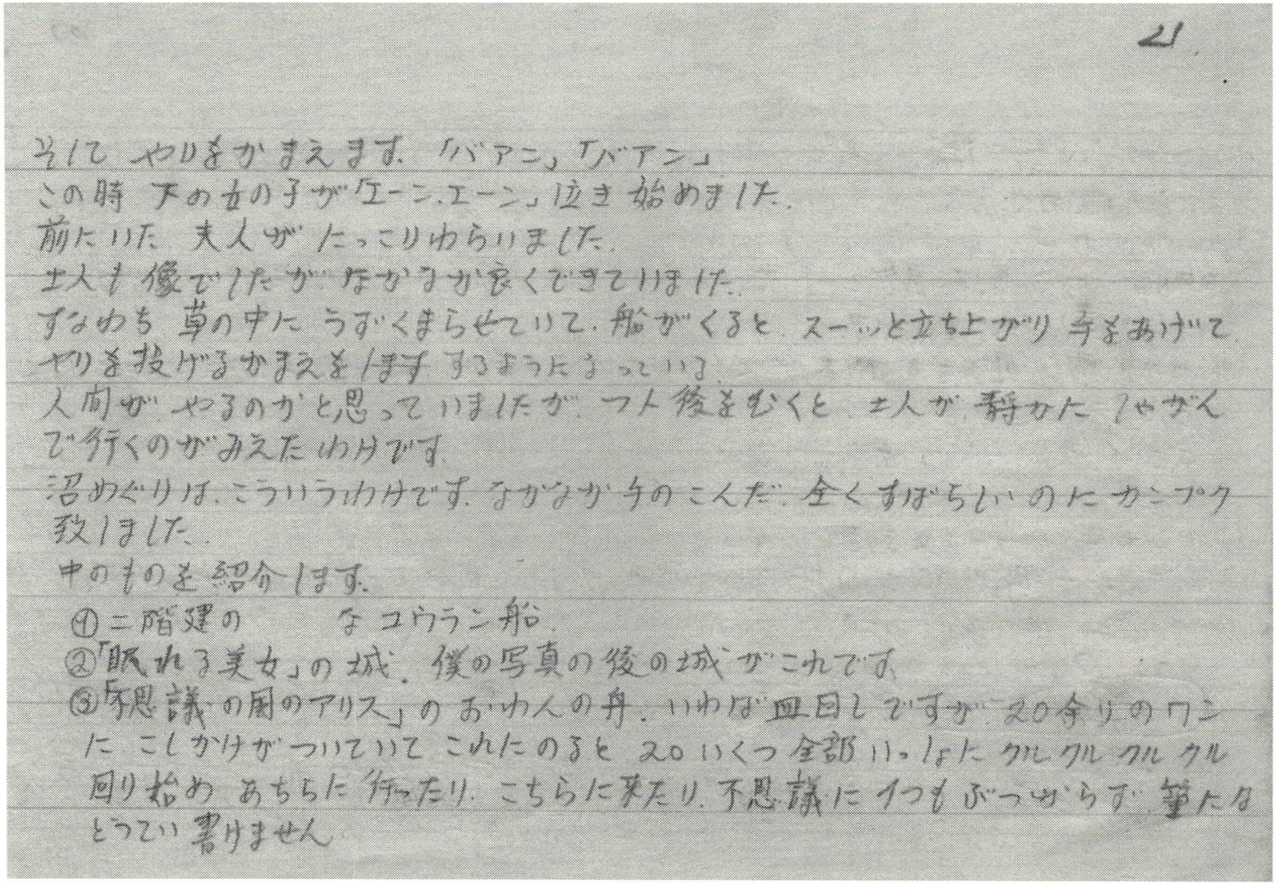

21.

そして やりをかまえます.「バアン」「バアン」
この時 下の女の子が「エーン.エーン」泣き始めました.
前にいた 夫人が たっこりわらいました.
土人も像でしたが なかなか良くできていました.
すなわち 草の中に うずくまらせていて.船がくると スーッと立ち上がり 手をあげて
やりを投げるかまえをします するようになっている.
人間がやるのかと思っていましたが.フト後をむくと 土人が 静かに しゃがんで行くのがみえたわけです
沼めぐりは.こういうわけです.なかなか手のこんだ.全くすばらしいのにカンプク致しました.
中のものを紹介します.
①二階建の　なコウラン船.
②「眠れる美女」の城.僕の写真の後の城がこれです.
③「不思議の国のアリス」のおわんの舟.いわば皿回しですが.20余りのワンに こしかけがついていて これにのると 20いくつ全部いっなに クルクル クルクル回り始め あちらに行ったり.こちらに来たり.不思議に1つもぶつからず.筆たな とうてい書けません

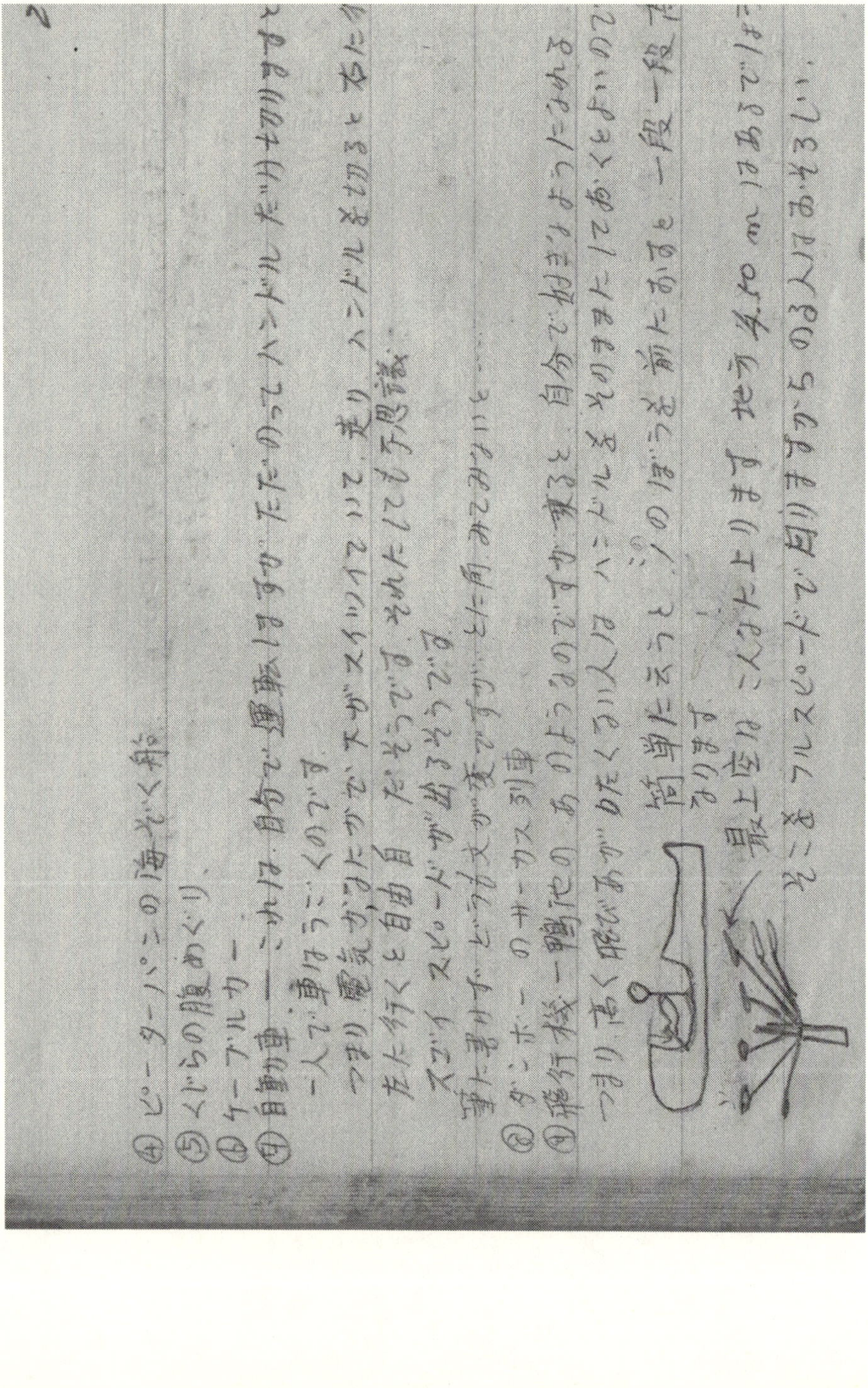

2

④ ピーターパンの海ゆく船.
⑤ くじらの腹めぐり.
⑥ ケーブルカー.
⑦ 自動車 ― これは 自分で 運転はすが ただのってハンドル だけ切りますと
一人で車はうごくのです
つまり 電気が みたいで 下が スイッツイていて 走り ハンドルを切ると 右た行
左た行くと 自由自 だそうです それたしても不思議
スゴイ スピードが出るそうです
筆た書けず どうも文が変ですが とた角 みてみないと……
⑧ ダンボー のサーカス列車
⑨ 飛行機 ― 鴨池の あのようなのですが 乗ると 自分で好きなようたなれる
つまり 高く飛びあがりたくない人は ハンドルを そのままたしておくとよいので
簡単た云うと この/のぼうを 前たおすと 一段一段た
なります
最上空は こんなたよります 地方 50 m はあるではな
そこを フルスピードで 回りますから のる人はおそろしい.

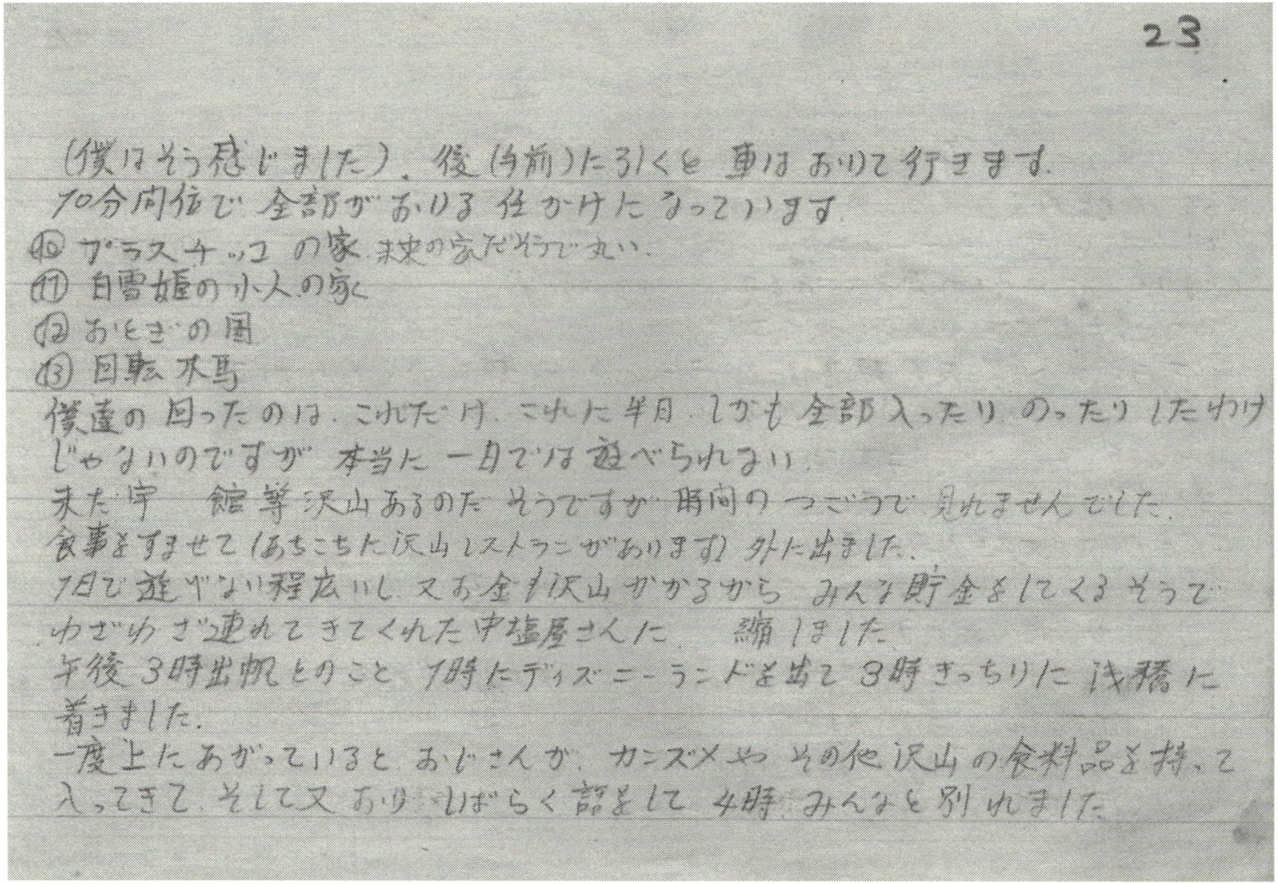

23

(僕はそう感じました)、後(手前)に引くと車はおりて行きます.
10分間位で全部がおりる仕かけになっています
⑩ プラスチックの家 未来の家だそうで丸い.
⑪ 白雪姫の小人の家
⑫ おとぎの国
⑬ 回転木馬
僕達の回ったのは、これだけ、これも半日、しかも全部入ったりのったりしたわけ
じゃないのですが本当に一日では遊べられない.
また宇　館等沢山あるのにそうですが時間のつごうで見れませんでした.
食事をすませて(あちこちに沢山レストランがあります)外に出ました.
1日で遊げない程広いし又お金も沢山かかるからみんな貯金をしてくるそうで
わざわざ連れてきてくれた伊塩屋さんに　謝しました.
午後3時出帆とのこと 1時にディズニーランドを出て3時きっちりに桟橋に
着きました.
一度上にあがっているとおじさんが、カンズメやその他沢山の食料品を持って
入ってきて、そして又おり　しばらく話をして4時みんなと別れました.

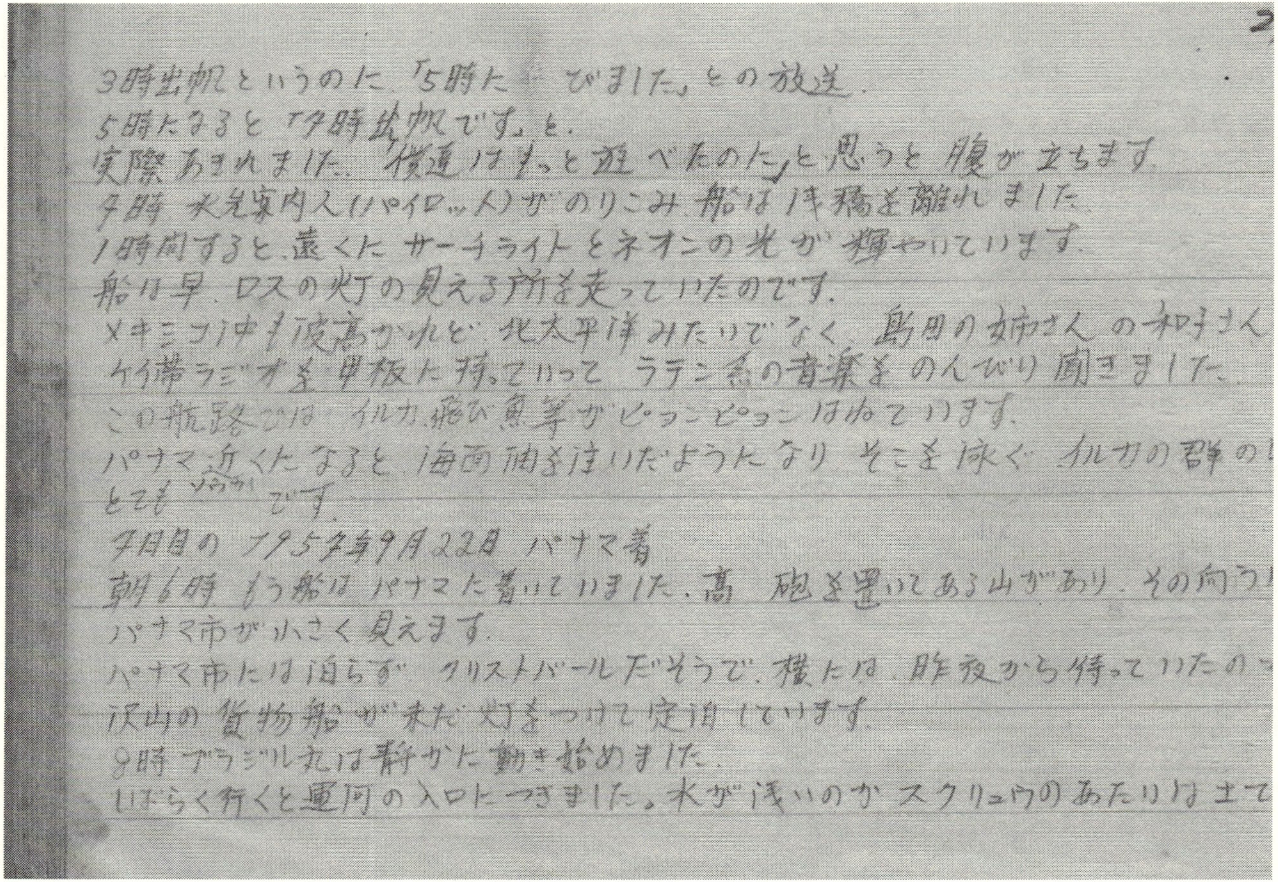
3時出帆というのに「5時にのびました」との放送.
5時になると「9時出帆です」と.
実際あきれました. 「横浜はもっと遊べたのに」と思うと腹が立ちます.
9時 水先案内人(パイロット)がのりこみ 船は桟橋を離れました.
1時間すると 遠くにサーチライトとネオンの光が輝いています.
船は早 ロスの灯の見える所を走っていたのです.
メキシコ沖も波高かれど 北太平洋みたいでなく 島田の姉さんの和子さん
携帯ラジオを甲板に持っていって ラテン系の音楽をのんびり聞きました.
この航路では イルカ 飛び魚等がピョンピョンはねています.
パナマ近くになると 海面油をはいだようになり そこを泳ぐ イルカの群の
とても ソウカン です.
9日目の 1959年9月22日 パナマ着
朝6時 もう船はパナマに着いていました. 高 砲を置いてある山があり. その向う
パナマ市が小さく見えます.
パナマ市には泊らず クリストバールだそうで. 横には. 昨夜から待っていたの
沢山の貨物船がまだ灯をつけて定泊しています.
9時 ブラジル丸は静かに動き始めました.
しばらく行くと運河の入口につきました。水が浅いのか スクリュウのあたりは土て

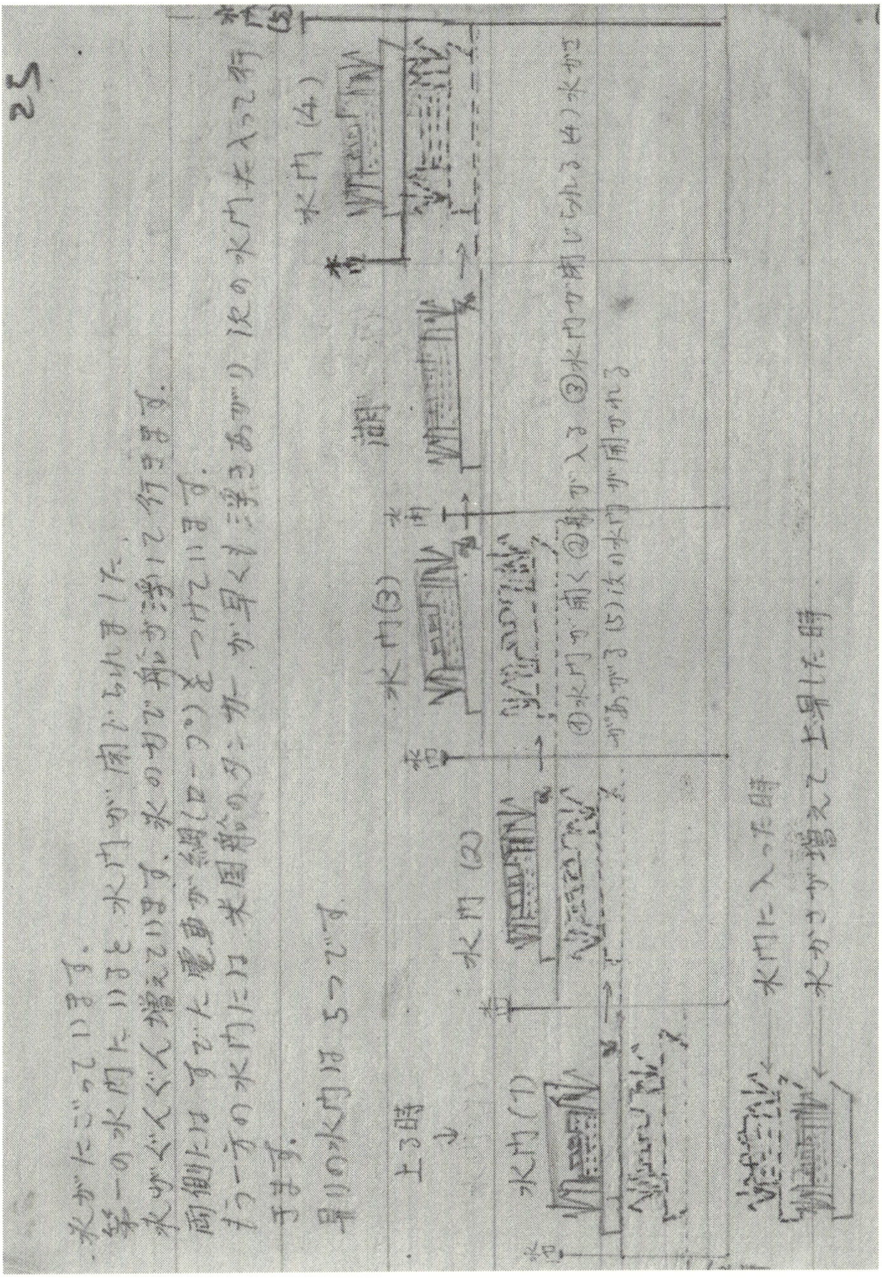
25
水がたごっています。
第一の水内たいると、水内が閉じられました。
水がぐんぐん増えています。水の力で船が浮いて行きます。
両側には すでた電車が綱(ロープ)をつけています。
もう一方の水内たは 米国船のタンカー が早くも浮きあがり 次の水内た入って行きます。
昇りの水内は 5つです。
上る時
水内(1)
水内(2)
水内(3)
湖
水内(4)
水内(5)
①水内が開く ②船が入る ③水内が閉じられる (4)水かさがあがる (5)次の水内が開かれる
水内に入った時
水かさが増えて上昇した時

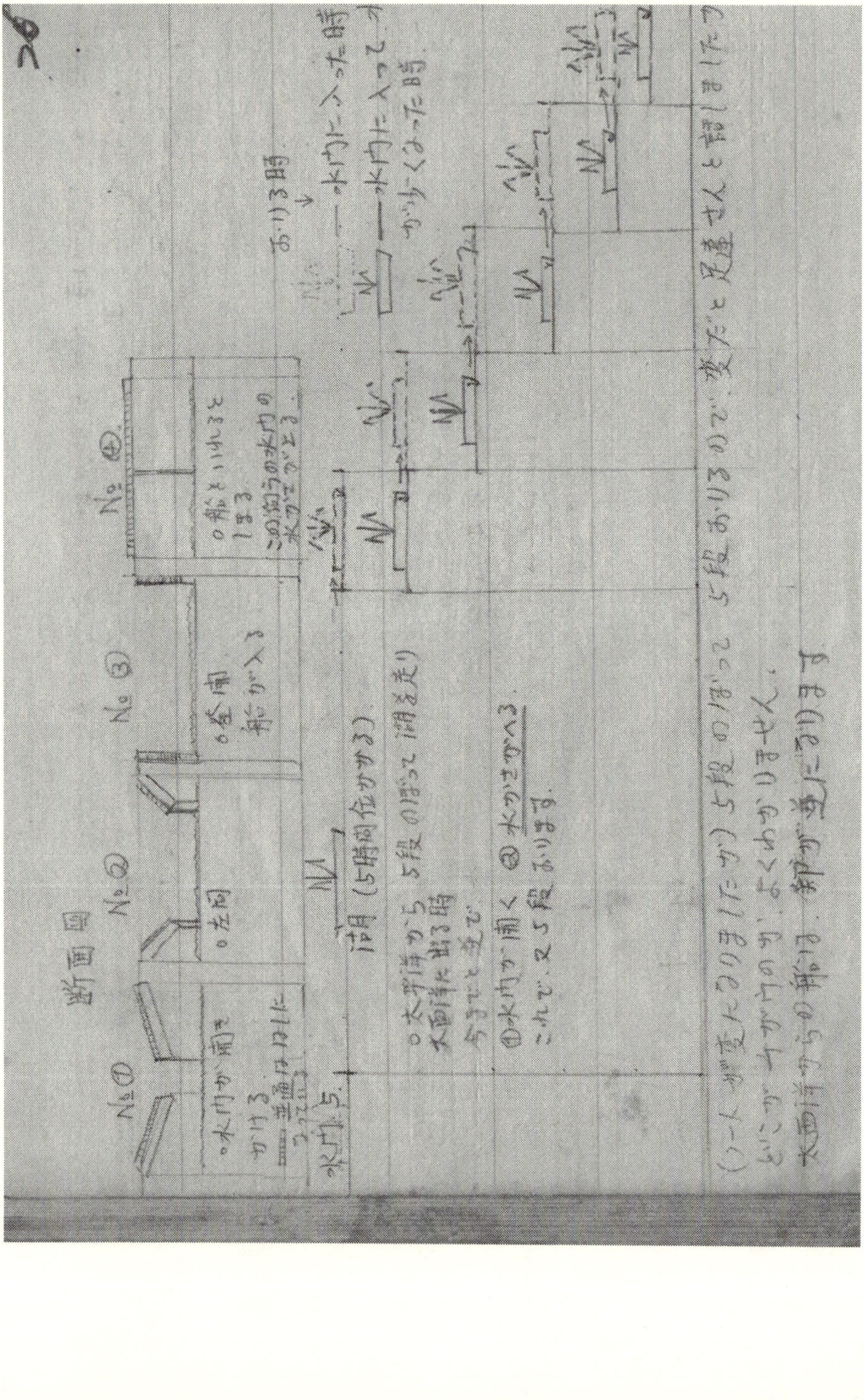
断面図
No.①
No.②
No.③
No.④
湖

27

当が水門に入った時 がふえた時となるわけです.
湖が4.5時間 水門よつ通るのに2.3時間ですから だいたい8時間で横断できます.
朝8時頃から3時頃迄のうちに 船は水門に入ります. それ以後のは おそらくダメでしょう.
なぜかと云うと 水門はよつしかありませんから 船が水門内で並べないわけです.
5つの水門を通り抜け 湖を走っていると 先のタンカーが見えます.(太平洋側の水門は2通路あります). 軍用船から先に通すそうです.
気関車の運転手(電車)は みな白人で 黒人は歩きながら船とともについてきます.
気関車にのっていけば良いのにと思いますが
歩きながらロープをとったり はずしたりするのです.
湖に出ると 先のタンカーが道をゆずってくれたので 追いこしました.
湖ですから 船は気持よく進みます。
船に切られた水が大きな波になって逃げて行きます.
小さな燈台(浮)が 左右に大きくダンスをします.
「オフロでございます. 生水のオフロでございます」
ボーイ長が知らせにきました.

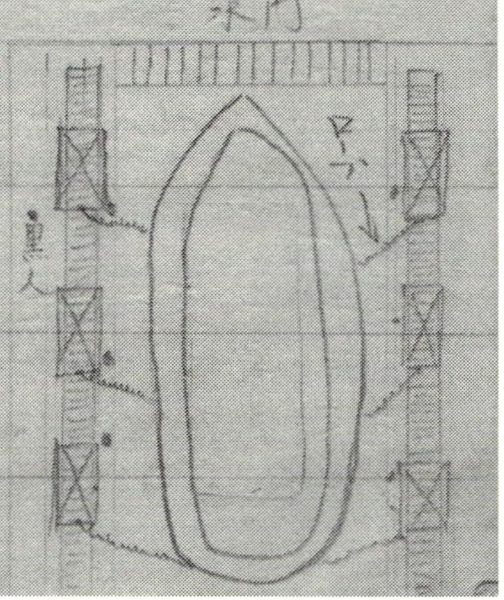

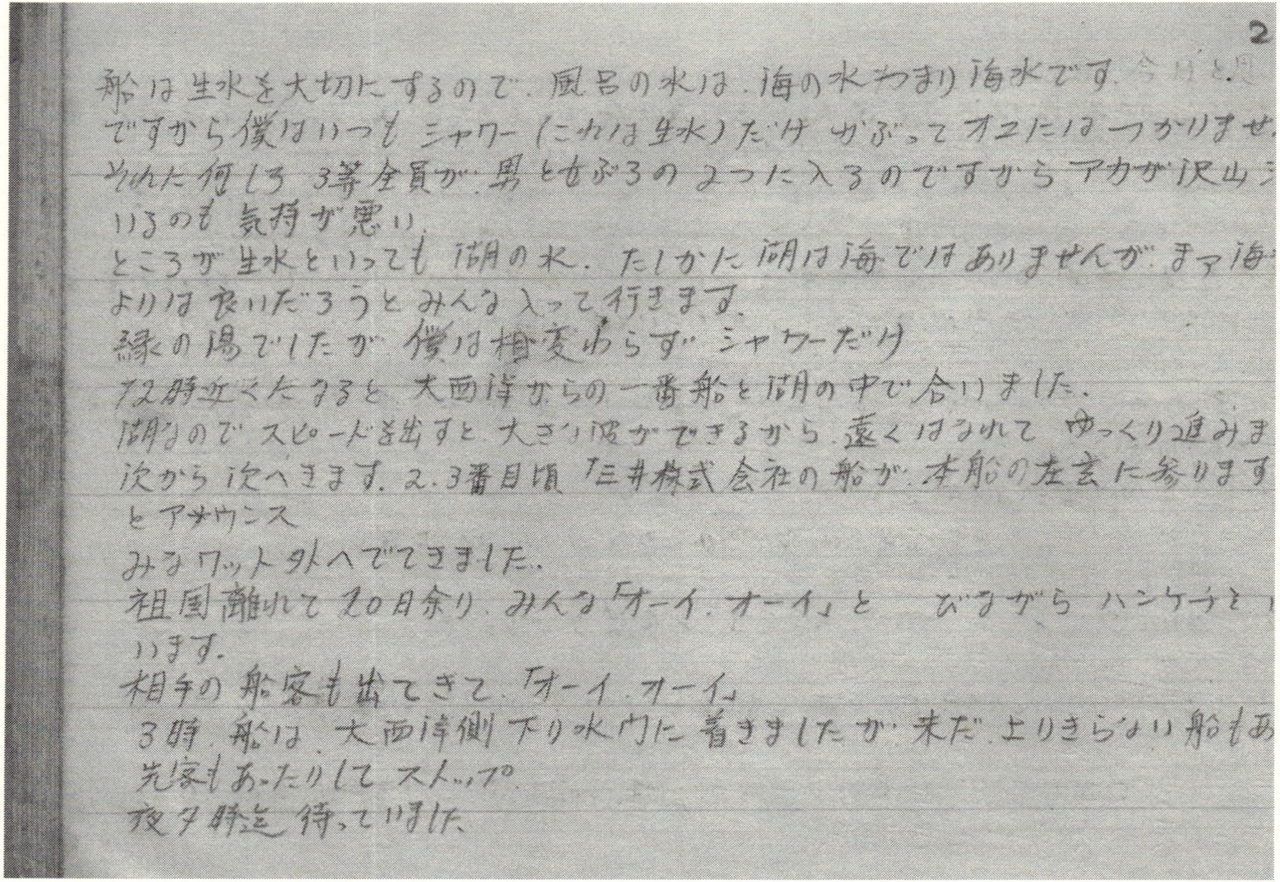

2

船は生水を大切にするので、風呂の水は、海の水つまり海水です。今日と…
ですから僕はいつもシャワー（これは生水）だけかぶって オユにはつかりませ…
それに何しろ3等全員が、男と女ぶろの2つに入るのですからアカが沢山…
いるのも気持が悪い。
ところが生水といっても湖の水。たしかに湖は海ではありませんが、まァ海…
よりは良いだろうとみんな入って行きます。
緑の湯でしたが、僕は相変わらずシャワーだけ
12時近くになると、大西洋からの一番船と湖の中で合いました。
湖なので、スピードを出すと、大きい波ができるから、遠くはなれて ゆっくり進みま…
次から次へきます。2、3番目頃「三井株式会社の船が、本船の左舷に参ります」
とアナウンス
みなワット外へでてきました。
祖国離れて20日余り。みんな「オーイ、オーイ」と 呼びながら ハンケチを…
います。
相手の船客も出てきて「オーイ、オーイ」
3時、船は、大西洋側下り水門に着きましたが、未だ上りきらない船もあ…
先客もあったりしてストップ。
夜9時迄待っていました。

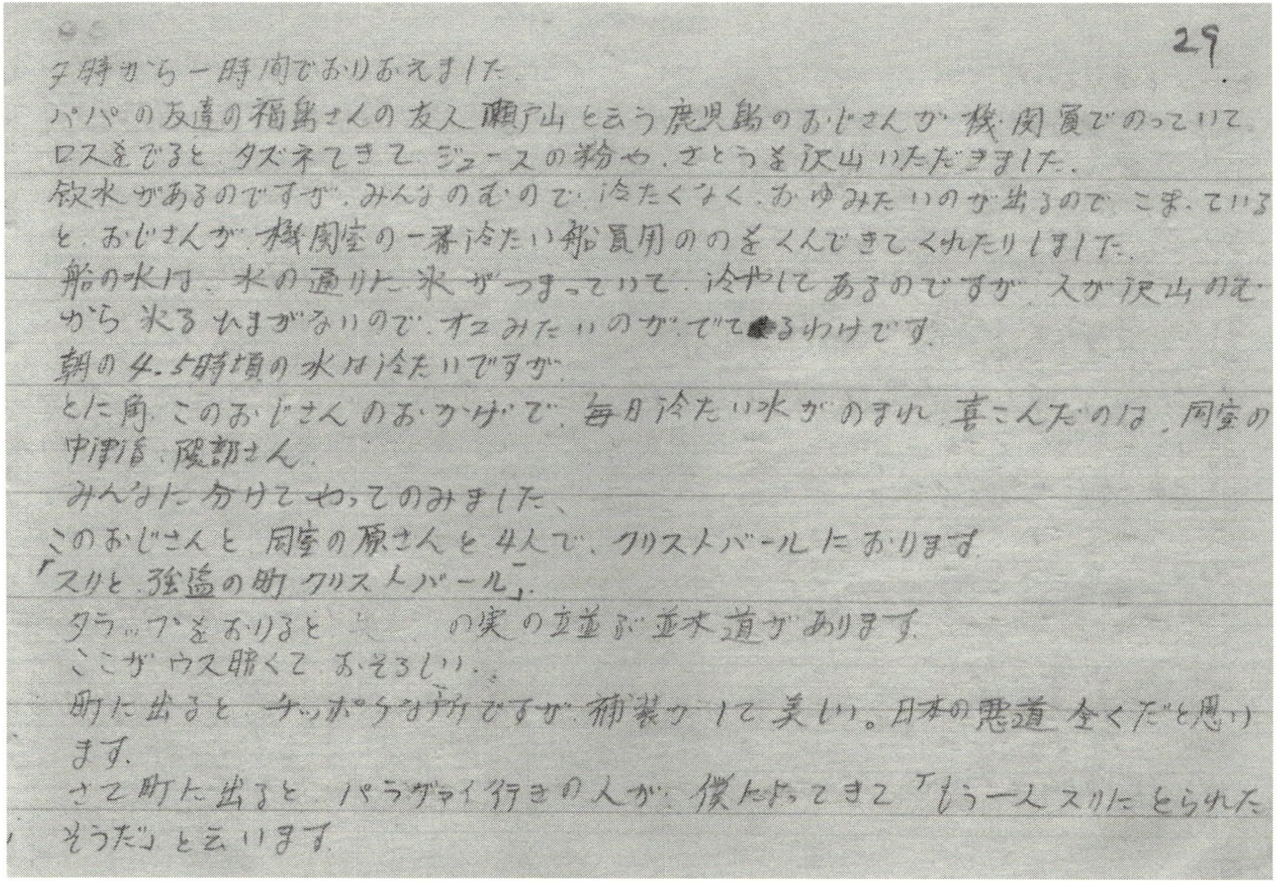
29
子時から一時間でおりおえました.
パパの友達の福島さんの友人瀬戸山と云う鹿児島のおじさんが機関員でのっていて、
ロスをでると タズネてきて ジュースの粉や、さとうを沢山いただきました.
飲水があるのですが、みんなのむので 冷たくなく、おゆみたいのが出るので こまっていると、おじさんが機関室の一番冷たい船員用ののをくんできてくれたりしました.
船の水は、水の通りた水がつまっていて 冷やしてあるのですが 人が沢山のむから 氷るひまがないので オユみたいのがでて[illegible]るわけです.
朝の4.5時頃の水は冷たいですが.
とに角 このおじさんのおかげで、毎日冷たい水がのまれ 喜こんだのは、同室の中津濱、隈部さん.
みんなに分けてやってのみました、
このおじさんと 同室の原さんと 4人で、クリストバールにおります.
「スリと強盗の町 クリストバール」.
タラップをおりると の実の立並ぶ並木道があります.
ここがウス暗くて おそろしい…
町に出ると ナッポウな所ですが 舗装ってして美しい。日本の悪道 全くだと思います.
さて町に出ると パラグァイ行きの人が 僕んたってきて 「もう一人スリにとられたそうだ」と云います.

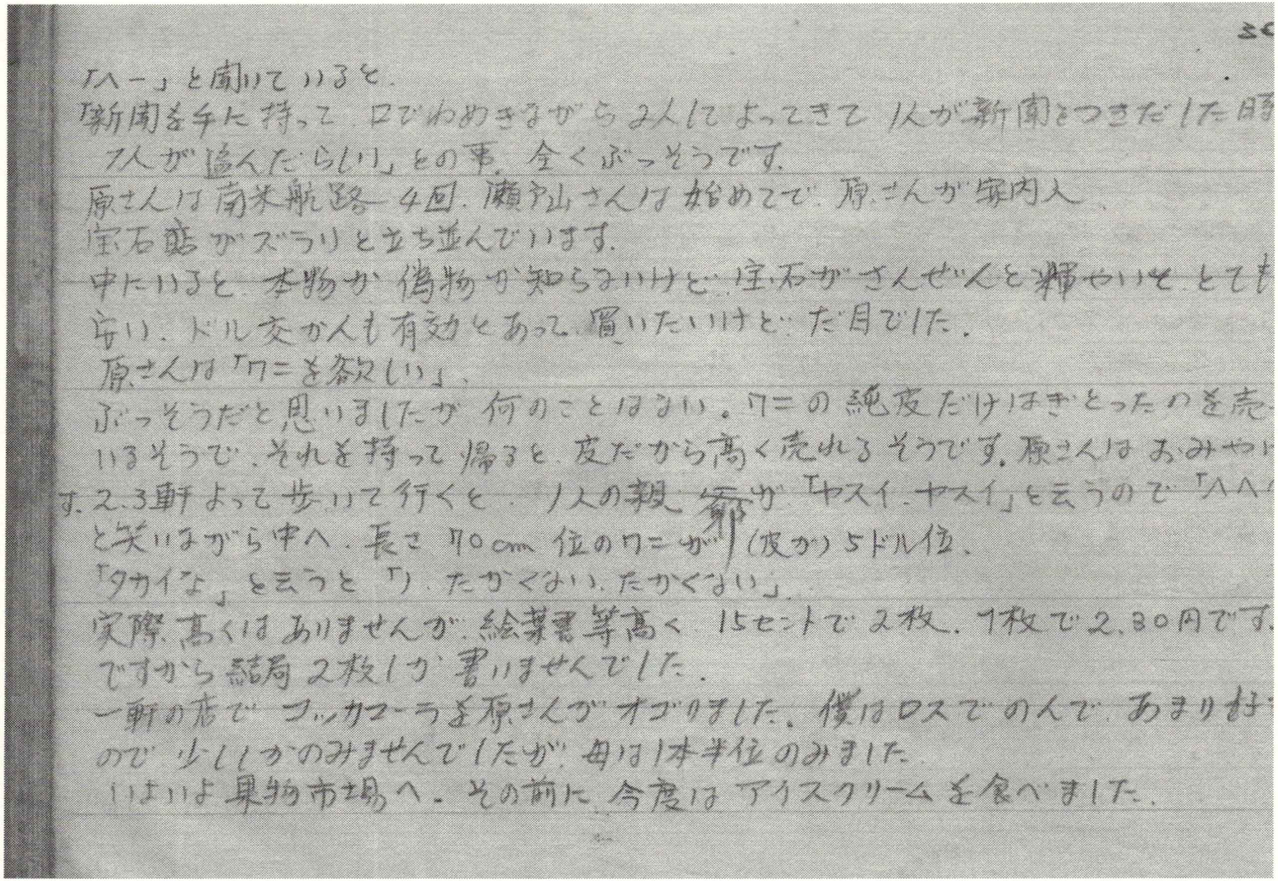

「へー」と聞いていると、
「新聞を手に持って 口でわめきながら2人によってきて 1人が新聞をつきだした時
1人が盗んだらしい」との事。全くぶっそうです。
原さんは南米航路4回、瀬戸山さんは始めてで、原さんが案内人。
宝石店がズラリと立ち並んでいます。
中に入ると 本物か偽物か知らないけど 宝石がさんぜんと輝いて とても
安い。ドル交かんも有効とあって 買いたいけど だ目でした。
原さんは「ワニを欲しい」。
ぶっそうだと思いましたが 何のことはない。ワニの純皮だけはぎとったのを売
いるそうで、それを持って帰ると 皮だから高く売れるそうです。原さんはおみやげ
す。2、3軒よって歩いて行くと 1人の親爺が「ヤスイ、ヤスイ」と云うので「ハハ
と笑いながら中へ。長さ70cm位のワニが(皮が)5ドル位。
「タカイな」と云うと「い、たかくない、たかくない」。
実際高くはありませんが 絵葉書等高く 15セントで2枚。1枚で2、30円です。
ですから結局2枚しか買いませんでした。
一軒の店でコッカコーラを原さんがオゴりました。僕はロスでの人で あまり好
ので少ししかのみませんでしたが 母は1本半位のみました。
いよいよ果物市場へ。その前に今度はアイスクリームを食べました。

31

ロスののより大きなのでした.
「パナマのは未だ大きくて 4.50仙で 高さ 20cm 位あって くいきらんですよ」と原さん
が食べながらいいました.
果物市場に 行くと しまっています.
戸をタタクと おばさんがでてきました。
ここの上陸を前に 船医から
「クリストバールではバナナを買わないで下さい. 何故かと云いますと とても安いので
沢山かい ハラをこわしますから」との事
瀬戸山さんが「私の所にもって行きますから 取りにおいで」
それで 規則を破って
バナナ 1房 (150.60 百五、六十ついている) 1ドル. 本当に安い. 医者の云うの
も無理ありません.
1房半かって みかん 50仙で 50位. 紙がなかったら 紙の袋代をとられま
した. 紙がないのだそうです
文化の程度がわかりますね.
1房半のバナナ 50のミカンを下げて わずか2ドル.
さあ帰りかけると 突然 町中の電気が「パッ」と消えて 町は真暗.
何もしらず そのまま帰りかけましたが. 後で「ギャング」の仕業だったそうです

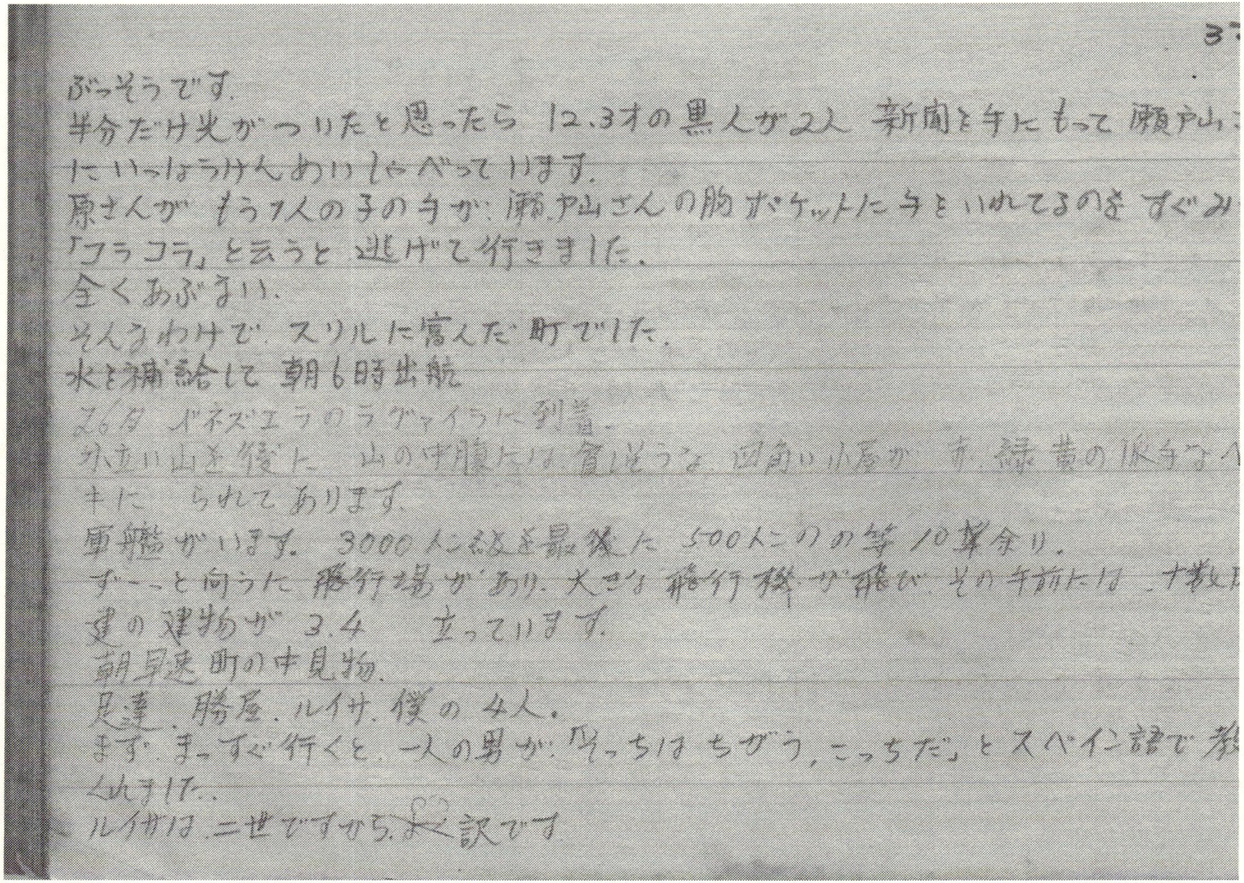
37
ぶっそうです.
半分だけ火がついたと思ったら 12.3才の黒人が2人 新聞を手にもって 瀬戸山さ
たいっぱうけんめいしゃべっています.
原さんが もう1人の子の手が 瀬戸山さんの胸ポケットに手をいれてるのを すぐみ
「コラコラ」と云うと 逃げて行きました.
全くあぶない.
そんなわけで スリルに富んだ町でした.
水を補給して 朝6時出航
26日 ベネズエラのラグァイラに到着.
小高い山を後に 山の中腹には貧乏そうな 四角い小屋が 赤,緑,黄の原色なペ
キに ぬられてあります.
軍艦がいます. 3000トン級を最後に 500トン位の物 10隻余り.
ずーっと向うに 飛行場があり. 大きな飛行機が飛び. その手前には 十数
建の建物が 3.4 立っています.
朝早速町の中見物.
兄達. 勝屋. ルイサ. 僕の 4人.
まず. まっすぐ行くと. 一人の男が「そっちは ちがう, こっちだ」とスペイン語で 教
くれました.
ルイサは 二世ですから 通訳です

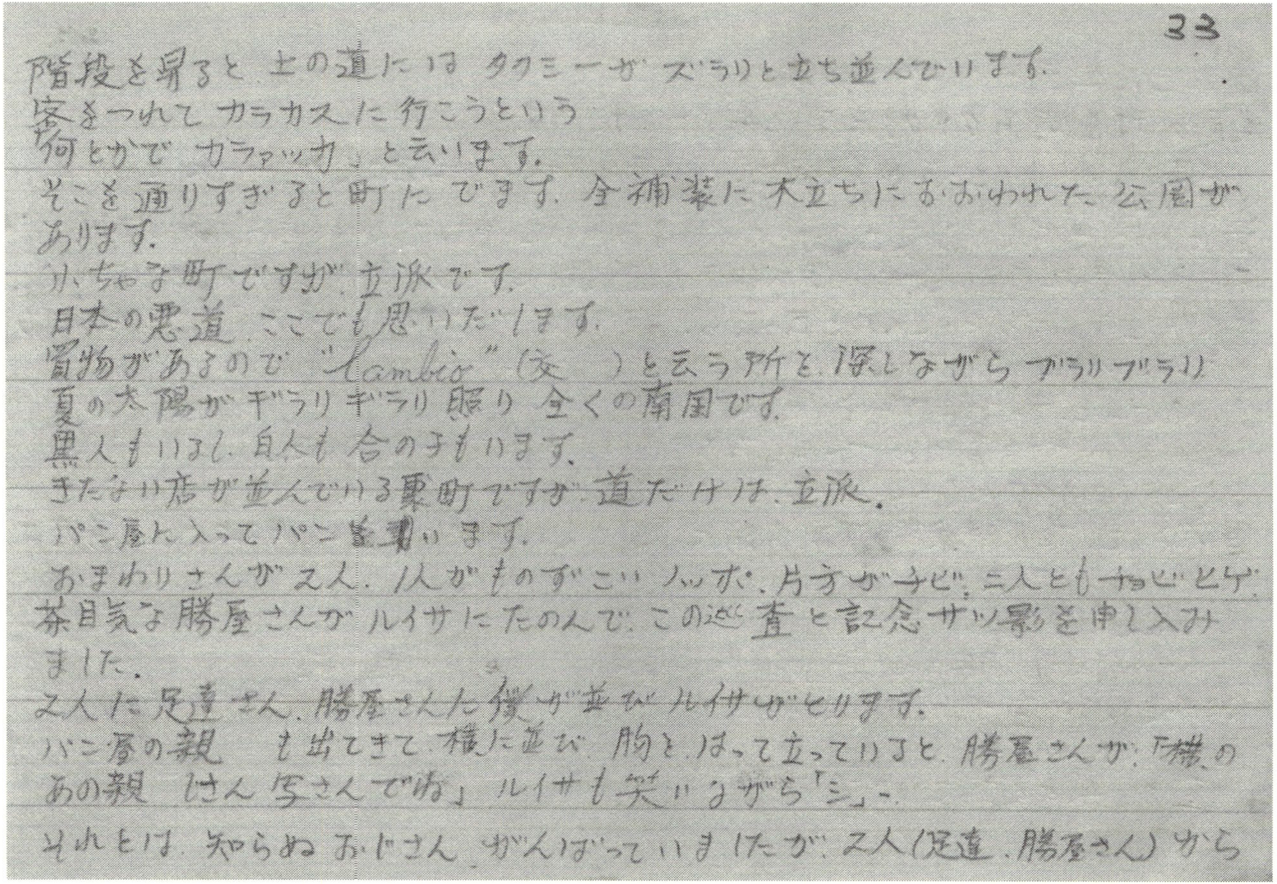

33

階段を昇ると 上の道には タクシーが ズラリと立ち並んでいます.
客をつれて カラカスに行こうという
何とかで カラァッカ と云います.
そこを通りすぎると町にでます. 全舗装に木立ちにおおわれた公園があります.
小ちゃな町ですが 立派です.
日本の悪道 ここでも思いだします.
買物があるので "Cambio" (交) と云う所を 探しながらブラリブラリ.
夏の太陽がギラリギラリ照り 全くの南国です.
黒人もいるし 白人も合の子もいます.
きたない店が並んでいる裏町ですが 道だけは 立派.
パン屋に入ってパンを買います.
おまわりさんが 2人. 1人がものすごいノッポ, 片方がチビ. 二人ともチョビヒゲ.
茶目気な勝屋さんがルイサにたのんで この巡査と記念サツ影を申し入みました.
2人に足達さん, 勝屋さんに僕が並びルイサがとります.
パン屋の親 も出てきて 横に並び 胸をはって立っていると 勝屋さんが「横のあの親 はん写さんでな」ルイサも笑いながら「シ」ー.
それとは 知らぬ おじさん がんばっていましたが 2人(足達, 勝屋さん)から

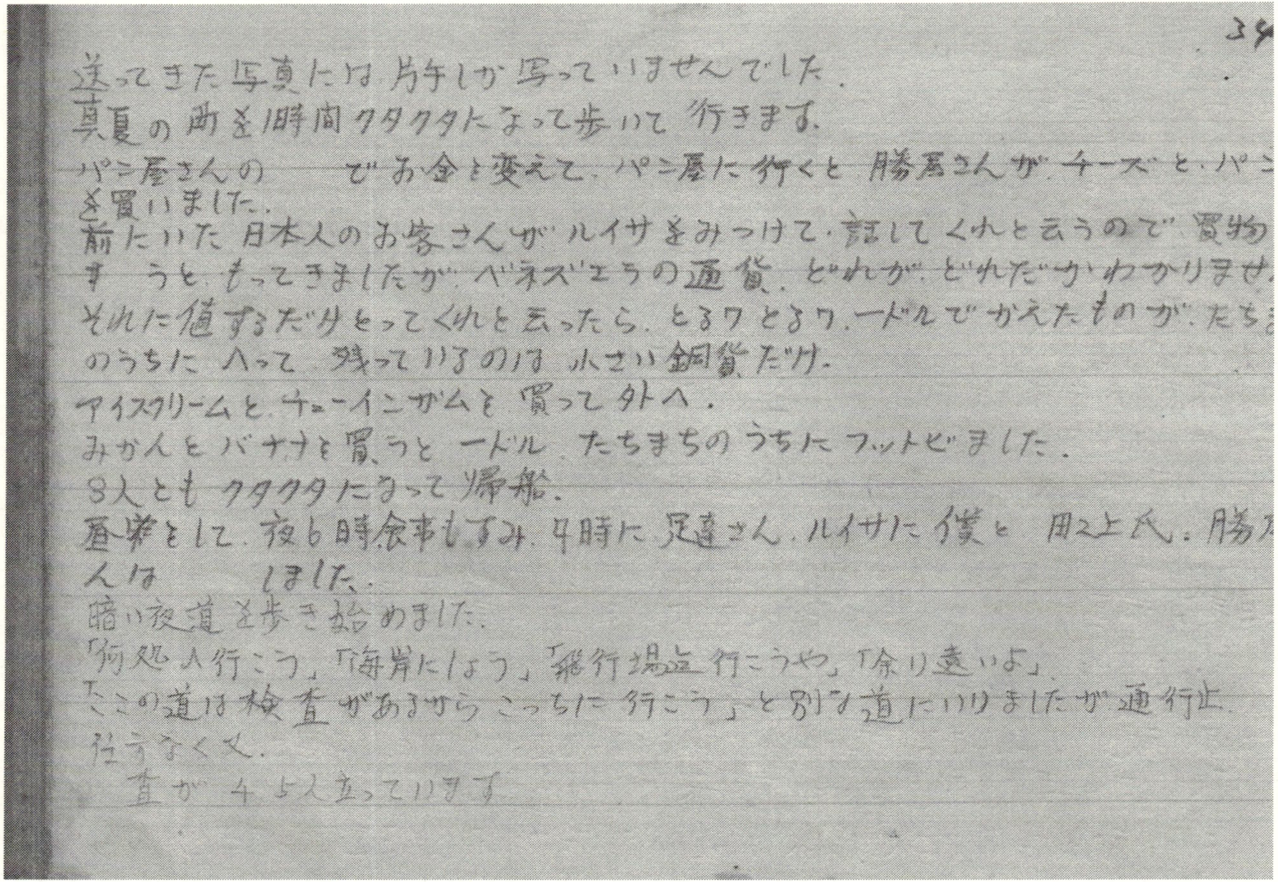

送ってきた写真には片手しか写っていませんでした.
真夏の町を1時間クタクタになって歩いて行きます.
パン屋さんの　でお金を変えて. パン屋に行くと勝高さんがチーズとパン
を買いました.
前にいた日本人のお客さんがルイサをみつけて. 話してくれと云うので買物
す　うともってきましたがベネズエラの通貨. どれがどれだかわかりませ
それに値するだけとってくれと云ったら. とるワとるワ. 一ドルでかえたものがたち
のうちに入って 残っているのは小さい銅貨だけ.
アイスクリームとチューインガムを買って外へ.
みかんとバナナを買うと一ドル たちまちのうちにフットビました.
8人ともクタクタになって帰船.
昼寝をして. 夜6時食事もすみ. 9時に足達さん. ルイサに僕と 用之上氏. 勝
人は　ました.
暗い夜道を歩き始めました.
「何処へ行こう」「海岸にしよう」「飛行場へ行こうや」「余り遠いよ」
「この道は検査があるからこっちに行こう」と別な道にはいりましたが通行止.
仕方なく又.
　査が4 5人立っています

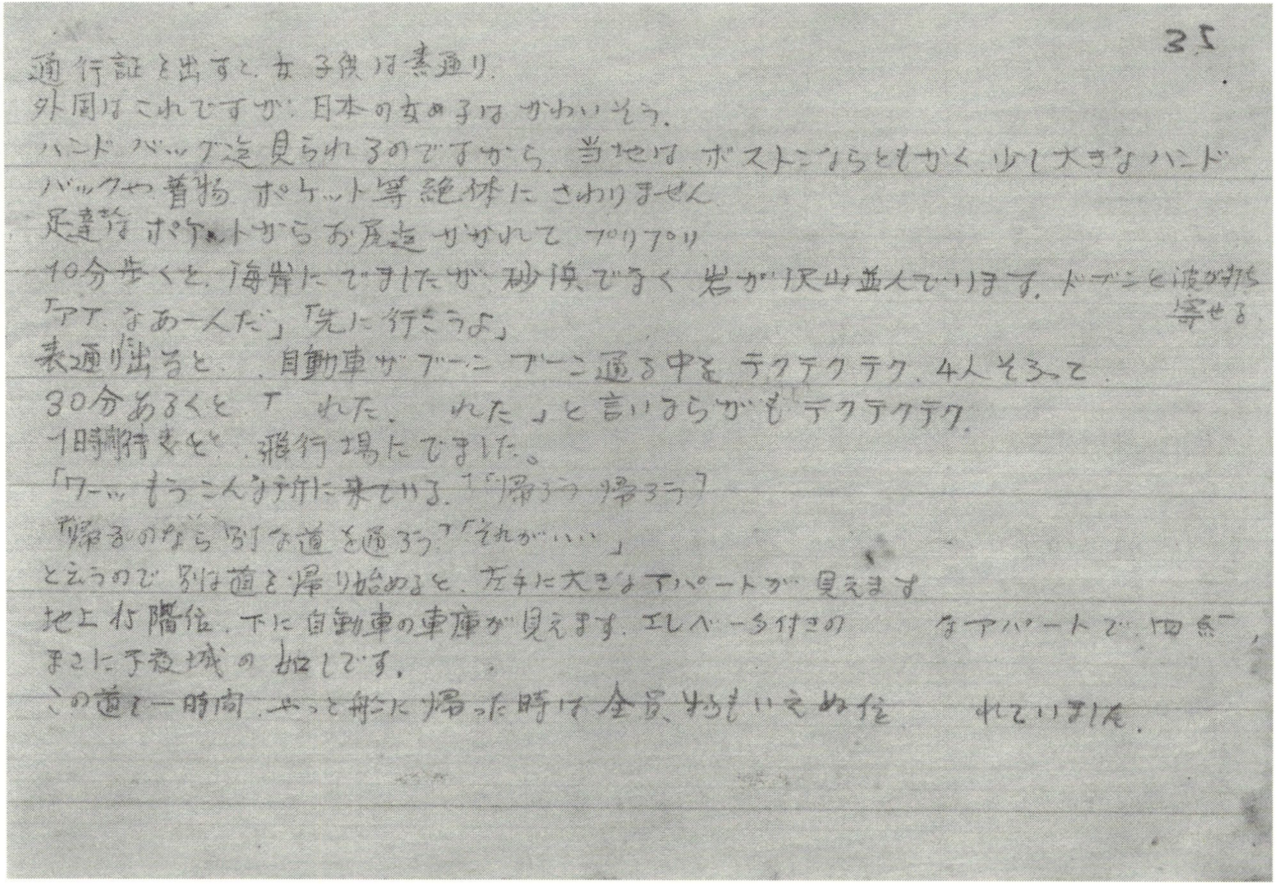

35

通行証を出すと．女子供は素通り．
外国はこれですが．日本の女の子はかわいそう．
ハンドバッグ迄見られるのですから．当地はボストンならともかく．少し大きなハンドバックや．着物．ポケット等絶体にさわりません
足達はポケットからお金迄出されてプリプリ
10分歩くと．海岸にでましたが．砂浜でなく岩が沢山並んでいます．ドブンと波が打ち寄せる．
「アア．なあーんだ」「先に行こうよ」
表通り出ると．．自動車がブーン ブーン通る中をテクテクテク．4人そろって．
30分あるくと「　れた．　れた」と言いながらもテクテクテク．
1時間も歩くと．．飛行場にでました。
「ワーッ もうこんな所に来ている．」「帰ろう 帰ろう」
「帰るのなら別な道を通ろう」「それがいい」
というので別な道を帰り始めると．左手に大きなアパートが見えます
地上11階位．下に自動車の車庫が見えます．エレベータ付きの　　　なアパートで．四角，
まさに千夜城の如しです．
この道で一時間．やっと船に帰った時は全員物もいえぬ位　　れていました．

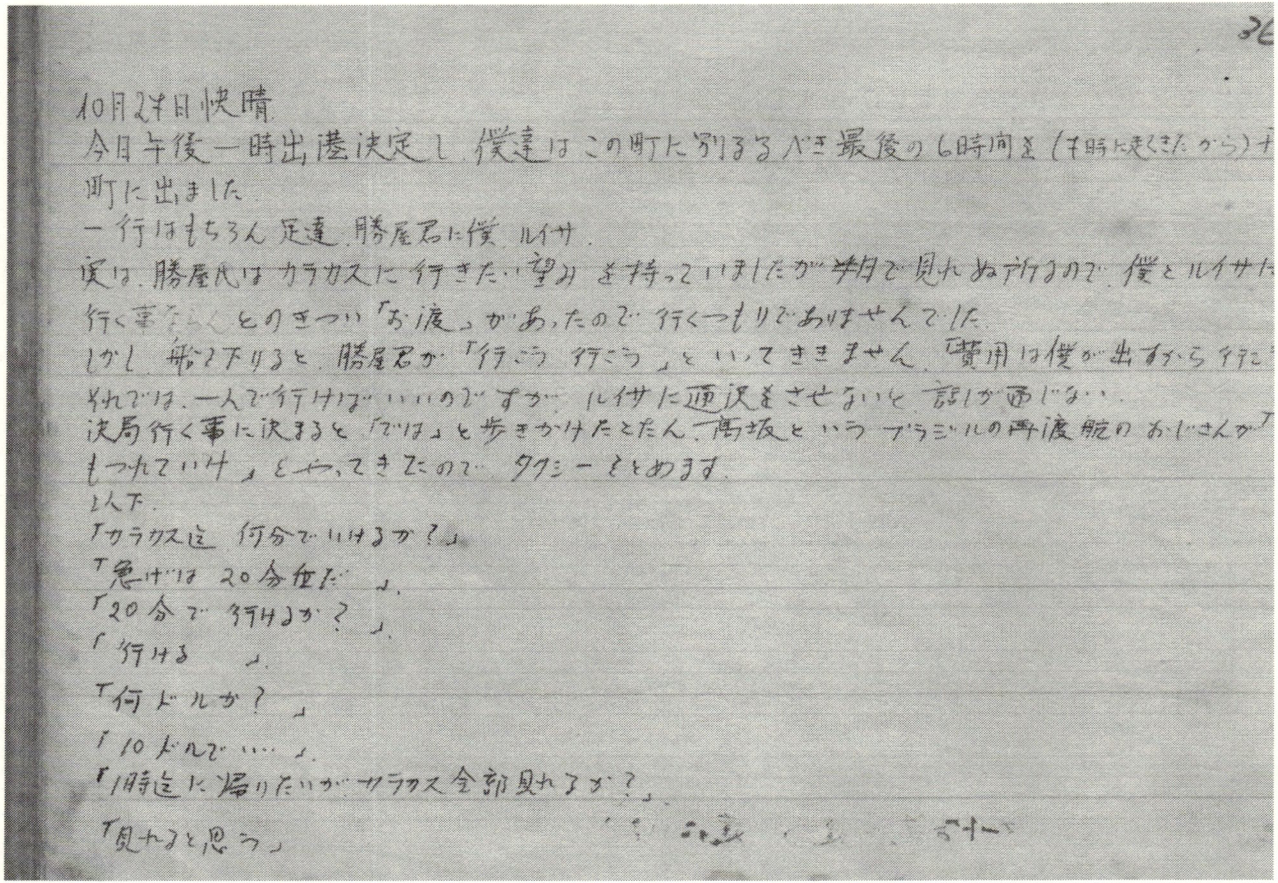
10月24日快晴
今日午後一時出港決定し、僕達はこの町に別るるべき最後の6時間を（7時に起きたから）ナ
町に出ました
一行はもちろん足達、勝屋君に僕、ルイサ。
実は、勝屋氏はカラカスに行きたい望みを持っていましたが半日で見れぬ所なので、僕とルイサた
行く事なんとのきつい「お達」があったので行くつもりでありませんでした
しかし、船を下りると、勝屋君が「行こう　行こう」といってききません。「費用は僕が出すから行こ
それでは、一人で行けばいいのですが、ルイサに通訳をさせないと話が通じない。
決局行く事に決まると「では」と歩きかけたとたん、高坂というブラジルの再渡航のおじさんが「
もつれていけ」とやってきたので、タクシーをとめます。
4人で。
「カラカス迄　何分でいけるか？」
「急げば　20分位だ」。
「20分で　行けるか？」。
「行ける」。
「何ドルか？」
「10ドルでいい……」。
「1時迄に帰りたいが　カラカス全部見れるか？」。
「見れると思う」

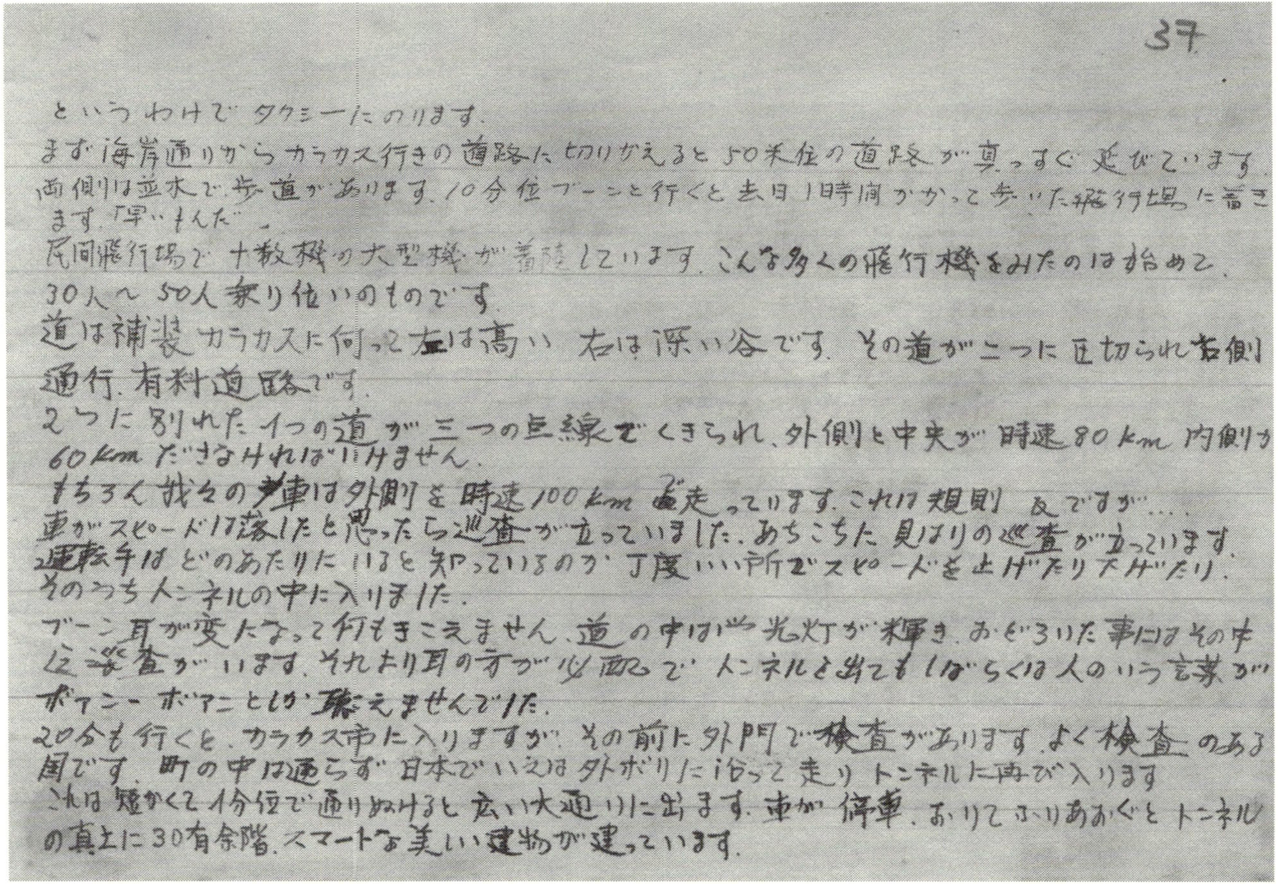
37

というわけでタクシーにのります.

まず海岸通りからカラカス行きの道路に切りかえると50米位の道路が真っすぐ延びています.
両側は並木で歩道があります.10分位ブーンと行くと去日1時間かかって歩いた飛行場に着きます.「早いもんだ」.

民間飛行場で十数機の大型機が着陸しています.こんな多くの飛行機をみたのは始めて.
30人〜50人乗り位いのものです.

道は補装カラカスに向って左は高い 右は深い谷です.その道が二つに区切られ右側通行.有料道路です.

2つに別れた1つの道が三つの白線でくぎられ,外側と中央が時速80km 内側が60kmださなければいけません.

もちろん我々の車は外側を時速100kmで走っています.これは規則違反ですが….
車がスピードは落したと思ったら巡査が立っていました.あちこちに見はりの巡査が立っています.
運転手はどのあたりにいると知っているのか丁度いい所でスピードを上げたり下げたり.
そのうちトンネルの中に入りました.

ブーン耳が変になって何もきこえません.道の中は蛍光灯が輝き.おどろいた事にはその中に巡査がいます.それより耳の方が心配でトンネルを出てもしばらくは人のいう言葉がボァーンボァーンとしか聴えませんでした.

20分も行くと.カラカス市に入りますが.その前に外門で検査があります.よく検査のある国です.町の中は通らず日本でいえばソトボリに沿って走りトンネルに再び入ります
これは短かくて1分位で通りぬけると広い大通りに出ます.車が停車.おりてふりあおぐとトンネルの真上に30有余階.スマートな美しい建物が建っています.

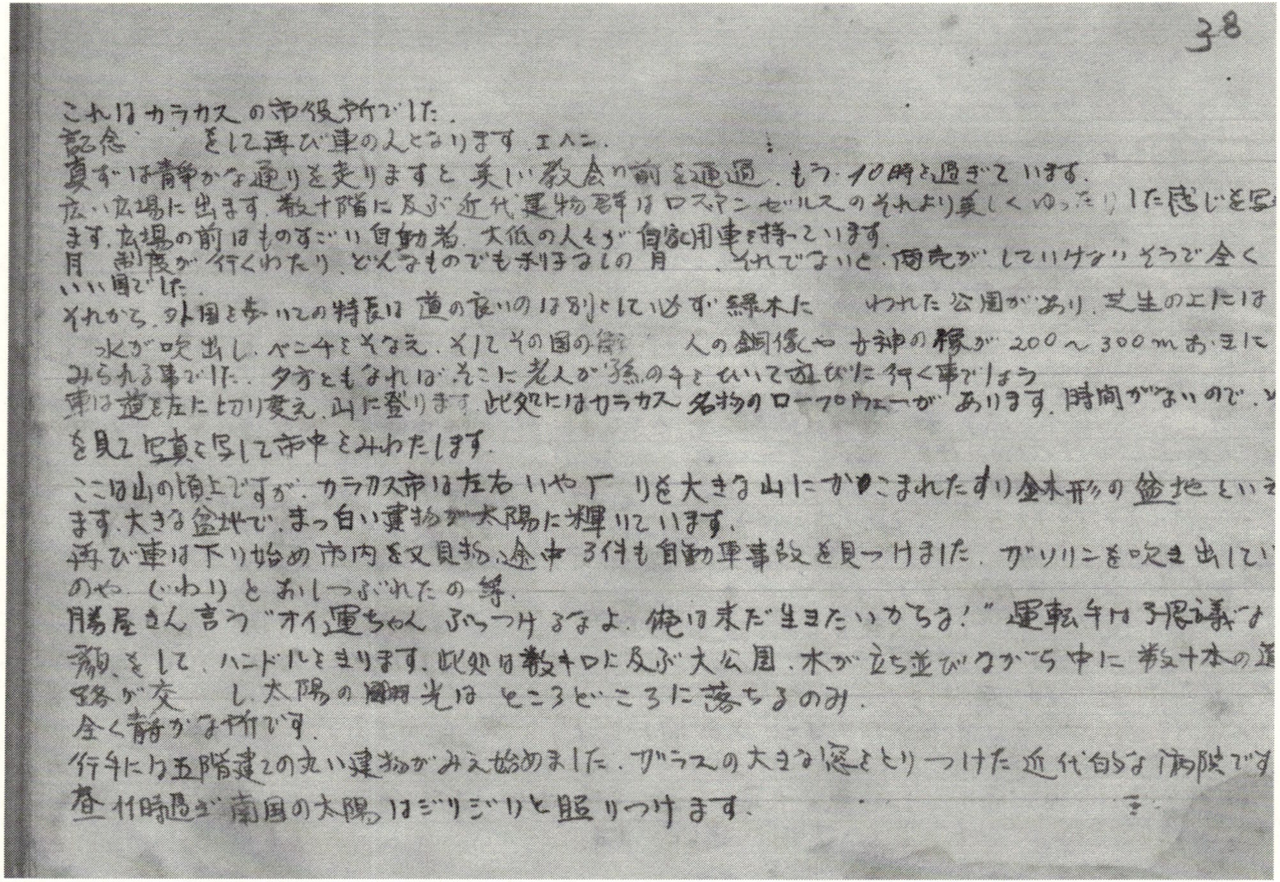

38

これはカラカスの市役所でした．
記念　を見て再び車の人となります．エヘン．
まずは静かな通りを走りますと美しい教会の前を通過．もう10時を過ぎています．
広い広場に出ます．数十階に及ぶ近代建物群はロスアンゼルスのそれより美しくゆったりした感じを与え
ます．広場の前はものすごい自動車．大抵の人も自家用車を持っています．
月　制度が行くわたり，どんなものでも利用するので月　．それでないと，商売がしていけないそうで全く
いい国でした．
それから外国を歩いての特長は道の良いのは別として必ず緑木に　われた公園があり，芝生の上には
水が吹出し，ベンチをそなえ，そしてその国の偉　人の銅像や女神の像が200～300mおきに
みられる事でした．夕方ともなれば，そこに老人が孫の手をひいて遊びに行く事でしょう
車は道を左に切り変え，山に登ります．此処にはカラカス名物のロープウェーがあります．時間がないので，
を見て写真を写して市中をみわたします．
ここは山の頂上ですが，カラカス市は左右いや周りを大きな山にかこまれたすり金木形の盆地といえ
ます．大きな盆地で，まっ白い建物が太陽に輝いています．
再び車は下り始め市内を又見物，途中3件も自動車事故を見つけました．ガソリンを吹き出してい
るのや，じわりとおしつぶれたの等．
勝屋さん言う"オイ運ちゃんぶっつけるなよ．俺は未だ生きたいからな！"運転手は不思議な
顔をして，ハンドルをまわります．此処は数キロに及ぶ大公園．木が立ち並びながら中に数十本の道
路が交　し，太陽の光はところどころに落ちるのみ．
全く静かな所です．
行手に5階建ての丸い建物がみえ始めました．ガラスの大きな窓をとりつけた近代的な病院です．
昼十時過ぎ南国の太陽はジリジリと照りつけます．

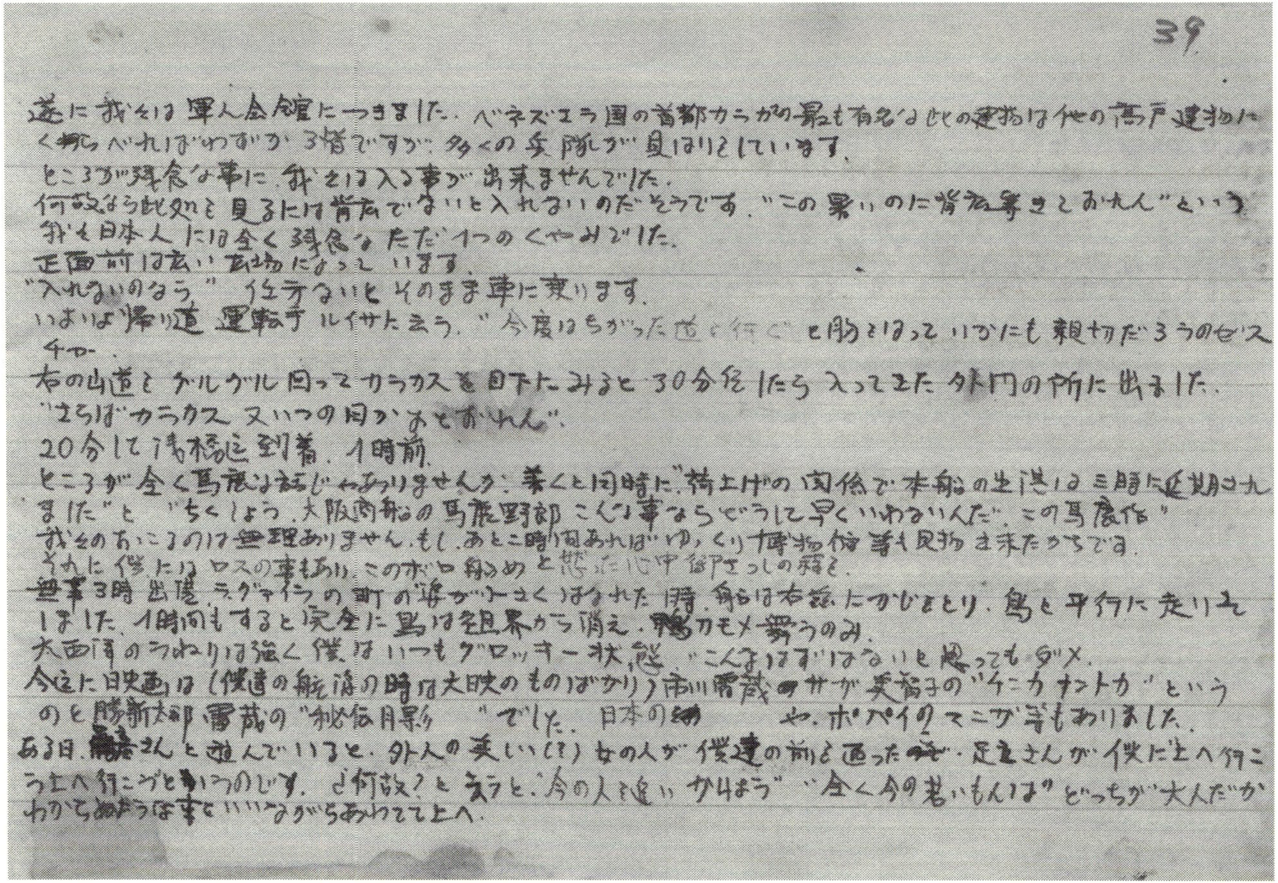
39

遂に我々は軍人会館につきました．ベネズエラ国の首都カラカスの最も有名な此の建物は他の高層建物にくらべればわずか3階ですが多くの兵隊が見はりをしています．
ところが残念な事に我々は入る事が出来ませんでした．
何故なら此処を見るには背広でないと入れないのだそうです．"この暑いのに背広着きておれん"という我々日本人には全く残念なただ一つのくやみでした．
正面前は広い広場になっています．
"入れないのなら" 仕方ないとそのまま車に乗ります．
いよいよ帰り道 運転手ルイサ云う．"今度はちがった道を行く"と胸をはっていかにも親切だろうのゼスチャー．
右の山道をグルグル回ってカラカスを目下にみると30分位たら入って来た外円の所に出ました．
"さらばカラカス 又いつの日かおとずれん"．
20分して信橋に到着．1時前．
ところが全く馬鹿な話じゃありませんか．着くと同時に"積上げの関係で本船の出港は三時に延期されました"と "ちくしょう．大阪商船の馬鹿野郎 こんな事ならどうして早くいわないんだ．この馬鹿作"
我々のおこるのは無理ありません．もし，あと二時間あればゆっくり博物館等も見物出来たからです．
それに僕たちはロスの事もあり．このボロ船めと怒った心中御察しの程を．
無事3時出港 ラグァイラの町の姿が小さくぼやけた時，船は右にかじをとり，島と平行に走りました．1時間もすると完全に島は視界から消え，カモメ舞うのみ．
大西洋のうねりは強く僕はいつもグロッキー状態．"こんなはずはない"と思ってもダメ．
今迄に見た映画は（僕達の航海の時は大映のものばかり）市川雷蔵のサザ 若尾文子の"ナニカナントカ"というのと勝新太郎 雷蔵の"秘伝月影"でした．日本の や，ポパイのマンガ等もありました．
ある日，さんと遊んでいると，外人の美しい（？）女の人が僕達の前を通った．足立さんが僕に上へ行こう上へ行こうというのです．と何故？と云うと，今の人を追いかけよう "全く今の若いもんは" どっちが大人だかわからぬような事をいいながらあわてて上へ．

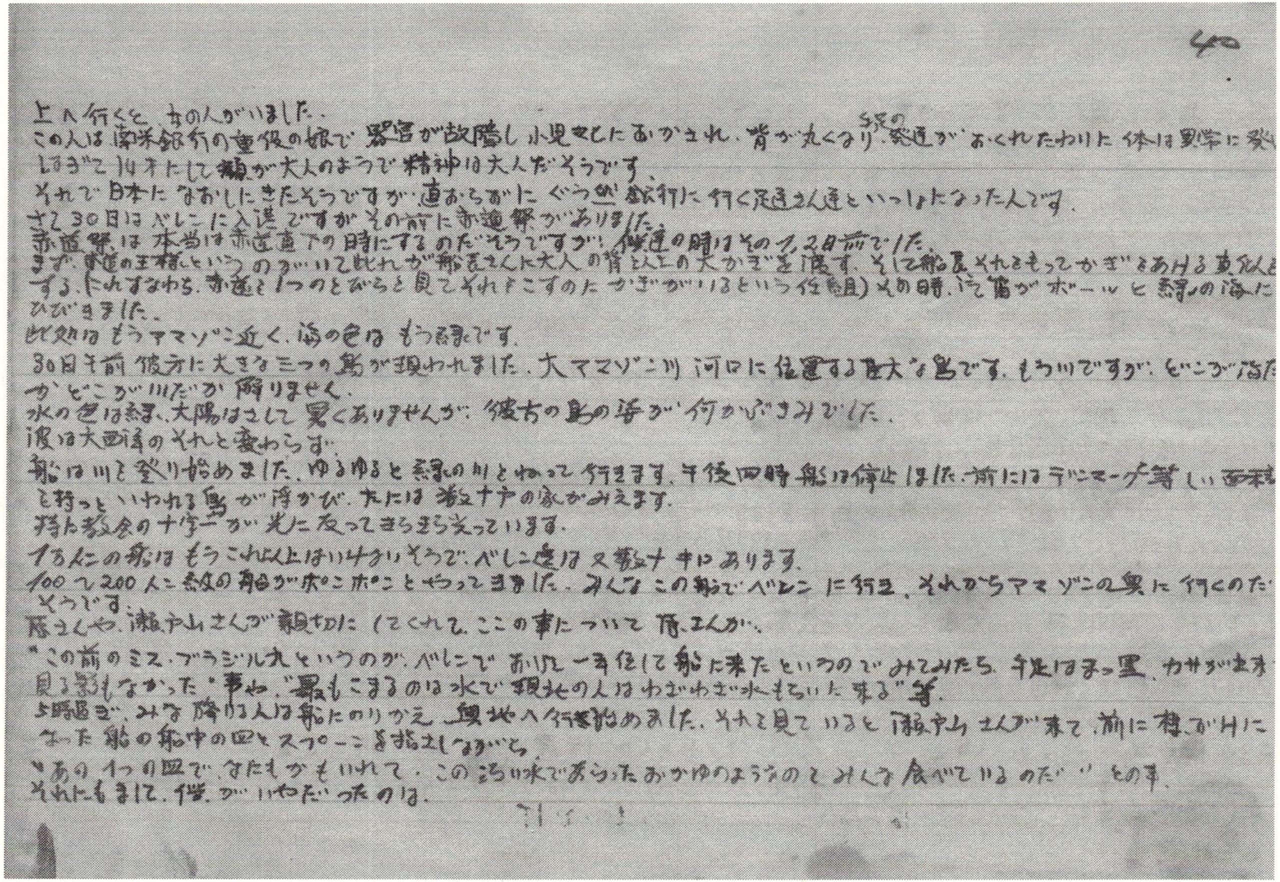

40

上へ行くと 女の人がいました。
この人は南米銀行の重役の娘で 器官が故障し 小児マヒにおかされ、背が丸くなり、5才の発達がおくれたわりに 体は異常に発
しまって 14才にして顔が大人のようで 精神は大人だそうです。
それで日本になおしにきたそうですが 直らずに ぐうぜん銀行に行く兄さん達といっしょになった人です。
さて 30日はベレンに入港ですが その前に赤道祭がありました。
赤道祭は 本当は赤道直下の時にするのだそうですが、僕達の時はその1、2日前でした。
まず 赤道の王様というのがいて 彼れが船長さんに大人の背以上の大かぎを渡す。そして船長それをもってかぎをあける真似を
する。(これすなわち 赤道を1つのとびらと見て それをこすのに かぎがいるという仕組) その時 汽笛がボーッと緑の海に
ひびきました。
此処はもうアマゾン近く、海の色はもう緑です。
30日午前 彼方に大きな三つの島が現われました。大アマゾン川河口に位置する巨大な島です。もう川ですが、どこが海だ
かどこが川だか解りません。
水の色は緑、大陽はさして暑くありませんが 彼方の島の姿が何かぶきみでした。
波は大西洋のそれと変わらず。
船は川を登り始めました。ゆるゆると緑の川とたわって行きます。午後四時 船は停止しました。前にはデンマーク等しい面積
を持つといわれる島が浮かび、丘には数十戸の家がみえます。
持た教会の十字架が光に反ってきらきら光っています。
イ大きいの船はもうこれ以上はいけないそうで、ベレン迄は又数十キロあります。
100〜200人乗の船がポコポコとやってきました。みんなこの船でベレンに行き、それからアマゾンの奥に行くのだ
そうです。
原さんや、瀬戸山さんが親切にしてくれて ここの事について 原さんが、
"この前のミス・ブラジル丸というのが、ベレンで 約一年位して船に来たというのでみてみたら 手足はまっ黒、カサが出来
見る影もなかった"事や、"最もこまるのは水で 現地の人はわざわざ水をもらいに来る"等。
5時過ぎ、みな降りる人は船にのりかえ 奥地へ行き始めました。それを見ていると 瀬戸山さんが来て、前に積んであった
船の船中の皿とスプーンを指さしながら、
"あの1つの皿で、なにもかもいれて、この泥水でたいたおかゆのようなのをみんな食べているのだ"との事。
それにもまして、僕がいやだったのは。

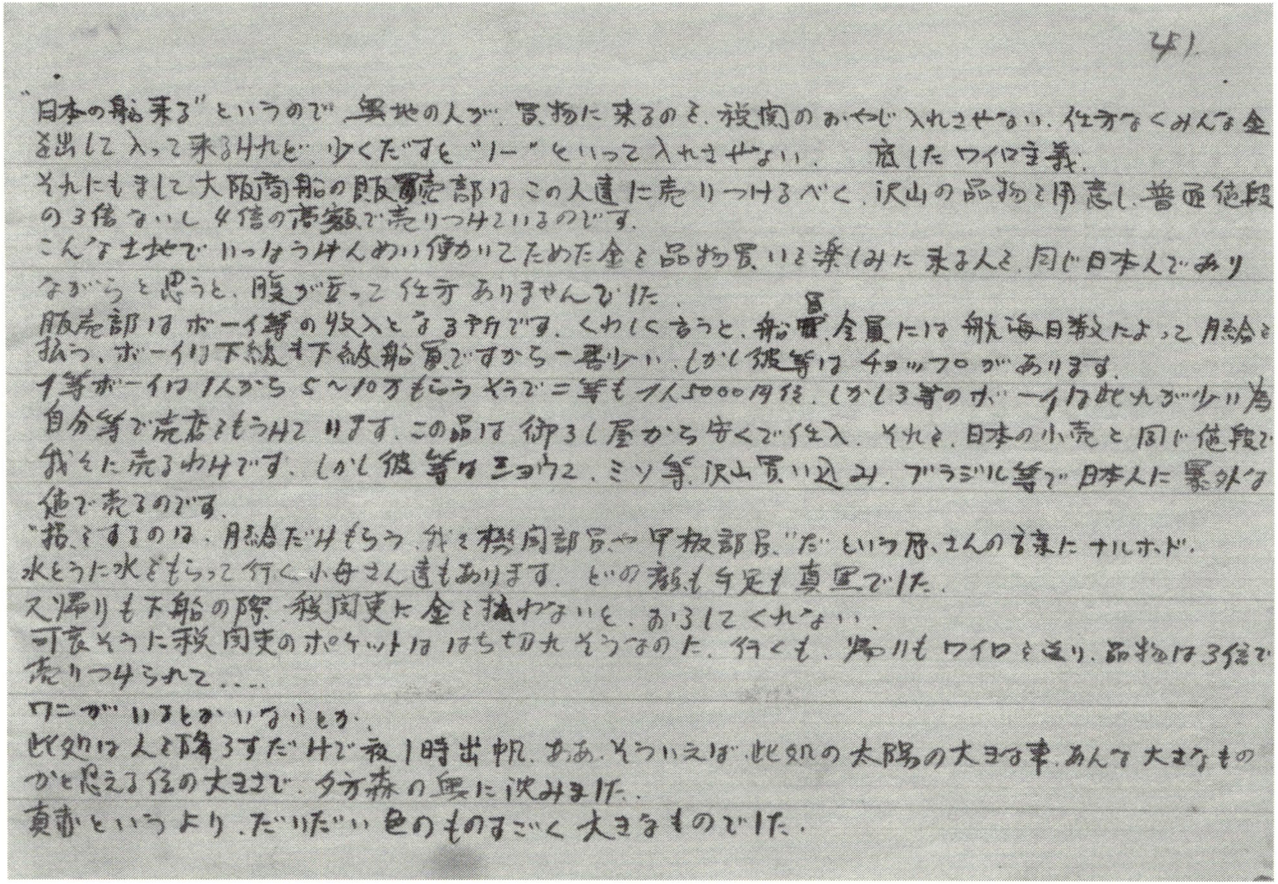

541.

"日本の船来る"というので、奥地の人が、買物に来るのを、税関のおやじ入れさせない。仕方なくみんな金を出して入って来るけれど、少ないと"ノー"といって入れさせない。　徹したワイロ主義。
それにもまして大阪商船の販売部はこの人達に売りつけるべく、沢山の品物を用意し、普通値段の3倍ないし4倍の高額で売りつけているのです。
こんな土地でいっしょうけんめい働いてためた金を品物買いを楽しみに来る人を、同じ日本人でありながらと思うと、腹が立って仕方ありませんでした。
販売部はボーイ等の収入となる所です。くわしく言うと、船員、全員には航海日数によって月給を払う。ボーイは下級も下級船員ですから一番少い。しかし彼等はチョッフロがあります。
1等ボーイは1人から5〜10万もらうそうで二等も1人5000円位。しかし3等のボーイは此れが少い為自分等で売店をもうけています。この品は卸し屋から安くで仕入、それを、日本の小売と同じ値段で我々に売るわけです。しかし彼等はミョウニ、ミソ等、沢山買い込み、ブラジル等で日本人に法外な値で売るのです。
"損をするのは、月給だけもらう我々機関部員や甲板部員"だという原さんの言葉ナルホド。
水をうた水をもらって行く小母さん達もあります。どの顔も手足も真黒でした。
又帰りも下船の際、税関吏に金を払わないと、おろしてくれない。
可哀そうに税関吏のポケットははち切れそうなのだ。行くも、帰りもワイロを送り、品物は3倍で売りつけられて・・・・
ワニがいるとかいないとか。
此処は人を降ろすだけで夜1時出帆。ああ、そういえば此処の太陽の大きな事。あんな大きなものかと思える位の大きさで、夕方森の奥に沈みました。
真赤というより、だいだい色のものすごく大きなものでした。

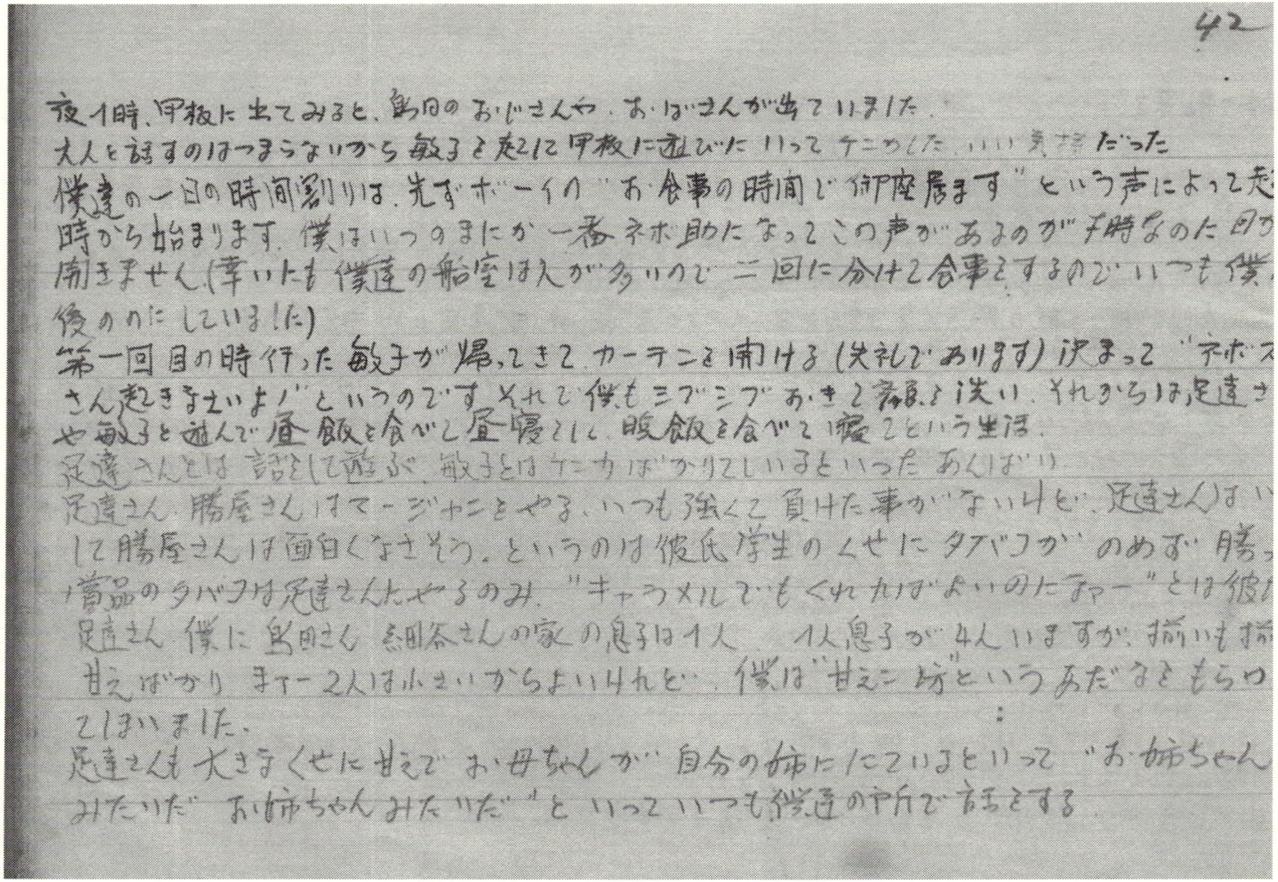

42

夜1時、甲板に出てみると、島田のおじさんや、おばさんが出ていました。
大人と話すのはつまらないから敏子を起こして甲板に遊びにいってケンかした。いい気持だった
僕達の一日の時間割りは、先ずボーイの"お食事の時間で御座居ます"という声によって起
時から始まります。僕はいつのまにか一番ネボ助になってこの声があるのが7時なのに目が
開きません(幸いにも僕達の船室は人が多いので二回に分けて食事をするのでいつも僕
後のにしていました)
第一回目の時行った敏子が帰ってきてカーテンを開ける(失礼であります)決まって"ネボス
さん起きなさいよ!"というのです それで僕もシブシブおきて顔を洗い、それからは足達さ
や敏子と遊んで昼飯を食べて昼寝をして晩飯を食べて寝るという生活。
足達さんとは話をして遊ぶ、敏子とはケンカばかりしているといったあんばい
足達さん、勝屋さんはマージャンをやる。いつも強くて負けた事がないけど、足達さんはい
して勝屋さんは面白くなさそう。というのは彼氏学生のくせにタバコがのめず 勝っ
賞品のタバコは足達さんにやるのみ。"キャラメルでもくれればよいのにナァー"とは彼
足達さん 僕に島田さん 細谷さんの家の息子は1人 1人息子が4人いますが揃いも揃
甘えばかり まァー2人は小さいからよいけれど、僕は"甘えん坊"というあだなをもらっ
てしまいました。
足達さんも大きなくせに甘えで お母ちゃんが自分の姉ににているといって"お姉ちゃん
みたいだ お姉ちゃんみたいだ"といっていつも僕達の所で話をする。

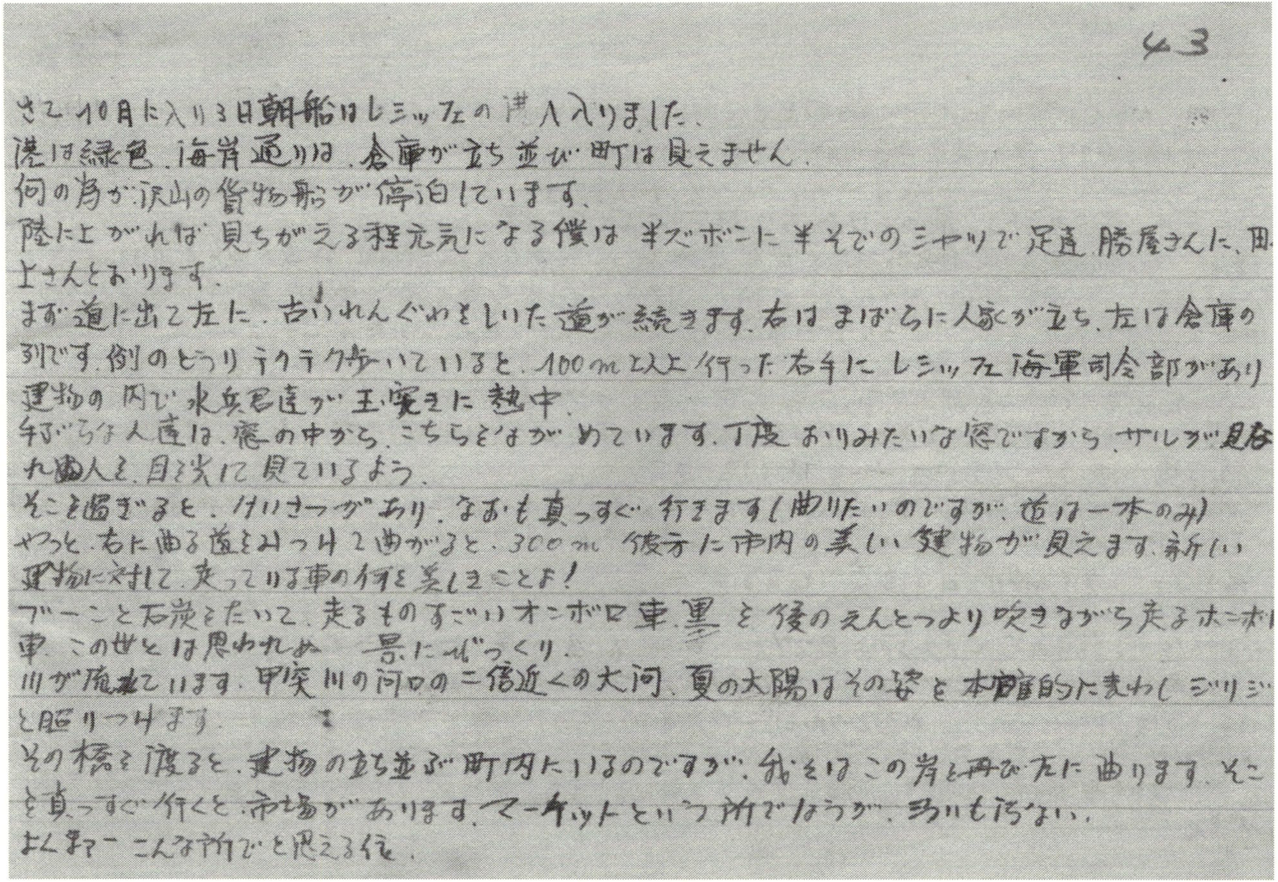

43

さて10月に入り3日朝船はレシッフェの港へ入りました。
港は緑色、海岸通りは、倉庫が立ち並び町は見えません。
向の岸が沢山の貨物船が停泊しています。
陸に上がれば見ちがえる程元気になる僕は 半ズボンに半そでのシャツで足立、勝屋さんた、田上さんとおります。
まず道に出て左に、古いれんがをしいた道が続きます。右はまばらに人家が立ち、左は倉庫の列です。例のとおりテクテク歩いていると、100mと以上行った右手にレシッフェ海軍司令部があり建物の内で水兵君達が玉突きに熱中。
手ぶらな人達は、窓の中から、こちらをながめています。丁度おりみたいな窓ですから、サルが見なれぬ人を、目を光に見ているよう。
そこを過ぎると、ゲリーダがあり、なおも真っすぐ行きます(曲りたいのですが、道は一本のみ)
やっと、右に曲る道をみつけて曲がると、300m彼方に市内の美しい建物が見えます。新しい建物に対して、走っている車の何と美しきことよ!
ブーンと石炭をたいて、走るものすごいオンボロ車、黒煙を後のえんとつより吹きながら走るオンボロ車、この世とは思われぬ風景にびっくり。
川が流れています。甲突川の河口の二倍近くの大河、夏の太陽はその姿を本箇的にまわしジリジリと照りつけます。
その橋を渡ると、建物の立ち並ぶ町内に入るのですが、我々はこの岸を再び左に曲ります。そこを真っすぐ行くと、市場があります。マーケットという所でなうが、匂いも汚ない。
よくまァーこんな所でと思える位。

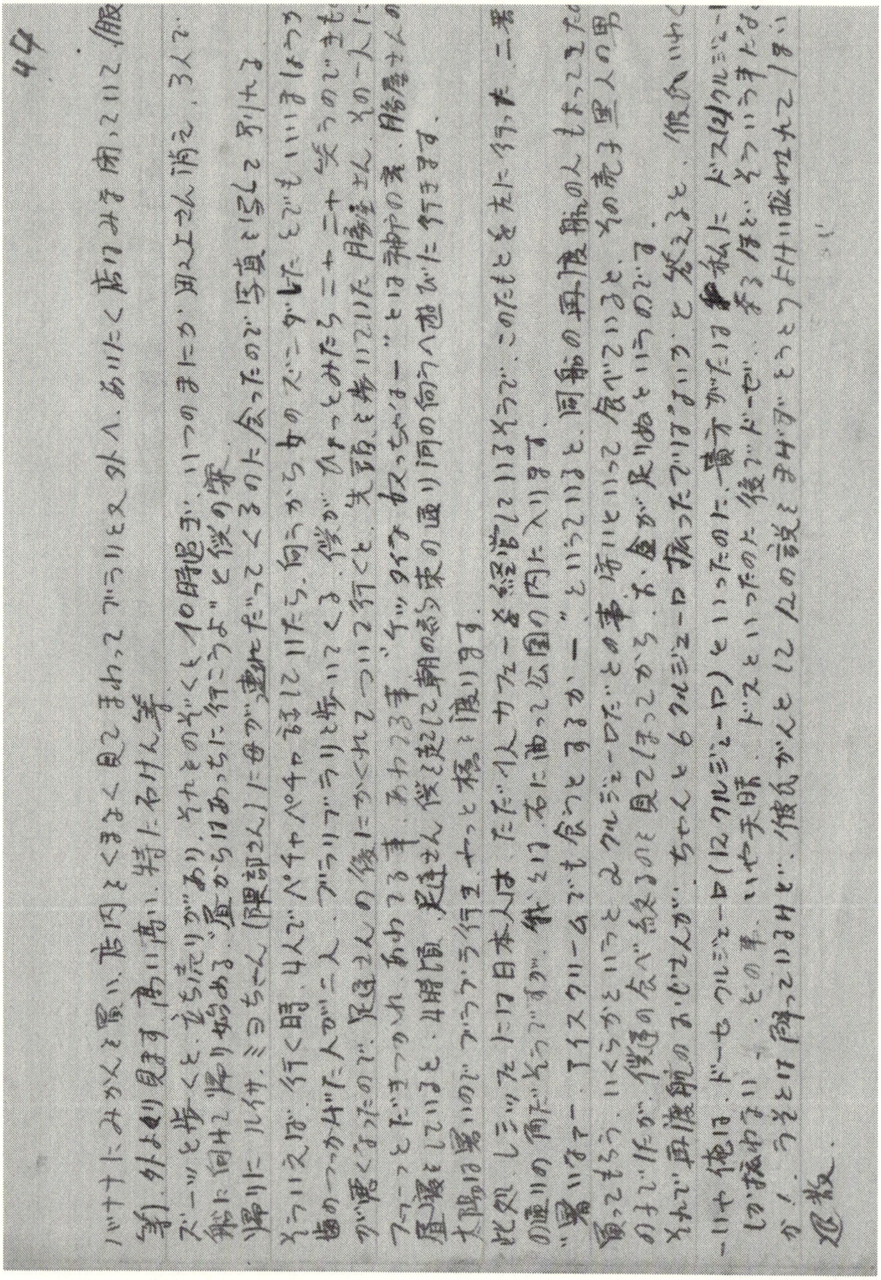

44

バナナにみかんを買い、店内をくまなく見てまわってブラリと又外へ。ありたく店はみな閉っていて(服等)、外より見ます。高い高い。特に石けん等。
ズーッと歩くと、立ち売りがあり、それをのぞくと10時過ぎ。いつのまにか田之上さん消え、3人で船に向けて帰り始める。"昼からはあっちに行こうよ"と僕の案。
帰りに ルイサ、ミヨちゃん(隈部さん)に母が連れだってくるのに会ったので写真を写して別れる。
そういえば、行く時、4人でペチャペチャ話していたら、向うから女のズニダした とでもいいますような歯のつっかけた人が二人、ブラリブラリと歩いてくる。僕がひょっとみたらニャニャ笑うのできもちが悪くなったので、足達さんの後にかくれてついて行くと、先頭を歩いていた勝屋さん、その一人にフーっとだきつかれ あわてる事、あわてる事。"ケッタイな奴っちゃなー"とは神戸の言葉。勝屋さんの
昼寝をしていると、4時頃、足達さん僕を起して朝の約束の通り河の向うへ遊びに行きます。
太陽は暑いのでブラブラ行き、やっと橋を渡ります。
此処しミッセには日本人はただ1人カフェーを経営しているそうで、このたもとを左に行った 二番の通りの角だそうですが、我々は右に曲って公園の内に入ります。
"暑いなァー。アイスクリームでも食うとするかー"といっていると、同船の再渡航の人もやってきたの
買ってもらう。いくらかというと2クルジェーロだとの事。安いといって食べていると、その売子黒人の男の子でしたが、僕達の食べ終るのを見てはってから、お金が足りぬというのです。
それで再渡航のおじさんが、ちゃんと6クルジェーロ払ったではないかと答えると、彼氏いわく
―いや俺は、ドーセ クルジェーロ(12クルジェーロ)といったのに、貴方がたは私に ドス(2)クルジェーロしか払わない―。との事。いや失晴、ドスといったのに後でドーゼ…なるほど そういう手だったのか!。うそとは解っているけど、彼氏がんとして12の説をまげず とうとうよけい払わされてしまい
退散。

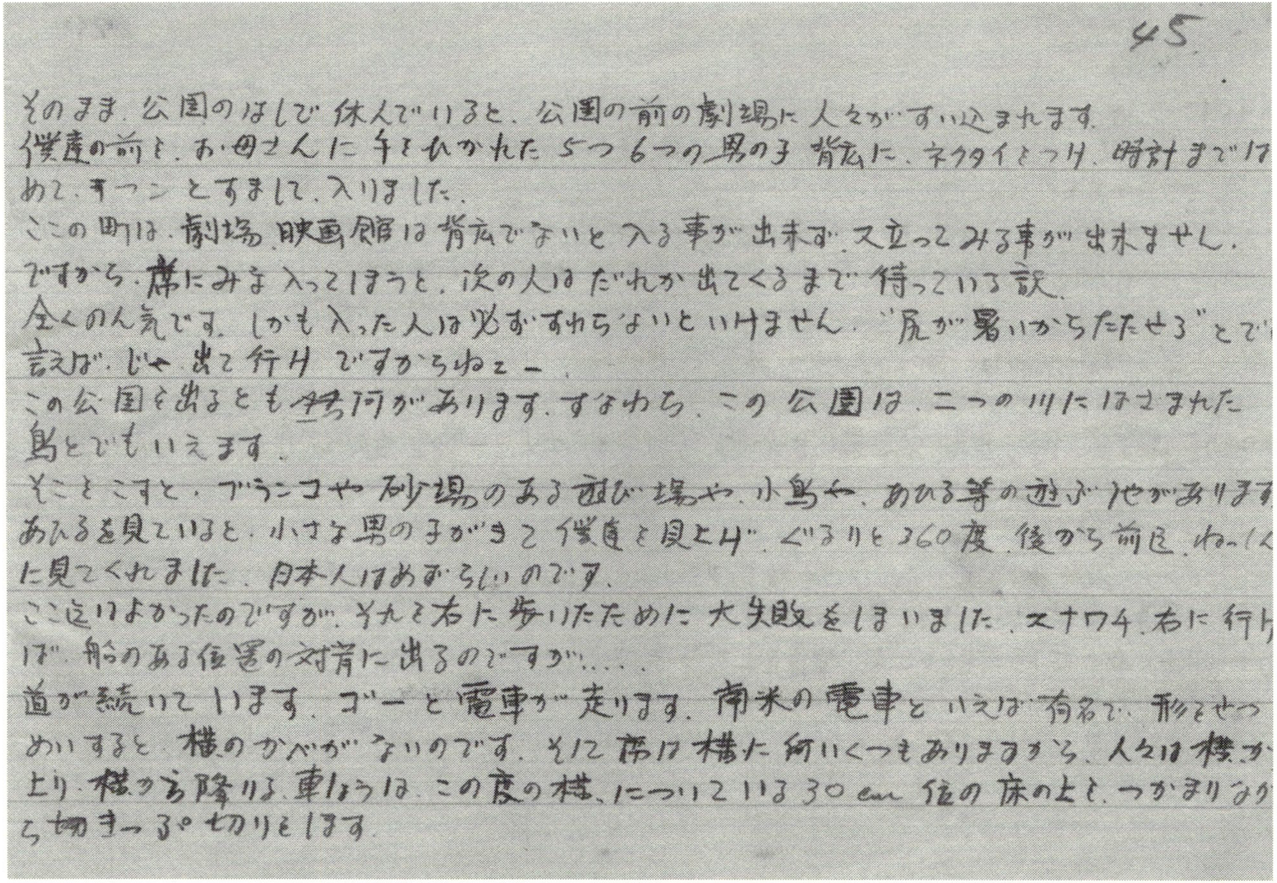
45

そのまま、公園のはしで休んでいると、公園の前の劇場に人々がすい込まれます。
僕達の前を、お母さんに手をひかれた5つ6つの男の子背広に、ネクタイをつけ、時計まではめて、すーっとすまして、入りました。
ここの町は、劇場、映画館は背広でないと入る事が出来ず、又立ってみる事が出来ません。
ですから、席にみな入ってしまうと、次の人はだれか出てくるまで待っている訳。
全くのん気です。しかも入った人は必ずすわらないといけません。"尻が暑いからたたせろ"とでも言えば、じゃ出て行け ですからねぇー。
この公園を出るとも何があります。すなわち、この公園は、二つの川にはさまれた島とでもいえます。
そこをこすと、ブランコや砂場のある遊び場や、小鳥や、あひる等の遊ぶ池があります。あひるを見ていると、小さな男の子がきて僕達を見上げ、ぐるりと360度、後から前迄、ねっくり見てくれました。日本人はめずらしいのです。
ここ迄はよかったのですが、それを右に歩いたために大失敗をしました。スナワチ、右に行けば、船のある位置の対岸に出るのですが……。
道が続いています。ゴーと電車が走ります。南米の電車といえば有名で、形をせつめいすると、横のかべがないのです。それに席は横に何いくつもありますから、人々は横から上り、横から降りる。車ならば、この席の横についている30cm位の床の上を、つかまりながら切きっぷ切りをします。

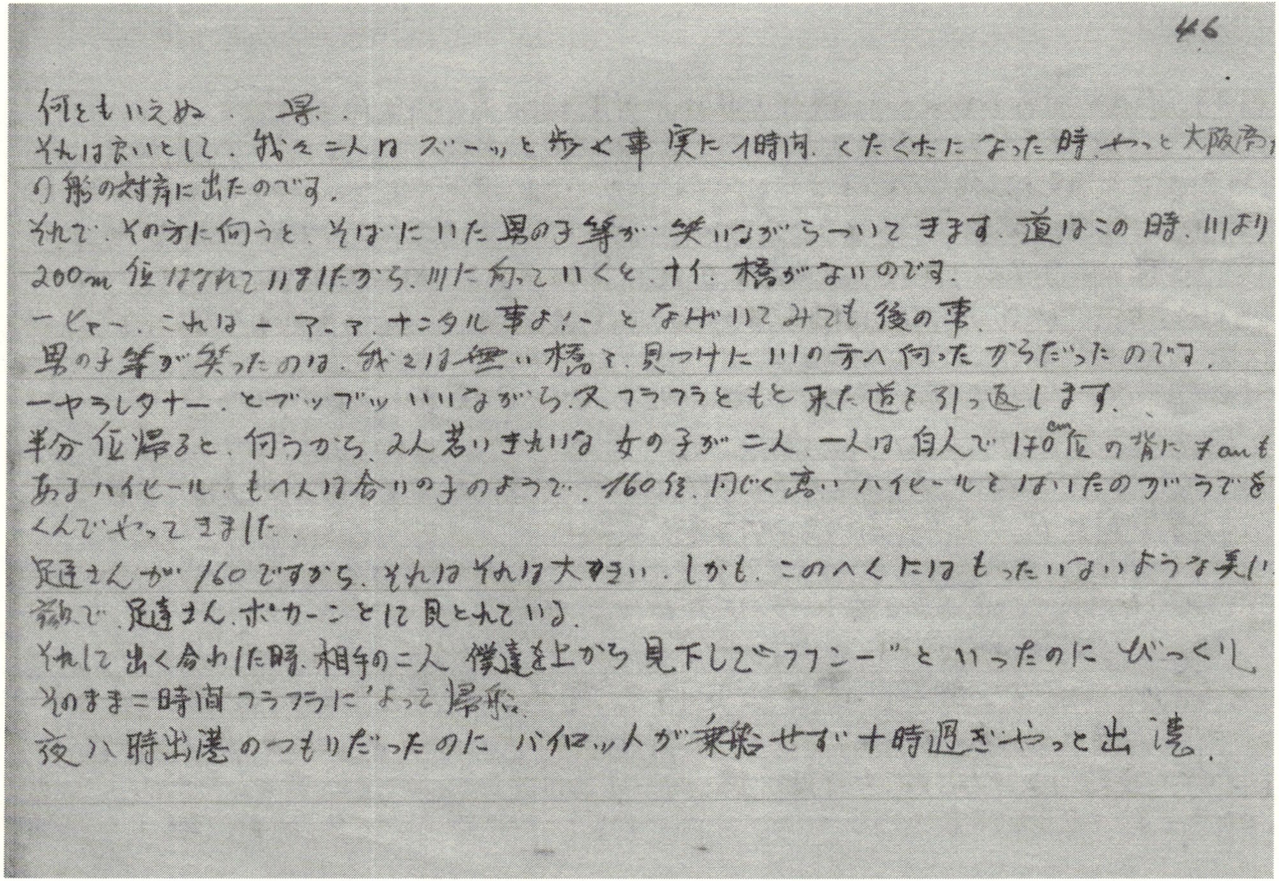
46

何ともいえぬ．暑．
それはよいとして．我々二人はズーッと歩く事実に1時间．くたくたになった時．やっと大阪商
り船の対岸に出たのです．
それで．その方に向うと．そばにいた男の子等が．笑いながらついてきます．道はこの時．川より
200m位はなれていましたから．川に向っていくと．ナイ．橋がないのです．
一ヒャー．これは一アーア．ナンタル事よ！一となげいてみても後の事．
男の子等が笑ったのは．我々は無い橋を．見つけた川の方へ向ったからだったのです．
一ヤラレタナー．とブツブツいいながら．又フラフラともと来た道を引っ返します．
半分位帰ると．向うから．2人若いきれいな女の子が二人．一人は白人で180cm位の背に7cmも
あるハイヒール．もう1人は合りの子のようで．160位．同じく高いハイヒールをはいたのがうでを
くんでやってきました．
足達さんが160ですから．それはそれは大きい．しかも．このへくたはもったいないような美しい
顔で．足達さん．ポカーンとに見とれている．
それに出く合わした時．相手の二人僕達を上から見下して"フフンー"といったのにびっくりし．
そのまま二時间フラフラになって帰船．
夜八時出港のつもりだったのにパイロット人が乗船せず十時過ぎやっと出港．

4.2

船内学校も閉鎖され、大部分の人々は上陸準備を始めました。
リオ・デ・ジャネイロ迄あと三日サントス迄1日の計四日です
九日午前八時世界三大美港の一つリオ・デ・ハネイロの岸にそって船は走ります。大きな港の入口になおも入ると左側にパン・デ・アスカルの山が見えそして両岸より大きく中に延びた防波堤の間を通り ゆるやかに進行します。
右手は山ところどころに白い建物が見えるのみ，左には船がとまり、高い建物がそびえ立っています。
"町を見物しようや"と足達さんが寄ってきて話しかけます あいにくの日曜日ですが……。 1時船は岸 にピッタリ横づけになりました。
目の前に巨大なビルが立っています。岸の上には数千台の外国の輸入車が入国検査の為に雨にうたれています。
となりには外国の貨物船があり その港の美しさはさすが三大港の一つと感心しました。
足達さんは"南米銀行の上の奴がきてなァー 一寸手助ってくれと云うた 仕方ないから朝はいけない"と云う。"それなら夜に行こうよ"といって別れます。
昼は中津海さん、みよちゃん ルイサに高坂さんと連れ立って町に出ます。
買物だけしたので町はよくみえず，
夜 再びいっしょにでかけます 町の中心街は建物が高く為露路が

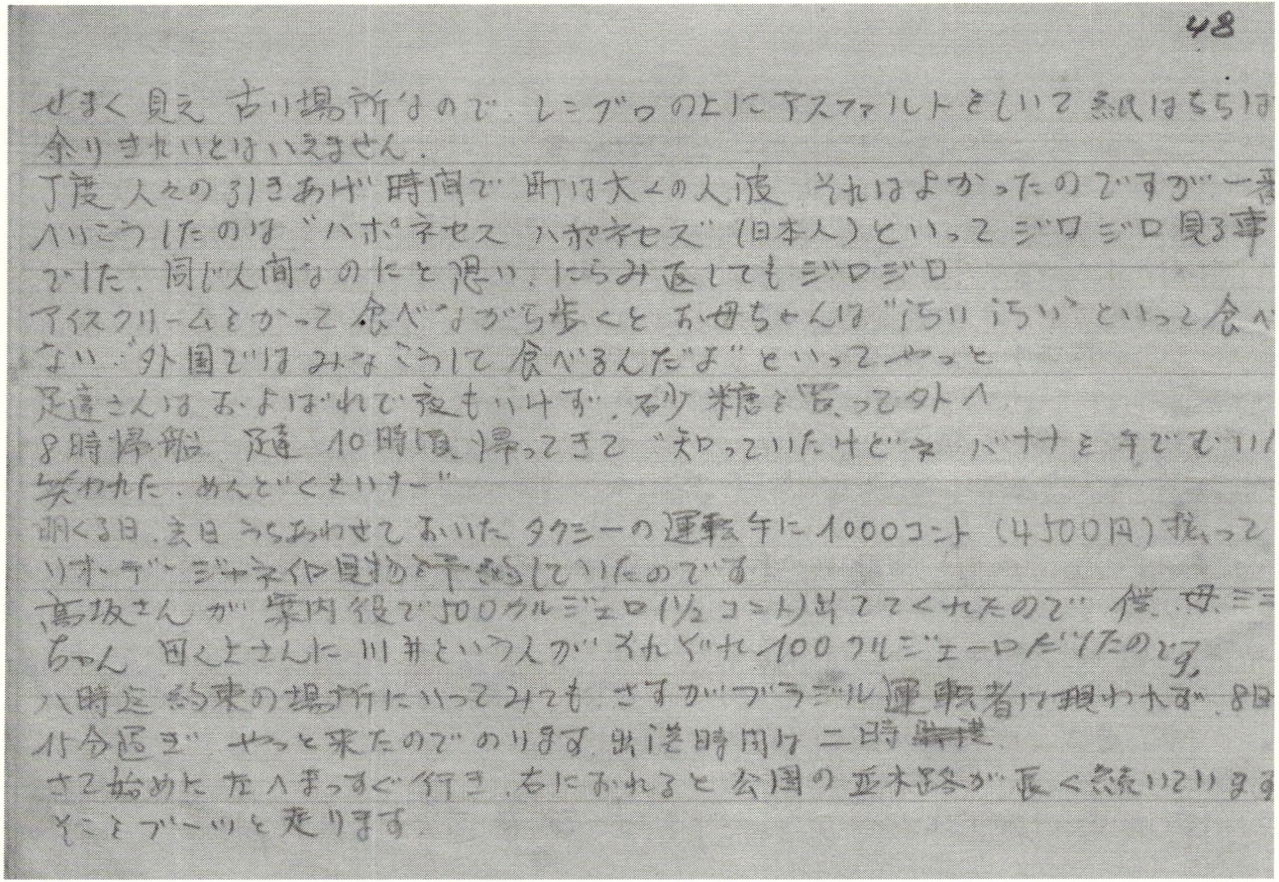
48

せまく見え 古い場所なので レンガの上にアスファルトをしいて 紙はちらば
余りきれいとはいえません.
丁度人々の引きあげ時間で 町は大くの人波 それはよかったのですが一番
へいこうしたのは"ハポネセス ハポネセス"(日本人)といってジロジロ見る事
でした. 同じ人間なのにと思い, にらみ返してもジロジロ
アイスクリームをかって食べながら歩くと お母ちゃんは"汚い汚い"といって食べ
ない."外国ではみなこうして食べるんだよ"といってやっと
足達さんは およばれで夜もいけず, 砂糖を買って外へ
8時帰船 足達 10時頃帰ってきて"知っていたけどネ バナナを手でむいた
笑われた. めんどくさいナー"
明くる日, 去日 うちあわせておいた タクシーの運転手に1000コント(4500円)払って
リオ・デ・ジャネイロ見物を予約していたのです
高坂さんが 案内役で 500クルジェロ(1/2コント)出てくれたので 僕, 母, ミヨ
ちゃん 四く上さんに 川井という人が それぞれ 100クルジェーロだしたのです.
八時定 約束の場所にいってみても さすがブラジル運転者は現われず, 8時
廿分過ぎ やっと来たのであります 出発時間は 二時間
さて始めた 左へまっすぐ行き, 右におれると 公園の並木路が長く続いています
そこをブーッと走ります.

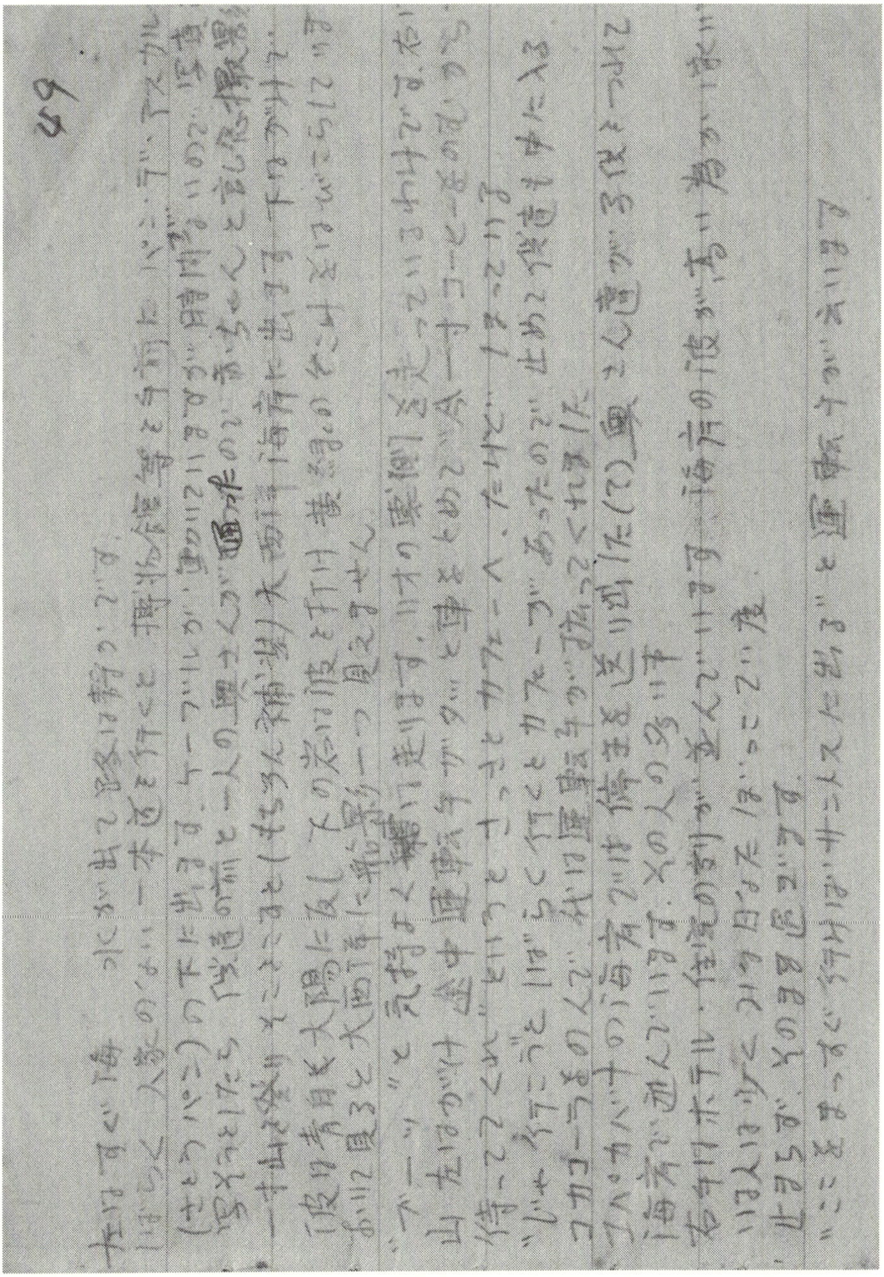

49

左はすぐ海　水が出て路は静かです.
しばらく人家のない一本道を行くと 博物館等を手前に パン・デ・アスカル
(さとうパン)の下に出ます. ケーブルが動いていますが時間ないので写真に
写そうとしたら 僕達の前を一人の奥さんが通ったので 奥ちゃんと記念撮影
一寸山を登りそこをこすと(もちろん舗装)大西洋海岸に出ます 下はがけで
波は青白く太陽に反し 下の岩は波を打付 黄緑のそこけをはびこらしています
おりて見ると大西洋に船影一つ見えません.
"ブーッ"と気持よく走ります. リオの裏側を走っているわけです. 右は
山 左はがけ 途中運転手ザタッと車をとめて"今一寸コーヒーをのむから
待っててくれ"というとさっさとカフェーへ. だけど 待ってりよう
"じゃ行こう"としばらく行くとカフェーがあったので止めて僕達も中に入る
コカコーラをのんで. 代は運転手が払ってくれました
コパカバーナの海岸では停車を送り出した(て)奥さん達が子供をつれて
海岸で遊んでいます. その人の多い事
右手はホテル・住宅の割が並んでいます. 海岸の波が高い為か泳いで
いる人は少く みな日なたぼっこで度.
止まらず, そのまま通ります.
"ここをまっすぐ行けばサントスに出る"と運転手がいいます

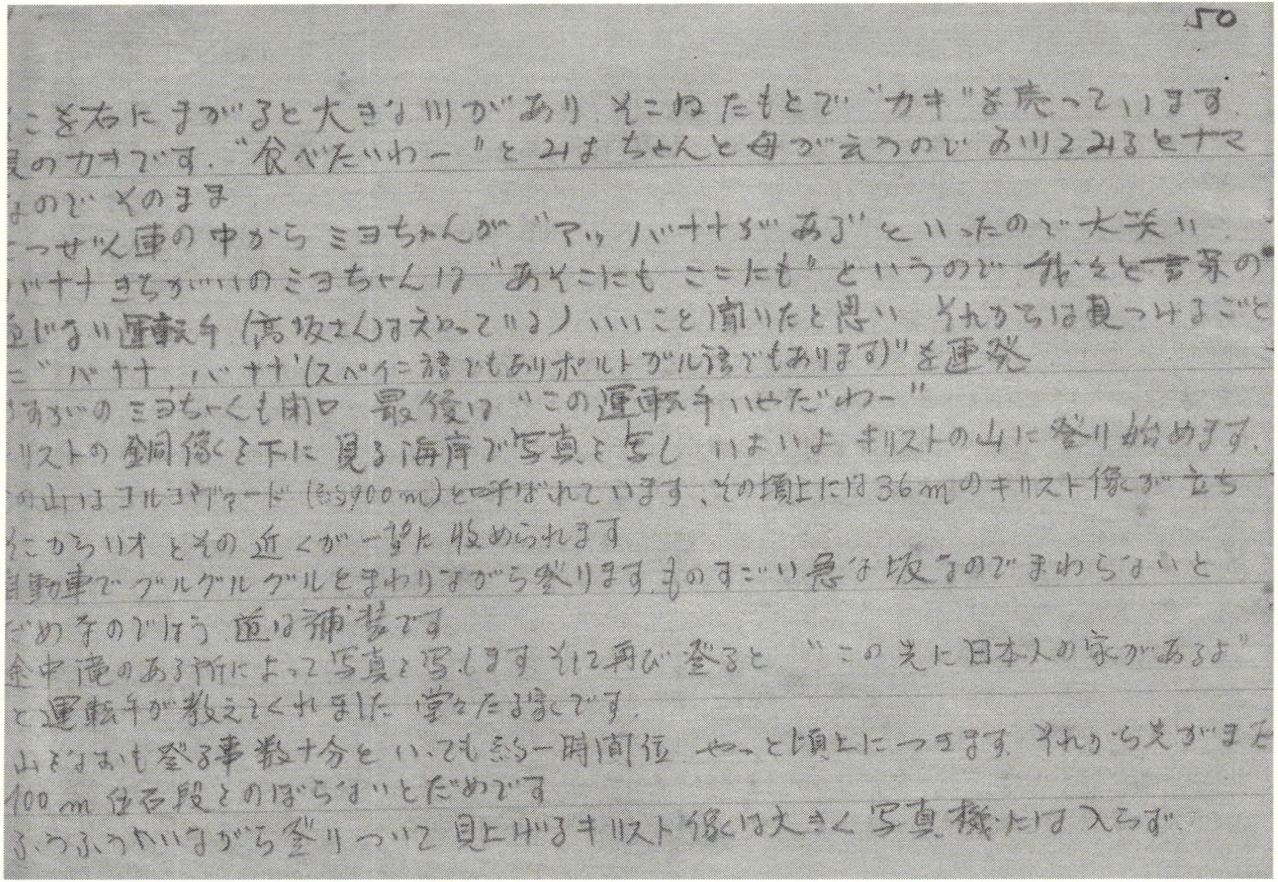

50

こを右にまがると大きな川があり そこのたもとで"カキ"を売っています
見のカキです. "食べたいわー"とみなちゃんと母が云うので あけてみるとナマ
なので そのまま
っせい車の中から ミヨちゃんが"アッ バナナがある"といったので大笑い
バナナきちがいのミヨちゃんは"あそこにも ここにも"というので 我々と言葉の
通じない運転手(高坂さんは知っている) いいこと聞いたと思い それからは見つけるごと
に"バナナ, バナナ"(スペイン語でもありポルトガル語でもあります)"を連発
うるさいのミヨちゃんも閉口 最後は"この運転手いやだわー"
リストの銅像を下に見る海岸で写真を写し いよいよ キリストの山に登り始めます.
の山はコルコヴァード(約900m)と呼ばれています、その頂上には36mのキリスト像が立ち
こからリオとその近くが一望に収められます
自動車でグルグルグルとまわりながら登ります ものすごい急な坂なのでまわらないと
だめなのでしょう 道は舗装です
途中滝のある所によって写真を写します そして再び登ると "この先に日本人の家があるよ"
と運転手が教えてくれました 堂々たる家です.
山をなおも登る事数十分 といっても約一時間位 やっと頂上につきます それから先がまた
100m位石段をのぼらないとだめです
ふうふういいながら登りついて 見上げるキリスト像は大きく写真機には入らず.

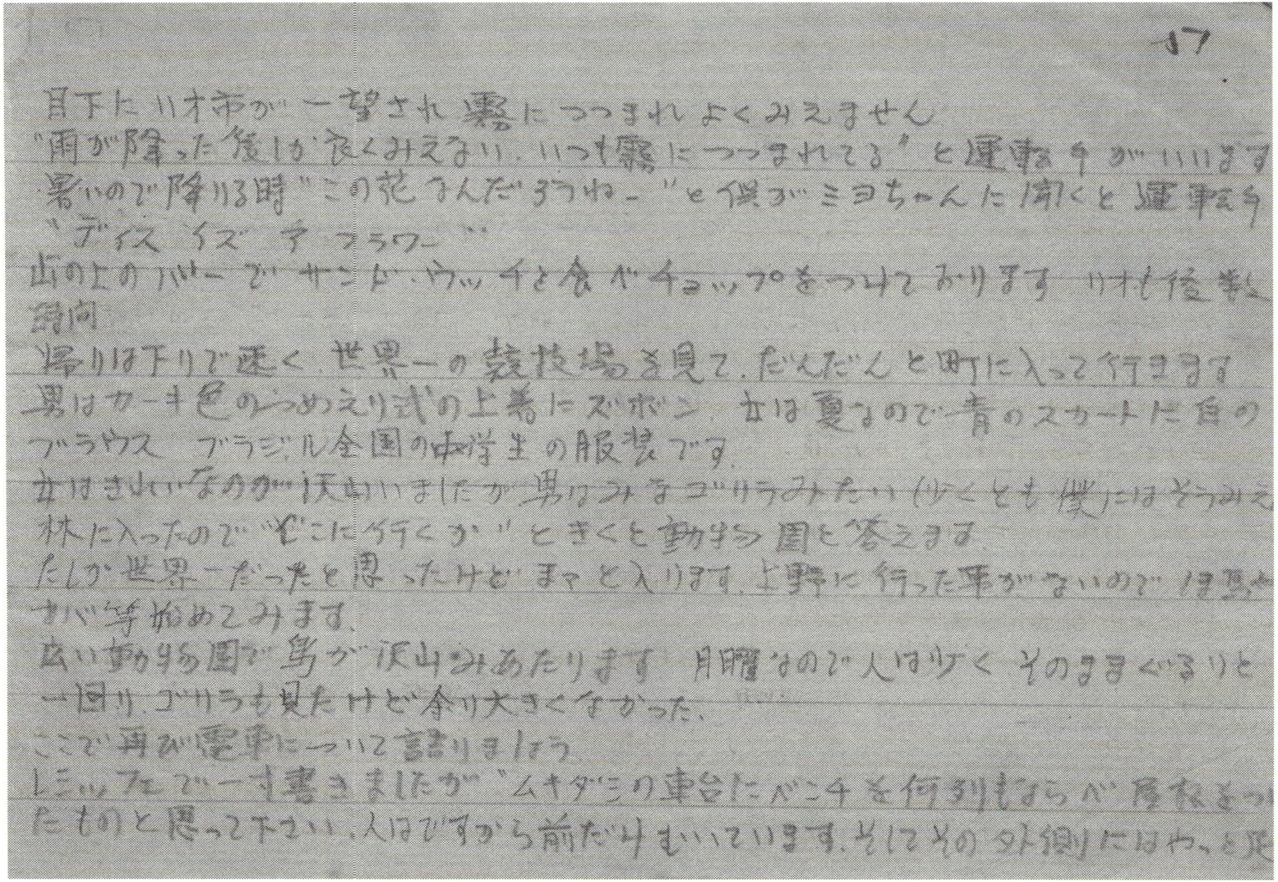

17

目下にリオ市が一望され霧につつまれよくみえません
"雨が降った後しか良くみえない。いつも霧につつまれてる"と運転手がいいます
暑いので降りる時"この花なんだろうね—"と僕がミヨちゃんに聞くと運転手
"ディス イズ ア フラワー"
山の上のバーでサンドウィッチを食べチョップをつけております リオも後に
帰向
帰りは下りで速く、世界一の競技場を見て、だんだんと町に入って行きます
男はカーキ色のつめえり式の上着にズボン 女は夏なので青のスカートに白の
ブラウス ブラジル全国の中学生の服装です。
女はきれいなのが沢山いましたが男はみなゴリラみたい(少くとも僕にはそうみえ
林に入ったので"どこに行くか"ときくと動物園と答えます。
たしか世界一だったと思ったけどまぁと入ります。上野に行った事がないので(上野
すべ等始めてみます。
広い動物園で鳥が沢山みあたります 月曜なので人は少く そのままぐるりと
一回り。ゴリラも見たけど余り大きくなかった。
ここで再び電車について語りましょう
レシッフェで一寸書きましたが"ムキダシの車台にベンチを何列もならべ屋根をつ
たものと思って下さい。人はですから前だけむいています。そしてその外側にはやっと足

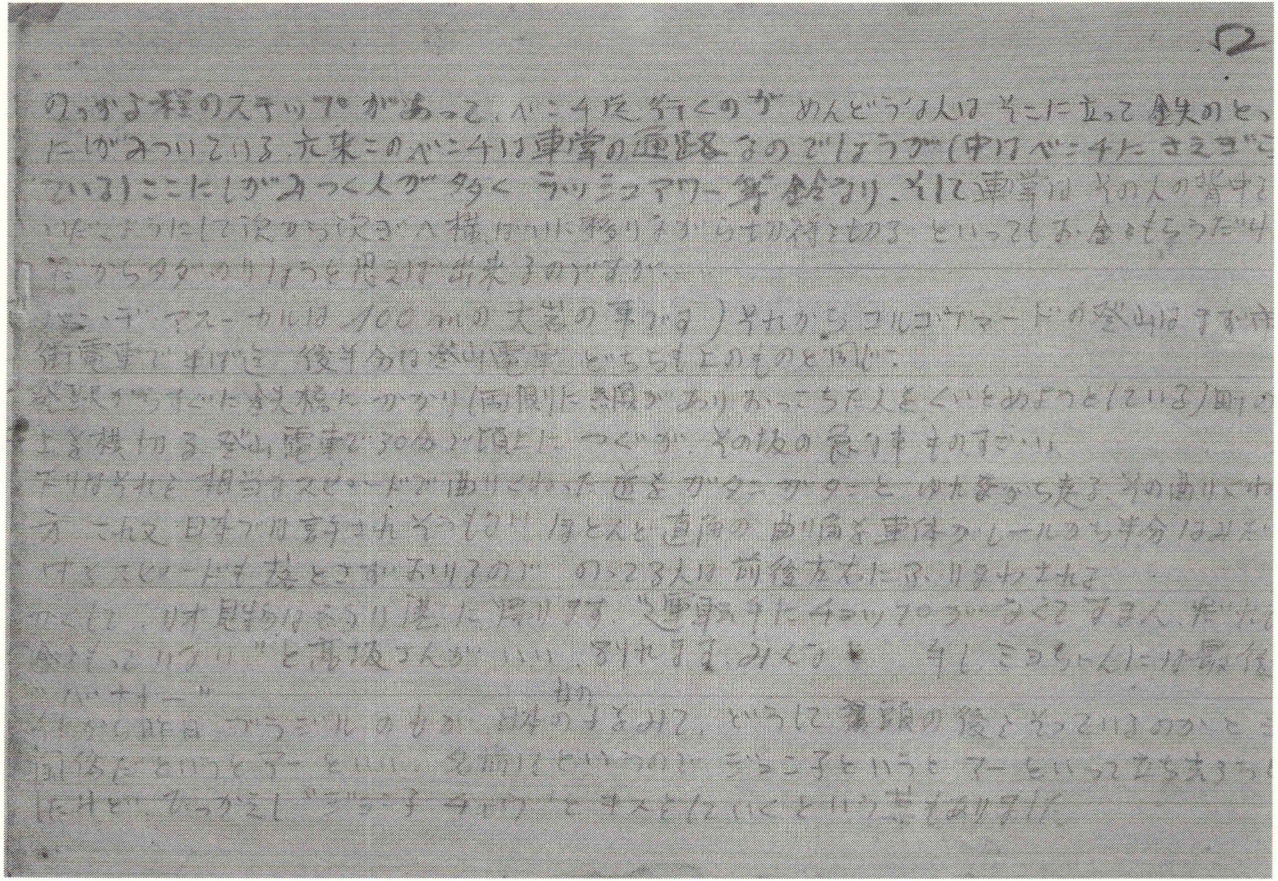
2
のっかる程のステップがあって、ベンチ迄行くのがめんどうな人はそこに立って鉄のと[illegible]
たにしがみついている。元来このベンチは車掌の通路なのでしょうが(中はベンチにさえぎられ
ている)ここにしがみつく人が多く ラッシュアワー等鈴なり。そして車掌はその人の背中を
つたうようにして次から次へ横ばいに移りながら切符を切る といってもお金をもらうだけ
だからタダのりしようと思えば出来るのですが……
([illegible]デ・マス・ーカルは100mの大岩の事です)それからコルコヴァードの登山は[illegible]
街電車で半分迄 後半分は登山電車 どちらも上のものと同じ。
[illegible]をすぎた鉄橋にかかり(両側に網がありおっこちた人をくいとめようとしている)町の
上を横切る 登山電車で30分ぐらい頂上につくが その後の急勾配ものすごい。
下りがそれを相当なスピードで曲りくねった道をガターガターとゆれながら走る その曲りくね
方 これこそ日本では許されそうもない ほとんど直角の曲り角を車体がレールの半分はみだ[illegible]
けるスピードを落とさずおりるので のってる人は前後左右にふりまわされる
そして 見物はおわり麓に降ります 運転手にチップをやってすまん、[illegible]
[illegible]ありがとう"と高坂さんがいい 別れます [illegible] ＊ [illegible] ミヨちゃんには最後
のバナナー"
それから昨日ブラジルの女が日本の子をみて どうして坊主頭の後をそっているのかとき[illegible]
[illegible]だといったらそーといい 名前はというのでデっこ子というとマーといってなるほど[illegible]
[illegible]けど ひっかえし"デっこ子 チャウ"とキスをしにいくという事もありました。

Índice

Kazuyoshi Matsumoto(松元和良) nació en 1943 siendo Kazuyoshi Haruta (春田和良), en Saipán (Imperio del Japón, actual Islas Marianas del Norte). Se crió en el Japón de posguerra, en su tierra Kagoshima. A los catorce años emigró junto a su madre a la Argentina. Autodefinido kagoshimano, "un hombre binacional, ni japonés ni argentino, medio extraño, indefinido, intermedio y, al mismo tiempo, un ser humano común". Uno de los japoneses más argentinos y de los argentinos más japoneses. Ingresó al Colegio Nacional de Buenos Aires, se graduó de ingeniero industrial en la Universidad de Buenos Aires y obtuvo reconocimiento en el mundo empresarial como ejecutivo de los grupos Mitsui y Toyota de Argentina. Tuvo tres hijos: Pablo, Carolina y Franco, y un nieto, Álvaro. Falleció en Buenos Aires a los 78 años dejando terminada esta obra, a la que dedicó sus últimos años.

Foto: José Casarino

#230203_1.12

Manufactured by Amazon.ca
Bolton, ON

33808794R00236